画像が語る

台湾原住民の歴史と文化

鳥居龍蔵・浅井恵倫撮影写真の探究

清水 純

風響社

序

本書は、台湾のオーストロネシア語系原住民のうちでもとりわけ早くから漢人の影響を受けてきた人々の文化と歴史に関する筆者のこれまでの論考をまとめて再構成したものである。筆者の関心の中心は、明清時代に入植した漢人によって台湾社会の基盤が確立されていく過程において、平地の原住民の諸集団が、どのように外来の民族との遭遇の中で社会基盤を失い、固有性を消失あるいは変容させていったか、また彼らの子孫がどのように自らのアイデンティティの拠り所を見出して今日に至っているかということにある。平地を主な居住域としていた原住民について特に考察の対象としているのは、これらの人々の存在が今日の台湾漢人社会の特性を作り出す一つの根源となり、また今日の台湾の多民族・多文化社会を構成する重要な一要素でもあると考えるからである。

ところで、本書の特徴は、歴史的事象を取り扱うにあたり、写真という画像資料を利用することに重点を置いたことにある。台湾原住民に関する日本植民地時代の古い画像資料は、一九八〇年代後半から次第に注目されるようになり、それまで未整理のまま埋もれていた写真が次第に大型のプロジェクトによって整理され、写真集として出版されたり、データベースとして整備されたりするようになった。なかでも、人類学者鳥居龍蔵と言語学者浅井恵倫による台湾原住民の写真は数が多く、過去の原住民の生活文化に関する貴重な情報が豊富に含まれている。鳥居と浅井が撮影した写真群はすでにそれぞれデータベース化され、インターネット上で公開されている[1]。また、台湾大学でも、台北帝国大学時代に土俗人種学教室の研究者たちが撮影した原住民の写真や、当時収集した収蔵品を撮影した写真がデータベース化され、インターネットで公開されるようになった[2]。過去の画像資料が研究者や一般の人々に自由に閲覧できるようなシステムが日本でも台湾でも整備されてきたのである。ここ一〇〇年余りの間に起こった台湾原住民の社会・文化の変化は著しいものがあり、多くの習俗や物質文化が消えていった。植民地時代に撮影された写真は、すでに見ることができなくなったそれらの習俗や民族の姿を今に伝えてくれる貴重な情報源でもある。一枚の画像の中に含まれる情報量は多く、様々な角度から読み解くことができる。本書は、このような写真に残された画像を手掛かりのひとつとして、台湾原住民の歴史と文化に光を当ててみようとする試みである。

台湾の原住民は、山地・平地・島嶼などの居住地域の違いや、各族の言語・文化・社会構造の違いに関わらず、いずれもオーストロネシア語族に属する諸言語を話す人々であるという共通点を持っている。言語学的にいえば、今日の台湾の住民は、シナ・チベット語系の漢語諸方言を話す漢人とオーストロネシア語系の原住民とに大別されるのである。明代頃から中国大陸南部沿岸地域より移住してきた漢人の諸方言集団（漳州系、泉州系、客家系）の来歴がはっきりしているのに対して、オーストロネシア語族の祖先がいつ頃から台湾に住みついたのか、学術的に二〇あまりのグループに分けられている原住民の諸民族集団の境界がどのように形成されてきたかなどは、まだはっきりとはわかっていない。一六世紀以前には、台湾の住民については一部の漢籍史料のわずかな記述を除けば外の世界にはほとんど知られていなかった。

一七世紀にスペインとオランダが台湾の一部を占領した時代になってから、台湾の住民たちは記録された歴史の中に具体的な姿を現した。したがって、原住民の歴史はおよそこの時代から始まるといってよい。当時の原住民の諸グループのうち、外部との接触が多かった住民の一部はオランダやスペインの支配下に入り、外の世界からの直接的な影響を受けた。平地の原住民や山地の一部の原住民に関する戸数や人口、村落名や頭目の名前、キリスト教布教の実態などの記録がヨーロッパ人の手によって残されたのはこの時期のことである。(3)

台湾北部に拠点を置いたスペインの勢力を駆逐して一時期台湾の覇権を確立したオランダは、一七世紀半ばを過ぎると鄭成功軍に敗北して台湾から撤退し、代わって明朝の遺臣である鄭成功と鄭氏一族が台湾を短期間支配した。その後、一六八三年には清朝が鄭氏政権を排除して台湾における覇権を確立し、二〇〇年余り続く清朝統治時代が始まった。めまぐるしく変わる支配勢力の動きの一方で、一七世紀以降、中国大陸から大量の漢人移民が渡来し、平原地帯では水稲耕作を中心とした農地の開拓が進められていった。移民の定着と漢人社会の拡大とともに、原住民の社会は急激に変化していったが、とりわけ平地を主要な生活の場としていた諸民族は増大する漢人入植者の圧力を直接受けることになった。漢文化を受容する一方で、漢人との競争のなかで耕作地を手放す人々が続出し、生活の糧を失った平地の原住民は各地に分散し、固有の社会は消えて行った。

日清戦争が終わり、日本が台湾を接収した一八九五年以後は、台湾総督府の統治機構のもとで日本語教育をはじめとするさまざまな植民地統治政策・皇民化政策が進められ、平地・山地・島嶼の住民を問わず固有の民族文化・社会に対して多方面にわたる改変が加えられた。日本統治の約五〇年間にわたり、漢人社会は拡大発展が続き、それとともに平地に住んでいた原住民の窮乏化と原住地からの移動、原住民の漢化などが、前の時代に続いて進行していった。

第二次世界大戦後、国民党政権への移行以後は、台湾社会全体の変化が加速した。言語・文化政策の方向転換にはじまり、やがて急速な経済成長と、それらに伴う国民生活の再編の時期を経て、八〇年代後半からは民主化の進展・本土化(台湾化)へと、台湾の政治・経済・社会はめまぐるしく変転してきた。そして原住民の社会生活と文化もまた、各時代の影響による変化を被ったのである。その間、漢人社会と最も近く接する平原地帯を生活の場としてきた原住民諸グループは、開拓の進展とともに広がった漢人の農業経済システムの網の目に包み込まれて固有の姿を失い、漢人社会の中に溶解していったのである。

本書で取り上げる原住民は、このような歴史の流れの中にあって、台湾開拓にともなう影響をもっとも大きく受けてきた人々である。本書の焦点は、漢人と原住民の社会・文化が直接接触する状況において、その一方が人数だけではなく政治的・経済的・社会的にきわめて強い影響力を発揮するような場合に、もう一方がどのようなプロセスで異なる民族文化の要素を吸収し変化するのか、また、変化しながら固有の要素をどのように残していくのか、そしてその結果、民族がどのように姿を変えていくのかを探究することである。

このような文化変容の著しい民族、あるいはすでにほとんど消えてしまった民族を研究対象とする場合、現時点で得られる研究資料は限られており、文化人類学のフィールドワークという方法によって知りうる事柄はわずかなものであるにすぎない。そこで、過去の断片的な事実を丹念に集める作業が必要となる。そこで本書では歴史的な文献資料に加えて古い写真を手掛かりの一つとしている。

台湾原住民研究が開始された当初から、写真は重要な民族資料として意識されていた。植民地統治開始後まもなく、鳥居龍蔵をはじめ、伊能嘉矩、森丑之助ら日本人研究者は台湾の民族調査に写真機を持ち込み、植民地政策によって変化する前の姿を学術資料として残すべく、原住民とその生活の様子を積極的に撮影するようになった。当時撮影された写真の多くは当時の諸民族の鮮明な姿を残し、今日では行われなくなった習俗や、服装、家、道具などの物質文化を画像として記録した。本書では、これらの画像を、研究の一つの入り口として、あるいは直接観察することができない人々についてのイメージをより明確なものとするための材料として位置づけ、そこから得られる情報をたぐりながら原住民の歴史と文化を探る道筋をたどってみることにした。

ところで、植民地時代の写真の多くは、付随する十分な説明がないものが多く、そこからあらためて情報を引き出すための作業が必要であった。七〇〜一〇〇年も前の撮影写真について現時点での情報収集が果たして可能であるかどうかという不安はあったものの、とりあえず筆者は撮影の場所や人物などに関する現地での聞き取りをできる限り行うという方法をとった。写真の鑑定作業は、すでに得られた情報からおよその場所と民族の見当をつけて聞き取り調査に出かけるというやり方でスタートした。現地の人々に画像を直接見てもらったことで、断片的ながら昔の記憶をさまざまに呼び起こすことが可能となり、生活文化や歴史に関する記憶を集めることができた。これらの記憶は断片にすぎないが、画像以外の資料、たとえば古い契約書や証文、清朝時代の文献、戸籍などの日本統治時代の公的な記録、日本人研究者の調査記録など可能な限りの書かれた記録と画像とを相互に関連づけることで、彼らの生活文化と歴史をより多面的なものとして再構成することが可能になる。この作業を通じて、それぞれの民族のその時代における一面に光を当て、今日の彼らのありようを作り出してきた道筋を振り返ってみたい。

本書に掲載した画像のうち主なものは、日本植民地時代の初めに台湾を調査した人類学者・鳥居龍蔵と、台北帝国大学で教鞭をとりながら原住民言語の調査を行った言語学者・浅井恵倫の撮影による写真である。このほかに、台湾大学に残された台北帝大時代の写真、戦後の研究者による六〇年代、七〇年代に撮影された写真や、筆者自身の撮影した八〇年代および最近の写真などを適宜加えた。

写真はそれぞれ異なる場所でさまざまな機会に撮影されたものであって、すべての原住民集団を網羅したものではなく、また、写真に関する聞き取り調査から得られる断片的な情報は一貫した論考として整理しにくい面もある。そこで本書の内容は、民族文化や歴史に関する考察を中心とした部分と、現地における写真の鑑定やその内容にまつわる聞き書きを中心とした部分とを混在させるという、やや変則的な構成をとることにした。そしてその範囲でできる限り文章の内容と画像との関連付けを行った。

本書の各章における考察内容と画像との関連はそれぞれの章において、あるいは個々の写真によって少しずつ異なるものとなっている。画像の人物と史料との対照を通じて家族や民族の歴史を考察した論考もあれば、物質文化や過去の生活様式をより具体的に再現するために画像を参照したものもある。またこれらの研究の前提として、民族や人や家の場所を確定するための調査報告もある。性質のやや異なる考察内容が混在することになったのは、それぞれの写真が内包する民族誌的情報の可能性や、他の資料との連関をあるがままに追求した結果としてである。

過去の探索は、単に過去を掘り起こすだけのサルベージではなく、現代における諸民族の姿を理解することにつながるものだ。現代に生きる子孫たちを念頭に置きながら、台湾の民族の過去から現在に至る変化のありかた、民族の固有性の消滅と残存、そして現代における民族的アイデンティティの再構築まで、画像とともにたどってみたいと思う。

以下に、本書で利用した鳥居龍蔵と浅井恵倫の写真資料に関する概要及び台湾大学のデータベースについて簡単に触れておきたい。

鳥居龍蔵撮影による台湾原住民写真

鳥居龍蔵（一八七〇—一九五三）は、明治二六年（一八九三）、二三歳のときに坪井正五郎が主宰する東京大学人類学教室の標本整理係として採用された。鳥居は坪井の指導のもとで人類学を学び、明治三一年（一八九八）、同教室の助手（二八歳）に任命される。その後、三五歳で講師となり、大正二年（一九一三）坪井正五郎の後継者として人類学教室を主宰する。大正一一年（一九二二）には学位を得て助教授となるが、二年後に辞職、その後は国学院大学、上智大学教授などを歴任したのち、昭和一四年（一九三九）、中国の燕京大学客員教授に就任し、昭和二六年（一九五一）まで中国で研究をつづけた。鳥居の調査活動は二〇代の頃から始まり、国内各地をはじめ、台湾、千島、樺太、東シベリア、満州、蒙古、朝鮮、西南中国、南米ペルーにまで及んだ。鳥居は多数の調査報告や研究論文を残したばかりでなく、一九世紀末から二〇世紀初めにかけての時期の諸民族の多数の民族資料を各地で収集し、さらに現地調査に初めて写真機を導入して多数の貴重な乾板写真を撮影した。これらの乾板は東京大学の人類学教室に長く残されていたが、東京大学総合研究資料館（現総合研究博物館）に移されたのち、写真再生のプロジェクトが文部省科学研究費補助金の助成により発足し、整理と公開への作業が始まった［鳥居龍蔵写真資料研究会　一九九〇：七―九、赤澤　一九九一］。

東京大学では、鳥居龍蔵画像資料の再生を進め、ガラス乾板上に残された貴重な画像をすべて現像した。さらに、これらの写真を整理出版［鳥居龍蔵写真資料研究会　一九九〇］するとともに、データベース化作業が進められた。現在、東京大学総合研究資料館がウェブ上で公開している「人類先史部門／東アジア・ミクロネシア古写真資料画像データベース」には、再生・整理された鳥居撮影による写真が網羅的に収められている。その公開にあたり、再生プロジェクトに携わった赤澤威は、世界的な社会・経済の変化により諸民族の固有文化が次第に消えてゆく状況をふまえながら、民族学・人類学などの分野における鳥居の写真資料の価値の高さをあらためて強調している［赤澤　一九九一］。

浅井恵倫の台湾原住民資料

浅井恵倫は、オーストロネシア語系諸言語を専門とする言語学者であり、現地調査に基づいて台湾の原住民諸語の言語分類を明らかにすると共に、原住民の言語・文化に関する多くの資料を残している。昭和一一（一九三六）年にオランダのライデン大学で学位を取得した後、浅井は日本植民地下の台湾において、台北帝国大学文政学部言語学教室に助教授・教授として終戦までの計九年余り勤務し、戦後は日本に帰還する昭和二二（一九四七）年まで国立台湾大学（旧台北帝国大学から改称）に引き続き在籍した。浅井による原住民諸語の調査は、すでに台北帝大に勤務する前の一九三〇年代から始まり、植民地統治時代最後の約一五年間における諸言語の語彙と使用状況を記録したのであった。

浅井は採集した言語資料を基礎に原住民の言語分類を明らかにすると共に、これら諸言語に関する数多くの学術的知見をもたらした。台湾を広く踏査した浅井は、当時存在していたすべての台湾原住民から言語資料を採集しており、なかでも、現在ではすでに死語となった（あるいは死語となりつつある）諸言語、すなわち平埔族と総称される漢化の進んだ原住民の言語や文化に関する資料を採集した。さらに趣味のカメラで撮影した原住民の多数の写真資料、動画フィルム、音源資料など貴重な民族誌的資料を今日に残している。これらの資料はその膨大な量から、浅井の存命中には十分な整理がなされないままとなっていたが、その後、言語学者の土田滋を中心とした複数のプロジェクトを経て徐々に整理・解析が進められてきた。

一九八六～八七年度の文部省科学研究費補助金総合研究（A）「環シナ海・日本海諸民族の音声・映像資料の再生・解析」プロジェクトでは、北里蝋管レコードの再生と並んで、東京大学文学部言語学研究室に保管されていた浅井恵倫採集の映像資料、音源資料の再生と解析が試みられた。筆者が参加の機会を得た写真・動画フィルムの鑑定は、再生・復元された浅井資料の概要を把握し、整理する作業であった［笠原　一九八八：一一九―一二七］が、こうした作業により、資料の活用への見通しが立てられるようになった。なかでも浅井資料に含まれる平埔族の言語・文化に関するデータの概要が判明したことが特筆すべき点であった。

さらに、二〇〇〇～二〇〇三年にかけて行なわれた東京外国語大学アジア・アフリカ言語文化研究所（以下、ＡＡ研）の「浅井・小川未整理資料の分類・整理・研究プロジェクト（土田滋代表）」では、新たに発見された資料も加えて、ＡＡ研に移管された浅井資料の整理とデータベース化が計画され、映像・音響資料の再生・復元と、フィールドノートなど文書類を含む資料の電子化および目録の作成が進められた。このうち、画像資料の概要については笠原政治の解説がある［笠原　二〇〇五：一八四］。最新の技術によって再生された音源・画像・映像は、八〇年代の再生と比べてはるかに鮮明なものとなった。一例をあげると、八〇年代の再生フィルムでは暗がりのなかを動くシルエットにしか見えなかった動画が、登場人物の顔立ちや動作を判別できるまでに鮮明な画像として再生されたのである。こうした技術の進歩に助けられて、浅井資料の可能性もより一層広がった。

プロジェクトの終了後、研究報告は、『小川尚義・浅井恵倫　台湾資料研究』として一冊にまとめられた［浅井・小川未整理資料の分類・整理・研究プロジェクト　二〇〇五］。本書では全資料が目録化され、それに加えて資料内容に関する検討と考察が含まれている。プロジェクトは、浅井資料の最終的な分析までを目的としたものではなく、資料を包括的に整理・分類し、データベース化を通じて内外の研究者のために提供することを目指したものであった。インターネット上での公開という目的の達成を見てプロジェクトは完結し、今後は各分野の個別の研究者がそれぞれの目的に応じて自由に研究に利用する段階に至ったといえる。浅井の台湾関係の資料の大部分は、浅井が直接採集した原住民言語に関するきわめて信頼度の高い資料であるが、資料の内容はそれのみにとどまらない。画像・映像記録やフィールドノート類の中には、断片的ながらもその時代でなければ手に入らない民族誌的情報などが含まれているのである。インフォーマントによって記憶されていた単語の数が少なく、単語の採集がわずかしかできなかった平埔諸語のフィールドノートに、浅井は言語以外の民族誌的記録を残している。また、浅井の写真は、今日の原住民の間ではかなりすたれてしまった習俗、例えばイレズミなどの資料画像としても価値が認められる［山本　二〇〇五：三五二—三五九］。浅井自身による説明や解説にほとんど期待できないとはいえ、利用の仕方次第でこれらの資料の多様な潜在性を生かすことができるのである。

台湾大学人類学系影像蔵品資料

日本での画像資料のデータベース化に加えて、最近では台湾でもデータベース化のプロジェクトが進められてきた。その一つの成果として、台湾大学人類学系（学部）が制作したデータベースがある。この中には台湾大学に残された旧台北帝国大学時代の資料も含まれ、移川子之蔵、宮本延人、浅井恵倫らの撮影になる原住民や文物の画像、収集された品々の画像が収められている。これらは現在インターネットで閲覧・利用が可能になっている。画像の中には、日本で保管されている画像資料と同じ場所や人に関するものもあり、これらをクロスチェックすることにより、さらに質の高い情報が得られるだろう。本書ではこれらの画像の一部を利用している。

以上のような画像資料を材料に、本書では、台湾原住民のなかでも早い時期に消滅した民族や、漢化の著しい民族に関する文化と歴史、民族とアイデンティティについて考察する。内容は地域的に三部に分けて、第一部は中部の埔里盆地の原住民、第二部は、南部の原住民、第三部では、筆者が長期のフィールド調査を行った東海岸の原住民を取り上げた。

ところで、二〇〇九年夏、記録的な集中豪雨が台湾南部の山岳地帯を襲い、多くの村が土砂崩れなどの被害に遭った。なかでも平埔族の村として知られた高雄県の小林村（当時）は豪雨による大規模な山崩れによって壊滅した。筆者が何回か調査に訪れた場所でもあったのだが、この時の災害で四五九人の村人が犠牲になり、調査で知り合った多くの友人たちを失ってしまった。もとの村は土砂に覆われ、同じ場所に村を再建することは不可能となり、生き残った人々は別の場所を求めて一から生活を立て直す困難な道を歩むことになった。古写真を手掛かりに小林村の平埔族の生活を探索しようとした筆者の試みはこの出来事によって途切れる結果になったが、本書では災害前に試みた断片的な写真鑑定を小林村の平埔族の記録として残すとともに、人々の災害からの復興の歩みをリポートしたいと思う。

注

（1）鳥居龍蔵による収集品および写真のデータベースは、東京大学総合研究博物館のサイトで公開されている。また、小川尚義・浅井恵倫資料データベースは東京外国語大学アジア・アフリカ言語文化研究所のサイトを参照。これらのURLについては巻末参照。

（2）データベースは台湾大学人類学系影像蔵品資料。URLは巻末参照。

（3）オランダ東インド会社の史料のうち、原住民の戸口に関する資料分析としては、中村孝志の研究がある［中村一九三六、一九三七、一九三八、一九五一、一九七四、一九九三］。

台湾の民族構成

本書のはじめに、台湾の民族構成について概要を述べる。
現在の台湾の民族構成は、総人口の九八％以上を占めるシナ・チベット語系の漢族と、人口の約二％弱を占めるオーストロネシア語系の原住民族との二つのグループにまず大きく分けられる。さらにその下には漢族の複数の方言集団が存在し、また原住民は言語・文化の異なる諸エスニック・グループに細分される。

まず、漢族のうちの大多数は、明・清時代に中国の福建省南部や広東省から渡来して台湾を開拓した人々の子孫であり、それぞれ中国語の方言である閩南語、客家語を母語とする。人口比率は明確ではないが、総人口のおよそ七三％程度が福建系、一二％程度が客家系と推定される。これらは台湾省籍の漢族であって「本省人」と総称される。

このうち、福建系の人々は人口の大半を占めることから、一般に「台湾人」とも呼ばれている。一方、第二次大戦後、国共内戦を経て蒋介石と国民党とに率いられて中国大陸から移住してきた人々もあり、主として大陸各省出身の漢族、およびごく少数ながらさまざまな民族が含まれていた。これらの人々は、台湾の外に省籍があることから「外省人」と呼ばれている。今日の外省人人口は総人口の一三％程度であり、大陸生まれの人々とその子孫からなる。「外省人」は民族学的な意味での漢族のサブグループではなく、歴史的・社会的・政治的観点からの区分である。

ところで、本省人の中でも福建系・客家系の人々は互いの方言の間に大きな差異があり、話し言葉は互いに通じない。外省人は大陸各地のさまざまな方言を話す人々からなり、方言同士は意思の疎通がしにくい場合も多い。このような方言の違いは漢人の自己意識を一枚岩にしえない要素となってきた。開拓時代には福建系・客家系の移民はしばしば武力で対立した。福建系の漢族も、さらに下位レベルの方言集団、すなわち福建省漳州出身の人々と、泉州出身の人々に分けられ、開拓時代には農地の獲得をめぐって武力闘争を引き起こした。

このように漢人は出身地を異にする方言集団ごとのアイデンティティの違いがはっきりしているのが特徴であった。現在の台湾では、共通語として「国語」と呼ばれる北京語が使用され、学校教育を通じて社会に広く普及しているが、それと同時に、閩南語（台湾語）、客家語も日常的に用いられている。

一方、台湾に古くから居住する原住民は、清朝時代には「生番」・「熟番」と区分され、そこには清朝の統治を受け入れない民族とそれを受け入れた民族という違いがあった。この分類は大陸の少数民族である苗族に対して用いられた「生苗」「熟苗」の分類を踏襲している。このほかに「化番」あるいは「帰化番」「帰化生番」などという中間区分もあり、清朝に帰順はしたが、まだ教化受容の度合いが低い人々を指していた。日本統治の初めは行政上「生蕃」「熟蕃」と分類したが後に蔑称を避けて「高砂族」「平埔族」と称された。そして日本統治時代になって作られた戸籍上の分類にもこの区分が反映された。

戦後の国民党時代には、原住民は「山胞」身分を与えられ、「平地山胞」「山地山胞」という区別があった。中国大陸側からの呼称と同じく「高山族」と呼ぶこともあったが、これらは漢化の進んでいない原住民をもっぱら指すものであり、漢化の進んだ人々をさす「平埔族」という呼称の方も並行して使われてきた。しかしほとんどの平埔族は戸籍の上では漢族と同じ平地人扱いとされてきた。

二〇一三年現在では、原住民は政府に認知された「原住民族」一四グループと、公認されていないグループに分けられている。公認のものは、タイヤル、サイシャット、ブヌン、ツォウ、アミ、プユマ、ルカイ、パイワン、ヤミ（タオ）、サオ、クヴァラン（カバラン）、タロコ、セデック、サキザヤの各族である。このうちサオ、クヴァラン、タロコ、セデック、サキザヤは、二〇〇二年以降「原住民族」として新たに認定された。とはいえ、認定された原住民族に属する人々は、いずれも住民のほとんどが既存のどれかの原住民族として登録されていて、政府による公認を契機にその登録を変更して新しい民族名に変更したというものである。これに対して、漢族と同じ平地人扱いを受けていた平埔族の人々は、いまだに政府から原住民としての認定が下りていない。例外はアミ族との混血を根拠に平地山胞として登録していた人が多かったクヴァラン族のみである。平埔族の子孫たちはそれぞれ原住民としての認定と民族名変更のための正名運動を展開しているが、これまでのところ、シラヤ族が台南県政府から県レベルでの原住民認定を受けたにとどまっている。平埔族の原住民認定が容易でないのは、多くの場合、政府の要求する原住民としての条件のうち、言語が残っていること、固有の文化が残っていることなどに、困難な点があることもその理由とされている。

ところで、日本時代に「高砂族」として大別された狭義の原住民は今日にいたるまで固有の言語・文化・社会のまとまりをかなりの程度残してきた。彼らはもともと山岳地帯や孤島などを生活圏としており、首狩の習俗があったことも関係して、開拓民が入り込みにくく、漢族による影響は限られていた。これに対して、「平埔族」として大別された諸グループは、平地をおもな原住地としていたことから漢族の直接的な影響を受け続けてきたため、同化が著しい。その結果、今日では民族集団として識別できるものはかなり少なくなっている。文化人類学では、消滅した集団も含めて平埔族を次のようなグループに分けられると考えられている。すなわち、バサイ、ケタガラン、タオカス、パゼッヘ、パポラ、バブザ、ホアニァ、シラヤ、クヴァラン各族、および近年になって言語分類の結果として追加されたクーロンであり、クヴァランはそのまま平埔族のグループに位置付けられている。本書では、原住民の区分は基本的には一九三〇年代の馬淵東一の民族分類によっている。ただし、本書のカタカナ表記はその後の人類学者・言語学者による表記法を取り入れたため、馬淵の表記の一部［アタヤル・セデク・サウ・ヴァサイ・マカタウ・サアルア・パゼヘ］を変更し、［タイヤル・セデック・サオ・バサイ・マカタオ・サアロア・パゼッヘ］と表記している（図1参照）。また、馬淵によるバサイの下位グループの一つであるトルビアワンについては、現在の子孫たちの自称である「トロブアン」を主として使用するとともに、歴史的記述での必要に応じてトルビアワンの名称も利用している。また、旧高砂族のアタヤル族として区分されていた原住民は、近年の正名運動の結果、分裂してタイヤル族・タロコ族・セデック族の三族に分かれたが、本書ではこれらの表記について、日本統治時代の資料に言及する際は旧民族名及びその下位グループ群の名称も併せて用いている。

二〇一三年における台湾の人口は二三三五万人である。政府公認の原住民族の人口は、二〇一三年の統計によると約五三万二〇〇〇人を占める［内政部統計処　二〇一三］。民族ごとの人口の差は大きく、最も多いのはアミ族の約一九万七〇〇〇人、最も少ないのはサオ族の約七四四人、次いでサキザヤ族七五七人となっている。原住民の間では植民地時代に日本語教育が浸透し、戦後は北京語が使用されるようになった。言語の変化が著しいなかで固有語の消滅を危惧する声が高まり、固有言語の教育も始まっている。

最後に、一九三〇年代の民族分類と分布に関する地図と、一七世紀以降の漢族の移民と平埔族の移動の動きをまとめた地図を示すことにする。それぞれ馬淵東一の作成した地図に基づくものであるが、民族名称については馬淵の表記法を若干訂正し、今日の研究者が使う表記法に改めた。

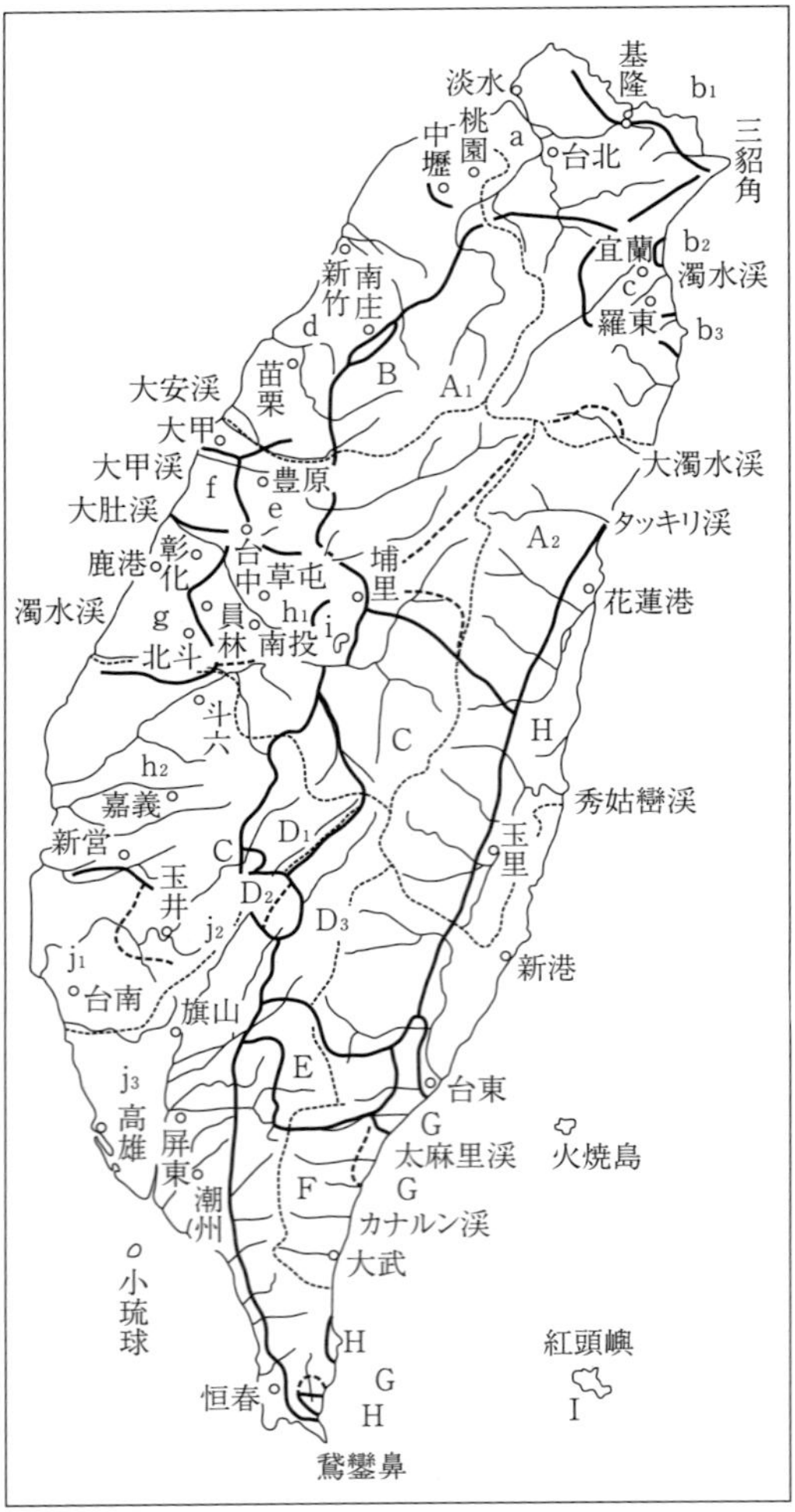

狭義の高砂族（いわゆる「生番」）として分類された原住民

A_1	タイヤル	タイヤル族
A_2	セデック	
B	サイシャット族	
C	ブヌン族	
D_1	北ツォウ	ツォウ族
D_2	カナカナブ	
D_3	サアロア	
E	ルカイ族	
F	パイワン族	
G	プユマ族	
H	アミ族	
I	ヤミ族	

平埔族（いわゆる「熟蕃」）として分類された原住民

a	ケタガラン族	
b_1	バサイ	バサイ族
b_2	トロブアン	
b_3	リナウ※	
c	クヴァラン族	
d	タオカス族	
e	パゼッヘ族	
f	パポラ族	
g	バブザ族	
h_1	アリクン	ホアニァ族
h_2	ホアニァ	
i	サオ族	
j_1	シラヤ	シラヤ族
j_2	タイヴォアン	
j_3	マカタオ	

※便宜上、系統不明のカウカウ族を含む。

（筆者注）2002年以降、Aのグループはタイヤル族、セデック族、タロコ族の3民族に分かれ、Hはアミ族、サキザヤ族の2民族に分かれて政府に認定された。この他、cとiが原住民族として認定された。言語学の研究により新たに別の言語集団として加えられたクーロンは桃園付近にいたと考えられている［土田 1985:1-59］。

図1　台湾原住民の民族分類と民族分布（1930年代）
『馬淵東一著作集』第2巻［馬淵 1974:508］より作成

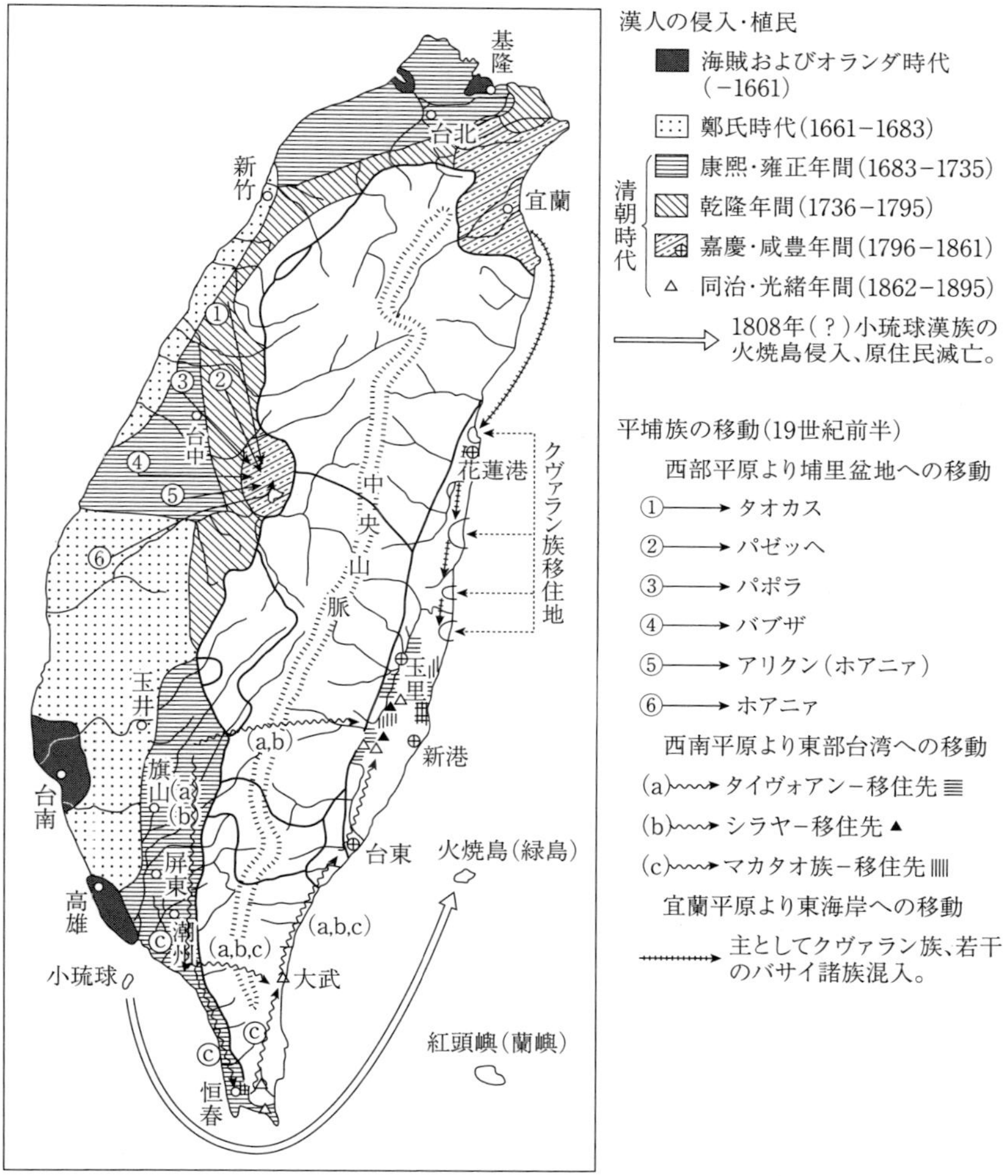

図2　17世紀～19世紀前半における漢人の侵入と平埔族の移動
『馬淵東一著作集』第2巻［馬淵 1974:514］より作成

●目次

第二部　台湾南部のタイヴォアンの歴史と文化

装丁＝オーバードライブ・佐藤一典

凡例

一、本書に掲載した画像には、日本植民地時代に撮影された写真と、戦後に撮影された写真とが含まれる。植民地時代の画像は、すでにデータベース化されたものを利用した。まず、鳥居龍蔵撮影の写真は、東京大学総合研究博物館の人類先史部門のデータベース「東アジア・ミクロネシア古写真資料画像」を利用し、浅井恵倫撮影の写真は、東京外国語大学アジア・アフリカ言語文化研究所（AA研）の「小川尚義・浅井恵倫資料」データベースを利用した。また、台湾大学人類学部の所蔵品をデータベース化した「台湾大学人類学系影像蔵品資料」のなかの「影像資料庫」に集められた画像も利用している。これらの画像には章ごとに通し番号を付し、各所蔵機関のデータベース番号を付している（鳥居と浅井の写真番号については、本文中で言及することが多いため、読みやすさに配慮して文中では縦書きとしている）。

○「東アジア・ミクロネシア古写真資料画像」の番号：

・鳥居龍蔵撮影の写真番号は四ケタの数字からなる。本文中では〈鳥居七〇三九〉のようにデータベース番号の前に「鳥居」を付したが、前後の文章から鳥居の写真であることが明白な場合には省略した。番号は本文中では漢数字とし、写真のキャプションとして横書きにする場合にはアラビア数字とした。

○「小川尚義・浅井恵倫資料」の番号：

・浅井恵倫撮影の写真については〈浅井C2―2―29〉のようにデータベース番号の前に「浅井」を付したが、前後の文章から浅井に写真であることが明白な場合には省略した。

・文書を画像化した資料は【OA21】のように【 】内にデータベース番号を横書き表示し、その中に複数の画像ページがある場合は【OA5B（14―15）】【OA5B（15）】のようにページのみ縦書き表示した。文書の画像には執筆者の異なる資料が含まれているため、来源は文中で指示した。

・これらの番号は、写真のキャプションの場合は横書きとする。

◯「台湾大学人類学系影像蔵品資料・映像資料庫」の番号：

・台湾大学所蔵写真については〈台大A1208〉のように画像データベースの分類番号の前に「台大」を付した。

◯キャプションについて：

・鳥居写真・台湾大学所蔵写真のキャプションは、各所蔵機関のデータベース上の説明をもとに作成し、字句の引用を示すときには「」で括った。浅井写真には浅井自身による説明がほとんど付されていないため、本文中のキャプションはこれまでの鑑定結果及び筆者の鑑定結果に基づいて作成した。ただし、本文中に写真の内容に関する検討や説明がなされている場合、キャプションを省略することもある。

二、「原住民」、「原住民族」という呼称は、一般的には差別的ニュアンスを含むため、人類学では使用を避けることが多い。しかし台湾に関する限りこの通念はあてはまらず、台湾のオーストロネシア語系の人々は自分たちを《台湾の本来の住民》という積極的な意味で「原住民」「原住民族」と称している。この呼称は一九八〇年代の民族運動を経て一九九〇年代には公式名称とされ、台湾の憲法にも記された。本書では、現地の人々の意思を尊重し、原住民・原住民族という用語を使用している。

三、本書には、「蕃社」「化番」「生蕃」「熟蕃」「埔蕃」「眉蕃」等々、「蕃」あるいは「番」を含む歴史的名称が登場する。原住民を表す「蕃（清朝時代の漢語では番）」という名称は、本来蔑称である。しかし、歴史史料中の名称を「原住民」「原住民村落」のような今日的表現に変換するとかえって混乱が生じやすい場合が多い。また、すでに消滅した民族集団である「埔蕃」と「眉蕃」に関しては、これらに代わる民族名は存在しない。この点を踏まえ、以下の本論では、歴史的名称としてやむを得ない部分においてこれらの名称を使用している。

四、エスニック・グループの区分について

本書では台湾の人口の約九八％を占める中国系の住民について、主として漢人と称し、民族集団としての側面を強調する必要があるときにのみ漢族という表現を用いている。また原住民についても、一般的には族を外したエスニック・グループの名称を称するが、民族集団という側面を強調する必要がある場合には族を付し、さらに、他の研究者の研究を引用・参照する際に、その用法に則して族を付す場合がある。族をつけるかつけないかは基本的には個人と民族集団との区別を示すものとみなされている。しかし、文脈の中でこれらを明確に区分することは難しく、曖昧な部分が残ることを認識しつつも、本書では上記のような使い分けを原則としている。

五、本書では、原住民の歴史的な村落を表す言葉として社（蕃社）という名称を使った。使い方としては、「萬大社」「パーラン社」などのように、社の上に固有の村落の名称をつけている。

六、地名の旧漢字については、重要な用語や地名、機関名に関するものはなるべく残し、それ以外は読みやすさに配慮して当用漢字に改めた。

七、本書では、調査当時すでに亡くなっていた方々については歴史的人物として扱い、敬称を略した。研究者の論文に言及する場合には、存命か否かに関わらず敬称を略した。その他の理由で敬称を略す場合は本文に記した。

八、台湾では二〇一〇年に行政区分が変わったため、調査地の表示も変わった。例えば、高雄県甲仙郷小林村は高雄市甲仙区小林里になった。しかし本書では、行政区分の変更以前に調査した内容も多く、その場合は調査当時の行政区分をそのまま用いた。八八水害からの復興に関する章では、水害の後に行政区分が変わったため、新区分も含めて記述している。また、日本統治時代、清朝時代の庁とその下位区分に関する行政区分については、当時の区分をそのまま引用している。

第一部　埔里の歴史と民族

第一章　埔里盆地における最後の原住民

一　埔里の写真資料

埔里は、台湾のちょうど真ん中、中央山脈の中部にある盆地である。現在は漢人が住民の圧倒的多数を占めているが、この盆地には一九世紀初頭以来タオカス・パゼッヘ・ホアニァ・パポラ・バブザなどの平埔族の多様なグループが居住し、また、日月潭のサオ族や山地のタイヤル族、セデック族、ブヌン族とも接するいわば民族交錯地点でもあった。本章では、このような特色をもつ場所として位置づけられる南投県埔里で撮影された写真に関する解析を中心として、埔里盆地の開拓をめぐる諸民族の歴史について振り返ってみたい。

埔里盆地の原住民に関しては、人類学者鳥居龍蔵と言語学者浅井恵倫撮影による画像資料が多数残されている。鳥居龍蔵は、この盆地を一九〇〇年に訪れて各民族に関する記録と写真を多く残した。また浅井恵倫は、一九三八年頃に埔里を訪れ、人々や田園風景などを幅広く撮影の対象としている。鳥居の写真と浅井の写真には四〇年近くの時間的差があるため、両者を対照させることによって時間的経緯も視野に入れることができる。

本章は、すでにデータベースとして公開されている鳥居と浅井撮影の写真をもとに、現地調査や文献資料を組み合わせ、写真に写された人や家を取り巻く歴史を明らかにしようとするものである。著者が取り上げるのは、そのなかでもいわゆる埔蕃と呼ばれた原住民とその子孫に関わる画像である。また、埔蕃とあわせて、同じく埔里盆地の原住民であった眉蕃についても、次章での検討対象とする。埔蕃と眉蕃は、埔里の知られている限り最も古くからの原住民であり、彼らの存在は埔里開拓の歴史と深く関わっている。埔蕃と眉蕃の画像を読み解くことで埔里の民族と歴史に対する多角的な理解をさらに深めたいと思う。

浅井恵倫の埔里調査

浅井は一九三六（昭和一一）年八月に、埔里の平埔族に関する概略的な言語調査を行なった。また、第二回の埔里調査は、一九三七（昭和一二）年一月に、第三回目は一九三八（昭和一三）年一月から三月にかけて行なわれた［笠原　一九八八：一二九―一三二］。このときに撮影されたと思われる画像には、写真および動画があり、最初に浅井写真の整理を行なった研究報告『環シナ海・日本海諸民族の音声・画像資料の再生・解析』［朝倉　一九八八］には、浅井資料の分類リストが作成されている［高井　一九八八：六五―七四、笠原　一九八八：一二八］。

このなかでC1～C4に分類された写真は、いずれも三五ミリロールフィルムである。このうちC2には、箱に「民族写真（埔里、明潭[1]、その他）」の説明がある。またC4は「諸写真（水裡、パーテン[2]、万大）」とある［高井　一九八八：六六］。また、〈C2―1〉～〈C2―3〉の大部分および〈C4―1〉が、日月潭、および埔里のものであるらしい。このうち日月潭を映した多数の写真は、浅井の調査過程からみて同一の訪問時（一九三八年）に撮影されたものであったと思われる。〈C2―1〉および〈C2―2〉の半分がそれにあたる。〈C2―2〉では、日月潭の写真の次に埔里のものが続いていると考えられる[3]。本章の解析で検討対象としたものは、日月潭の写真に続く〈C2―2〉の一部の画像である。

二　埔里の黄望家

浅井写真の鑑定

埔里を撮影したと思われる浅井のC2写真群には風景、家屋、人などが写っている。そのなかに中国風の部屋の中で撮影した中国服の女性の写真〈C2―2―30〉（写真1）と、立派な造りの屋敷の写真がある（写真2）。浅井自身によるキャプションは付いていないが、C2写真群の中でとりわけ漢人的色彩の強い民家と人物であることや部屋の中の様子から見て、女性は写真の屋敷の住人であるらしい。裕福な家とおそらくその住人とを撮影したものであろうというのが最初の印象であった。

家の写真を見るうち、鈴木満男の博士学位論文『〝漢蕃〟合成家族の形成と展開』［鈴木　一九八七］を思い出した。鈴木論文は、埔里盆地開発の歴史を通じて先住の原住民・平埔諸族・漢人がいかに錯綜しながら農地を開発しつつ土地の争奪戦を繰り広げたか、またその過程で原住民の家族がどのようにして漢人の家族に変容していったかを、清朝時代―日本植民地時代―戦後の国民党政権時代の三代にわたる政治の変動との相関をふまえて人類学者の視点から描き出したのである。鈴木論文の軸となっているのは、原住民埔蕃の血筋を持ちながら「番秀才」と呼ばれた望麒麟という人物とその家族の歴史である。浅井が撮影した写真の女性は、望麒麟の関係者ではないか、また、家屋は鈴木が調査を行なったときに住み込んでいたという望麒麟

写真1　〈浅井 C2-2-30〉

写真２　〈浅井 C2-2-33〉

写真３　〈浅井 C2-2-34〉

の子孫の家ではないかと思われた。

筆者は二〇〇六年九月に埔里を訪れ、鄧相揚教授に案内されて、埔里鎮鉄山里の黄家で浅井恵倫撮影の写真に関する聞き取り調査をおこなった。その結果、写真２は鈴木論文に登場する黄望家（現黄家）の三合院の屋敷を正面から撮影したものであること、写真１の女性は望麒麟のひとり娘にあたる望阿参であることを確認することができた。撮影場所は黄望家の大庁、すなわち写真２の家の玄関を入った所の部屋であった。調査では、現在この家に住む望阿参の八男にあたる黄大鏐氏に写真鑑定をお願いし、また、黄家に残る晩年の望阿参の写真との比較をおこなった。また、これらの写真のほかにも、黄大鏐氏の記憶により、当時の黄望家の一部を写したものや、黄望家から見た丘の周辺の風景などがあることが確認された。

たとえば、写真３の巨大なサボテンは屋敷の庭に植えてあったものである。みごとに広がったサボテンの形に、浅井が思わず興味を引かれて撮影したのであろうことは想像に難くない。わざわざ人を配して写しているのはサボテンの樹の大きさを示すためであろう。残念なことにこのサボテンを今日の黄家の庭に見ることができないのは、一九九九年九月二一日の集集大地震の影響で枯れてしまったからであるが、ともかくも浅井の撮影ののち長年にわたりサボテンは生き延びていたのであった。

黄望家——日本統治時代にはそう呼ばれていたが、現在は子孫の分家の結果、黄家となっている——は埔里盆地西部の小高い丘の上（烏牛欄台地）に建てられている（写真4は盆地中央から烏牛欄台地を遠望した風景と思われる）。この丘の上には烏牛欄（オグラン）、阿里史（アリサイ）と呼ばれる集落があり、歴史的にはパゼッヘ族が多く居住してきた場所である。黄望家はその阿里史集落の中にある。現在ではこのあたりには漢人も多く居住するようになったが、黄望家は古くからパゼッヘ族に囲まれるような形で阿里史集落の中に建っていたのである。パゼッヘは、「平埔族」と総称される比較的早くから漢化の進んだ原住民のひとつのグループであり、一九世紀初頭以降に、タオカス・ホアニァ・パポラ・バブザなどの平埔族各グループとともに埔里盆地に集団で入植した人々である。

今日、阿里史集落に建つ黄家を訪れると、かつて浅井が目にした埔里地方随一の名望家、黄望家の邸宅と庭園の姿が、その後の分家や地震の影響などによって若干形を変えながらも、今日まで保存され伝えられていることがわかる。筆者が初めて黄家を訪れたときには、黄家の家屋前面に描かれた壁画の修復作業が行なわれていた。集集大地震で損傷した壁画を、国立台南芸術大学（博物館学与古物維護研究所）のドイツ人教授の技術指導に基づいて修復しているとのことであった（写真5参照）。地元の郷土研究家や政府機関の文化建設委員会の後援によって修復が実現した背景には、黄家の屋敷が現代における埔里の貴重な文化財と認識されているという事実がある。日本植民地時代の一九一八年（大正七年）に建てられた黄家の由緒ある屋敷は、「黄家古厝」として、埔里の名所旧跡のひとつに数えられているのである。筆者は二〇〇九年から始まった画像資料に関する共同研究にあたり、鈴木教授が生前に撮った写真を夫人から寄贈された。その中には一九七六年撮影の黄家の写

写真4　〈浅井 MISC1-A-23-1〉

真も含まれていたので、参考のために掲載する（写真6、7）。

黄望家の祖先である望麒麟は、科挙の院試合格者である生員《せいいん》あるいはその予備的立場である佾生《いっせい》の資格を得ていたと推定され、番（蕃）秀才と呼ばれていた［鈴木　一九八七：一三―一五］。彼は一〇代の頃から清朝時代における埔里の原住民埔蕃の頭目として埔蕃全体の土地所有権を代表する地位にあったが、台湾が清朝による統治から日本の植民地統治へと切り替わったその年に暗殺され、三〇代半ばで非業の最期を遂げた。したがって日本統治時代を生きたのは、その妻と子孫たちであった。昭和一一年～一三年に浅井が埔里調査に訪れた頃、麒麟の娘の阿参はすでに五〇代半ばとなっていた。望阿参の夫、黄墩仁（漢人）は、当時、埔里を代表する事業家であり有力者でもあった。彼は埔蕃の望阿参の婿として望家に婚入し、望家の資産を運用して埔里の農業開発に大きな実績をあげていたのである。

写真5　黄家の壁画（2006年筆者撮影）

写真6　1976年の黄家（鈴木満男撮影）

写真7　黄家の正門（1976年頃鈴木満男撮影）

現在の屋敷は、今から一〇〇年近く前の一九一七年（大正六年）の埔里大地震をきっかけに、黄墩仁が結婚後住んでいた家を建て替えたものである。浅井が訪れたころ、広い屋敷の庭には上記のみごとなサボテンのほかにも内外からさまざまな植物が集められていた。黄墩仁は、望麒麟に連なる黄望家の屋敷を「秀才」の邸宅にふさわしく造営し、庭に菊やバラを植えたり、日本から牡丹を取り寄せたり、さらに鴛鴦や孔雀を飼ったり、鹿を飼ったりしたのであった［鈴木　一九八七：三三一］。

写真8は、屋敷の塀の外側から、屋敷の中を見たものである。広い庭に多くの種類の樹木が植えられていたのがわかる。この塀は近年まで残っていたが、やはり集集大地震の際に倒れてしまったという。

写真9の牛小屋は、屋敷内にあった。家の裏側のあたりである。現在、牛小屋はすでになく、代わりにさまざま

写真8　〈浅井 C2-2-20〉

写真9　〈浅井 C2-2-18〉

写真10　〈浅井 C2-2-21〉

な樹木が植えられ、盆栽の鉢を載せた台が一列に並べられて、屋敷を取り巻く庭園の一部となっている。

写真の黄望家の敷地の外側には畑が広がっているのがみえる。写真10は、ちょうど牛小屋のあたりから見た周辺の風景、烏牛欄台地の丘の上の景色である。のどかな田園風景のうち、写真11は黄望家のある台地の下の方の家や畑を撮影したもので、畑は多くの村民の共同所有であったという。畑の向こうに漢人風の民家が見える。黄望家を訪問した浅井は、屋敷の中や周辺を歩いて、何枚もの写真をまとめて撮ったらしい。

写真11　〈浅井 C2-2-22〉

ところで、浅井はどのような経緯で黄望家を訪れたのだろうか。上記の写真と連続するC2写真群には日月潭を撮影した写真があり、鄧相揚教授の指摘によると浅井はダム視察の電力会社の一行らしい人びとに同行していたと推定される。それならば埔里の電力会社に関わっていた黄墩仁とも接点を持ったはずであり、その縁で黄望家を訪問した可能性があると鄧教授は述べている。埔里随一の有力者であった黄墩仁の家に、総督府関係者や実業家、学者など埔里を訪れる人々はまず立ち寄ったはずである。台北帝大教授の職にあった浅井もまた、日月潭調査の前後に黄望家に挨拶に行き、あるいは滞在したかもしれない。浅井が訪問した頃まだ一〇代であった黄大鏐氏は、日本人言語学者が訪れたことを覚えていない。植民地時代当時、黄望家は日々多くの客を迎えていたという。そのため、記憶力抜群の黄大鏐氏でさえも個別の客人についてまでは記憶に残らなかったようである。

三　埔里の原住民と開拓の歴史

浅井がポートレートを残したその女性、望阿参は、埔蕃と呼ばれた原住民の末裔であった。この埔蕃とはどのような人々なのだろうか。

埔里に関する記述は古くは清朝時代の官吏の報告書などに現われており、埔蕃の起源や歴史については、清代の文献や実地調査に基づく先行研究がある。伊能嘉矩は「埔里社平原に於ける熟蕃」〔伊能　一八九八〕、『台湾蕃政志』〔伊能　一九〇四〕等において、漢籍資料および聞き取り資料に基づいて埔里盆地の開拓史と原住民の衰退過程を考察している。また、劉枝萬は『南投縣沿革志開発篇稿』〔劉枝萬　一九五八〕において、鈴木満男は『〝漢蕃〟合成家族の形成と展開』〔鈴木　一九八七〕において、伊能の提示した資料や、鳥居龍蔵の調査報告、馬淵東一らの研究を参考としながら、さらに考察を加えている。また、近年では台湾の国史館が清朝時代から日本統治時代にかけての埔社に関わる古文書類を集成し、『【水沙連】埔社古文書選輯』〔簡史朗・曹品滄　二〇〇二〕を出版した。この中には埔蕃の歴史に関する解説がまとめられている。これらの先行研究や資料を参考にしながら、埔蕃と眉蕃について触れ、これらの原住民と埔里開拓の歴史を振り返ることにしよう。

埔蕃および眉蕃の盛衰と埔里開拓史

埔里は台湾本島のほとんど中央に位置する平らで肥沃な盆地である。周囲は台湾中央山脈の険しい山々に囲まれている。四方を山に囲まれた盆地の中を二筋の川が盆地の西端に向かって流れている。北側をほぼ東西に流れるのは眉渓、盆地の南から北西にかけて流れるのは南港渓と呼ばれ、二つの流れは盆地の西端で合流している。埔里盆

写真12　〈浅井 C2-3-25〉埔里の風景

地の中心はこれら二つの川に挟まれた地域である。

埔里はもともと「ポリ」（埔里または埔裏の近音訳字を充てている）、および「ヴァイ」または「ヴァイリ」（眉、あるいは眉裏、眉裡の字を充てる）と呼ばれる二つの民族グループが占拠していたところである。埔里盆地の地名も前者の名称に由来する。知られる限り最も古くから埔里に居住していたこれらの二グループの住民は、清朝時代の歴史書に記されたいわゆる「水沙連社蕃（番）」と総称される原住民の一部分である。「水沙連六社」のうち「水沙番」四社（田頭社、水社、審鹿社、貓蘭社）を除いた「埔裏」「眉裏」二社の人々がこれにあたる。「ポリ」と呼ばれるグループが埔蕃（あるいは「埔裏蕃」「埔里社蕃」）と称され、もうひとつのグループ「ヴァイ」が「眉蕃」（あるいは「眉社番」「眉里社番」）と称されたのである。

眉渓をはさんでポリ（埔里）社は川の南側に、ヴァイ（眉）社は川の北側に分かれていた。埔里社の位置は枇杷城付近、眉社の位置は牛眠山と史港坑との中間あたりであったといわれる（四五頁、図3参照）。漢人の埔里進入以前はこれら二グループが眉渓をはさんで拮抗し、勢力のバランスが取れた状態にあったと考えられている。

埔蕃眉蕃の民族系統については、これまでにさまざまな考察がなされているが、埔蕃は一般に言語・文化的にブヌン族の系統に属するとされ、眉蕃は言語・文化ともにタイヤル族の系統に属するとされている。埔蕃の方は、日月潭のサオ族（水社）とも密接な関係があったことを推測される口碑も伝えられている［簡史朗・曹品滄　二〇〇二：五六―五七］。鈴木は、「埔社蕃も水社蕃もともにブヌン族の一分枝であるか、深い関連のある集団だろう」と推測している［鈴木　一九八七：四三―四五］。

埔里社の地名は清朝中期頃には知られるようになったものの、嘉慶年間の初年になるまで、交易に訪れる少数の通事などが出入りするに過ぎず、埔里盆地には漢人開拓民の足跡は及んでいなかった。しかし、嘉慶一九（一八一四）年になって、埔里および水沙連地方への漢人による一大侵略が企てられた。身分を偽って清朝の知府から開墾の許可を得た者たちが開拓団を組織し、埔里南方の水沙連から開拓をはじめたのである。そのなかでも郭百年という人物は、水沙連から埔里に侵入して原住民の土地を奪い、強引に土地を開拓しようとした。抵抗の姿勢を示した原住民に対し、郭百年らは和睦と見せかけて急襲し、家を焼き払い、人々を虐殺したうえ、大規模な略奪を働いた。この出来事は埔里盆地全体を巻き込んだ大虐殺事件となったのである。その結果、埔蕃と眉蕃は多くの成員を殺され、財産を奪われ、山に逃げ込んだものも多かった。

これが嘉慶二一（一八一五）年には清朝政府の知るところとなった。原住民と開拓民との抗争が増加するのを好まない清朝の政策によって、侵略者は捕らえられて罰せられ、漢人開拓民は開拓地を放棄させられて埔里から追放された。一方、逃げた原住民はもとの村に帰された。そして、嘉慶二二（一八一六）年、清朝政府は禁碑を立てて埔里への漢人開拓民の進入を禁止した［伊能　一九〇四：一八四］。しかしその時にはすでに遅く、埔里の原住民は、虐殺事件をきっかけに大いに人口が減り、民族集団としての自立存続が危惧される事態となっていたのである。

禁令により、一時的には漢人の侵入は途絶えたが、豊かな埔里の土地を求めて再び侵入を企てる者が現われ始めた。そこで、道光年間になって西部平原に住んでいた平埔族の埔里社への移民が計画された。この移住は、埔蕃とかかわりの深い水社の原住民サオ族を仲介者として、困窮した埔蕃が西部の平埔族に入植を求めたものである、というのが一般的に伝えられている移住伝説である［伊能　一八九八：三九―四〇］。

しかし実は、この移民には二つの動機があると伊能は指摘する。ひとつは、漢人の侵入により土地を失って困窮していた西部平原の平埔族が、埔里盆地の肥沃な土地の存在を知って生活の余裕を求め、自らの退却地と考え

写真13　〈鳥居7206〉埔里の平埔族

たこと。もうひとつは、平埔族の困窮に乗じて、漢人が背後から平埔族を教唆扇動して埔里開墾に向かわせたことである。埔里の肥沃な土地は漢人の羨望の的ではあったが、漢人は越境を禁じられていたために法を恐れてあえて入植は出来なかった。そこでまず漢人は原住民である平埔族を先に入植させておき、開墾が進んでから改めて入植してその土地を占拠しようとしたのである［伊能　一八九八：三九］。

平埔族の移住は、埔蕃との間で交わされた契約に基づいてすすめられた。開拓団は道光三（一八二三）年を皮切りに次々と埔里に移住し、契約によって整然と分割された土地の農地開墾を進めていった［劉枝萬　一九五八：三六］。開拓団は、台湾中西部の平原地帯に分布していたホアニァ、パゼヘ、パポラ、バブザ、タオカスなどの民族から構成されていた。［劉枝萬　一九五八：八二］。この平埔諸族の集団移住は同治元年ごろまで波状的に続き、埔里平原では平埔族の人口が急増していった。しかしそれに反して、原住民の数はさらに減少していったのである。

伊能は、埔眉二社が郭百年事件によって受けた影響とその後の衰退のプロセスについて、埔里で現地視察をおこなった二人の清朝の官吏による報告に注目している。一人は道光三年に埔里を訪れた北路理蕃同知・鄧傳安、もうひとりは道光二七年に訪れた浙閩総督・劉韻珂である。

郭百年事件からまだ一〇年にならない道光三（一八二三）年に埔里を訪れた鄧傳安の報告「水沙連紀程」によれば、埔里社に他所から新しく招来されてきた平埔族は二〇余戸に過ぎなかったという［伊能　一九〇四：一八九―一九一］。道光三年は集団移住が始まったと考えられる頃であるが、この時期にはまだ平埔族の総数は多くなかったようである。ところが、劉韻珂の「奉勘番地疎」によれば、道光二七（一八四七）年、埔里社の可墾地四〇〇〇余甲に対して埔社の人口は二七人、「熟蕃」は約二〇〇〇人、眉社の可墾地二〇〇〇余甲に対して眉社の人口は一二四人になっていた〔伊能　一九〇四：二一〇〕。わずか二四年間に、平埔族と埔眉蕃（埔蕃と眉蕃）との圧倒的な人口差が生み出されていたのである。

入植地の配分についてはどうだろうか。〈鬮分《きゅうぶん》名簿〉〔劉枝萬　一九五八：五五—八〇〕には土地の配分の記録が克明に残されている。これを見ると、平和的合意による土地の分割と公平な配分が行なわれたように見えて、実は必ずしもそうとはいえなかったことがわかる。移住者たちは合議の上、土地を区画配分して各集団に開墾地として割り当てたが、道光一一（一八三一）年の記録を見ると、土地所有者である埔蕃に対しては、「草地主」という名目で、わずかに残った辺鄙な土地を取り分として配分しただけだった〔劉枝萬　一九五八：七一、八三〕。豊かな土地は平埔族が耕作することとし、原住民の地主には養分の少ない辺鄙な土地を配分する。その時点においてすでに、平埔族優位に事が進められていたのである（盆地内に分布する平埔族集落については図3を参照）。

日本統治時代の初め、伊能嘉矩は、埔眉蕃衰退の実情について、埔里で聞き取り調査を行なっている。伊能の調査当時、埔里社の枇杷城にアボン（Avon）という老女があり、もと「眉社蕃」で、「北投社蕃」すなわち北投社から移民してきた平埔族（ホアニァ）に嫁いだ者であった。年齢はわからないが伊能の推定ではおよそ六〇歳に近いようであった。この老女がよく当時の現状を記憶していたので、伊能は聞き取りをおこなった。伊能によるとアボンが述べた概要は次のとおりである。

（一）「眉社蕃」の数は自分の小さいころはほとんど一〇〇余人に近かった。しかし他の平埔族（Taritsi）が入ってきて互いに闘争をするようになり、「眉社蕃」はついにこれに抵抗する力が尽きて次第に北港渓および萬大社、霧社（北部山蕃でAtaiyalに属する）の中に入り退いた。自分はこの時すでに北投社の平埔族に嫁いでいたので山に入るのを免れた。

(二)　埔里社　「埔社蕃」の数は自分の小さいころは旧社の位置に住んでいた者が五戸であって、一五、六人ばかりであったが、その後平埔族に追われ離散してどこへ行ったかわからない［伊能　一八九八：三五］。

また、埔蕃の出身で枇杷城の北投社蕃に養われたアッパ（Appa）という女性がいた。伊能の調査当時（明治三〇年）に三九歳と称していた。彼女は、四歳のとき母に別れ、平埔族に養われたとのことで、昔の事情を知らないが、ただ自分の同族はことごとく死滅したと信じていた［伊能　一八九八：三五］。

郭百年事件およびそれに続く平埔族入植の時期に、眉蕃の一部は山に逃げ込んでパーラン社、萬大社などの中に合流したらしいことが、上記のアボンの口述以外にもいくつかの口承伝承によって知られている［台北帝国大学土俗人種学教室　一九三五：七五、劉枝萬　一九五八：二三―二四］。

平埔族が埔里盆地に進入したときには、埔里の原住民は郭百年事件によって著しく衰弱し、自力で存続できない状況になっていた。そのために、開拓を目指す漢人の侵略が続くことを憂慮して、他の原住民つまり平埔族の他力を借りて自分たちの守りとすることが理にかなうと考え、埔社の人々は水社の原住民の仲介を受け入れたのである。しかし、入植してきた平埔族は、自分たちの強勢を背景に、次第に原住者であり土地の所有権を持つ原住民との関係を逆転させていったのであった。伊能の採集した口碑のうち、西部平原の北投社から来た平埔族の話によれば、彼ら平埔族が移住してきた頃には先住の埔眉蕃はすでに馴化しておりまた抵抗も試みようとしなかったという。さらに、彼らは山地の原住民の襲撃をしばしば受けたので、「埔眉蕃」に防衛させたという［伊能　一八九八：四一］。

道光年間に台湾兵備道（台湾道）の官職にあった熊一本による「條覆籌辦番社議」に端的に述べられているように、

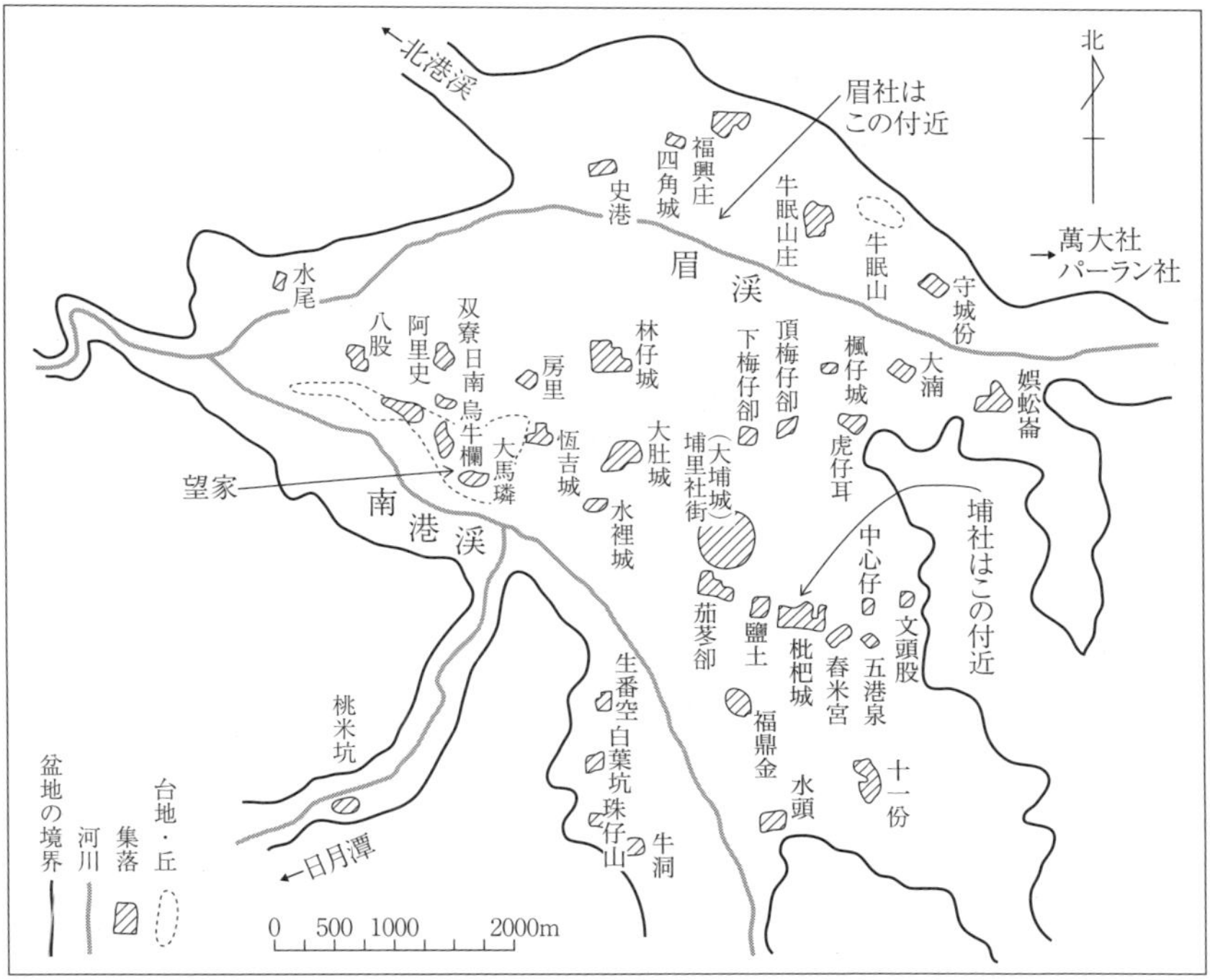

図3　埔里盆地における平埔族集落分布図（19世紀後半頃）
「埔里平埔族群的聚落形成」［簡史朗 1994:63］の図をもとに作成

「埔里社は道光三、四年、漢人に占拠略奪されることを慮って熟蕃を招いて開墾自衛させたところ、熟蕃の勢いが盛んになり、次第に生蕃を圧迫した」のである［伊能 一八九八：三六、一九〇四：一九二］。

平埔族の勢いが増したことによる影響は、租をめぐる争いの形としても現われた。もともと平埔族は地主である原住民と契約を結び、小作人として埔里に入植してきたのであり、平埔族は土地所有者である原住民に対して「亢五租」と呼ばれる小作料を支払う契約がなされていた。亢五租とは、原住民地主に対して支払われる租税の埔里における特殊な形態であり、全収穫の五％を租として収めるというものであった。この税率は、本来一般の佃農が支払うべき「承墾納租」の税額をさらに軽減したものであり、開拓当初から埔里の原住民地主には不利な条件が与えられていたことを示すものであった［鈴木　一九八七：二五二］。

さらに、平埔族入植者の増加に伴って原住民と入植者の勢力関係は完全に逆転し、亢五租という低率の租でさえも滞納や不払いなどが頻繁になり、元来土地所有者であるはずの原住民が租穀を得られず困窮するという状態になった。清朝は折に触れて文書で警告を発するなどして原住民保護の立場を取ろうとしたが、効果を発揮しなかった。むしろ埔眉蕃と平埔族との間で、租の奪い合いが強まり、数の力によって平埔族が勝利していったのである［鈴木　一九八七：二三〇―二三七］。

平和的な合意の下に入植を始めたはずの平埔族が、地主の立場にあった少人数の原住民を短期間に駆逐しながら埔里盆地内で開拓を進めていった事実を見ると、開拓初期において確かに平埔族が圧倒的勝利を占めたことは明らかであった。しかし、それも長くは続かなかった。平埔族の後に続いて漢人が埔里を目指して入り込んでくるようになり、西部平原地帯において漢人優勢のうちに進められた平埔族との生存競争の歴史がまた埔里においても再現されたのである。

伊能の調査した口碑によれば、一八六〇年前後に漢人の鄭勤先という者が部下を率いて埔里に交易に入ろうとしたが、これを拒否する平埔族と闘争になった。そこで鄭勤先は、平埔族の習俗に改め、名前も平埔族風に変えることによって居住を許された。それに続いて漢人が続々と入ってきて、のちの大埔城となるあたりに小市街を建設していった。この前後に平埔族と漢人との闘争がしばしば起こり、市街地が焼かれたことも二回ほどあったという［伊能　一八九八：四四、一九〇四：二九二］。

平埔族の移住人口が増え、また漢人も次々入り込み、盆地の事実上の開拓が進んでいたことから、清の朝廷には、有名無実化した入山禁止の措置を解除して埔里社を開こうとする意見が何度か出された。同治一三（一八七四）年になって、清朝は開山撫番を決定し、翌光緒元年、北路理番同知を中路撫民理番同知と改めたうえで埔里社に移転し、撫墾委員を置いて、これ以後公式に漢人の拓殖を奨励するようになった［伊能　一九〇四：二四九―二五七］。その後の歴史的過程を通じて、埔里盆地における漢人の圧倒的な人口増加とともに、漢人の政治・経済・文化的優位が確立されていったのである。

わずかに残った埔眉蕃にとってはこうした平埔諸族対漢人の生存競争はさらに過酷な環境を生み出す以外の何者でもなく、平埔族と漢人に挟まれたままさらに生活の場を失っていった。「埔眉二社の滅亡は実に道光三年以来のその後の五〇余年間にあるということが出来る」と伊能は述べている［伊能　一八九九：三六］。日本の植民地統治が始まる以前に、すでに民族としての埔眉蕃の命運はほとんど尽きていたのだった。

これに加えて、埔眉蕃のかつての地位に最終的な変更が加えられたのは、日本統治時代の明治三〇年代に始まった土地調査とそれに基づく土地整理という総督府による近代化政策である。総督府は大租権者に公債を与えて補償金とし、代わりに大租権を消滅させた。また、大租小租の関係を消滅させ、もと小租戸を業主としたのである［鈴木　一九八七：三〇四―三〇七］。この総督府の土地整理をもって、大租権者であった埔蕃と眉蕃の土地所有権は消滅し、これ以後、土地所有者集団としての民族的地位は失われたのである。こうして、埔里社と眉社は正式に歴史の舞台から退いたのであった［簡史朗　二〇〇二：四二］。

四　望麒麟とその一族

土地所有者集団としての埔里社・眉社が、総督府の土地整理によって最終的に消滅したあと、埔里盆地に残されたのはきわめて少人数の埔眉蕃の生き残りのみであった。浅井がポートレートを残した望阿参がそのひとりである。

そして、浅井の写真から七五年余りを経た現在、望阿参の子や孫たちは、埔里および台中に家業を展開し、生活の場を広げている。彼ら望麒麟の子孫たちは、どのようにして他民族との厳しい生存競争の歴史を生きてきたのだろうか。郭百年事件からの埔里開拓、埔眉社消滅の歴史的プロセスに、埔蕃の家系である望麒麟の一族はどのように関わり、そして今日にまで至っているのであろうか。

鈴木満男は、望家の歴史について、埔蕃であった祖先から現代までの流れを追う際に、まず祖先の位牌に書き残された祖先の名前に注目した［鈴木　一九八七：一—三］。道光四年及び八年に埔社において作成された土地開墾の契約書（「思保全招派開墾永耕字」、「望安招墾永耕字」）に現われる人名と照合した結果、位牌の祖先の名前（長世：大阿密・大科舌・大雅安、至萬、二世：大眉注仔・大老説・小老説、三世：抵肉、四世：小雅安）が契約書その他の文書に現われる蛤美蘭社の頭目そのほかの人物たちの名前（土目阿密・社主大舌・耆番老説・番大雅安・至萬・小雅安・抵肉・小老説・眉注仔）とおよそ一致することを指摘している。すべての人物が合致するかどうかは確定できないとしながらも、望家の祖先が、郭百年事件後、平埔族を開拓に招き入れた埔里盆地の原住民の指導者であったらしいことを明らかにしている［鈴木　一九八七：二三—二六］。また、劉韻珂の「奏勘番地疎」に引用された道光二六（一八四六）年の鹿港理番同知・史密の稟文に「埔裏社番目督律」の名があることから、この時、位牌に名前のある篤律（つまり督律）が埔里社の「番目」（原住民の頭目）を継承していたことがわかる［伊能　一九〇四：二一二、鈴木　一九八七：一—三］。

その後、光緒三年（一八七七）の北路理番同知による文書「光緒三年八月鹿港理番海防總捕分府彭給東螺社及恒吉城地方各佃戸諭示諭」には、篤律の後継者として望麒麟の名前が登場する。黄家に伝承されているところでは、望麒麟は咸豊一一年（一八六一年）生まれ、麒麟の父は澳漏（オラウ）という人物で、清代の文献に名前の出てくる埔里社の番目「督律〈篤律〉（トクリツ）」の兄弟であったといわれる。そして篤律・澳漏の二人は清朝軍に徴用されて「長毛征伐」に参加した際に亡くなった、とされているが、鈴木はこの「長毛征伐」に関して、タイヤル討伐のことを指すらしいと推測した［鈴木　一九八七：二一五］。一方、簡は、同治元年に台湾中部で起こった戴潮春の乱（一八六二―六五年）に際し、清朝が埔里社の屯丁を集めて参戦させていた事実から、二人がこのとき徴用されて戦役の途中で亡くなったのではないかと推測している［簡史朗　二〇〇二：四七］。

麒麟の父、澳漏の死が報ぜられたのは麒麟がわずか六歳のときであり、母莫娘はその後、楊姓の漢人と再婚し埔里の恒吉城の集落に住んだ。やがて幼い麒麟は、抜きん出た才能を見込まれて書房教育を受け、のちに科挙に合格したという。望麒麟二五歳の光緒一二（一八八六）年の文書には佾生の資格を得ていることが記されている［簡史朗　二〇〇二：四八―四九、七〇―七一、鈴木　一九八七：一一―一五］。

ところで、埔蕃の頭目督律の名前に代わって望麒麟が埔社の代表として登場したのはまだ秀才となる前の一六歳ごろからであった。頭目であった伯父が早くに亡くなったので麒麟は幼くしてその後を継いだと思われる。麒麟が埔蕃の代表となった頃には、埔蕃の生き残りはわずか六人、眉蕃はわずか一人であったとされ、これに対して平埔族による土地の占拠、租の不払いがはなはだしくなり、埔眉蕃の生活は困窮を極めていたらしい。上述の光緒三年に出された北路理蕃同知による文書「諭示」によると、官府側は、原住民の耕地を保護し、困窮した埔眉蕃を救おうとした。それによると、草地主である伯父と父が所有していた耕地がみな人に奪われ、また本来望麒麟が収得すべき租穀が手に入らなくなっていることに対し官府は、埔蕃頭目の正当な継承者であり、彼ら自身の権利を守る者として、望麒麟に土地所有と小作料「亢五租」を受け取る権利をはじめ恒吉城の口糧租、生番養贍租などの租穀の収取、管理分配を改めて認めるとしている［劉枝萬　一九五八：三二三、鈴木　一九八七：一三一―一四四、簡史朗・曾品滄　二〇〇二：六〇―六二］。

しかし、諭示にもかかわらずその後も小作料をめぐっては紛糾したようであり、不払い滞納について望麒麟は官府にたびたび訴え出ていたことが、古文書類によって明らかとなっている。土地開拓の当事者であった平埔族が、官府の警告を無視して、地主である原住民に対して相変わらず強い態度に出ていたことが伺える［劉枝萬　一九五八：三一三―三一八、鈴木一九八七：一三七―一四三、簡史朗・曾品滄　二〇〇二：六二―七二］。

その後、光緒一三（一八八七）年になって劉銘伝による土地制度の改革がおこなわれた。その結果、埔里においては埔眉蕃と平埔族の亢五租をめぐる闘争は一応の決着を見た。もめ事の焦点となっていた亢五租は官租に改められた結果、徴収の責任が埔里庁にゆだねられたことで、望麒麟は地主として租を確実に手に入れることが出来るようになったのである［鈴木　一九八七：一四四］。

その八年後の一八九五年、台湾は清朝の統治下から日本の統治下へ移ることになり、移行に際して台湾社会は混乱状態に陥った。日本軍による台湾平定のための侵攻に対して、埔里ではそれに抵抗する勢力による埔里社の役が起こった。この社会の混乱に乗じて、土地をめぐって望麒麟と対立関係にあった漢人が、平埔族数人に依頼して望麒麟を暗殺するという事件が起こったのであった。亢五租の受領者を抹殺すれば、支払いも必要なくなると考えたことが動機であったらしい［鈴木　一九八七：二〇二―二〇四、二五二―二五三　簡史朗　二〇〇二：四九―五二］。首謀者が漢人、実行したのが平埔族、被害者が埔蕃、というこの事件は、埔里盆地の開発史における三者の力関係を象徴するような事件であった。埔里の地主である「埔眉蕃」の頭目でもあった望麒麟の殺害事件は、埔里盆地における土地をめぐる諸民族の苛烈な生存競争と切り離して考えることはできないものだったのである。

麒麟の死から四年後の明治三二（一八九九）年、妻の莫氏玉は、麒麟の親友であった漢人の黄利用の長子黄墩仁を、一人娘望阿参の招婿として迎えた。父親の黄利用は台南出身の文人で、キリスト教の学校教員や義学の教師を経た後、埔裡社北路協鎮府の秘書官となった人物である。望麒麟とは親しく、また協力関係にあった。その子黄墩仁は、望阿参と結婚してから若くして実業家としての手腕を発揮した。日本政府が土地整理事業をおこなった際に亢五租の補償金代わりとして望阿参に与えた国債を換金し、これを元手に大規模な土地開発事業に着手して成功を収めたのであった［鈴木　一九八七：三〇七、簡史朗　二〇〇二：五一］。浅井写真にある黄望家の邸宅も、黄墩仁の事業の成功が背景となって造営されたものである。

黄墩仁と望阿参の子供たち一二人のうち、長子望阿福が望家を継いで、その子孫は現在台中県太平市を拠点として家業を営んでいる。分家の結果、現在の烏牛欄に住み続けている家族は、黄姓となり、先祖伝来の家屋敷を守っている。その後、台中の望家では民間信仰に基づいて望姓の前に黄姓を復活させ、再び黄望姓を名乗って現在に至っている［簡史朗　二〇〇二：五一―五二］。望麒麟の子孫たちは、鈴木の論文タイトルにも示されているように「〝漢蕃〟合成家族」を形成し、植民地時代から戦後にかけて、激しく変転する時代を生きてきたのであった(4)。

五　鳥居龍蔵の埔里調査と画像資料

鳥居の調査時における「埔眉蕃」の生き残り

ところで、ここで再び話を日本統治時代に戻し、埔眉蕃に関する鳥居龍蔵の調査記録を見ることにしよう。伊能が埔眉蕃の生き残りであるアボンとアッパに聞き取り調査を行なった三年後、鳥居が埔里にやってきた。そして埔眉蕃の生存者を求めて調査活動を行なった。その結果尋ねあてた何名かの名前が、浅井恵倫の調査に先立つ三八年前に鳥居によって記録されたのである。望阿参の名前がこの中にはあった。

明治三三（一九〇〇）年七月末に恩師坪井正五郎に宛てて書いた手紙の中で、鳥居は埔里盆地の最後の原住民埔蕃と眉蕃について報告している。そして鳥居が調査した結果かろうじて尋ねあてることができたわずか五人の埔蕃と、三人の眉蕃の生き残りの名前を記している。以下に埔蕃に関する鳥居の記述を引用する（句読点は著者）。

〝Poli-hoang〟

こは埔里社、茄苳脚社の地に古くより棲息せし最初の蕃族にして、其社名を〝Poli〟と申候。必竟今日埔里社の地名の起りしは全くこの社名より出でたるものに御座候。支那人は彼を呼ぶに埔蕃の名を以て致し候。彼等は平埔蕃支那人の移住なし来ると、もに其勢力を失ひ、加之多数の死者を出し、今や其地を失ひ各所に僅に数人をあますに至り候。小生は彼等の調査は今日最も急務と相考へ候を以て、出来得る限り官の便宜其他平埔の保助により、各所に散在せる埔蕃を僅かに見出候。其人員を記せば左の如くに候。

マライ（男子）（現今木履蘭庄住歳二十八）

莫王女（女子）（現今阿里史庄住歳三十九）

アッパ（女子）（現今枇杷城住歳四十二）

望雲奇（男子）莫王女ノ子（現今阿里史庄住歳十）

望阿參（女子）莫王女ノ子（同　同　歳十九）

我等の現今知れる埔里社のアポリジンたりし埔蕃は、僅に以上の五人に過ぎず、此五人にして全く死せんか、最早彼らは全く絶滅なすなり。されば小生は今日に於て彼等を研究し、且つ其を撮影なし置くの義務ある者と存じ候。小生は昨年千島に於て将に絶滅せんとするクリルスキーアイヌを見たりしに、今や又、當地に於て彼等の絶滅せんとするを見る、吾人は轉た彼らの盛衰に就て感慨なき能はず。小生は彼らを充分測定し且つ各方面より充分撮影いたし置候。

尚、言語も聊かながら採集いたし候。其等の言語は最早死語と相なり申すべく候［鳥居　一九〇〇：四七六］。

鳥居の記述にある望阿参が望麒麟の娘であることは、劉枝萬の著書においてすでに指摘されている［劉枝萬一九五八：二六〕。また、鳥居書簡には望阿参の母つまり望麒麟の妻「莫王」と、望阿参の弟、「望雲奇」の名も記されている。鈴木満男は、黄家での調査に基づき、鳥居の手紙に記された望阿参の母の名前について、「莫王」は間違いで「莫玉」が正しいと指摘している。「莫氏の娘、玉」という意味である。また、鈴木の調査によれば、莫氏玉は史港坑出身の漢人の娘であったということであり〔鈴木　一九八七：四六〕、それならば莫氏玉は埔蕃の一人に数えることはできないだろう。

また、望阿参の弟、望雲奇は、養子であったことを鈴木は指摘している〔鈴木　一九八七：一七九〕。望家を継承すべき男子がいないので、麒麟の生前に、恒吉城の漢人の家からもらいうけたのである〔鈴木　一九八七：三一六〕。したがって、鳥居が発見した五人のうち二人は正確には埔蕃ではないことになる。また望阿参は厳密には埔蕃と漢人の混血ということになる。マライについては、のちの鈴木の調査によって、蘇明という人物で、望阿参の親戚であったことがわかっている。鈴木は木履囒（欄）に在住するマライの子孫を探して聞き取り調査もおこなっている〔鈴木　一九八七：二五七〕。

また、上述の書簡の中では、もう一方の原住民集団である眉蕃（〝Bai-hoang〟）についてはおよそ次のように書かれている。

眉蕃は昔、現在の史港坑の地域に住んでおり、埔蕃とともに埔里盆地の原住民であった。眉蕃は埔蕃とは異なり、顔に入れ墨を施していた。この人々は今やほとんど絶滅しているといってもよく、自分はできるだけ探してみたが、次の三人の眉蕃しか知り得なかった。

アポン（女子）（現住枇杷城庄歳八十位）

阿生（男子）（現住埔里社城内歳二十）

阿金（女子）（現住埔里社城内歳十七）
アポンは当時の状況をよく覚えており、固有言語もまだ理解することができる。阿生と阿金は、父は眉蕃であるが、母は鯨面蕃マイパラ社の原住民（現在通事をしている）なので雑種子（混血）である。したがって、已に男子は一人も生存しておらず、アポンもすでに体が弱っていて死期が近いので、彼女が亡くなれば、眉蕃は絶滅する。そこで自分はこれら絶滅する種族の最後を弔うため、のちの記念にアポンを撮影した。この写真は埔蕃の写真とともに、後日、タスマニア人と同じく好標本になるだろう。雑種子ではあるが、阿生と阿金も後の形見として撮影した［鳥居　一九〇〇：四七六—四七七］。

鳥居の探し出した眉蕃の老女アポンとは、伊能が聞き取り調査をしたアボンのことであり、マイパラ社とはタイヤル族のマイバラ（眉原）社のことであると思われる。

鳥居龍蔵撮影による埔蕃と眉蕃

鳥居は上述の書簡の中で、埔里社最後の埔眉蕃について次のように述べている（句読点は著者）。


「最早彼らは全く絶滅なすなり。されば小生は今日に於て彼らを研究し且つ其を撮影なし置くの義務あるものと存じ候」

「小生は彼らを充分測定し且つ各方面より充分撮影いたし置候」

「小生は、是等絶滅種族の最後をとむらはん爲、後の紀念としてアポンを撮影いたし置候。」

「此寫真は埔蕃の寫真とともに、後日……好標本と相なるべきものと存じ候」

「雑種子ながら阿生、阿金も、後のカタミとて撮影いたし置候」〔鳥居　一九〇〇：四七六、四七七〕

鳥居はこれらの人物を撮影し、測定しておくのが人類学者の務めと考え、画像標本を後世に残そうとしたのであった。鈴木が黄家の歴史を調査研究した時期には、鳥居の資料はまだ整理・公表されていなかった〔鈴木　一九八七：一七九〕が、その後東京大学では、鳥居龍蔵画像資料の解析プロジェクトが進められ、ガラス乾板上に残された貴重な画像はすべて現像された。さらに、これらの写真の整理出版作業が進められたのである。現在公開されている東京大学総合研究資料館の「東アジア・ミクロネシア古写真資料画像データベース」には、鳥居撮影による写真が網羅的に収められている。鳥居書簡の記述をもとにデータベースを検索すると、「ポリ蕃」「眉蕃」という説明書きの付いた写真を見つけ出すことができる。これらの画像資料およびキャプションを鳥居の書簡や鈴木の調査などと照合してみるといくつか再考を要する部分があることが明らかになった。のみならず、鳥居の書簡の内容にも一部疑問が残った。以下にこれについて述べることにする。

先ず、データベースから「埔眉蕃」に関連すると思われる画像を探してみた。

写真14について

まず、写真14〈鳥居七〇四二〉から見ていくことにしよう。「埔里の平埔。ポリ蕃の姉と弟。埔里社の地名はこの族に由来。純粋のもの四人のみ。」との説明がつけられ、漢服を身に着けた若い女性と男の子が写っている。写真の説明は、鳥居のメモを参照して作られたものであろうか。まず「埔里社の地名はこの族に由来」とあるところから二人は埔蕃であることを示していると考えられる。当時、埔蕃は清朝に帰化していたが、平埔族ではなく、漢化の程度が浅いことによって化番（生蕃と熟蕃の中間）に分類されていた。「ポリ蕃の姉と弟」は鳥居の探し出した五

写真 14　〈鳥居 7042〉「ポリ蕃の姉と弟」

人の埔蕃のうちの二人であろうと思われるが、データベースの説明で純粋の埔里蕃は四人とされている点は、鳥居の書簡と一致しない。

写真の二人の年恰好から見るなら、鳥居書簡に記された五人のうちの望阿参（一九歳）、望雲奇（一〇歳）の姉弟に該当するのではないかと思われる。鳥居は望阿参の年齢を一九歳と記している。写真の女性はそれよりもやや若い印象を受けるが、数え歳で一九歳、ということであるとすると、満一七～八歳ということになるだろう。望雲奇は数え歳で一〇歳なら満八～九歳ということになる。この若い女性とその隣に写った男の子は、年齢的には鳥居書簡の記述とほぼ矛盾がないといえる。浅井写真より三八年前の、望阿参の若い頃の写真ということになるだろう。

鳥居写真の望阿参は、漢服を着て靴を履いており、髪も結っている。拡大してよく見ると、髪を後ろでまとめて細かい細工の簪か髪飾りのようなものをつけていることがわかる。同データベースに残された埔里の人々の服装と比べると、格段に裕福であるという印象を受ける。望雲奇は、靴は履いていないが、服はやはり他の写真に登場する子供たちとはデザインが異なり、質のよいものであることが伺える。二人の背景左側にかすかに写っている椅子は、竹で作られた細工物であるらしく、竹を編んだ細かい模様がほどこされていることから、一般の農家で使われる素朴な竹の椅子とは違うようだ。

撮影場所は家の前らしい。というのは二人の後ろに、丸い石をつなげて作った列のようなものが見え、その少し後ろに家の壁や窓らしきものが写っているからである。石の列は、盛り土をした家の土台を固めているものだろうか。それとも排水用の溝をつくるために掘った地面に嵌め込まれたものだろうか。写真の背景にかすかに見える建物が望家なら、埔里大地震後に建て替えられる以前の古い家ということになる。

一八九五年に望麒麟が殺害されてから鳥居が調査に訪れる一九〇〇年までの間に、五年の月日が流れている。主を失った家族はどのように暮らしていたのだろうか。日本の台湾統治開始後、莫氏玉は麒麟が残した土地の所有権を申し立てた結果、日本政府から認められ、亢五租受領の権利も維持された［鈴木　一九八七：二六五、三〇七、簡史朗　二〇〇二：五二］。それによって麒麟の死後も生活の安定が保たれたのであった。黄望家に残る記録では、鳥居の調査と同じ明治三三年、亢五租として一五二五円二二・五銭を受領していたことがわかっている［鈴木　一九八七：三〇七］。鳥居の写真もまた、彼らの生活水準の高さを示している。

鳥居が望阿参を探し出したのは、明治三三年七月であった。一方、望阿参が黄墩仁と結婚したのは明治三二年一二月のことであった［鈴木　一九八七：三〇七、簡史朗　二〇〇二：五一、五三］。したがって、この写真が撮影された時には望阿参はすでに結婚していたことになる。鳥居写真の中に、埔蕃という説明のついたものは写真14以外にはないが、書簡に述べられたとおりなら、鳥居はこの二人の母親である莫氏玉、アッパ、マライらの写真も残しているはずである。しかし、埔蕃というキャプションがついた写真はほかにはない。

写真 15　〈鳥居 7037〉眉蕃の兄妹

眉蕃に関わる写真

タイヤル系といわれる眉蕃の写真も残されている。〈鳥居七二二一〉および〈鳥居七〇七四〉（同一人物）については、データベースには（この老女は純粋の眉蕃と見て可なり、この老女死さば彼らは全く絶滅す）という鳥居のメモが付されており、鳥居書簡のいう眉蕃のアボンという女性を撮影したものであることがわかる（これらの写真およびその解析は次章参照）。また同じく眉蕃という説明書きがあるのは〈鳥居七〇三七〉である（写真15参照）。（埔裏社最初の蕃族眉蕃、兄妹にして母は黥面蕃マイバラ社の〇〇女、父は今なし）との鳥居のメモがある。これは鳥居書簡に記された眉蕃の混血の子供たち阿生と阿金の兄妹についての情報と一致する。鳥居のメモとの照合により、写真〈七〇三七〉の兄妹は眉蕃の末裔、阿生と阿金であると思われる（この写真およびその解析は次章参照）。彼らの母親についてのメモの内容も、書簡とは矛盾しない。

写真15について

ところで、この写真15〈鳥居七〇三七〉のキャプションには、「七〇四一参照」という説明があり、写真16の女性〈鳥居七〇四一〉が指示されている。一方、写真16の女性の写真の説明には「埔里の平埔。白い漢服に扇子。七〇三七の二人の母。」と書かれている。つまり、鳥居写真〈七〇四一〉と〈七〇三七〉（つまり写真15と16）は親子関係であるという説明になっている。しかし、この女性が写真15の二人の母であったとすると、写真15に付された説明と一致しない。写真16の説明には「平埔」とあるのに対して、写真15の説明では、二人の子どもの母親は「黥面蕃」（タイヤル族）とされているからである。

また、写真16の女性の服が漢服であり、椅子に座って扇子を持ち、格式を意識したような写真となっているのに比べて、写真15の子供たちは、これ以外の鳥居写真に写る埔里の農家の子供のような身なりである。これだけでも写真16との共通性は低く、親子であるとするにはかみ合わない印象を受ける。写真16の女性が埔里在住で、二人の子供がいるのならば、親子関係があるのは服装に共通点の多い写真14の二人の姉弟（望阿参と望雲奇）ではないだろうか。また、女性の後ろに写っている丸い石の列は、写真14の二人の姉弟の写真の後ろにあったものと同じものらしい。石の写り方の角度は違うが、写真14と16は同じ家の前で撮影されたものと推測される。これらのことから見て、写真16の女性は、鳥居が撮影の必要性を書き残した埔蕃五人のうちの一人、写真14の望阿参の母、莫氏玉（莫王女）であると考えられる。莫氏玉が、埔里の埔眉蕃を代表する番秀才・望麒麟の未亡人であったという立場を考えれば、その画像の人物の服装や雰囲気にも納得がいく。

ところで、鳥居メモがこの女性を「平埔」と記している点だが、莫氏玉について伝えられている民族的背景とは一致しない。黄望家の伝承に基づいた鈴木の研究によれば、莫氏玉は史港坑出身の漢人とされているからである〔鈴木　一九八七：四六〕。ただし、山路勝彦は、埔里の莫氏は苗栗県から移住してきたタオカスであると推測しており、鳥居のキャプションとの関連は検討の余地がある〔山路　一九九六：二五〕。史港坑はタオカスの移住者が多く住む集落であった。

写真16　〈鳥居7041〉

記憶のなかの写真

この報告を書いた後、二〇〇七年九月に再度埔里を訪れて、黄大鏐氏に鳥居の写真を鑑定してもらった。鑑定に際してはデータベースの写真をプリントアウトしたものを用意したのだが、黄大鏐氏は、意外なことに写真14と写真16の二枚の写真を子供の頃に見たことがあるという。日本統治時代、黄望家にはこれらの写真があった。黄大鏐氏によると写真14の二人は、望阿参と望雲奇の姉弟であり、また、扇子をもって座る写真16の女性は、望阿参の母で「番秀才」望麒麟の未亡人の莫氏玉である。これらの写真のうち、莫氏玉の写真は黄望家の壁に飾られていたが、日本統治時代のいつの頃か、父方の黄家の従兄弟がいたずらして破いてしまったのでもう残っていないという。また、もう一枚の望阿参と望雲奇の写真も日本統治時代には確かにあったがその後は見かけなくなり、どうなったかわからない、とのことであった。

ところで一九二四年生まれの黄大鏐氏にとっては、祖母に当たる莫氏玉（一九一六年死去）も、また、三五歳の若さで事故死した叔父の望雲奇も、直接の記憶のなかにはない。しかし、同氏が子供の頃に母がこれらの写真を示して、写っているのが誰であるのかを教えてくれたという。また、後年、望雲奇が亡くなったときの様子も、黄大鏐氏が写真の説明として母から聞いたものである。しかし、望阿参はそれらの写真の来歴については説明しなかったため、誰が撮影し、どのような経緯で手に入ったのかは黄大鏐氏にはわからないという。しかし、日本統治時代にすでに黄望家にこれらの写真が所有されていたことから考えると、鳥居龍蔵自身がこれらの写真を現像して黄望家に贈ったものと考えられる。自分の家族の写真が日本に残っていることは、黄大鏐氏は鈴木から知らされていた。鈴木は黄家に長期滞在して黄大鏐氏の家族の歴史にまつわる聞き取り調査を行ない、台湾統治をめぐる政治人類学の博士論文を一九八七年に東京大学に提出した。論文を提出してまもなく、鳥居写真を整理するためのプロジェクトが終了してカタログが出版され、鳥居がガラス乾板に残していた写真が公開されて日本でも台湾でも人々の注目を集めた。その頃、黄家を再訪した鈴木から黄大鏐氏は写真集を見せてもらったものらしい。鳥居の写真集としては、一九九一年に行なわれた特別展示のカタログ『乾板に刻まれた世界――鳥居龍蔵の見たアジア』〔東京大学総合研究資料館　一九九一〕、『民族学の先駆者――鳥居龍蔵の見たアジア』〔佐々木　一九九三〕があるが、上述の三枚の写真は掲載されていない。したがって黄大鏐氏が見たのは鳥居写真を網羅的に収めた『東京大学総合研究資料館所蔵鳥居龍蔵博士撮影　写真資料カタログ』〔東京大学総合研究資料館　一九九〇〕の方だったことになる。莫氏玉の写真〈七〇四一〉も望阿参姉弟の写真〈七〇四二〉もともに、この写真資料カタログの第三部（台湾2：タイヤル族・セデック族・ブヌン族・ツォウ族・カナカナブ族・サアロア族・サオ族・平埔族・漢人・その他）に掲載されているが、これらは市販された写真集ではなかった。かつてこれらの写真がおそらく鳥居龍蔵から黄望家に贈られ、屋敷内に飾られていたという経緯があったと考えられるだけに、そのようなゆかりの写真がもう黄家に現存していないことはいかにも惜しく思われた。

帰国後、東京大学総合研究博物館に問い合わせたところ、カタログはもう手に入らないとのことであったが、鳥居写真の管理を担当されている諏訪元教授並びに博物館からのご厚意として、黄家に対して三枚の写真〈七〇三九、七〇四一、七〇四二〉を大きく現像したものを譲っていただいた。そして二〇〇八年はじめに筆者が埔里を再度訪問した際、黄大鏐氏にこれらの写真を贈呈することができた。撮影から数えて一〇八年ののちに写真が我が家に戻ってきたことを、黄大鏐氏はじめ黄家の人々が感慨深く受け止めていたことを付け加えておきたいと思う。

黄大鏐氏とその家族は、望姓を受け継いではいない。望阿参の子供たちのひとりは望姓を継いだが、現在ではその子孫は再び黄望姓に復帰している。一方、黄大鏐氏はじめ他の子供たちとその子孫は望阿参の夫の黄姓を継いでいる。鈴木が博士論文の中で、婚姻によって原住民の家族と混ざりながら最終的には漢人が増殖していくプロセスを描いたように、現在の黄家の人々は、まったくのところ漢人と異ならない。父系出自観念の側面だけから見れば、望阿参の子孫は漢人になった、ということになるだろう。

写真 18　黄家の建物（2006 年筆者撮影）

写真 17　黄大鏐氏（2006 年筆者撮影）

自分の身体の中に原住民の血が流れていることについて、黄大鏐氏とその家族の人々はどう思っているのだろうか。筆者は黄大鏐氏に尋ねてみた。すると黄氏は、「自分は漢人でもなく、原住民でもなく、その両方だと思う。どちらか一方を選ぶのではなく、両方の血が流れていることをあるがままに受け止めている」と述べ、太平洋戦争中に軍属として徴用されて厳しい労働や危険に耐えて無事生還した経験を示しながら、苛酷な環境に耐えうる身に備わった強さは漢人のものではなく、原住民の祖先譲りのものである、と語った。そこにあらわれる「原住民」観には、外部社会から見た原住民に対する印象が多分に含まれているとはいえ、原住民を祖先に持つことの意義を、黄氏は自らの体験に基づいてその中に見出しているのであった。また黄氏の子供や孫たちも、自分たちの祖先に原住民の血筋が混じっていることを不思議な、そして興味深いことと感じ、否定することなく受け入れているという。

筆者が鳥居の写真を持って一月に黄家を訪れた日、黄家には、ＡＡ研から送られた浅井撮影による望阿参のポートレートと屋敷の内外の写真がちょうど郵便で届いたところだった。一九〇〇年と一九三八年に撮影されたこれらの写真の存在は、伊能嘉矩にはじまり鳥居龍蔵、浅井恵倫、鈴木満男へと続く日本の人類学・言語学のフィールドワーカーたちが、埔蕃の研究を通じてその家族との間に築いてきた長い交流のささやかな証であるとも言える。調査を通じて、本来それらを保管すべき人々の手許に画像記録が戻るためのお手伝いができたことは貴重な経験であった。

写真17と18は、黄家訪問時に筆者が撮影した黄大鏐氏のポートレートと現在の黄家の建物である。黄大鏐氏には、浅井が望阿参を撮影したのと同じ場所、黄家の三合院の大庁に座ってもらった。一九三八年と同じく壁や柱を背景にして撮影したが、建物は集集大地震後に修復されたものである。望阿参の後ろに写っていた壁の掛け軸は、地震で壁が壊れた際に破損し、現在は残っていない。また、家の前に生えているイブキの樹は、黄大鏐氏自身が子供の頃に植えたもので、浅井の訪問時にはまだ小さな若木であった（写真2参照）。

注

（1）「明」とあるのは「日月」のことで、写真の内容からも、日月潭を指すと思われる。
（2）パーテンはパーランの誤りか。パーラン社を指すと思われる。
（3）これらの写真内容については笠原［一九八八：一二一―一二三］の解説がある。
（4）日本統治時代とそれに続く中華民国の国民党政権時代を、黄利用、黄墩仁とその子供たちがどう生きてきたかの物語は、すでに鈴木満男の研究［鈴木　一九八七］に詳しい。

第二章　埔里における「眉蕃」の末裔

鳥居龍蔵撮影の古写真データベースには、鳥居龍蔵が埔里で撮影した眉蕃の少年と少女のポートレート〈鳥居七〇三七〉がある（前章写真15）。本章で筆者が探究しようとするのは、この写真に写った少年少女と、彼らをとりまくエスニック・グループの歴史と現在についてである。

前章でも述べたように、かつて埔里盆地には、タイヤル族マイバラ系統の眉蕃と、ブヌン族系といわれる埔蕃の二つの原住民グループが暮らしていた［伊能　一八九八：三八、馬淵　一九七四：二九二］。一九世紀初めに漢人が入植を企てる以前には、埔蕃と眉蕃は、東西に流れる眉渓をはさんで埔里盆地を南北に二分する勢力であった。北側に分布する眉蕃の勢力の中心は牛眠山の付近の眉社（眉裡《ヴァイリー》社、眉裏社）にあった。その背後には中央山脈がそびえ、眉蕃と関係の深いタイヤル族の住む地域へとつながっていた［台北帝国大学土俗人種学研究室　一九三五：七六］。一九世紀初めごろまでは埔蕃と眉蕃とは眉渓の南北に棲み分け、勢力のバランスも取れていたらしい。しかし、漢人植民者の暴力的侵入や平埔諸族開拓民の移住による圧迫によって、埔眉蕃の人口は短期間に激減していった。その後、埔里盆地の開拓が進み、開山撫番を経て埔里における漢人の優位が確立していく過程において、埔眉蕃の民族集団はついに消滅したのである。この経緯については、伊能嘉矩をはじめ、劉枝萬、鈴木満男、鄧相揚、簡史朗らによって研究が進められてきた［伊能　一八九八、一九〇四、劉枝萬　一九五八、鈴木　一九八七、鄧相揚　一九九六、簡史朗　二〇〇二、二〇〇五a］。筆者はこれらの先行研究を参考にしながら、鳥居龍蔵の写真の中に残された眉蕃の末裔に焦点をあて、埔里盆地における眉蕃の消滅のプロセスと彼らの末裔のその後について、清代の記録や古文書ならびに日本時代の戸籍データを合わせ用いながら探索していきたい。

一　平埔族の入植と眉蕃の激減

清朝の官吏による記録

嘉慶一九（一八一四）年、郭百年に率いられた漢人の一団が、開発の及んでいない埔里盆地への入植を謀って、現地の住民であった埔眉蕃を急襲し、大多数を殺戮するという一大虐殺事件を起こした。その結果、埔蕃も眉蕃も多くの成員を失い、山に逃げ込んだ者も多かった。嘉慶二二（一八一七）年、清朝政府は禁碑を立てて埔里への漢人開拓民の進入を禁止し、逃げた住民を呼び戻した。しかし人口が極端に減った埔蕃は、眉蕃とその背後の山中に住むタイヤル族からの攻撃や、盆地に侵入してくる漢人に脅威を感じ、西部平原から平埔族諸族を招致した。そこで平埔族による埔里開拓が小作契約に基づいて組織的に開始されたのであった［伊能　一八九八：三九―四〇、一九〇四：一八一―二三〇、劉枝萬　一九五八：一九、衛恵林　一九八一：三一―三二、鈴木　一九八七：九八―九九］。

平埔族の埔里移住に際しては、埔蕃との間で平和的な合意によって契約が交わされ、組織的な開墾が行われたところに特徴があった。開拓には、台湾中西部の平原地帯に原住していたホアニャ、パゼへ、パポラ、バブザ、タオカスなどの五つの民族の人々が居住地の村などを単位としてまとまって参加した。開拓団の移入は、道光三年を皮切りに、次々と進められていった［伊能　一八九八：三八―四八、劉枝萬　一九五八：二八―九五］。埔蕃と平埔族との開拓契約書である〈合約字〉や〈合同約字〉、また開拓団への土地の分割状況を記した〈鬮分名簿〉と呼ばれる文書を見れば、平埔族各社の人々が整然と開拓区域を分割して開墾に入ったことがわかる［劉枝萬　一九五八：三九―九〇］。

その後数十年の間に何度かのまとまった集団入植が眉渓の南側において行われたのだが、その結果、埔里盆地の民族構成、人口、そして民族間の勢力関係は著しい変化を遂げることになった。平埔族開拓団が埔里盆地にやってきて定着するたびに開拓民の流入人口は大幅な増加の一途をたどった。農地を得て定住した人々の自然増加の勢いもあり、まもなく平埔族は埔蕃の人口をはるかにしのぐようになった。やがて、自分たちの強勢を背景に、次第に原住者であり土地の所有権を持つ埔蕃との関係を逆転させていった。つまり、清朝時代の官吏であった熊一本の報告にもあるように、埔里盆地を漢人に再び占拠略奪されることを慮った埔里社（埔社）の埔蕃が平埔族を招いて開墾させたところ、平埔族の勢力が盛んになり、逆に埔里社側の住民が圧迫されるようになったのである［伊能　一八九八：三六、一九〇四：一九二］。

平埔族の開拓民は地主から土地を借りている小作人の立場であり、埔蕃に対して租を支払う必要があった。実際、平埔族は埔社に対して全収穫の五％を租として収める「亢五租」と呼ばれる小作料を支払う契約を結んでいた。この税率は一般の佃農が払うよりずっと低く抑えられており、小作人の負担が軽くなるようにできていた［鈴木　一九八七：二五二］。しかし、入植者の増加に伴って埔蕃と平埔族入植者の人口と勢力関係は逆転し、滞納や不払いの横行により埔蕃が小作料を得られず困窮するという状況が常態化した。この点において、埔里の開拓民に対する清朝の統制はほとんどとれていなかったのである［鈴木　一九八七：一三〇―一三七］。

一方、埔蕃と比べて相対的に人口が多かった眉蕃も、平埔族開拓民が増加したことに伴って次第に圧迫されるようになった。この時期に埔里を訪れて現地視察をおこなった清朝の官吏が書いた報告をたどると、平埔族の移住者増加と人口逆転の経緯、およびその中で眉社がどのような位置づけにあったかがわかる。

道光三（一八二三）年に査察のために埔里を訪れた北路理蕃同知の鄧傳安の報告「水沙連紀程」によれば、当時、埔里社に他所から新しく入植してきた平埔族はまだ二〇余戸に過ぎなかった［伊能　一九〇四：一八九―一九二］。この当時、眉渓の北側にあった眉社の眉蕃の方はまだ平埔族との間に小作契約を結んではいなかった。

それから一八年経った道光二一（一八四一）年、埔社ではすでに大規模な移民団の第四派が開拓に入り、埔社との間に〈望安招墾永耕字〉および〈承管埔地合同約字〉などの契約書をそれぞれ作成し、土地を分割して開墾を始めていた。しかし、それとは別に、眉社にも埔社にも平埔族が許可なく潜入して違法な私的開墾を始めていた［劉枝萬　一九五八：一六一―一六二、一六七―一六八］。台湾道の官職にあった熊一本による実地見聞報告「條覆籌辦番社議」には、「眉社には阿里山の熟蕃百人余りがおり、新たに当該社に潜入して数百甲を私墾している。また淡水、岸裡、樸仔社熟蕃数百人が開墾の噂を伝え聞いて、内山に潜入して埔社を私墾している。彼らは厳しい査察に恐れをなして自分たちを追い出さないよう請願し、業戸（地主）と共に耕作手続きを願い出たため、目印を挿して界を定めた」［伊能　一九〇四：一八九―一九一］とある。このように埔里盆地には、契約による開墾と、私墾とが混ざり合った状況が展開され、眉渓の北側の眉蕃の居住地域にも大勢の平埔族が禁を犯して侵入し、住み着いて勝手に耕作を行うようになっていたのである。このような、埔里における新しい勢力の展開は既成事実化しており、侵入した人々に対して、すでに実行してしまった私的な開墾については、咎めないようにして後の患いをなくさなければならないという主張が清朝内部でも起こっていた［劉枝萬　一九五八：一六七―一六八］。その六年後、道光二七（一八四七）年に浙閩総督の先遣として水沙連番地を視察した鹿港同知の曹士桂は、埔社と眉社における移住民に関する記録を日記に残した。それによると、「埔社には、既に約二百世帯の熟蕃が住み着いて二、三千甲の熟田を開墾しているので、里を形成して茄苳城とすることを許可した。熟蕃と今年新しく来た漢人の商店の住民が数十世帯あり、次第に人口が増加して繁栄していく様子が見える」とあり、平埔族に続いて漢人商人もすでに入り始めていたことがわかる［曹

士桂　一九八八：一七二〕。眉社については、「すでに耕作している田畑が数百甲あり、新たに来た熟番の家から立ちのぼる煙は数十にもなり、現在荒地は切り開かれ、家が建てられている。昔、生番は二〇～三〇戸しか住んでいなかったが、将来は主客転倒して、不敵の勢いが見える」とある〔曹士桂　一九八八：一七二〕。

それから間もなく、浙閩総督の劉韻珂が皇帝の命により台湾を訪れ、水沙連番地の視察を行った。劉韻珂による報告書（上奏文）「奏勘番地疏」（一八四七年）によれば、当時、埔里社の可墾地四〇〇〇余甲に対して埔蕃の人口は二七人、入植した平埔族は約二〇〇〇人であった。また、眉社の可墾地二〇〇〇余甲、入植者四〇〇～五〇〇人に対して眉蕃の人口は一二四人に減っていた[1]〔伊能　一八九八：三五、一九〇四：二一〇〕とある。道光三（一八二三）年からわずか二四年の間に、平埔族と埔眉蕃との間に圧倒的な人口差が生み出されていたのである。

しかし、眉蕃の人口減少は埔蕃ほど極端ではなく、まだ二つの集落を維持するに足る人数が保たれていた。眉渓の北側の眉蕃の主な集落は眉裡社と水眉裡社であったが、劉韻珂の先遣として埔里を訪れた曹士桂が埔社に入った四月九日には、当地の役人たちと共に埔社、眉社、水眉里（裡）社の三社の原住民男女数十人が出迎えていたと記されている〔曹士桂　一九八八：一七〇―一七二〕。翌日の記述では、曹士桂は埔社、眉社、水眉里社の三社の原住民男女七〇余人に布や織物、紙の花、珠などを送ったことが記されている〔曹士桂　一九八八：一七二〕。埔社の埔蕃の全人口が二七人なので、曹士桂が会った眉社・水眉里社の眉蕃の成人男女の人数は五〇人以上いたはずである。これはもちろん眉蕃の全人口ではなく、清の高官を出迎えるために出てきたおもだった成人男女の人数だったと考えられる。

また、同日の日記には、水眉里社は眉社の西北の山麓にあり、二〇～三〇戸ほどの社であると記されている。曹士桂はこのとき水眉里社に直接の訪問はしてはいないが、水眉里社の集落を目視している〔曹士桂　一九八八：一七二〕。眉社の二〇～三〇戸に水眉裡社の二〇～三〇戸を加えると四〇～六〇戸ほどの戸数であった。簡史朗は、平均して五〇戸、一戸あたり五人で計算し、当時の眉蕃の人口は二五〇人ほどだったと推定している〔簡史朗二〇〇五a：三二]。

さらに一八四七年の劉韻珂の上奏文には、徐饍棋という人物を中心とする新来の平埔族四〇〇～五〇〇人が、眉社の土地への大掛かりな焼き討ち・略奪事件を起こした顛末について書かれている。その詳細は「新たに来た熟番・徐饍棋が人々を率いて私的耕作を行い、番目・改努の子孫の墓を掘り、死体を捨て、番寮を焼き払い、牛を奪い、思うままに物色した」[伊能　一九〇四：二一七、劉枝萬　一九五八：一九〇]というものであった。当時、劉韻珂は徐饍棋の事件を厳しく処理した。しかし、この事件によって眉蕃は増大し続ける平埔族勢力からのさらなる打撃を受けたのである。

眉社は招墾を拒んでいたものの、こうした事態を防ぎ切れなくなり、道光三〇（一八五〇）年には正式に平埔八社と招墾の契約を取り交わした。このとき眉蕃は自分たちの保有地を残さず、眉社のすべての土地を小作に出してしまったにちがいないと簡史朗は推測した[簡史朗　二〇〇五a：三七]。その契約の後まもなく、眉蕃は眉社を捨てて集団で山へ移住したと考えられている[伊能　一八九八：三五、鄧相揚　一九九六：一三一一八、簡史朗　二〇〇五a：四一]。

埔里には、平埔族の開拓者に加えて漢人も続々と入り込んできていた。そして、一八七五年の開山撫番の前後から更に多くの漢人が埔里に流入した結果、埔里盆地における優位を確保したかに見えた平埔族は漢人との生存競争の中で劣勢に転じ、埔里は漢人優位の社会として拡大発展していった。そして、劉韻珂の台湾視察報告から三〇年後の光緒三（一八七七）年に出された清朝の諭示には、埔里の埔蕃は六人、眉社の眉蕃はわずか一人と記されている[簡史朗　二〇〇二：六〇―六一]。埔里の開発をめぐる民族間の生存競争の激流の中で、元の住民である埔眉蕃の民族集団はごくわずかな人数だけを残して消滅したのであった。

眉蕃の突然の消滅

それでは、眉蕃はどのようにして平埔族に眉社とその周辺地域の土地を明け渡し、わずかな生き残りを残して埔里盆地から消えたのだろうか。簡史朗は、現在埔里に残る清代の契約書を清朝の役人の記録と照らし合わせ、そのプロセスを追っている。

眉社の場合、埔社と異なり、外部からの耕作者受け入れを行っていなかった。したがって、社内の平埔族は全て紛れこんで来た者であり、清朝の取り締まり規定に当てはまった。そのため劉韻珂が眉社を視察に来ると聞いて、侵入して耕作を行っていた平埔族は処罰を恐れて逃げてしまったのである。古文書やその他の文献によると、道光二八、二九年の間に眉社地域で私的耕作を行った平埔族は役人によって完全に駆逐された。［簡史朗　二〇〇五ａ：三三］。しかしこの二、三年後、眉社は平埔族と正式に小作契約を結んだことが古文書の記録に残されている。『水沙連眉社古文書研究』に収録した〈道光三十年元月給墾字〉（一八五〇年）と〈咸豊元年九月給墾字〉（一八五一年）の内容のうち、前者には、台湾道徐宗幹による堂諭の内容が触れられており、原住民からの願い出を受けて、とりあえず原住民の飢餓救済のために小作受入れと耕作を許し、原住民の飢餓救済とするが、但し小作受け入れと耕作に関して朝廷からの許可はまだおりていないという説明が付されている。後者の記述では、原住民側の哀願により役所から特別に小作受け入れの許可が出たという説明がなされており、現実との妥協がなされた経緯が記されている［簡史朗　二〇〇五ａ：三六］。小作受入れは、眉蕃にとっては他民族による侵入と私墾を解消し、契約によって小作料が手に入ることによる利点があった。一方、平埔族にとっても好都合であった。西部開発の過程で漢人開拓民の圧迫を受けて土地を失い困窮していた平埔族は、私墾を摘発されて埔里から追い出されても帰るところがなかったからである。平埔族は、「眉社自らによる小作耕作受け入れ」という名目で、立入禁止の蕃地への越境および私的侵入耕作の責任追及を免れることができたのであり、埔里盆地ですでに得ていた利益と絶対的な優勢を継続することに成功したのである。［簡史朗　二〇〇五ａ：三六］。

別の古文書〈道光三十年四月牛眠山佃戸八社熟番具甘結字〉（一八五〇年）は、当時正式に眉社と耕作請負の契約をした平埔族八社からの小作契約の願い出の文書である［簡史朗　二〇〇五ａ：四七二―四七三］。そして咸豊元（一八五一）年一〇月には、牛眠山の小作人頭・潘永成が「生番の食糧、大租粟百石」を準備した［簡史朗　二〇〇五ａ：四七四―四七五］。このときに作成された〈収租清款甘愿手摹完結字據〉によると、埔眉社正通事がその場で検収し、眉番正通事の立会いのもとで、眉社において眉社蕃の頭目である眉沙朗、歹麼加非ら二人に粟一〇〇石の租を手渡したことが記されている［簡史朗　二〇〇五ａ：四七四―四七五］。この証文は、一八五一年の年末まで眉社の人々はまだ牛眠山の本拠地におり、社を挙げて移転してはいなかったことを証明するものであると簡は指摘している［簡史朗　二〇〇五ａ：三六］。

さらに、これら二つの古文書によれば、眉社は社のすべての土地を平埔族の耕作用に提供したにもかかわらず、それによって得られたのが契約内容とは釣り合わないわずか「百石」の租のみであり、この一〇〇石の粟は眉社の人々全員の年間必要量には満たないことから見て、簡は、眉社の人々がすでに行き先を手配し、社を捨てて遠出する準備をしていたのだろうと推測した［簡史朗　二〇〇五ａ：三七］。

二　日本統治時代初期における眉蕃調査

アボンの証言

以上のような先行研究の分析を踏まえ、眉蕃の行方についてさらに考察を進めるために、まず、日本統治時代の人類学者による記録を振り返ってみることにする。

一八九五年に日本統治が始まってまもなく、相次いで埔里盆地に調査にやってきた伊能嘉矩と鳥居龍蔵は、埔里に残っていた眉蕃と埔蕃を探し出し、記録を残した。伊能は枇杷城にすむアボンという眉蕃の老女から昔の話を採集した。伊能の論文と日記の記録の両方に記されたアポン（論文ではAvon、日記では阿網と表記している）の話の概要はおよそ次のとおりであった。[2]

自分が十何歳かの少女のときは、眉社蕃の数は一〇〇余人ほどの多くの人数があった。埔蕃はわずかに五戸一五～六人いるだけだった。しかし他の平埔族（Taritsi）が入ってきて、（平埔族と眉社蕃が）互いに闘争するようになり、眉社蕃はついにこれに抵抗する力が尽きて次第に内山つまり北港渓および萬大社、霧社の中に入り退いた。自分はこの時すでに（埔里の）北投社の平埔族に嫁いでいたので山に入るのを免れた［伊能　一八九八：三五、森口　一九九二：六四―六五］。

大勢いた眉蕃が短期間にほとんど埔里からいなくなったという劇的変化をアボンは目撃していたのだった。三年後の一九〇〇年、埔里を訪れた鳥居龍蔵も、伊能に続いて〝Bai-hoang〟（眉番）を探し出した。前章ですでに坪井正五郎にあてた鳥居書簡の概要を述べたが、以下に鳥居の原文を引用する。

小生は出来得るだけ尋ねしも、彼等を知りしは僅に左の三人に御座候
アポン（女子）（現住枇杷城庄歳八十位）
阿生（男子）（現住埔里社城内歳二十）
阿金（女子）（現住埔里社城内歳十七）
アポンはよく當時の事情を知れり。且つ言語も尚解し申候。阿生、阿金は、父は眉蕃なりしも、母は黥面蕃マイパラ社の蕃女（今通事をなせり）なれば、雑種子にて候。以上に因て見れば最早男子は一人も存せず、アポン

もすでに身躰衰弱なし居り候を以て、死期近し彼女にして死せんか、是に於て乎眉蕃は全く絶滅いたし候。されば小生は、是等絶滅種族の最後をとむらはん爲、後の紀念としてアポンを撮影いたし置候。此寫眞は埔蕃の寫眞とともに、後日タスマニヤ種族に於けると等しく好標本と相なるべきものと存じ候。雑種子ながら阿生、阿金も、後のカタミとて撮影いたし置候〔鳥居　一九〇〇：四七七〕。

前章でもふれたが、書簡でアポン、と記されている老女については、眉蕃の生き残りが極めて少ない状況から見て、アポンは伊能の言うアボンと同一人物であると考えられる（以下統一してアボンと称す）。また、鳥居によると、阿生と阿金の父は眉蕃であったが、母は黥面蕃マイバラ社の女性、つまりタイヤル族であるので、子供たちは純潔の眉蕃ではなく雑種子つまり混血であるという。そして鳥居は後の記念にと、アボンのポートレート二枚と、冒頭に紹介した混血の兄と妹のポートレート一枚を撮影している〔鳥居　一九〇〇：四七六―四七七〕。

鳥居撮影による眉蕃の末裔

鳥居が撮影した眉蕃の老女の写真は〈鳥居七二二一〉および〈鳥居七〇七四〉である（写真1、2参照）〔鳥居龍蔵写真資料研究会　一九九〇：plate 二二五、plate 二三八〕。〈鳥居七二二一〉には「この老女は純粋の眉蕃と見て可なり、この老女死さば彼らは全く絶滅す」という鳥居のメモがついている。写真には眉蕃の特徴とされた入れ墨が頬に刻まれている様子が写っている。伊能は、アボンの年齢については、六〇余歳ぐらい（一八九七年当時）〔森口　一九九二：六五〕と記し、あるいは六〇歳に近い年齢〔伊能　一八九八：三五〕であるとし、鳥居は八〇歳（一九〇〇年当時）〔鳥居　一九〇〇：四七七〕と推定している。伊能と鳥居の調査には三年の時間差があることを考えるなら、二人の推定値は一七歳分の差があることになる。見た目の印象は観察者によって大きく異なるものであり、不確かなものであるといわざるを得ない。

アボンの記憶では、彼女が十何歳かの少女の時には眉蕃はまだ一〇〇人以上（単に大勢という意味かもしれない）埔里に住んでいたが、その後、次第に山に入ったという。眉蕃が山に入るという出来事は、郭百年事件以来何度かあったにしても、その後眉社の人々がいなくなったことをアボンが記憶していることも考えるなら、アボンの言う眉蕃の内山移住は最も新しい時期のもの、つまり埔里盆地からの最後の集団移住であった。そしてその時期は一八五一年以前のことではない。なぜなら、前述のように一八五一年一〇月にはまだ眉社に眉蕃がいたと推測されるからである［簡史朗　二〇〇五ａ：四七四―四七五］。

写真１〈鳥居 7221〉

写真２〈鳥居 7074〉

ところで、アボンの実年齢が伊能の推測に近い六〇歳なら一八三七年生まれ、清朝の記録にある眉社の人口が一二四人であった一八四七年にはアボンはまだ一〇歳だったことになり、「一〇〇人以上」の眉蕃がいた時、自分は少女だったと述べていることから、アボンの証言は清朝の記録と矛盾しない。眉蕃が確かにまだ埔里にいた一八四七～一八五一年頃にアボンが一〇歳代だとすれば、伊能の調査時には六〇歳代のはずである。
一方、もしもアボンが鳥居の言うように一九〇〇年に八〇歳なら一八二〇年生まれであり、一八四七年には二七歳であるから、眉蕃が大勢いたのは少女の頃だったというアボンの証言内容とは適合しない。また、もし一九〇〇年に七〇歳なら、一八五一年にはアボンは二一歳なので、もう少し若い実年齢を想定すべきだろう。

以上の諸点から見て、アボンは一八三〇年代半ば以降の生まれで、伊能の調査時には六〇歳代、鳥居の調査時にも七〇歳未満の年齢だったと推定される。そして、眉蕃が次第に山に入って埔里から消えた一部始終をアボンは目撃していた。その口述からアボンが経験した事実を整理区分すると、①眉社に眉蕃が大勢いた時期、②平埔族が入ってきて眉蕃と闘争するようになった時期、③眉蕃は次第に山に移住して埔里からいなくなった時期、の三段階に分けられる。互いに少しずつ重なりあう三つの時期のうち、徐轒棋の事件の時期はアボンの述べている②の内容に相当する。③については、全村民が一斉に棄村したというよりは段階的に移住した様子が窺える。

三　眉蕃の行方

眉蕃の内山移住

山に入った眉社の人々の行方についてはアボンの証言のほか、日本統治時代の記録が参考になる。明治三五年(一九〇二)一二月一三日の『台湾慣習記事』第二巻第一二号「台中県下移住民調査書」に記載されている眉社の移転については、次のような事情があった。

埔里の化番(埔眉蕃)は昔、悪疫が流行したことにより、埔蕃はほとんどその血統の人々が滅びてしまい、眉蕃はまだそのような惨状にならなかったとはいえ、悪疫の侵入を恐れた数十名が次第にパーラン社に移り、その残りが萬大(バンダイ)に逃げて行った。これにはもう一つの事情があった。当時、マイバラ社番がナカベーナ地方に出草している隙を突いて、蕃人が社の郊外で農作業をしていたマイバラ社人を一人斬首したことから両者の関係に隙間が生じ、互いに敵視するようになった。しかしマイバラ社の方が優勢であったので、眉蕃はこれと角逐するのに耐えられず、のちに仇討されるのを恐れて萬大社に入ったものだ［台中県調査　一九〇二：八二］。

ここでは平埔族の圧迫ではなく、疫病を避けて山に入ったと説明されている。また、萬大社に移った眉蕃が同系統のマイバラ社に逃げ込まなかった理由が記され、先に数十人がパーランに逃げていき、残った者がのちに萬大社へ行ったということになっている。

写真3　〈台大 A685〉パーラン社、スーク社（1934年宮本延人撮影）

写真4　〈鳥居 7447〉マイバラ社

また、タイヤルの人々の村落の中に混じっている埔里からの移住者グループのことが注目されているのは、昭和一三年に出版された『高砂族調査書』第五編の蕃社概況の記録である。同書によれば、パーラン社には埔里からの移住者が混入していた。それによると、調査を行った時点から約八五年前に、埔里の史港（坑）付近に居住している一九戸が漢人による圧迫を受けたため、うち一〇戸は霧社付近に来てパーラン社に合併したという［台

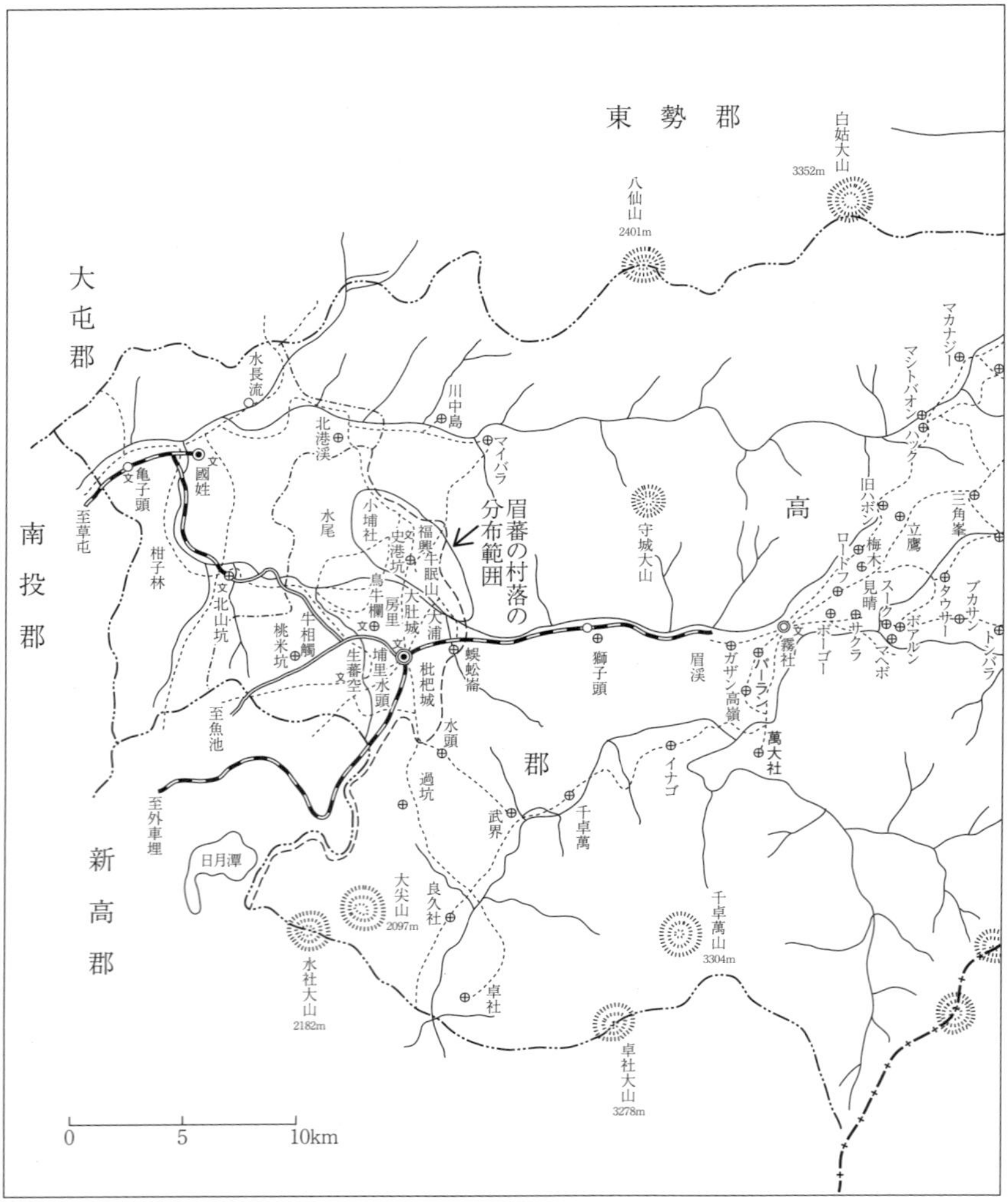

図4　眉蕃の分布領域及びその周辺との関係図
『水沙連眉社古文書研究』［簡史朗 2005a:31］の図をもとに作成

湾総督府警務局理蕃課　一九三八：一二八］。この記述は、平埔族ではなく漢人の圧迫を受けたとしている点が特徴である。タイヤルの人々への聞き取り調査に基づく年代推定は曖昧さを伴うものではあるが、一応その数字から遡ると、約八五年前とは、一八五三年頃のこととなる。

また、同書には次のような報告もある。約八〇年前に、埔里街史港（坑）付近にあった部族一九戸が、漢人の圧迫を受けバンダイ（萬大）社に移住して来て、このうちの九戸がバンダイ社に合流した［台湾総督府警務局理蕃課　一九三八：一三四］というものである。一九三八年から約八〇年前は一八五八年頃のことである。前述のパーラン社への移住についての記述と合わせると、五年ぐらいの時間差があるものの、約八〇〜八五年前、つまり一八五〇年代に、埔里街史港坑の付近の先住民一九戸が、悪疫流行や漢人の圧迫、マイバラ社との敵対関係のため、集団で二度にわたって山奥に移住し、そのうち一〇戸がまずパーラン社に、残り九戸はその後に萬大社に合流したことになる。史港坑と牛眠山の間のあたりに眉社があったと考えられているので、史港坑付近というのは眉社のことを指すと考えられる（図4参照）。また、年代推定の根拠は住民の口述に基づくものらしいが、アボンの話や古文書の分析と照合すると、大きく矛盾しない推定年代が示されている。

芝原太次郎による口述記録

眉蕃の移住については、芝原太次郎が昭和初期に蕃地の警察官から採集した口述記録がある。芝原は植民地時代に埔里に住み、埔里の歴史や文化に関心を持って、様々な文献の抜粋や、考古・民族・文化・言語に関する自身の調査データなどを整理して『郷土埔裏社』という手稿本を制作した。原著はすでに失われているが、劉枝萬著『台湾埔里郷土志稿』上巻［一九五一］のなかには、芝原が聞き取り調査を行った眉蕃の移住に関する口述記録が中国語訳されて残っている。これらの記録は当時でなければ得られない一次資料として貴重である。以下に劉の著作を日

本語に訳して引用する。(3)

〈萬大社パーラン社方面口碑〉

約一〇〇年前（一九三五年から計算して）、漢人が続々と埔里平原を侵略したことにより、眉蕃は次第に祖先伝来の土地を失い、内山へ逃避を開始した。最初は眉渓上流の右岸にある楓仔林に住んだが、しばらくして霧社に入り、そのうちの一部はパーラン社にとどまり、残りはパーラン社南方の川の谷底に移住した。その後、そこが住むのに不適当であったため再び萬大社の山中に移り、しばらくして萬大社と合流した。その後かれら新移住者は、風俗習慣をすべて萬大社のそれに倣ったが、しかし当該社の伝統の慣例（たとえば播種や収穫などの祭祀のこと）などは絶対に同じように行うことは許されなかった。パーラン社でもこれと同じようなことがあり、今に至るまで両社は新来者に対して来歴秩序などを画然と区別しており、新移住者は土着蕃から蔑視されている。その他、シパオ社、トウガン社にも同様に眉蕃の移住者が数戸ある（通蕃情者　坂本警部　及びパーラン社ルモ－ルルの語るところによる）［劉枝萬　一九五一：一六二－一六三］。

〈霧社方面口碑〉

萬大社と霧社、パーラン社と合流し、その言語及び風俗も同化されている眉蕃は、彼らの数字の観念がはなはだ稀薄であるため確信を持って言うことができないものの、大体約一〇〇年前に眉社から北方に移り住んできた。その原因は最初眉社に居住していた時、漢人の圧迫を受け、ついにその故地を放棄して眉渓右岸の楓仔林にのがれ、続いて、川をさかのぼってシパオ社、トウガン社、パーラン社に来住し、またパーラン社と萬大社の境界の濁水渓左岸に移り、また、萬大社の東方に至り、最後は萬大本社と合併したという。何か所もさまよっていたからいつのことだったかはっきりしないが、あるとき天然痘に悩まされ、病死した者がはなはだ多く、その残りの一部分はシパオ社、トウガン社、パーラン社に分かれて何人かずつそこに残り、大部分は萬大社に移り住んだ。現今の彼らが天然痘という言葉を忌み嫌い、「天然痘」（蕃語 ブキラフ）と述べなければならないとき、必ず「かつての病気」（蕃語 ムッタハルラリ）と言い換えることからも、それがいかにひどいものだったかがわかる。萬大社の老蕃サッポ（一九三二年死亡、推定八五歳）はかつて彼が五、六歳の時に母親に背負われて遠くムラウツから萬大社に移住してきた。これから推測すると、今から約九五、六年前である。その語るところではムラウツは史港から小埔社付近の地名であり、われわれは彼らがそこからの直接の移住者であったことを知ることができる（通蕃情者坂東磯次警部及び吉岡重義巡査部長談）。

また、ルモ・ルル（すなわちムラウツから霧社及びパーラン社に移住した者の子孫）の語るところによると、われらの祖父は以前三条崙方面からこのパーラン社へ移住してきたものであり、現今の風俗習慣・言語はみなこの蕃社に倣っている。しかし種蒔きと収穫などの祭祀だけは行うことを許されず、土着蕃からいつも軽蔑され、施すべもない。かなり長い時間が経過しているにもかかわらず、新旧の秩序は歴然と区別がある。聞くところによれば、上述の新移住者は萬大社に約三、四〇戸あり、パーラン社には二、三〇戸あり、シパオ社、トウガン社には七、八戸が今も存在している［劉枝萬　一九五一：一六三］。

今日、芝原自身の原文を見ることができないが、この引用文が残されていたことは幸いであった。芝原の口述記録には、移住ルートや萬大社・パーラン社以外の眉蕃が住む社名や戸数に関する言及があり、三条崙附近の水眉里社の住民も山中に移住したことがわかる。

写真５　〈台大 A678〉霧社から見た萬大（宮本延人撮影、撮影年不詳）

ところで、芝原の記録については、資料内容について若干留意すべき点がある。まず、口述者として坂本警部、坂東磯次警部、吉岡重義巡査部長、ルモ・ルル（Rumo-Ruru）、の四人の名前が挙がっている中で、現存の関係資料で確認できるのは、警察官のうちの、総督府の職員名簿[4]に記載された警部補以上の地位の人のみである。しかし坂東磯次という名の警部は総督府職員名簿の中には見当たらない。代わりに、同じ名簿中の能高郡役所警察課に坂本磯次郎警部の名前があるので、おそらく「坂東磯次」は「坂本磯次郎」の誤記であり、肩書と経歴から見て坂本警部と同一人物とみてよいだろう。吉岡巡査部長は、警部補より下位のため総督府職員名簿には掲載されていない［台湾総督府　一九三六～一九四五］。

坂本磯次郎という警察官については、能高郡役所警察課のまとめた『萬大社須知簿[5]』によってさらに詳しいことがわかる。坂本は昭和五（一九三〇）年三月から昭和八（一九三三）年八月までの三年半、巡査部長として萬大駐在所に勤務した後、トロック駐在所に異動した［台中州能高郡役所警察課　一九〇九～一九四五］。また、昭和一一年～一七年まで能高郡役所警察課に勤務し、その後、新高郡役所に異動したことも職員名簿によって確認できる。職員名簿によれば、昭和一五（一九四〇）年には警部補から警部に昇格している［台湾総督府　一九四〇］。芝原が坂本から話を聞いたのは、警部に昇格してから新高郡役所に異動するまでの昭和一五年～一七年の間と考えられる。しかも、おそらく昭和一六（一九四一）年一〇月以前だったと筆者が推測する理由は、「昔の埔裏社（上）」の記述において芝原が眉蕃の内山移住ルートについて次のように解説しているからである。

眉蕃もまた稍や似たる境遇より脱することが出来なかつた。或者は楓仔林や眉渓附近に假住居したもの、、住心地が悪かつたものか、最後には「パーラン」社に入り、或者は萬大社に遁げ込んで、現在と雖ども其遺族が相當活動して居るもの丶如くである［芝原　一九四一：三六］。

坂本警部らの語った内容と符合するので、この文章は芝原が『郷土埔裏社』に記した聞き取り調査資料をもとに書いたものだろう。つまりこの時点ですでに聞き取り調査を終えていたと考えられるのである。

ところで、坂本は一九三〇年に萬大に赴任してから一九三二年までの二年間に、サッポ本人から直接話を聞く機会があったはずなので、坂本からの情報は埔里からの移住者に直接聞いた伝承として一定の信頼性がある。しかし、推定八五歳というサッポの年齢をその通り受け取ることはできない。眉蕃のアボンの年齢推定においても伊能と鳥居の二人が出した推定値に大きな差があったことを考えると、一九三〇年頃サッポはすでに高齢であったという以上のことは言えないのである。

また、サッポの移住との関連で、「今から約九五、六年前」という時期の説明が示されている。坂本警部が芝原に語ったのはサッポが推定八五歳で亡くなってから九～一〇年後の一九四一年頃のことであるから、九五、六年前とは、一九四一年から遡って九五、六年前、サッポが生まれた前後の時期、即ち眉蕃がまだ埔里にいた時期のことである。当時史港坑から小埔社に至る地域の地名はムラウツと呼ばれ、そこから直接萬大へ移住したのがムラウツ系統の人々だったというのがこの説明の意味であろう。

次に坂本警部らの話に基づいて眉蕃の移住年代を推定しよう。サッポがちょうど八五歳で亡くなったと仮定すると、生年は一八四七年、眉社に眉蕃が一二四人いた頃となる。しかし、もしサッポの実際の死亡年齢がそれよりもっと若く、例えば七〇歳であったなら、一八六二年生まれである。もしもっと高齢の九〇歳まで長生きしたなら、生年は一八四二年である。そこで、彼が五、六歳の時に母親に背負われて移住した時期の幅を推定すると、一八四〇年代末〜一八六〇年代頃となり、これはアボンの話や、清朝時代の文献、日本統治時代の調査記録からの推定値とおおむね重なり合う。

その一方で、芝原の資料の最初の段落には、眉蕃は（一九三五年から計算して）一〇〇年ぐらい前に内山に逃避し始めた、という概要説明がある。なぜ一九三五年を起点として計算するのだろうか。この年は、芝原が『郷土埔裏社』を制作した年ではない。手稿本自体は、一九三〇〜一九四六年の間に集めた資料を集成したものであり、明確な制作年は示せない。しかも眉蕃についての聞き取り調査は一九四〇年以降のはずであり、五年も早い時期を計算の起点とするのは奇妙である。一つの可能性としては、一九三五年に『台湾高砂族系統所属の研究』（以下『系統所属』と略す）が出版され、その中の「アタヤル族」の記述に次頁に述べるように《約一〇三、四年前にムラウツが埔里を放棄して内山に移住した》という主旨の説明［台北帝国大学土俗人種学研究室：一九三五：七三、七五］があることを芝原または劉がふまえて、インフォーマントの語る約一〇〇年前という大まかな数字に対して、一九三五年から計算してという注釈を付したのではないだろうか。しかし、実際には芝原のインフォーマント達の語りから具体的に導き出される眉蕃の移動時期は、一八三五年頃よりもっと後の一八四〇年代〜一八六〇年代頃と推定されるのである。

以上の点について若干留意が必要としても、芝原の記録の資料価値は少なくない。眉社の周辺に侵入してきた漢人に圧迫されて内山移住が起こったという点は『高砂族調査書』『台湾慣習記事』の記録とも一致し、漢人が続々と埔里に入り込み始めた一九世紀半ば以降が眉社の消滅の時期であることを示す根拠になると思われるからである。

『系統所属』におけるムラウツの移住年代

『系統所属』には眉蕃と思われる人々に関する記述がある。それによると、アタヤル（Atayal　泰雅族：現在のタイヤル族、セデック族、タロコ族を含む）族の「萬大蕃」の項目には、萬大本来の系統であるペルガワン（Perugawan）の一派のほかに、ムラウツと自称する人々がいて、彼等は内山に移住する以前は平地の埔里盆地一帯に住んでいたと記されている［台北帝国大学土俗人種学教室　一九三五：七六］。『系統所属』はこれらの人々の山地における移動の歴史を口述に基づいて整理している。

そこで次に『系統所属』の内容を検討し、眉蕃の移住年代についての筆者の考えを述べたいと思う。『系統所属』によると、アタヤル族の萬大蕃（現行の民族分類ではタイヤル族の一部）には、本来の系統であるペルガワンの一派のほかに、もともと埔里盆地一帯に住んでいたムラウツ（Murauts）と自称する人々がいた［台北帝国大学土俗人種学研究室　一九三五：七二―七五、七六］。以下に、ペルガワンの移動と、ムラウツ混入の経緯を『系統所属』の記述に従って要約し、参考として浅井の撮影による萬大社とその付近の写真（写真6～12）を掲載する。写真に付したキャプションは、趙啓明［二〇〇六］および山路［二〇一一：二七八］の鑑定に依っている。(6)

写真6〈浅井 C4-2-19〉萬大付近の景色

一、ペルガワン（萬大番の主流）の移動……ペユ　ナオ（Peyu Nao）の話

ペルガワンの伝承によれば、ペルガワンの種族の祖地は埔里と霧社の間のタラヤン（Tarayan）という台地である。その後、タラヤンの部落は内山のレガエフ　パーラン（Regaef Parlan）へ移った。レガエフ　パーランとは霧社警察分室のあたりの台地を指すのであるが、奥はロードフ（Rodof）を限界としてここまで全部が彼らの領地であった。しかし、霧社蕃（セデック系統）の侵害が多かったため、チャブブル（Chabubul）に移動した。しかしチャブブルで

写真７　〈浅井 C4-2-26〉萬大社

も霧社蕃に圧迫されたため、ペルガワンの一部であるシミウル（Shimiul）社人はここから分かれて他の場所（Birful）へ去った。ペルガワンは、自分たちの安全を図るためには社人の人数を増やす必要があり、友族の後ろ盾が緊急に必要と考えた。そこでムリワス（Muriwas：埔里）の平地にあって、移住漢人、平埔族等に圧迫を受けて悩まされていたムラウツ族を招来するのがよいと考え、社人は埔里へ行きムラウツの内山移住を勧誘したのである。口述者ペユ ナオ（八〇歳位の年輩）の祖父ペユ テムも勧誘に行った一人であった。ムラウツ族は勧誘に応じて移住して来たのであるが、言語風俗に差異はあっても、両族は元来同族であるものと推考される。

チャブブルにいた社人のある者は付近のチャラギ（Charagi）へ、またほかの一部はペンモガン（Penmogan）へ移った。口述者の一人である八〇余歳の老蕃サウンナオ（Saun Nao）はここで生まれた。またその他のある者はプラン（Puran）へ居を移した。最初チャラギへ分住したものは、チャオロ（Chaoro）へ、さらにブレノフ

（Burenof：萬大駐在所の下の方）へ、またさらにツゲウス（Tsugeus）とサッパチ（Sappachi）とへ各々二つに分かれて移った。このサッパチというところは萬大社の西南にあたる山頂であるが、霧社蕃の迫害を避けてここに移ったものの、今度は干卓萬（ブヌン族）に備えねばならなかった。然し悪疫が流行して長く留まれず、ここを捨ててツゲウスに合体した。ムラウツも合流したのでツゲウスは名実ともに主社であったが、約五〇年前、近所のムクヴァリ[7]（Mukvari）へ移る［台北帝国大学土俗人種学研究室　一九三五：七三―七五］。

『系統所属』にはさらにムラウツが萬大社の一部になった経緯を記す記述がある。以下、記述に則してその概要を示す。

二、ムラウツの移住……萬大社のサッポ ルルン（Sappo Rurun）（六〇歳）の話。

自称ムラウツと称する一部は、萬大社全人口五一一戸のうち、約七〇人、一二家族ほどある。ムラウツという名称はおそらく地名に由来する。

ムラウツは長く埔里平野牛眠山付近におり、ピットゥ（Pittu）と呼ぶ一社をなしていたが、漢人の圧迫により、またペルガワンの勧誘もあり、埔里の平野を去って内山に移住したのである。このことのあったのは第二編に挙げる系譜から推定し

写真８〈浅井 C4-2-25〉萬大社のタイヤル男性

写真９〈浅井 C4-43-34〉萬大社のタイヤル女性

写真10〈浅井C4-2-30〉萬大社のタイヤル女性

て約一〇三年前と考えられる。ピットゥ社は今日存在しないが、埔里熟蕃の語るところでは眉渓の北に生蕃部落があって、渓北に存在していた関係から眉裡社と呼び、また「眉蕃」と呼んだのである。おそらくこの一部かと考えられる。

ムラウツは移動勧誘を受諾し、約三〇名がバイ サルンという者に引率されてハギル（Hagil）のチャブブルに移住してきた。チャブブルを、今彼らはモラオ チャチリ（Morao Chachiri）と呼んでいる。口述者であるサッポ ルルンの父ルルン テモ（Rurun Temo）は当時一二歳ぐらいの少年であった。チャブブルに来たものの、霧社蕃に虐げられたため、今度はチャラギに移ることを余儀なくされた。さらにツゲウスに移り、ここで先のペルガワンに合体したのである。サッポ ルルンは明治四（一八七一）年父ルルン テモが五五歳の時、その三男としてツゲウスにおいて生まれたので、ムラウツが埔里のピットゥ社を去ったのは今から一〇三年ほど前、清の道光八（一八二八）年頃の事実であり、その後ツゲウス、ムクヴァリ(8)（Mukrari）、タラルフ（Tataruf）と転々居所を変えたことはペルガワンと同じである〔台北帝国大学土俗人種学研究室　一九三五：七五—七六、別冊：三二〕。

ところで、以上の記述の中の年代推定についてはいささか検討を要する。まず、ムラウツが埔里のピットゥ社（眉社）を放棄して移住したのは道光八（一八二八）年、と述べている〔台北帝国大学土俗人種学研究室　一九三五：七二〕が、この時期に社を捨てて移住したとは考えられない。道光三（一八二三）年に書かれた清朝側の記録では、まだわずかの平埔族開拓民しか埔里には移住しておらず、人口減少が相対的に少なかった眉蕃の勢力はこの頃まだ保たれ、開拓民受け入れにも否定的であった。眉蕃は後背地のタイヤルの人々との連携関係を強く持ち、時には埔蕃や開拓民に対する攻撃も行っていた［劉枝萬 一九五八：一四一―一四二］。眉社に対する移民からの圧迫が強まったのは、埔里開拓が進むにつれて人口が増え、更に噂を聞きつけた平埔族や漢人が私墾という形で多く入り込んできた時期からであろう。曹士桂の日記によれば、一八四七年、眉渓の南の茄冬城には平埔族の開拓民とその年新しく来た漢人の商店が合わせて数十軒あった［曹士桂 一九八八：一七〇―一七一］。この頃から漢人が増加し始めたのである。また、眉社における平埔族の開墾状況や、眉蕃との将来的な形勢逆転の可能性が報告されているのも同年である［曹士桂 一九八八：一七二］から、眉蕃の棄村は一八二八年よりずっと後の事と考えるべきである。

ところで、タイヤル族は清朝時代から暦法に慣れていたわけではないので、年齢や過去に遡る年数の記憶を口述者の言説通りに受け取ることは慎重を要する。本人の語る年齢や、何年前の出来事かという説明は、異なる角度からも検証すべきである。そのためには当事者の話と、清朝の記録文書や日本統治時代の他の調査記録などを対照させる必要がある。

『系統所属』資料編のペルガワン（萬大）社ムラウツ系統の系図と解説によれば、頭目サッポ ルルンの家系は、萬大社ムラウツ系統に属する最も古い家系である。サッポ ルルンは明治四（一八七一）年ツゲウス生まれの六〇歳で、彼の父ルルン テモは埔里のピットゥ社に生まれ、一二歳ぐらいの時社人とともにピットゥ社を捨ててチャブブルに移った［台北帝国大学土俗人種学研究室 一九三五 別冊：三］。また、『系統所属』本編によれば、サッポ ルルンは父ルルン テモが五五歳の時、三男としてツゲウスにおいて生まれたので、ルルン テモは、一八一六年生まれと計算されている。これらの明確な年齢や生年は、口述者の言説のまま記録したものらしいが、どのような根拠に基づいて、どのように傍証されるのであろうか。その説明は示されていない。

『系統所属』第二冊資料編の系図「五．萬大蕃」にはサッポ ルルンまでの直系の系譜が示され、ルルン テモから

写真 11　〈浅井 C4-2-32〉萬大社のタイヤル族の家

五世代前までの祖先が示されているので、ルルン テモ以前を各世代二五年とすれば一二五年前まで遡り、一九三一年の調査時点からは二四〇年も遡ることになる。しかし、各世代には一人ずつしか名前が挙がっておらず、しかも途中の二つの世代で父子連名の連続しない箇所がある。このような系図は果たしてどの程度の現実性があるのだろうか。

『系統所属』の「アタヤル族」の解説については、この他にも年齢や年代の推定値について疑問を感じる点が少なくない。たとえば霧社蕃についての記述の中では、今日の霧社方面に移住して来た時の開拓者の一人とされるマダイ カリトゥ（Madai Karitu）は、当時四〇歳のアウイ ロバオ（Aui Robao）の四代前の祖となるから、移住は約一〇〇年前のこと〔台北帝国大学調査当時土俗人種学研究室　一九三五：七八〕、と推定している。では、マダイ カリトゥは何歳ぐらいの時に開拓に入ったのだろうか。子供の時に来たのか壮年で来たのかによっても一〇年単位で時間差が生じるはずだが、その説明はない。

一方、当時七七、八歳であると推定している口述者ワリス ブニ（Waris Buni）の父は、タロヤンに生まれて二〇歳頃パーラン社に来て開拓した草分けの一人である、という口述から、一世代を二五年として、パーランへの移住を約一〇〇年前と推定している〔台北帝国大学土俗人種学研究室　一九三五：七八、別冊：三六〕。しかし、父が二〇歳頃に移住してきたのであれば、その時期をどのような根拠で一〇〇年前と算定できるのだろうか。口述者は父が四二～三歳の時に生まれたのだろうか。口述者の年齢の根拠は何か。これらの疑問を解消する説明は示されていない。

埔里からの移住民について述べた『台湾慣習記事』、『高砂族調査書』の二か所の記事も口述に基づく推定であるが、両方の記事の示す移住時期はほぼ一致し、アボンの記憶とも矛盾しない。移住経路を照らし合わせるなら、『系統所属』の記述内容も（年代を除いては）前二者の記録及びアボンの記憶による移住経路の全体像と概ね重なりあう［簡史朗　二〇〇五a：四〇］。にもかかわらず、『系統所属』の記述だけが特に古い年代を想定しているのはなぜなのか。

笠原政治が指摘しているように、三人の調査者の分担執筆による著作である『系統所属』は、執筆者によって担当部分の記述内容にかなり差があり、特に馬淵東一とそれ以外の二人（移川子之蔵、宮本延人）の記述には裏付けの細かさに違いがある［笠原　二〇一〇：八六、九四］。笠原の指摘する通り、前述の「アタヤル族」の地域を担当した移川の記述は、推定年齢や年代の確定を慎重に行なったものとはいえず、系図の粗さは馬淵が採集したものと比べると対照的である。移川は公務多忙で長期の調査を行っていないことや、担当した調査地域が霧社事件による混乱の影響を受けていたことなど考慮すべき事情はある。しかしその点を差し引いても年代や年齢の推定は大雑把であり、その結果、より古い推定値を導き出してしまっているのである。

馬淵の言葉を借りれば、『系統所属』は「あくまでも予備的な第一期事業といわれるべきもので、歴史的再構成という面だけに限ってもこれで研究が完了したわけでなく、主として口碑伝承の面から一応の見通しをつけたものにすぎない」［馬淵　一九七四：二八〇］のである。しかし残念ながら『系統所属』に続く研究はなされなかった。従って、最終的な結論が出されないままとなっていることを我々後世の研究者は踏まえた上で、引用・参照に際しては、内容を常に吟味し、検証する姿勢を持って臨むべきなのである。

写真12　〈浅井 C4-2-8〉萬大社のタイヤル族の穀倉

これまで述べてきたように、アボンの証言、清の官吏の記録、古文書、そして老蕃サッポの話などとの整合性から考えて、ムラウツの内山への移住時期は、道光八（一八二八）年頃ではなく、簡史朗の推定するように咸豊元（一八五一）年よりも後であるはずだ［簡史朗　二〇〇五a：四二］。坂本警部の話にあるように、埔里から親に背負われて移住してきた人が一九三二年まで生きていたのであれば、眉蕃が眉社を放棄したのはそれより一〇〇年以上前の事としては説明がつかず、眉蕃の山地移住が一八二八年という推定には無理がある。さまざまな資料から考えられるのは、眉蕃の内山移動はおよそ咸豊年間（一八五一～一八六二）に前後して起こり、少なくとも後代まで記憶されるようなまとまった人数の移住が少なくとも二つの集団によって決行され、山中を転々とした挙句、最後にパーラン社と萬大社に合流したという経緯である。そして、眉渓の北側にあった眉蕃の社（眉社、水眉里社）は消滅したのである。

以上のように関連資料との照合に基づくと『系統所属』の「アタヤル族」に関する出来事の年代は他の資料よりも二十数年かそれ以上古く設定されていると判断され、これに従って移住時期の修正を行うならば、ムラウツが移住に応じた後、バイ サルンが約三〇人の社民を引き連れてチャブブルに移住［台北帝大土俗人種学研究室　一九三五：七五］したという記録は、一八二八年よりも二十数年以上後の一八五〇年代頃の出来事だったと考えられる。これによりバイ サルンが率いて移住した約三〇人とは、『高砂族調査書』の記す萬大社へ移住したムラウツの九戸［台湾総督府警務局理蕃課　一九三八：一三四］の人々のことであったと推定される。民族間の抗争や疫病によって疲弊衰退していた眉蕃の世帯当たりの平均人数は、三～四人を越えない程度であったと筆者は考える。

四　画像から戸籍へ

戸籍の中の阿生と阿金

眉社の人々が山へ移住した後、わずかに埔里に残った眉蕃もいた。そこで次に、埔里に残った埔蕃の末裔についての探索を続けることにしよう。鳥居書簡には、写真に残した眉蕃としては、アボンのほかに混血の阿生と阿金の名前があがっている。前章で紹介した〈鳥居七〇三七〉（写真13）の少年と少女であり、「埔裏社最初の蕃族眉蕃、兄妹にして母は黥面蕃マイバラ社の〇〇女、父は今なし」［東京大学総合研究博物館　一九九〇：plate 二〇五］とのメモがある。鳥居によれば、阿生と阿金の兄妹の年齢は二〇歳と一七歳であった。当時、戸籍はまだなく、兄妹の年齢はおそらく埔里城内の漢人社会の中に住んでいた彼らが認識していた漢人風の数え年であり、満年齢では一八～一九歳と一五～一六歳であろう。また、社名は埔裏社ではなく眉社あるいは眉裏社とすべきであるが、二人の居住地が埔里城内であったことによってこのような記述になったのだろうか。

写真13　〈鳥居 7037〉眉蕃の兄妹

このほかに、兄妹の母親は〈鳥居七〇四一〉の女性であるという説明が付されているが、その女性は眉蕃ではなく、埔蕃の望麒麟の未亡人である。この説明の正誤については前章に述べた。一方、眉蕃の兄妹の母親の写真は鳥居写真の中には見つかっていない。

ところで、日本による領台後まもなく整備された植民地戸籍の中に、眉蕃の末裔の記録は残されているだろうか。本章では戸籍を眉蕃研究のひとつの手掛かりとしてみたい。歴史学者の洪麗完は、平埔族に関する歴史研究においては、植民地時代の戸籍を他の歴史資料と組み合わせて用いることが有効であることを強調した〔洪麗完　一九九九〕が、眉蕃のようなすでに消滅した原住民の研究においても同様のことが言える。台湾では戸籍の電子化が進み、これまで以上に研究が容易になったのである。

筆者は電子化資料を検索し、埔里鎮戸政事務所に保存された植民地時代の戸籍簿の中に眉蕃の子孫たちの探索を試みた。まず、枇杷城のアボンを捜したが、名前の漢字を変えて検索しても該当者は見つからなかった。埔里に現存する最古の除戸簿は一九〇二年のものであるが、その時アボンはすでに死亡していたかもしれない。

次に、《阿生と阿金という三歳違いの兄妹》を探したが、条件に完全に一致する戸籍はなく、「阿生」という名からの検索では該当者が検出できなかった。しかし、「阿金」から検索した結果、「眉氏阿金」と兄「眉来成」の戸籍が存在することを発見した。漢字の姓名を持つこの兄妹は、種族別の欄では「福」（福建人）や「熟」（平埔族）ではなく、「生」（生蕃）と記録されており、このことから化番としての扱いを受けた帰化原住民であったことが推定される。そして眉姓は眉蕃の「眉」と共通する。

このような点から見て、眉氏阿金の兄の眉来成は、鳥居が記録した阿生のことであると考えられる。台湾では「来成」という名の場合、日常的な呼び名として「阿成」と呼ばれることもあり、その閩南語の発音は「阿生」の発音 ashiung と大体同じになる。戸籍登記の際に、日常的呼称に用いる「阿」を省き、「生」に近い音を用いて漢字二字の名前として登録したことは十分考えられる。植民地時代の平埔族の戸籍には、実際の呼称とは異なる漢字名で登録された例が少なくない。

戸籍によると、眉来成は明治一四（一八八一）年二月二日生まれ、妹の阿金は明治一八（一八八五）年九月六日生まれとされ、数え年で四歳、満年齢で四歳半の年齢差がある。日本統治開始以前にまで遡る戸籍上の生年は記録としては正確さに欠けるものであるが、一応の参考とするならば、鳥居が調査に訪れた一九〇〇年七月には、数え年で兄が二〇歳、妹は一六歳となり、年齢差を除けば鳥居の記録に近い。しかし来成の戸籍上の生年は、理由は判らないが、母親の婚姻入戸（明治一六〔一八八三〕年八月九日）より二年半早かったことになっており、この時間差が戸籍の年齢と鳥居の記述とが符合しない原因の一部となっている。

潘氏妹

一方、彼らの母親の名前は「潘氏妹」である。客家風の漢字姓名であるが、種族別は生蕃であり、戸籍簿によると、南投庁埔里社堡管内北蕃地より明治一六（一八八三）年八月九日、埔里社街土名埔里社二二三番地に婚姻入戸したとある。北蕃地のタイヤルであったことが推測できる。(9)「妹」という人名は、実際の呼称では「阿妹（アモイ）」となるが、アモイというのはタイヤルはじめ原住民の女性に多い名前である。

そして偶然にも、伊能嘉矩の日記には埔里の城内に住むアモイという原住民の女性が登場する。一八九七年八月一一日の記述には、「北港渓の Maivara 社の蕃婦 Amoi の城内西門街に来嫁せるものにつきて蕃語を調査す」［森口一九九二：五八］とある。伊能のタイヤル語調査に協力したこの女性の名は、眉来成・阿金兄妹の母親の名と一致する。また、「マイバラ社出身」であることは鳥居の記録とも一致し、「北蕃地から婚入」したという戸籍の記載とも矛盾しない。しかし伊能はアモイの夫や子供に関する記述は残していない。

埔里鎮戸政事務所に残る潘氏妹の戸籍には「元治元年一月生まれ、父母不詳、長女、通事、種族：生」と記載されている。原住民の通事であった点において、阿生・阿金兄妹の母が現在通事であると記した鳥居の記述と一致する。女性の通事は一般的ではなかったので、そのほかの条件も合わせると戸籍に記された潘氏妹が鳥居の出会った女性であるとみてよいだろう。通事であれば言語・民族調査への協力も十分可能であるので、伊能も鳥居もタイヤル族調査の入山前に現地の警察や役所から同じ人物に紹介されたことは十分考えられる。マイバラ社出身で同名のタイヤルの女性通事が埔里城内に複数いたとは考えにくい。以上の点からみて、戸籍上の眉来成と眉氏阿金は、鳥居の記録した阿生と阿金であり、彼らの母親の潘氏妹は鳥居の出会った「黥面蕃マイバラ社の〇〇女」であり、伊能の出会ったアモイであると結論付けたい。

タイモガワン

ところで前述の考察が正しいならば眉来成・阿金兄妹の父は眉蕃のはずである。現存する複数の戸籍簿や除戸簿には、彼らの父親の名がカタカナで「タイモガワン」（一部の戸籍では「タイモカワン」）と記されていることから、父親は原住民だったことがわかる。しかし戸籍にはこれ以上の情報はない。戸籍が作成された時点で彼はすでに死亡していたため詳しい記録はなく、ただ兄妹の父親の欄に名前が記載されているのみである。従って彼が眉蕃であったことは、とりあえずは鳥居の記録と、漢字名を持ち、清朝によって帰化生番あるいは化番として扱われていたと推定される阿生・阿金の戸籍から推測するほかないのである。

先述のように長男来成の生年は両親の婚姻以前であったとはいえ、タイモガワンと潘氏妹の間の子であることが明記されている。タイモガワンは、伊能の訪問時に存命であったかどうか戸籍からは明らかでないが、一九〇〇年の鳥居の訪問時にはすでに亡くなっており、潘氏妹は夫の死後もそのまま子供達と埔里に住んでいた。戸籍の記録によれば潘氏妹は一九〇〇年に漢人の張記全と再婚し、次男を生んだ。その後離婚した潘氏妹は、眉来成が当時居住していた北港庄に転居し、更に亡くなる二年前の一九〇六年にはマシトバオン社へ寄留した。

五　眉蕃の名前

次に、タイモガワンについてもっと知るために、古文書の中に眉蕃の名前とその仕組みを探ってみよう。現存する埔里の古文書類には土地関係の契約書が多く含まれ、眉蕃とおぼしき名前が散見される。原住民の名前は、閩南語読みに基づく漢字の当て字で書かれたものらしい。道光三〇年（一八五〇年）一月、〈出招契墾字據〉の中の眉社の頭目は、「斗禮・眉西弄・代毛甲非」の三人である［簡史朗　二〇〇五a：四七四―四七五、鄧相揚　一九九六：一三―一八］。咸豊元（一八五一）年九月前述の〈出招佃契字〉には、眉裡社草地の化番頭目「斗禮、歹麼加非」の二人の名がある。また、同年一〇月の日付の〈全具収租清款完結字據〉には、眉社番目「眉沙朗、歹麼加非」の二人の名がある［簡史朗　二〇〇五a：一二六―一二七］。そして、先行研究によれば、これらの文書が作成されてしばらく後に、彼ら番目たちが眉社の人々を率いて山に移住したと推定されている。

写真14　〈鳥居7437〉マイバラ社の男たち（名札に「タイモ、ワタン」「タナハナ、アワイ」）

この眉社の消滅という出来事に関して、古文書からの情報を追加してみよう。まず、前述の考察に従って『系統所属』の「アタヤル族」の記述部分の推定年代を修正し、眉蕃の移住が一八五〇年代頃の事であったとすると、約三〇人の社民を引き連れて埔里から萬大社に移住したムラウツのリーダーであったバイ サルン（Bai Sarun）とは、上記古文書中の二つの文書に眉社番目として名前の現れる眉沙朗（閩南語読みではバイサロン :Bai Salong）[10]のことであったと考えられる。あるいは古文書中のもう一人の頭目、眉西弄も同一人物だったかもしれない。

一方、三つの文書に登場する代毛甲非と歹靨加非は同一人物であろう。漢字を閩南語で読むと前者は「タイモカピ（タイモカビ）」、後者は「タイマカピ（タイマカビ）」になり、前半部分の「タイモ」「タイマ」は、タイモガワンの前半部分と共通するようだ。タイモはタイヤル、セデック男性には多い名であり、父子連名制を持つ両族と同様、眉蕃も父子連名制に依っていたとすれば、タイモガワンという名は「ガワンの息子のタイモ」の意味であると考えられる。もう一人の眉蕃の代表者「斗禮（閩南語読み：トゥレ）」は、本人の名のみ記されているものと考えられ、これにつながる父子連名の父の名が略されているのかどうかはこの文書からだけでは判断できない。

ところで、古文書に現れる名前を見ると、眉蕃とタイヤル、セデック、タロコなどの民族の命名法が全て同じとも言えないようだ。筆者が土田滋教授から個人的に提供を受けたタイヤル、セデックのインフォーマントの固有氏名一覧の中にも、また『系統所属』の系譜中にも、ガワン、カワンという名はみあたらないのである[11]。カピと類似した名としては、『系統所属』資料編系図七六（霧社蕃、パーラン社）にカイピ（Kaipi）という女性名があり〔台北帝国大学土俗人種学研究室　一九三五：別冊三六〕、本編の方には霧社蕃の男性名としてカイッピ「Kaippi（平顔）」が挙げられている〔台北帝国大学土俗人種学研究室　一九三五：七九〕。

六　古文書の中のタイモと阿生

古文書の中のタイモ

以上の考察をふまえて、再び古文書の分析に戻ろう。簡は、一八五一年の契約書を最後に眉社の眉蕃の人々は消えてしまったと述べている。確かに、「歹靨加非」「代毛甲非」「眉沙朗」「眉西弄」らの名前を見かけたのは

写真 15　〈鳥居 7208〉斗六門から埔里に移住した平埔族（ホアニァ）

写真 16　〈鳥居 7207〉埔里の平埔族

一八五一年の文書が最後であった。しかし、古文書のなかにはその後、再び眉蕃の代表者の名前が登場する。しかも眉社の租を受け取る権利を持つ眉蕃としてであった。

『【水沙連】埔社古文書選輯』に収められた光緒五（一八七九）年三月の結状によれば、タイモカピが消えて二八年後、埔蕃と推定される人々とともに眉蕃の代表者「大麾」の名が登場する［簡史朗・曾品滄　二〇〇二：二一八］。〈光緒五年三月大麾、抵肉、阿密、亀要（麼）等具遵依甘結状〉は、すなわち化番（埔眉蕃のこと）の内部での租の分け方についてのもめ事に関する判決の際に作成された誓約書である。

　大麾らは毎年一人ずつ五十石を得ることが認められる。多めにもらってはいけない。また、少なめに分けてもいけない。埔社・眉社及び恒吉（城）・東螺などのところで徴収された租穀はまさに望麒麟によって管理されるべきである。（大）麾らは自ら判決に従うことを願い、今後異存を持って再び騒動を引き起こしてはいけない［簡史朗・曹品滄　二〇〇二：二一八］（魏郁欣訳）。

ここに誓約者として名を連ねているのが、「大麾、抵肉、阿密、亀麼、望麒麟」である。「大麾」の閩南語読みは、トアモ（Toamo）などの発音候補も考えられるが、タイモ（Taimo）と読むことも可能である［台湾語大辞典：台湾総督府編　一九八三］。租穀の徴収地点のうち、「眉社のところで徴収された租穀」とは眉社の眉蕃の取り分となる租であったはずだ。

また、以下の光緒五（一八七九）年一二月の諭示にも「化番首　望麒麟　埔眉番　姑莫　大麾」の名前がある［簡史朗・曹品滄　二〇〇二：六六］。埔眉蕃、すなわち埔蕃と眉蕃の代表が「姑莫」と「大麾」であり、そのうちの姑莫（Kumo あるいはKubok）は光緒一一（一八八五）年の合約契［簡史朗・曹品滄　二〇〇二：一八八］に記された馬来の母親で、埔社化番の包彎（Bawan）の寡婦となった故莫（娘）のことであると推定できる。したがって、「姑莫」が埔蕃の代表であるなら、他方の「大麾」は眉蕃と推定される。なお、古文書中の亀麼（kuma）［簡史朗・曹品滄　二〇〇二：二一八］および姑莫［簡史朗・曹品滄　二〇〇二：六六］は同じ人物であろう。ちなみにKumoという名はタイヤル女性にも多くみられる名前である。

〈光緒五年十二月中路理番分府孫給埔眉両社各佃戸諭示〉

写真 17　〈鳥居 7214〉埔里房裡庄の平埔族

写真 18　〈鳥居 7026〉埔里の平埔族？

欽加運同銜准補永春直隷州正堂調署中路理番分府である孫は（租穀の）完納を命令する事のために自分の意見を述べる。埔眉の化番は昔から耕作を知らないため、管理下の埔地の開墾・耕作を佃戸に委ねる。毎年、租穀十石を徴収するという。ところが、長年の間にわたり、佃戸が滞納する事件がしばしば発生した。前分府の彭の取り調べを経て、化番リーダーの望麒麟は、各佃戸が租の完納に抵抗していると報告した。本分府の命令を経て、やっと完納するようになった。このことは記録にある。埔眉の化番である姑莫・大麾らによれば、望麒麟の徴収すべき租穀が、大粒や小粒を分けず、尽く取られてしまったという。……［中略］……各佃戸民・蓄人らに以下のことを命じる。お前らに埔地・田園を借りている者がいたら、まさに番租を完納すべきである。決まりに照らし、田に応じて車ごとに五斗を担当の総理に完納せよ。（完納者には）完単を渡す。滞納する場合、直ちに厳罰する。それぞれ（命令に）従ってそれに違反することなきよう。

光緒五年十二月十日に命令を下す［簡史朗・曹品滄　二〇〇二：六六―六七］（魏郁欣訳）。

また、光緒六（一八八〇）年の合約契〈埔眉化番望麒麟、埔阿密等全立議定収租合約字〉［簡史朗・曹品滄　二〇〇二：一八四］にも、「望麒麟・鴨母・阿木・卓肉・埔阿密・馬来・故莫」らとともに「大麾」の名がある。

〈光緒六年十一月総社長余清源、巫宜福、潘進生等全立議定収租合約字〉

議定収租合約字を共同で立てる総社長の余清源・巫宜福・潘進生ら（は以下のことを報告する）。現在、埔眉の化番である望麒麟・埔阿密・卓肉・馬来・故莫・大麾・鴨母・阿木らが埔社・眉社の草地を管理している。官から、孔五租（亢五租）は名に応じて配給するという戳［訳注、印章認可のこと］をいただいてから、すでに三年間経過した。しかしながら、仲が悪くなると、争い始める。現在、分府の憲台である孫から指示をいただいた。謂うには、今年の孔五租は依然として望麒麟によって徴収されるが、（得た租穀を）どのように均分すれば公平であるのかに関しては、お前らは直ちに各総理と話し合うべきである、と。そのため、（余清）源らを招いて（租穀の分配について）一緒に決めた。私見によれば、これまで、租穀の分配をめぐって起きてしまった紛争はみな、化番が力相匹敵することによるのである。自ら（租穀を）分けて紛争を引き起こすよりも、むしろ第三者に任せ、分配を行うほうが無難である。しかし、租穀を分配する仕事は面倒で、責任も重大である。実は難しいものである。適任な人を何度も探したが、総理だけがその任に堪える。（望麒）麟らは直ちにその場で、埔社・眉社の孔五租は全部（余清）源らに交付し、甲〔訳注、耕地の広さ〕に応じて（租穀を）均しく徴収することを決めた。毎（佃戸が）孔五租穀一千石を支払うべきである。即ち、（佃戸の）支払った租穀を化番に分配し、一名につき孔五租穀九十石を得るわけである。それぞれ（余清）源らから（租穀を）受け取る。年末までに（化番に租穀を）渡すべきであり、時日を延ばしてはいけない。また、（租穀が）欠けていることや、濡れていることなどは許さない。化番が八人であるため、合わせて租穀七百二十石を渡すべきである。ほかに租穀が余った場合、望麒麟に渡すべきである。水社の化番に渡したり、他の費用に充てたりするためである。ほかの化番は異存を持って騒動を引き起こしてはいけない。……略……」〔簡史朗・曹品滄　二〇〇二：一八六―一八七〕（魏郁欣訳）。

この中で、「埔眉の化番」つまり化番であるところの埔蕃と眉蕃とされている者たちの名前の中で、埔蕃の代表者だった望麒麟とともに現れる鳴母（abu）、抵肉、阿密、卓肉（tohbah）に相当する名は、埔里の黄家が祀る埔蕃の望家の位牌に対応する名前を見ることができる。しかし位牌のなかには古文書中の「阿木」「大罨」に該当する名がないので、この二人の人物は埔蕃の代理人（家族）であったか、または眉蕃であった可能性が考えられる。

〈光緒六年十一月埔眉化番望麒麟、埔阿密等仝立議定収租合約字〉にもほぼ同様の文面が書かれているが、加えて次のような名前が書かれている。

「光緒六年十一月　日に議定収租合約字を共同で立てる鴨母・阿木・卓肉・大麾・望麒麟・埔阿密・馬来・故莫」〔簡史朗・曹品滄　二〇〇二：一八四―一八五〕（魏郁欣訳）。

さらに光緒十一（一八八五）年の諭示には五名の化番の名前がある。「嗎唻・文良・姑莫・代麾・埔阿密・林四貴」である〔簡史朗・曹品滄　二〇〇二：六八〕。「文良」については不明であるが、「埔阿密」と「嗎唻」はそれぞれ前述の埔蕃の馬来と阿密、「林四貴」は伊能の日記に記された埔蕃アッパの夫の林四季であると考えられる〔森口一九九二：六四―六五〕。「文良」と「代麾」以外は埔蕃であることがはっきりしている。「代麾」はタイモと読める。

〈光緒十一年十一月代理埔裡社撫民分府林給嗎唻等五名化番諭示〉

代理埔裡社撫民分府補用県正堂である林は（租穀の）徴収を命令する事のため（に諭示を出すもの）である。さて、埔社に属する四角頭〔訳注：南角・北角・東角・西角〕の各佃戸は毎年空五番租（亢五租）を支払うべきである。現在はちょうど晩稲の収穫期にあたる。もし各佃戸が（晩稲を）隠した場合、まさにそれを徴収すべきである。西角・南角・北角の三角に関しては、本城（大埔城）で司教を務める生員の曾鴻霖に、化番の望麒麟と一緒に徴収を行うよう命令した。また東角に関しては、串（租穀を受け取った証明）を発行し、それを化番の嗎唻・文良・姑莫・代麾・埔阿密・林四貴の五人に渡す。得るべき租穀四百五十石を自ら徴収し、人数に照らして均分すべきである。差役を派遣して徴収の監督に協力する以外、ほかにも命令を出すべきである。そのため、当該の化番に、直ちに（命令に）従って戸に応じて徴収を行うよう命令する。徴収が終わった後に、事実に基づいて報告せよ。これを以って調査を行うため、詳しく報告せよ。くれぐれもそれに違反することなきよう。

嗎唻・文良・姑莫・代麾・埔阿密・林四貴らは右の命令を受ける。

光緒十一年十一月十九日に命じる［簡史朗・曾品滄　二〇〇二：六八―六九］（魏郁欣訳）。

また、次の光緒十二（一八八六）年の合約契には、「埔眉社両社　化番・望麒麟　帯毛」の名があり、望麒麟が埔社の代表であるから、帯毛は眉社の代表ということになる。「帯毛」は閩南語読みでタイモと読むことが可能である。

〈光緒十二年十一月埔眉両社化番望麒麟、帯毛仝立合約字〉

合約字を共同で立てる者、埔社・眉社の化番である望麒麟・帯毛はともに祖父から草地を受け継いだ。前は列憲（各憲台）から空五租（亢五租）を分配していただき、化番一名につき租穀八十五石をもらうことができる。また恒吉城田に関しては口糧租穀二十五石を、生蕃股田に関しては養贍租穀二十五石を分配していただいた。このように、化番一名につき三種類の租穀（合わせて一百三十五石となる）を得るべきである。これまではずっと変化がなかったが、現在、（望麒）麟が元々草地の地主であるし、また学校に入って生員となり、租穀を徴収することができたため、（帯）毛は自分の得るべき三種類の租穀を（望麒）麟に託して、自分の代わりに徴収の仕事を管理してそれを（帯）毛に渡すようお願いする。また自ら、ここに明らかに書かれた三種類の租穀から毎年二十石を抽出して（望麒）麟に交付することを願う。それを給料となす。これから、凡そ衙門にかかわる諸費用や官員の交替にかかる費用があれば、それは（望麒）麟が自ら支払うべきものである。（帯）毛とは関係がない。これは二人で決めたことであり、誰かが圧迫してさせたわけではない。後悔もしない。口先で決めても証拠がないのを恐れ、まさに合約字を二枚立てるべきである。それぞれ一枚を持つ。永遠に証拠と為す。

代筆人　王日新

為中人　黄文騫

在場人　蘇三好
知見人　嗎唻
光緒十二年十一月　日に合約字を共同で立てる者、望麒麟・帯毛
また、阿木・鴨母の二人の租穀は西角から、故莫・馬来の二人の租穀は南角から、卓肉・埔阿密の二人の租穀は東角から、望麒麟・大毛の二人の租穀は北角から受け取る。
依口代筆人　黄利用
光緒六年十一月　日に議定収租合約字を立てる余清源・巫宜福・潘進生〔簡史朗・曾品滄　二〇〇二：一九〇―一九二〕(魏郁欣訳)。

さらに、光緒十三(一八八七)年正月、埔里社通判の林桂芬は、眉渓の北側の荒地を購入して田園を開墾した漢人に対して開墾証明を発行した〔臨時台湾旧慣調査會　一九一一：一六八―一六九〕。この文書中に、元の土地所有者として史港坑の李兄弟とともに眉社草地主「老慶」(ラォマ：Laoma)の名があり、これまでの経緯から見てこの草地主とは同じタイモを指すと思われる[12]。つまり、タイモの土地の一部を開墾した漢人が購入したのである。契約書に現われるこの「老慶」という人物について劉枝萬は、徐麣棋の事件後も少数の眉蕃が草地主の身分で故地にとどまり、その血脈を保っていたことを意味すると述べている〔劉枝萬　一九五八：二六八〕。
このように、古文書には眉社の土地の権利を代表する租の受け取り手の立場にある同一人物と思われる眉蕃の男性名が繰り返し登場する。清朝政府が把握していた唯一人の眉蕃とはおそらくアボンではなく彼であったに違いない。タイモは眉蕃の代表者として土地の権利とかかわっていた人物だったからである。以上示したような古文書の

記録及び劉枝萬の指摘を参考にするなら、眉社は消滅しても、眉社の土地の所有権がすべて平埔族の手に渡ったわけではなく、埔里に残った生存者には租を受け取る権利が残されていたことがわかるのである。

一八五一年以前の古文書では、眉社の代表にタイモ カピと読める名があった。眉蕃の名前を記した文書はこの時期からしばらく見ることがなく、二八年後の一八七九年になってから「大麾」「代麾」「帯毛」「老麼」などの眉蕃の名が突然古文書に現れてくるのである。この時期の古文書に現れる眉蕃の代表者はいずれも同じ人物で、タイモという名の男性であったと考えられる。彼は、おそらくタイモ カピよりも若い世代の人物であり、我々の知っているタイモ、すなわち眉来成・阿金兄妹の父親のタイモ ガワンのことであると結論付けたい。

古文書の中の阿生

一八八七年から四年後の一八九一年の合約契には、眉阿生が登場する〔簡史朗・曹品滄 二〇〇二：一九四〕。この文書は、史港坑の化番眉阿生が、望麒麟に対して啓文書院（私塾）の運営費を自分名義の租の取り分から稔出することを約した契約書である。

〈光緒十七年十月史港坑化番眉阿生立出永遠貼捐合約字〉

永遠貼捐合約字を立てる人、史港坑の化番である眉阿生によれば、先祖が帰順して（清国の）領域となってから、わが社では、文書の気風が高く輝かしいことが未だ現れず、現在、社内の望玉書〔訳注、望麒麟のこと〕は文昌宮から庇護を受けて黌門（学校）に入ることができ〔訳注、科挙の試験に受かって生員となることを指す〕、まさに誠意を以て恩に報いるべきである。生（わたくし）はここに自ら、自分の名義の応領埔属の亢五租から、毎年租穀十二石を抽出して望玉書に交付することを願う。毎年、埔社の啓文書院の油香銭〔訳注、線香代・運営に必要な費用〕として寄付する。これから、合約字を立てた後に、子孫は今後この合約字に従って租穀十二石を出し、異存を持って後悔してはいけない。これは生が心から願ったことであり、誰かが圧迫してさせたわけではない。口先で決めても証拠がないのを恐れ、わざと永遠願貼捐合約字を一枚立てて望玉書に交付する。これを証拠となす。

在場人　黄照

依口代筆人　湯錫九

知見在堂母　呉姑莫

光緒十七年十月　日に永遠貼捐合約字を立てる者、眉阿生〔簡史朗・曾品滄　二〇〇二：一九四―一九五〕（魏郁欣訳）。

史港坑の化番とは即ち眉蕃のことであり、眉阿生はこの地域の小作人からの租の受け取り手である。彼の名は、鳥居の記録した「阿生」と一致するので、眉阿生とは鳥居の出会った阿生少年のことであると考えられる。この書の中には眉蕃の代表者タイモの名前はなく、これ以後の古文書にも出てこない。これはつまり、タイモ ガワンが一八九一年にはすでに亡くなっており、地主としての権利が当時推定八～一〇歳の息子眉阿生に移っていたことを意味するものであろう。

更に四年後の一八九五年、台湾が日本に接収されると、台湾社会には動揺が広がり、埔里でも対日協力か反日かをめぐって様々な社会的勢力による混乱が生じてきた。そのさなかに、埔眉蕃の代表者として小作料の問題を取り仕切っていた望麒麟は、対立する漢人が差し向けた刺客に襲撃されて非業の死を遂げた〔鈴木　一九八七：二〇二―二〇四〕。埔眉蕃の代表者であり、土地の権利を為政者に対して主張しうる生員としての能力と立場を持ち合わせていた望麒麟を失ったことにより、埔眉蕃の立場がさらに弱まったことは間違いない。多くの古文書が語るように、清朝の統治が安定していた時期でさえ、地主である埔眉蕃に対する租の不払いやごまかしが横行し、契約によらない一方的な私墾も進められていた。清朝による開山撫番以降、埔里には平埔族ばかりでなく漢人が続々と入り込んできていた。埔眉蕃は、草地主の土地を手に入れようとする平埔族や漢人に周囲を取り囲まれていたのである。政権交代にともなう混乱期に土地や土地の権利を守り抜くのは容易なことではなかったと思われる。しかし、このような時代の転換期にあって、姻戚となった漢人の後見に支えられた埔蕃の望家では、清朝時代以来望家に認められてきた埔蕃の土地の権利と引き換えに総督府から得た資金を元手として、その後の家業発展の基礎が築かれたのであった［鈴木　一九八七］。

では、阿生少年がタイモ ガワンから継承した眉社の土地の権利はその後どうなったのだろうか？一九〇〇年に鳥居が撮影した阿生と阿金の写真の服装は、埔里に暮らす平埔族の普通の農民と変わらないものであった。幼くして父を亡くした阿生少年には、政権交代に伴う政治・経済制度の変革などの大きな社会変動の荒波をくぐり抜けるための知恵や後ろ盾が得られなかったのであろうか。眉来成の戸籍には、日本統治下での彼の職業が「隘勇」や、「田畑作被傭稼」つまり雇われ労働者だったと記されている。

台湾における眉姓の起源

眉蕃の人名に姓かもしれない「眉」という語が現れるのは、戸籍の他には清朝時代の古文書であり、眉社の頭目の眉沙朗や眉西弄がそれにあたる。[13] この二人は時期が古いため戸籍の記録は残っていない。前述のように眉西弄と眉沙朗とが同一人物である可能性もあるが、一考を要する点もある。『系統所属』の系譜全体を見渡すと、タイヤル男性にはシラン（Silan）という名が多く、西弄の読みはシロン、シラン（Shilong、Shilang）に近い音なので、この名を意味すると思われる。これに対して沙朗はサロン、サラン（Salong または Salang）等と読み、同様の発音の名前は『系統所属』のアタヤル族の系譜中には見られない。

ところで、これらの眉蕃の名前に現れる「眉」（閩南語読み：bai）は、姓ではなかったと筆者は考える。眉蕃に父子連名制があったとする前提に従えば、眉沙朗の「眉」自体が本人の名と読めるのである。実際、タイヤル族にはバイという男性名は多く、『系統所属』のアタヤルの系譜にもバイを含む人名が頻出する。タイヤル・セデックの父子連名の原則に従えば、ムラウツの指導者バイ サルンは《サルンの息子のバイ》であり、彼と同一人物と思われる眉沙朗は《沙朗の息子の眉》であったと解釈できる。眉沙朗、眉西弄は一見すると漢人姓名のようだが、当時の眉蕃が眉を姓として認識し継承していたという確証はないのである。

これに対し、一八九一年の合約契に現れる眉阿生の「眉」は姓である。眉阿生の名には父タイモの名が含まれていない。鳥居龍蔵の記録からも眉蕃の息子の名前は阿生であり、バイという名ではなかったことが確認できる。戸籍では、眉来成・眉氏阿金兄妹の名前は、共に名前の上に「眉」の一字を共有し、かつ戸籍に記録された父タイモの名を含まない。このことから、父子連名に沿った名前ではないことがわかる。また、阿金が眉氏と記載されていることからも、眉は姓であると判断できる。したがって、タイモ ガワンの子の代になって初めて眉蕃は漢式の姓を持ったと確認されるのである。眉蕃を表わす眉を以て姓としたものと考えるのが自然であろう。

最後に、来成・阿金兄妹のその後を戸籍の記録でたどってみよう。眉氏阿金は明治三六（一九〇三）年に漢人と結婚し、長女を生んだが、幼い娘を残して二〇歳で死亡した。娘も満三歳で死亡し、阿金の子孫は絶えた。眉来成は、明治四一年（一九〇八年）、福建系漢人と結婚し、昭和二（一九二七）年に亡くなるまでの間に、長女、次男、三男、四男、五男、次女を儲けた。眉来成の長男に関する戸籍の記載はなく、四男の眉栄宗以外の子供達は、いずれも夭折している。大正六（一九一七）年生まれの眉栄宗は、兄弟の中で唯一成人し、結婚して六男・二女の八人の子供を儲けた。眉栄宗の子供たちのうち、三男、四男、五男、六男の子孫が現在も眉姓を継ぎ、眉姓の人々は現在嘉義に住んでいる。

写真 19　〈浅井 C4-2-36〉萬大社のタイヤル女性

眉来成以来、子孫は漢人との婚姻を重ねており、今ではほぼ完全に漢人としてのアイデンティティを持っていることは想像に難くない。その一方で、埔里盆地に住んでいた祖先について、また「眉」という姓の由来について、家族の中では何かが語り伝えられてきたのだろうか。

他方、ムラウツと呼ばれたかつての眉蕃の子孫たちはタイヤル族の中に混在し、山路勝彦によれば今日の萬大村では埔里からの移住伝承を求めることは難しくなっている［山路　二〇一一：二八一―二八二、三二八］。しかし、埔里在住のイワン・ペリン氏（タイヤル）によれば、ムラウツのアイデンティティを持つ人々が今なお存在しているとのことであり、今後の調査の可能性が残されている。一九世紀半ばまで同じ民族であった眉蕃の末裔が、一方は漢族の中へ、一方はタイヤル族の中へと二筋の道に分かれていったその歴史を、今日のそれぞれの子孫はどのように見るだろうか。

ところで、台湾でも珍しい「眉」という姓を持つ人々は、全台湾の戸籍においては、眉来成の子孫以外には現れず、外省人の姓にも、原住民の姓にも存在しない。戦後作成された『台湾人口之姓氏分布――社会変遷的基本指標』によると、一九五六年における全人口の四分の一をサンプル調査した結果、嘉義県に眉姓の人が二人（理論上は全台湾で八人）存在することが明らかになった［陳紹馨・傅瑞徳　一九六八：六五六］。この資料を分析した潘英は、眉姓は台湾省籍特有の姓の一つであり、閩南人特有ではあるが実は平埔族の末裔の姓ではないかと推測した［潘英　一九九一：三四―三六、一九九五：二二二］。その後、二〇一〇年に台湾で出版された『全国姓名分析』では、戸籍の電子化に基づいて正確な眉姓の人数が集計され、台湾の眉姓は一五人（男性六人、女性九人）であることが判明した［中華民国内政部二〇一〇：二九、二六一]。

一方、中国で刊行された姓氏事典に眉姓の存在が初めて取り上げられたのは、二〇〇九年に刊行された『中国姓氏大辞典』である。解説によると眉姓は北魏の州名に由来し、四川の成都、湖北の武漢、台湾の嘉義、北京などに分布すると書かれている[袁義達　二〇〇九：四六六]。しかし、台湾に存在する眉姓は、中国大陸の眉姓に由来するものではない。本論で述べたように台湾で単独に発生した姓であり、台湾における本来の発音は北京語読みのメイ(mei)ではなく、眉蕃を表わす閩南語読みのバイ(bai)であったと思われる。その姓は、一八九一年より前に、タイモガワンの遺児である阿生と阿金によって初めて獲得されたものであった。

以上述べてきたように、今日の台湾における眉姓は、眉来成の息子である眉栄宗から分かれ出た父系血縁関係に連なる人々によって構成されており、これらの人々の共通の父系祖先をたどれば最後の眉蕃タイモ　ガワンにまでゆきつくのである。そして本章の考察によって示した通り、台湾における眉姓は、埔里の眉蕃の末裔として鳥居龍蔵が乾板写真にその姿を写した少年、阿生に起源するのである。

注

(1)　清朝期における眉蕃の人口減少の時間的推移を正確に把握するのは容易ではない。眉蕃の人数を記したとされる清朝時代の複数の書物を仔細に検討した劉枝萬は、それぞれの文献には具体的な数字が挙げられてはいるものの人数はまちまちであって、いくつかの記録の信憑性には疑わしさがあると指摘している[劉枝萬　一九五八：二五]。そこで本書では実際に現地を訪れた役人による報告のみを参照した。

(2)　日記と報告は細部で少し内容にずれが認められるが、本稿ではより具体的な表現の方に従っている。

(3)　なお、劉は芝原のカタカナ表記を引用する際、『系統所属』を参照してローマ字に書き直しており、また『系統所属』にない呼称は劉自身の判断でローマ字化した(劉枝萬教授の御教示による)。本章ではこれをさらにローマ字音から推定してカタカナ表記に直した。

（４）『総督府職員録』［台湾総督府］は警部補以上を記載している。『警察職員録』［臺灣総督府警務局臺灣警察協會］は全警察職員を記載。しかし、昭和九年度以外の警察職員録は保存が確認されていない。
（５）『萬大社須知簿』の原本は所在が分からなかったため、本論では山路勝彦教授所有の原本コピーによって確認した。
（６）なお、森口恒一の写真鑑定の報告［森口　二〇〇五］もあるが、趙啓明や山路の鑑定結果とは一致しない点があった。本章では趙と山路の調査結果を採用している。
（７）『系統所属』七六頁にあるMukrariの事を指すものか。
（８）『系統所属』原文はMukrariとなっているが、七五頁にあるMukvariの事を指すものか。
（９）戸政事務所に残る複数の除戸簿のなかには潘氏妹について「熟蕃」と書き直したものもあり、その理由は明らかではない。
（10）本論では化番の名前の閩南語（台湾語）読みを示すにあたり、主として台湾総督府編『台湾語大辞典』を参照した。他にも複数の台湾の方々に聞き取りを行い、それらの発音例を参考にしたが、発音には台湾内部における地域的多様性があるため、見解が一致しないものもあったこと、したがって発音には複数の可能性があることをお断りしておきたい。
（11）王雅萍教授およびウライのタイヤル宋神財氏によれば、Gawanと類似のPawanという名は現代ではセデックに比較的多くタイヤルには比較的少ない。またタイヤルの常用名としてはAvan、Sewangなどがあるという。
（12）この場合の「老」は眉蕃の名前の上につけた呼称かもしれない。また、「タイモ」に該当すると思われる名前が「歹麼」と表記されている古文書もある（九七、九八頁参照）。これらのことから、「老麼」とはタイモという名の人物を指していたことが推測される。
（13）埔蕃の望家の位牌には、眉注仔という名が現れるが、一代限りで、「眉」は姓のように継承されてはいない。また、眉蕃と異なり、埔蕃には父子連名制はなかったようである。

第三章　猫霧捒社蕃曲とパポラ族

一　平埔族の埔里入植

一八二〇年代以降、西部平原に原住地を持つ平埔諸族は開拓団を編成し、何次にもわたり埔里盆地に入植を繰り返した。開拓団は複数の民族集団から構成され、原住地の一つの村ごとに、あるいは言語を同じくする近隣の村人たちがまとまって開拓団に参加し、埔里に移住したのである。彼らは、地主である原住民埔蕃との契約に基づいて、整然と分割された開墾区域に分かれて定住集落をつくり、農地の開拓を開始した。その結果、埔里盆地内では、民族集団ごとに住む区域が分けられ、集落も大半は民族ごとに分かれ、おおよその棲み分けがなされるという状況が現れた。もちろんそれらの集落間関係は排他的ではなく、また通婚などもしばしば行われたのだが、その一方で民族ごとの年中行事や祭りなどの特色が保たれていた。清朝時代末期に漢人が多数埔里盆地に流入して以降も、さらに日本統治時代になっても、盆地内ではまだかつての棲み分けの名残が残っていた。西部の平原部では早くから消滅した平埔族諸グループの文化や言語は、漢人の影響が及ぶのが遅かった埔里ではその残存が見られ、日本統治時代になってもまだ一部は単語の採集が可能であった。そのため、浅井恵倫は消え残った平埔族の言語を求めて埔里を訪れたのであった。浅井は言語だけではなく、平埔族の文化についても写真やフィールドノートに断片的な記録を残している。

浅井写真の中には、文献をページごとに丹念に撮影した写真が数多く含まれる。[1] 今ならコピー機やスキャナーで読み取ったり、あるいはデジタルカメラで撮影したりするのと同じように、浅井は写真機を使って文章を画像として記録したのである。その中に、墨で書かれた漢字手書きの帳面をページごとに撮影した一連の写真がある。浅井資料【OA48】の合計一六枚の写真は、左右両ページを一枚の画像に収める形で帳面を写している。第一行目に『大肚水裡猫霧捒社蕃曲』と書かれているこの文書は、いわゆる蕃曲（原住民の歌曲）の歌詞を記したものであり、浅井が埔里盆地において言語調査を行なった際に、大肚城と呼ばれる一集落で発見したものである。浅井が現物を持ち帰ったという痕跡はなく、また今日の大肚城にも写本は残っていないので、現物のその後の行方は分かっていないが、全ページを撮影した浅井の写真によってその内容を知ることができる。

同様の写本は大肚城でこれまで複数発見されており、それらの内容の解析が進められてきた。そこで、以下ではまず「蕃曲」の周辺に展開される議論をふまえ、浅井データベースに公開されたフィールドノートの再検証を試みることによって、平埔族の民族分類と民族的アイデンティティをめぐる問題をとらえなおしてみたいと思う。

二　蕃曲稿本をめぐる考察

浅井資料――『大肚水裡猫霧捒社蕃曲』

浅井恵倫による埔里とその周辺地域での平埔族調査は、『南方土俗』に記されたところによれば、埔里城内および次の各村落で行なわれた［浅井　一九三七：五五―五六、一九三八：三五］。

一九三六（昭和一一）年
八月　烏牛欄、房里、双寮、林仔城、大肚城、枇杷城、水頭、白葉坑
一九三七（昭和一二）年
一月　埔里、大肚城
一九三八（昭和一三）年
一月　埔里、水社、日月潭、双寮、房里
二―三月　北投、埔里

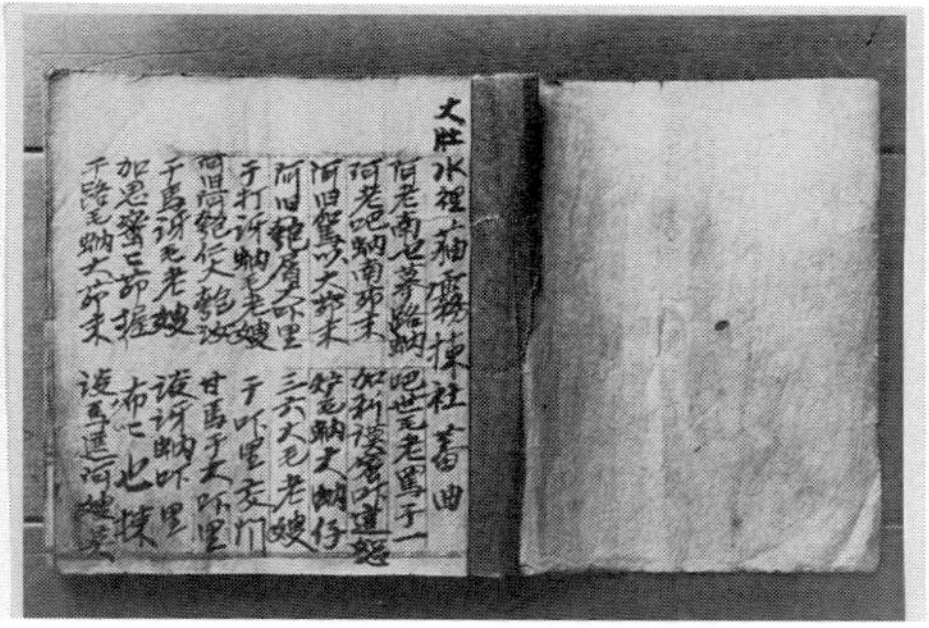
写真１　【浅井 OA48-4】『大肚水裡猫霧捒社蕃曲』（以下同：写真４まで）

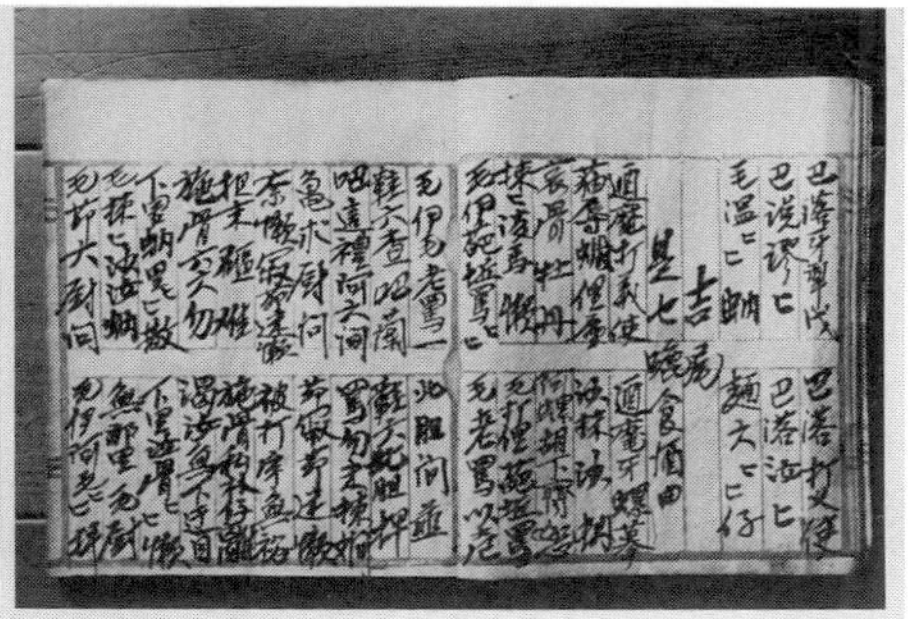
写真２　【浅井 OA48-12】

ＡＡ研所蔵の浅井ノートを検証すると、浅井は、埔里盆地において、少なくとも二回は大肚城で調査を行なっている。この時期に浅井が埔里で撮影したらしい写真やビデオがフィールドノートと共に現存し、主としてＡＡ研に所蔵されているが、「大肚水裡猫霧捒社蕃曲」というタイトルの写本を撮影した写真もその中に含まれている。デジタル化されたこの写真資料によれば、帳面には全二八ページに

写真３　【浅井 OA48-13】

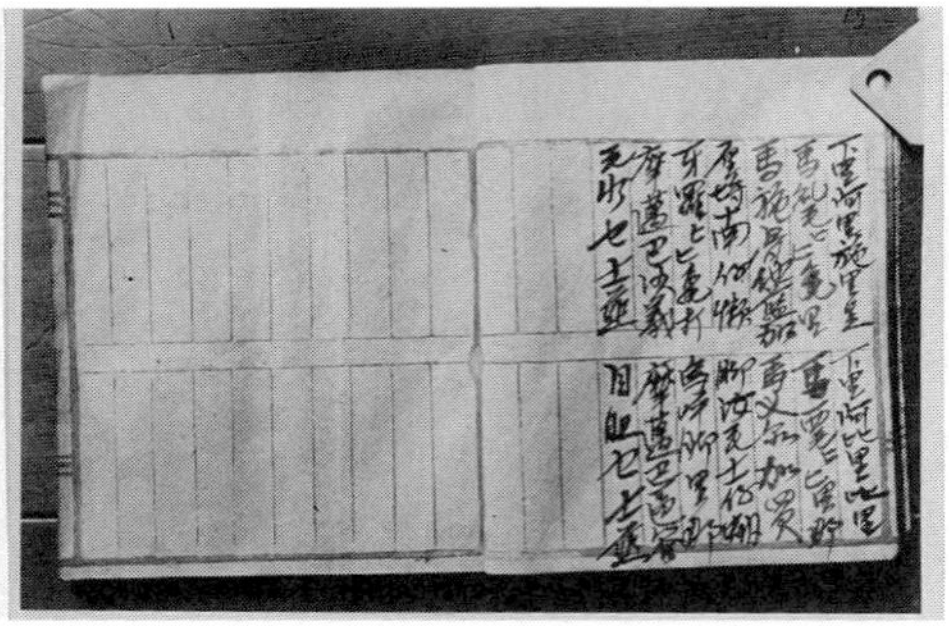

写真４　【浅井 OA48-18】

わたって漢字で歌詞がつづられている。これは、埔里盆地の大肚城と呼ばれる集落に居住していた平埔族の人々が代々伝えていた祭礼歌曲の歌詞集で、オーストロネシア語系の原住民原語を、漢字の閩南語読みを利用して表記したものである。

浅井は大肚城の言語に関する状況について『南方土俗』の彙報に次のような短い報告を載せている。

大肚城には数名の傳承者があつてある程度の言語学的調査の出来得る見透しがついたが、他の熟蕃語は既に有能なる伝承者死滅して最早調査のよすがも無く若干の単語の蒐集で満足せねばならぬ悲観すべき状態であった［浅井　一九三七：五五］。

本年一月浅井助教授埔里にて大肚城のバブザ語の本格的調査開始、阿緞なる有能の伝承者を発見、同部落高阿月所蔵の猫霧捒蕃曲（稿本）の音譯と語解を阿緞によりなす［浅井　一九三七：五六］。

二月三日より三月六日まで埔里に於て北投蕃語とバブサ語の調査、……バブサ語の唯一の傳承者阿緞はＴＢなれば命脈計り難し、生存中にできるだけ語彙を集めるために調査者は懸命の努力である［浅井　一九三八：三五］。

しかし、大肚城で撮影した歌詞集については、その後も解析結果は公表されなかった。ＡＡ研に残る浅井のフィールドノートを調べてみると、蕃曲のことが出てくる箇所がある。ノート番号【OA5B（14）】によると、昭和一一（一九三六）年に大肚城での調査時にその解釈を試みたことが記されている。

七／Ⅰ　大肚城、高阿月、同人の番曲稿本ニヨリ transcribe ス

ここで言う稿本が写真に残された『大肚水裡猫霧捒社蕃曲』の歌詞集であろう。高阿月は大肚城のインフォーマントのひとりである。フィールドノート【OA5B（14）】にはそれに続いて、

九／Ⅰ　阿月ノ稿本ヨリ阿端譯ス

漢字の transcribe　不正確なるため訳は困難なりき。

とある。この部分の内容は、《高阿月の稿本を阿端が翻訳したが、漢字による表記が不正確なために翻訳するのは困難であった（あるいは、できなかった）》ということらしい。

浅井ノートに大肚城の蕃曲稿本のことが登場することは上記のほかにはなく、高阿月所蔵の稿本の音訳と解読を行なうと記したにもかかわらず、その後も、浅井は分析・考察した結果等を公表することはなかった。また、現在蒐集されている浅井のノート類の中には、『大肚水理猫霧捒社蕃曲』の日本語訳の草稿らしきものは見当たらない。

劉枝萬による『猫霧捒社番曲』の解析

浅井の調査から三〇年後、浅井が写真を残した『大肚水裡猫霧捒社蕃曲』と同種の手書きノートが大肚城で劉枝萬によって発見された。劉はその稿本の内容の中国語による対訳を試みて、宋文薫との連名による論文を一九五二年に発表した。この時期、埔里では平埔族伝統の祭りは行なわれなくなり、祭りの歌を歌う機会もなく、また大肚城の平埔族言語も話者がいなくなる寸前の時期であったが、劉は大肚城で蕃曲の歌の伝承者から、その内容に関する丹念な聞き取りを行なったのである。当時すでに伝承者自身が原語を十分に解さなくなっていたためにその対訳には不鮮明な点も多くあるとはいえ、劉の調査によって、歌詞の概要を理解することができるようになった。今日においては同じことを試みようにもすでに手遅れであり、この調査時において消え残った大肚城の平埔族の言語による歌の意味をかろうじて記録したという点で劉の研究は意義深いものであった。

劉の採集した稿本は、浅井撮影のものと同じく毒家にあった。しかし、劉が訪れたときには高阿月はすでに亡く、劉は息子の毒阿火から所蔵していた別の稿本を貰い受けたのである。これらの二種の稿本については、データベースにある浅井の撮影した稿本の画像と、宋・劉論文に付された二枚の写真との比較が可能である[2]（写真5、6）。

劉の収集した稿本は、一ページ目の二行目「猫霧捒社番曲」[3]がタイトルにあたるといえる。浅井のものとはタイトルが若干異なる。また、筆写の形態と、本文上段に細かい書き込みがあるかどうかの点も異なっていた。しかし歌詞本体については浅井写真の稿本と同じ漢字が使われ、本文は全文同じものであった。したがって、毒家には同じ内容の稿本二冊が伝えられていたことになる。

劉は大肚城で稿本を採集した経緯とその背景について次のように述べている。

この「猫霧捒社番曲」は、筆者が陳金河君とともに、南投県埔里鎮大肚城において、当地の住民である毒氏

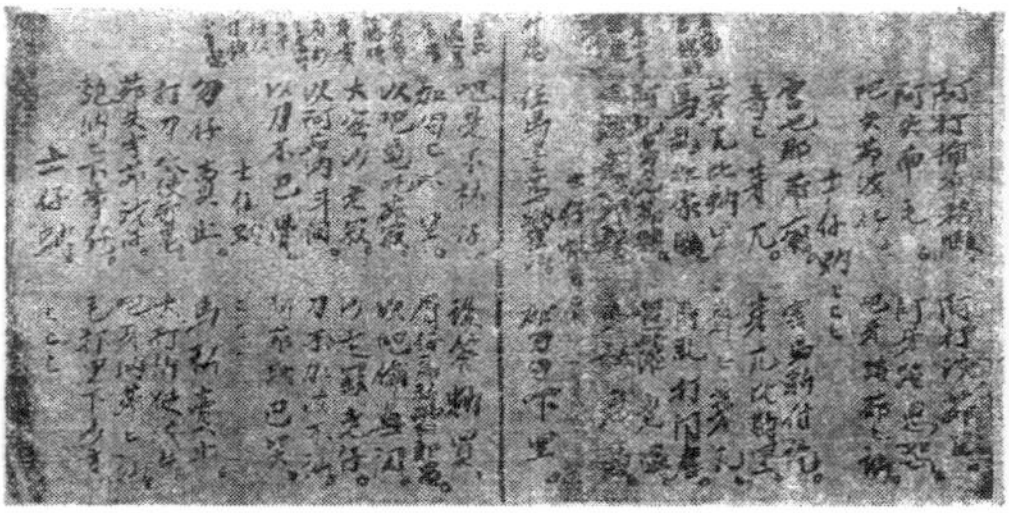

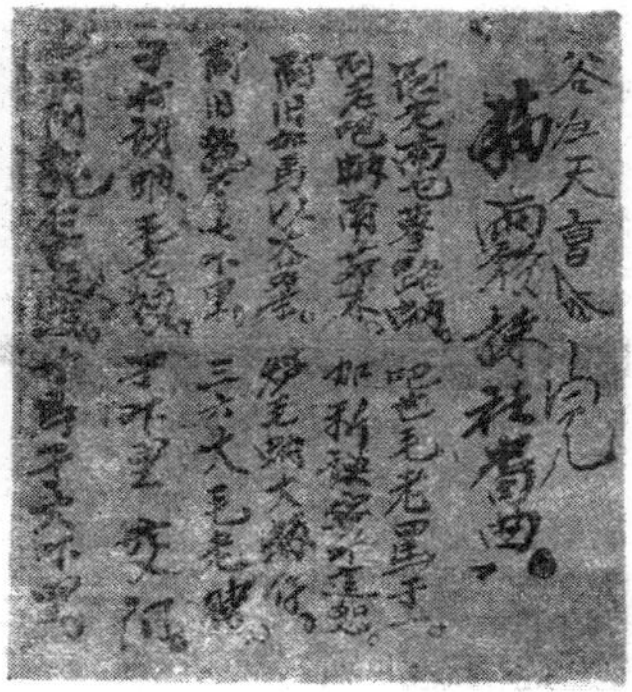

写真５（右）写真６（左）　劉枝萬所蔵『猫霧捒社番曲』手稿本

の家に所蔵された手稿本『猫霧捒社番曲』を、民国三七年八月から九月にかけて、毒氏の解釈によって翻訳したものである。

解釈者毒氏は（毒はTakと読む）名は阿火、土名はLat'pu（火の意味）、男性、光緒一六年生まれ、純粋のバブザ族で、大肚城内でただ一人の番曲伝承者である。しかし彼は既にその固有言語を完全には理解できなくなっており、その番曲についていえば、彼は詠唱する事ができることを除けば、わずかにざっとその意味がわかるだけであって、その中に含まれた語彙の多くの意味は正確にはわからないのである。時に彼は同じ語句について解釈が異なったりする。これは彼の記憶があいまいで不確かなことをあらわしている。その父、高阿月（入り婿で既に故人）は屯番社十長であり、祖父の毒英武（故人）は猫霧捒社番社長を任ぜられたことがあった。毒氏の家に現在所蔵されているひとつの土目印は、木製で長さ三・六センチ、幅二・七センチ、高さ二・五センチであり、「猫霧捒社番社長兼管通事毒英武記」という字が見える。

毒家の所蔵する『猫霧捒社番曲』の手稿本は、横一八センチ、縦一六・四センチの台湾式帳簿で、毛筆を用いて一三ページにわたって記されている。歌謡の文字はおおむね漢字による閩南語の読音と語音によっており、バブザ語の音を記したものは、数個の器物名、ひとつの貨幣名、および以下に考証するひとつの地名のほかは、等しく借字であり、その固有の意味を用いておらず、ただ「水」の字をlomと読んでいる。即ちこれは、一種の表意に重きを置いた特殊な表音法である。行間あるいは歌謡上面の空欄には漢文で簡単な解釈が付されている。この抄本は、清の光緒年間に、当該社の都国禎という人物が書いたものであり、彼の手稿同様の本が社内にかつて三、四冊あったといわれる。現在は本抄本を除いたほかはすべて消滅していて現存していない。都国禎は漢文に長じ、歌曲に通じ、昔、社衆はすべて彼に従って番曲を学習した。解釈者の父高阿月もまた直接彼からこの番曲を伝授された。そして解釈者もまた、その父に従ってこれを学習したのである〔宋文薫・劉枝萬　一九五二：一〕。

劉の解説は、大肚城で発見された蕃（番）曲がバブザ族のものである、ということを前提にしている。その根拠は、移川、伊能の調査研究に基づくものであったのだが、しかし、劉は、浅井恵倫の報告にも触れ、大肚城のバブザ語はファボラン語ではないという見解を紹介している。

大肚城に居住する「猫霧捒」と自称する平埔族は、俗に「大肚番」と称する。移川子之蔵教授の考察によれば、大肚城の平埔族集落は、南大肚、北大肚、中大肚三社、台中県大甲区、大肚郷、大肚より移住して形成したものである。このほか大肚城の平埔族の中には、台中県大屯方面、犁頭店、大屯および大肚の猫霧捒社から移ってきたものもある。……（略）……系統からいうと、大肚城の平埔族は猫霧捒（Babusa）語系に属し、自称をBasagarという。『原語による台湾高砂族伝説集』によれば、いわゆるBabusa語は、実はもともとBabuzaであって、オランダ人のFavorang語に相当する。……ただし、浅井恵倫教授の実地調査結果によれば「Babuza」を自称する大肚城の言語はFavorlang語ではない〔宋文薫・劉枝萬　一九五二：一―二〕。

結局のところ、言語分類に関する最終的な判断は言語学者にしかできないものであり、その結論がはっきりしなかったため、文化人類学者の見解と、言語学者の見解の違いを併記するにとどめたのであった。

大肚城の平埔族の蕃曲に関しては、言語学者による本格的な再解析が試みられたことはなく、残念なことに劉による蕃曲解釈が出てからも、これに基づいて言語学的な研究が進展することはなかった。その間にこの蕃曲はバブザ族のものという評価が定着したといってよい。蕃曲のタイトルにある社名「猫霧捒」だけでも曲が「猫霧捒（バブザ）族のもの」という決定的印象を与えるものであった。しかし、この蕃曲の担い手の言語については、近年簡史朗によって疑問が投げかけられ、再検討がなされている。簡は、大肚城の住民はいずれもパポラ族であり、「猫霧捒社番曲」はパポラ族の祖先を祀るときの歌曲であった、という見解を示した［簡史朗　二〇〇五a、b］。

以下では、大肚城の住民に関わる言語・民族分類に関する研究者の見解を、日本統治時代を中心に整理し、さらに浅井ノートの解析結果を対照させながら検討を加えてみたい。

三　パポラとバブザ

言語・民族分類と分布

（1）伊能と移川による民族分類

まず、大肚城の平埔族の言語と民族について、少しさかのぼって整理してみることにしよう。言語・民族分類は日本統治時代に始まっている。浅井の研究より以前に埔里の平埔族を分類した初期のものとして、伊能嘉矩は『台湾蕃政志』のなかで、埔里に見られる「熟蕃」を、その原住地および人や民族に関する自称によって次のように分類した［伊能　一九〇四：二九五］。

Poavosa（ポァヴォサァ）　彰化方面
Arikun（アリクン）　南投方面
Vupuran（ヴゥプラン）　大肚渓北
Pazzehe（パゼッヘ）　台中方面
Taokas（タオカス）　新竹方面
Lloa（ロッア）　雲林方面

伊能はヴゥプランとポァヴォサァ二つのグループの原郷と考えられる村落名として、ヴゥプランについては、大肚渓北の水裡社（自称社名Vudol）、大肚社（Haiyovan）、沙轆社（Soara）、牛罵社（Gumei）の名前を挙げている。また、ポァヴォサァについては、彰化方面の東螺社（Taopari）、二林社（Maketun）、阿束社（Assok）、眉裏社（Vairie）、馬芝遴社（Tariu）、掃揀社（Vavusaga）、半線社（Pansoa）の名前を挙げている。しかし、この段階で伊能の言及した中には、猫霧揀社が含まれていないため、伊能がこれをどう位置づけようとしていたかがはっきりしない。伊能は埔里における言語の使用状況を比較した結果、ヴゥプランを「固有語を半ば現用しているもの」として分類し、埔里の大肚社はヴゥプランに属し、子供でも簡単な言語を理解する者がいるとしている。また、水裡社もヴゥプランに属するが、大肚社の人々よりは固有語を理解する度合いが少ない、としている。一方、ポァヴォサァについては、二林、馬芝遴の二社では言語を記憶するものが多く、東螺社、阿束社、眉裏社の三社では記憶するものが少ないとしている［伊能　一九〇四：二五六］。そして、前記のとおり、『台湾蕃政志』における伊能の民族分類と分布領域では、ヴゥプランが大肚渓北、ポァヴォサァは彰化方面、と区分されていたのである。

ところがその後、伊能は『東京人類学会雑誌』において、ポァヴォサァが大肚渓の北側にも分布していたと想定し、次のように述べている。

「ファヴォラン語と近似するというピイポオ蕃族のポァヴォサァ部族の原住地は、今の鹿港方面を中心として、その海岸より東方大肚渓北岸の一部に分布せしもの」［伊能　一九〇七a：三五九］。

伊能はこの段階で、ポァヴォサァの一部として大肚渓北岸にあった猫霧捒社を念頭に置いたようである。しかしそれがどのような根拠に基づくものであったかは明らかではない。

一方の移川は、埔里に移住した平埔諸族の契約書である「承管埔地合同約字」の分析を通じて、「猫霧捒社も台中州大屯郡、犁頭店、大屯、及び大甲郡大肚より移住、現に大肚城、水裡城、生番空に在り」［移川　一九三一b：三八］と述べている。猫霧捒社があったと考えられている犁頭店周辺地域は大肚台地の東側にあたり、台地西側の大甲郡大肚とは離れているのであるが、移川の記述では埔里移住以前には大甲郡大肚にも猫霧捒社人が住んでいたかのように読めるのである。これは何を根拠にしているのだろうか。これに加えて移川は、

「南大肚、北大肚、中大肚の三社、台中州、大甲郡、大肚庄、大肚より移住。現在の大肚城聚落を形成。城は竹圍であろう。附近に水裡城と呼べる聚落あり、台中州大甲郡清水、沙轆方面より大肚城熟蕃と相携へてきたりしもの丶如く、言語風俗、殆ど同一である」［移川　一九三一b：三九］

と述べ、大肚城・水裡城の人々の原住地が、大甲郡大肚の大肚三社及び大甲郡清水・沙鹿であったとしている。

また、移川は埔里の集落系統類別は、五つに類別できると述べている。そのうちの二つが「Babusa（猫霧捒）語系言語を話す、Basagar（バサガー）」と、伊能の所謂「ポァヴォサァ族」である。

（二）大肚城、水裡城、生番空、の一部。Babusa（猫霧捒）語系に属し、族称を自らBasagarという。（伊能氏の所謂Vupuran）

（三）林仔城、恒吉城、梅仔脚。もとの東螺社、大武郡社、半線社、眉裏社、二林社、阿束社、馬芝遴社、大突社、以上八社は関係番社である［移川　一九三一ｂ：四三］（伊能氏はpoavosaと称している）。

この分類をみると、移住前の社名として猫霧捒社の名称は出てこない。しかし、「Babusa（猫霧捒）語系言語を話す、Basagar」は、伊能のいわゆるVupuranにあたる大肚城、水裡城、生番空などであると類別しているので、移川は「Basagar」を自称する人々を、伊能のいわゆるPoavosaとは別のものとし、Vupuranと同じグループとしているのである。伊能はPoavosaとVupuranというふたつのグループを分類した。移川はこれらの区分を継承しながらも、埔里の集落系統類別では伊能のいわゆるVupuranにあたる方の名称を変更して、「Babusa（猫霧捒）語系に属し、族称を自らBasagarという」人々であると述べているのである。

このように移川は突然「Babusa（猫霧捒語系）」という名称を持ち出したのだが、それがどこに由来する名称であるのか、根拠ははっきりしない。「猫霧捒社も台中州大屯郡、犂頭店、大屯、及び大甲郡大肚より移住、現に大肚城、水裡城、生番空に在り」［移川　一九三一ｂ：三八］と述べているので、Babusa（猫霧捒語）というのは、埔里に入った猫霧捒社の移住集団の子孫に使用されている言語のことを指しているのかもしれない。しかし、大肚城、水裡城、生番空に入植したのは猫霧捒社人だけではなかった。他の社のグループ、西部平原の沙轆や水裡や大肚から来た人々、つまり伊能の分類したヴゥプラン（Vupuran）もいたはずなのである。しかし、その違いは記されていない。移川は、大肚城に住むヴゥプランと呼ばれる人々と、猫霧捒社から来たBasagarの人々との関係をどう考えていたのだろうか。しかも、移川はBasagarという自称を出しながら、「バサガー（Basagar）」を民族名称として確定することはしなかったのである。

（2）小川尚義による分類

日本統治時代に行われた言語学の最も重要な研究として小川尚義・浅井恵倫による言語分類があげられる。『原語による台湾高砂族伝説集』の総説で小川は、台湾中部の平埔族の諸言語に関し、次のように分類している。

三、パポラ（Papora）以前、沙轆、大肚方面に行はれたるものにして、此の語を用ゐたる種族は一部分埔里に移住せり。此の語は（二）のタオカスと（四）のバブザとの混合語ならん。

四、バブザ（Babuza、精確にはBabuz,a）以前、彰化、社頭、西螺等、即ち大肚渓より濁水渓以南に至る間に行はれたるものにして、此の語を用ゐたる種族は一部分埔里に移住せり。仔の語は蘭人のファボラングFavorangに該当す［台北帝国大学言語学研究室　一九三六：四］。

ここで皮肉なことに、移川がバブサ（Babusa）語系と述べた人々の言語が、小川の分類ではパポラ（Papora）と命名され、一方、伊能のいわゆるポアヴォサァ（Poavosa）が、小川によってバブザ（Babuza）という名称を与えられたのである。その根拠は、この言語では人のことをバブザ（babuza）という言葉で表わすからというものであった。つまり、移川が「Babusa」と命名した言語がBabusaではなくなった代わりに、Babusaでなかったものが Babuzaと呼ばれるようになった。大肚城の人々の民族名に関する歴史的混乱のもとは、伊能による大肚渓北分布説にはじまり、移川による突然の「バブサ語」命名、小川の「パポラ語」命名に至る、この辺りにありそうである。

ところで、『伝説集』における小川の記述は、移住地である埔里に住む人々についての分類上の説明ではないので、大肚城の住人がどの言語を話していたかという問題には言及していない。また、大肚城に移住した猫霧捒社の住民の言語についても明記されていない。しかし、大肚城の人々が埔里へ移住する以前に住んでいた地域、沙轆、大肚といった地域（大肚渓よりも北側）はパポラ語の範囲であり、また、それとは別に、大肚渓よりも南に住んでいた人々の話していた言語はオランダ時代のファボラン語と同じであり、それがすなわちバブザ語であるとしている［台北帝国大学言語学研究室　一九三六：四］。しかしその後、一九四四年に発表された「インドネシア語に於ける台湾高砂語の位置」［小川　一九四四：四五八―四五九］においては、小川はむしろ猫霧捒社を猫霧捒族のなかに含めている。小川は大肚城のパポラ語を話す大肚社の古老から言語調査したと語る一方で、ファボラン語の使用されていた中心地は猫霧捒社であったとも述べているのである。

> Babuza（正確には Babuz,a）　蘭人の所謂 Favorlang はこの語である。この語は旧時台中の南、犂頭店にあった猫霧捒社（babusak）を中心として大肚渓と濁水渓との間の平地に行われた語である［小川　一九四四：四五九］。

この記述では、大肚渓の北側に存在したと考えられている猫霧捒社を、大肚渓の南側に分布していたファボラン語を話す言語グループの中心にすえており、地理的に矛盾が見られる。

（3）浅井恵倫・中村孝志の見解

このようなバブザとパポラの区分に関する小川の考え方に対し、早い段階から浅井恵倫、中村孝志はそれぞれの観点から注意を促していた。浅井は「熟蕃言語の調査」では、埔里の各集落で話されていた言語調査の結果として、

> 得たる資料を以て考察すれば、林仔城は正に Favorlangh 語であるが、Babuza と自称する大肚城の言語は Favorlangh 語ではない（小川尚義氏はすでに林仔城語、萬斗六語と Favorlangh 語と同じきことを證明せられた、然し Babuza、Babuzaga ＞ Favorlangh の證明は事実上に於いて抵觸することになる）［浅井　一九三七：五］。

と述べている。ただしこの報告に続き、浅井は、「本年一月浅井助教授埔里にて大肚城のバブザ語の本格的調査開始、阿緞なる有能の伝承者を発見」［浅井　一九三七：五六］と説明している。つまり、この時点で浅井は「大肚城の言語」とは、オランダ文献にあるファボラン語ではないことのみを指摘し、「Babuza」あるいは「Babuzaga」（を自称する大肚城の）言語がファボラン語であるとする小川説に対する否定的見解を示したのである。それではバブザと称する大肚城の言語はなんなのか、について浅井はここでは明らかにしていない。しかも浅井は「大肚城のバブザ語」という言葉をそのまま使っており、この段階では大肚城の言語が「バブザ語ではない」と断言してはいないのであった。

一方、これとは別に、ファボラン語がバブザ社の言語であるとする小川の考え方については、歴史学の中村孝志による次のような指摘がある。一七世紀のオランダ東インド会社による戸口調査表には、Favorlangh とは別に Babousack、Babosak などの原住民村落名が現われる［中村　一九三六：五六―五五、一九三七：一九三］。中村は「中部台湾にあり頑強を以て鳴ったファボラン蕃社はすでに小川尚義教授が指摘された如くハツパルトスの辞書、フエルトレヒトの祈祷集中に見ゆるテルネルンと同一なる事は疑はないが、教授の云はれるファボラン猫霧捒（Babusak）説はこの表によると別にバブサク社の存在することによって再考の要あることが判明する」［中村　一九三六：五八］と

述べており、ファボランという名の村落のほかに、バブサクと呼ばれる村落が別にあり、両者の混同を避けるべきであることを示唆しているのである。

すなわち、中村の指摘するのは、バブサク社がファボラン社とは別であり、小川が考えたファボラン社＝バブサク社という説は成り立たないという点なのである。また、バブサク社の人々の言語がファボラン語であったという根拠もないことになる。一方、埔里の「大肚城の言語はファボラン語ではない」という先の浅井の指摘から、埔里の大肚城に移住してきた人々はファボラン語（現バブザ語）の話者ではなかったことがわかる。大肚城には、オランダ史料中のバブサク社に該当すると思われる猫霧捒社から来た人々もいた。しかし彼らはファボラン語とは異なる言語を話していたのである。このことから、オランダ時代のバブサク社、およびそれに連続する清代の猫霧捒社には、ファボラン社の人々とは別の民族が住み、ファボラン語とは異なる言語が使用されていたということになるのである。

ところで、ＡＡ研に残された小川の整理ノート【OA45（2）】を見ると、調査の結果、大肚城の言語はバブザ語とは異なることが資料的に検討されており、バブザ語とパポラ語を話す地域とされた台湾中西部から埔里にかけての蕃社名リストのひとつひとつに対して、バブザ語が話されていたのか、パポラ語が話されていたのかを△×の記号で記している。この記号を書いたのが小川なら、ファボラン語とは異なる言語であることが判明した大肚城の言語は、小川の言語分類の中でいうところのパポラ語である、ということを、小川は明らかにしていたのではなかったのか。ノートの蕃社名リストでは、杉山文修採集の猫霧捒社の言語資料について、パポラ語であることを表わす×印がついている。しかし、この結果は小川自身によって公表されることはなかった。

浅井の調査後に発表された小川の論文中には、この調査結果は反映されていない。先述のように一九四四年に発表された「インドネシア語に於ける台湾高砂語の位置」［小川　一九四四：四五八―四五九］においてはむしろ、猫霧捒社を猫霧捒族のなかに含めてしまっているのである。つまり小川はファボラン語を話す言語グループの中心に猫霧捒社をすえたのであった。かつて中村が指摘したファボランとバブサク社を混同しないようにという指摘〔中村一九三六：五八〕は、小川説では考慮されなかった。そして小川自身も、この言語を自称名からバブザと命名したことにより、さらなる混同を起こしてしまったのではないだろうか。『猫霧捒社番曲』がバブザ語のテキストであるとみなされるようになった理由は、そもそもバブザ語と猫霧捒社の関係について、先行する人類学者や言語学者による検証が十分ではなかったことを反映した結果なのである。

（4）馬淵東一による種族分類

宋文薫・劉枝萬の論文から二年後に日本で発表された馬淵東一の論文では、平埔族の民族分類を次のように規定している。

パポラ族（Papora、またはPaposa）　伊能・粟野両氏の〝ヴゥプラン〟（『台湾蕃政志』にはVupuran）に該当し、小川教授によれば、パポラ語は次のバブザ語の方言であつたのがタオカス語、その他を混合したものではないかとのことである。

バブザ族（Babuza、Babuẓa）　伊能・粟野両氏は《ママ》ポァヴォサァ〟（『台湾蕃政志』にはPoâvosâ）に該当する。但し、伊能・粟野両氏『台湾蕃人事情』に挿入の地図「台湾の西部平原におけるペイポ族の旧位置」では、ポァヴォサァの分布区域を北斗・鹿港方面、後述するアリクンのそれは台中・彰化・南投方面とされるに対し、『台湾蕃政志』二九五頁ではポァヴォサァは彰化方面、アリクンは南投方面となつている。平埔族の分布区域は幾多の変動を経ているので、時代によって一概には言えないであろうが、小川教授の研究に顧みて、バブザ（ポァヴォサァ）は北斗・鹿港、彰化方面に、アリクン（後述ホアニァ）は南投方面及びそれ以南に分布し、台中附近はパポラ、ババザ、ホアニァ、及び後述パゼへなどの接触地帯をなしていたと考えてよいかと推測される。なお同教授はオランダ時代の記録にあるFavorlanghをバブザに比定されている［馬淵　一九七四：二六五］。

馬淵は、伊能・粟野による分類と小川による言語分類とに依拠しながらパポラとバブザを民族分類しており、ホアニァとバブザの境界について、小川説を採って若干の修正を加えている。そして、台中附近はパポラ、バブザ、ホアニァ、及びパゼへなどの接触地帯をなしていたと推測しているのであるが、パポラの領域や、バブザの領域については、詳しい記述を避けている。しかし、馬淵の作成した二つの民族分布図には、バブザ族とパポラ族の境界が示されている［馬淵　一九七四：二五三―五〇八］。いずれの地図も、パポラとバブザとの境界付近が大肚渓よりも北にはみ出した形になっており、猫霧捒社のあったあたりの領域がバブザ族の領域に組み込まれていることになる。馬淵自身は、断言を避けた注意深い記述を行っており、パポラ、バブザ、ホアニァ各族の領域の境界に関する明言はしていないものの、二つの地図から見ると、馬淵もまた大肚渓の北側の猫霧捒社のあたりにバブザ族の分布を想定していたらしい。

民族学・歴史学の分野ではどうだろうか。劉枝萬は、一九五八年に出版された『南投文献叢輯（六）』において、伊能嘉矩の一八九七年の調査に基づき、パポラ、バブザの分類名称を示している［劉枝萬　一九五八：九五］。劉は、伊能の分類したいわゆるヴゥプランを小川の見解に沿って「巴布拉族」と記している。「巴布拉」は今日でも使われているパポラ族の中国語表記である。しかしここでは猫霧捒社の名前は出てこない。また、劉は埔里における平埔族の分布について、伊能の研究を参照しつつ、自らの調査結果も織り込んで、一九五八年当時の今の社名と原社名及び人口・戸数を記した一覧表を作成している［劉枝萬　一九五八：八六―九〇］。そのなかで、埔里の大肚城については、大肚社と猫霧捒社が原社名であると述べ、大肚社だけでなく猫霧捒社から移住して来た人々もなお存在している［劉枝萬　一九五八：八八］と指摘している。

これに続く戦後の民族分類では、日本統治時代の研究に立脚して、大肚城の人々はパポラ語を話すものと認識されると同時に、伊能のいわゆるポァヴォサァ（Poavosa）のグループが「バブザ族」（中国語表記では「猫霧捒族」）と表記されるようになった。このことに加えて、猫霧捒社の方は、伊能のいわゆるヴゥプラン（Vupuran）つまりパポラの一部とされた大肚社および水裡社からは切り離されて、「猫霧捒族」の中に含まれるものと認識されるようになっていったものと思われる。「猫霧捒社」の人々は、〈承管埔地合同約字〉の分析に基づく移川の指摘どおり「大肚社・水裡社」の人々と共に埔里に移住して、大肚城、水裡城、生番空を建設した［移川　一九三一 a、b：三八］。したがって、大肚城の人々はバブザ族とパポラ族からなる、とみなされたのである。

しかし、以上見てきたような分類は限られた数の単語をもとに想定されたものであった。言語学者のフェレル（Raleigh Ferrell）は一九六九年に発表した論文において、原住民の言語・民族分類を考察したが、その中で、北部及び中西部平原の漢化した原住民の分類について、「低地文化複合」のカテゴリーを設定し、その特徴を次のように述べている。

この用語は、台湾北部及び中西部平原の原住民諸族のあいまいな分類を指している。これらの人々は、他の文化複合をなす諸民族と比べてはるかに知られていることが少ないので、これらをひとつの分離したグループとして扱うことには何のメリットもないことが判明するかもしれない。これらのエスニック・グループによって話される言語（ファボラン、ルイラン、パポラ、ホアニァ、タオカス、パゼッヘ、サイシャット、サオ――すべてPaiwanic Iの言語）は、最後の三つを除いてすべて消滅した。ファボランについて言えば、幸運にも一七世紀のオランダの辞書とテキストが残されている。……（中略）……ルイラン、パポラ、ホアニァについては、われわれの手元にあるのはごく少数のまばらな単語だけであり、恐らくPaiwanic I に属するであろうということを示すのには十分であるけれども、それらが本当に別個の言語であるのかそれとも、恐らくこの地域のほかの言語の単なる方言にしか過ぎないのかを確定するには不十分なのである［Ferrell 1969: 48］。

文化的にも、我々はほとんどましな状況にはない。ファボランに関しては一七世紀オランダ資料にはまばらな記述しかなく、ほとんどわれわれの知識は、Happart（一六五〇）の辞書[4]ぐらいのものである。ファボラン資料の追加的なものとしては、ほぼ一世紀後になって、黄（一七三六）による民族誌的記述[5]を見ることができる。黄の記録はこの西部沿岸地帯の多様な集団の村々に関する情報を与えてくれる。とはいえ彼の村落集団の性格づけの仕方は、言語学的区分とは一致しないので、特性の分類を確定するのは時に非常に困難なものになるのである。これは台湾原住民のエスニック・バウンダリーの流動性のもうひとつの証拠なのである［Ferrell 1969: 48］。

埔里の平埔族の言語調査による言語・民族分類は、資料の絶対量が乏しい中での限界を伴うものだったのである。それに加えて、埔里の各移住集落における平埔族の漢化の進展、言語の消滅、原住地である西部平原の諸民族の歴史的領域の流動性、といった要因にも影響されて、言語分類と民族名称上の混乱を引き起こしながら、大肚城の人々の民族的帰属の問題が当事者たちを超えたところで議論され、あいまいなまま規定されてしまったのである。このような混乱は、更に第三の蕃曲テキストが発見されても、収拾されることはなかった。

土田滋採集の『猫霧捒社五社番曲』

一九六九年の言語調査の際に大肚城集落を訪れた言語学者の土田滋は、蕃曲の三冊目にあたる歌詞集稿本を入手した。土田が採集した蕃曲稿本の第一行目には「此是猫霧捒社五社番曲開」と書かれていた（以下では、便宜上『猫霧捒社五社番曲』と称す、写真7参照）。土田は歌詞の内容に関する詳細な分析を発表してはいないが、浅井の語彙調査資料、一九四〇年代末の劉枝萬の調査結果、一九六九年時点における自身の調査結果などを比較しながら語彙の検討を行なった。さらに大肚城の言語が次第に消滅に向かっていく過程について検証した［Tsuchida 1982a］。

ところで、これらの論文の中で土田は、大肚城の言語はバブザ語ではなくパポラ語であることを前提にしている。言語学者フェレルもまた、大肚城の言語を同様にパポラ語と認識していたようであり、彼は劉枝萬からもらった「パポラ・ワードリスト」を土田に渡し、土田はそれを見てパポラ語の調査のために大肚城を訪れたのだった。パポラに関して、土田は次のように述べている。

> パポラ、あるいは**Vupuran**は、伊能によれば台中近くの水裡社及び大肚社でかつて話されていた言語である。しかしパポラ族の人々は水裡社から一八三五年に、大肚社から一八五三年に埔里へ移住し、現在は主として埔里の大肚城と生番空に住んでいる［Tsuchida 1982a: 476］。

一方、注において、土田は「番曲」稿本を手に入れた経緯についてこう説明している。

> 私が大肚城の蒲阿香に聞き取り調査をしていたとき、我々をとり囲んでみていた老人たちの中に六〇

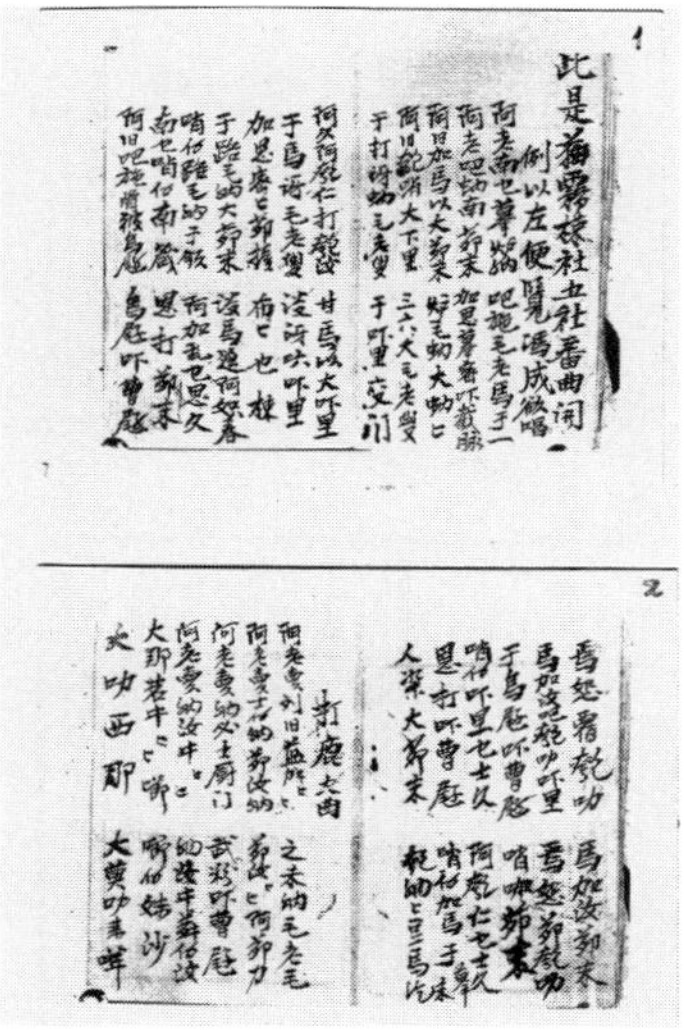
此是猫霧捒社五社番曲開

写真7　土田滋所蔵『猫霧捒社五社番曲』撮影写真　最初の4ページ

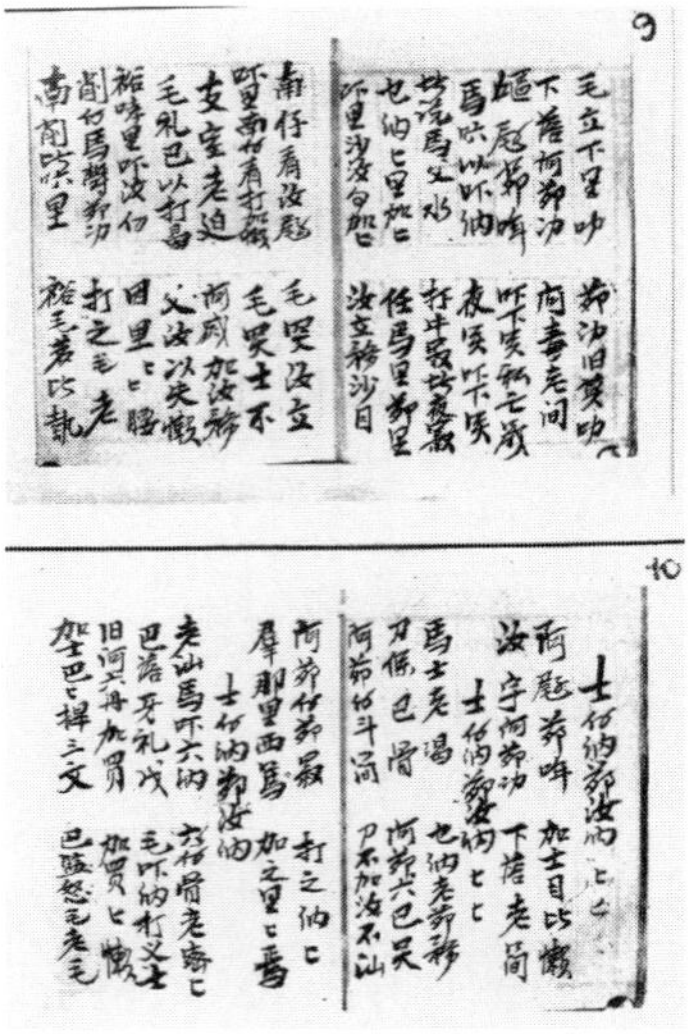

写真８　『猫霧捒社五社番曲』

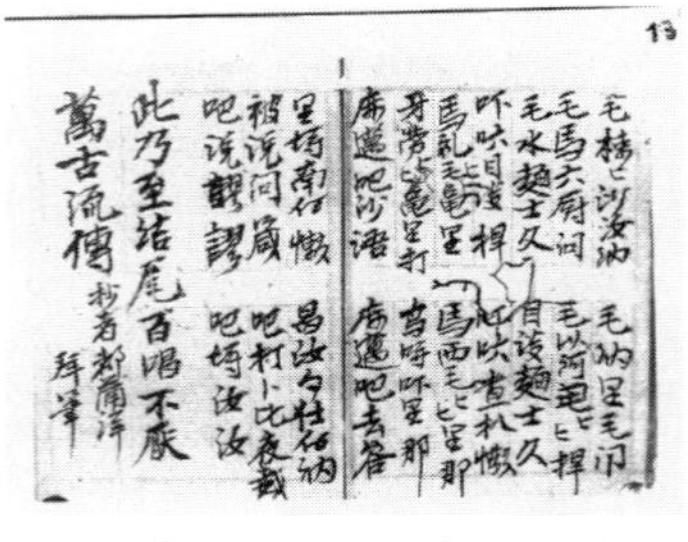

写真９　『猫霧捒社五社番曲』最後の２ページ

代の馮再生がいた。彼は私に古い小さな布張りのノートを見せてくれた（一〇×一五センチ）。そこには、他のものに混じってバブザの歌謡（二六ページ）が墨で書かれており第一行目は次のように読めた。「これらはバブザ五村の固有の歌謡である……」馮はまだどのように歌うかをぼんやり覚えていたが、彼自身も含めて誰一人としてその意味がわからなかった。ノートに記録された歌は、宋・劉の論文中にあるのと同じだったが、同じ音を表わすのに異なる文字が使われていて、もう少し短いヴァージョンだった。私のインフォーマントによると、バブザ語は彼ら自身の言語とは異なっていて、これらの歌は彼ら固有の歌ではなく、バブザから受け継いだものであり、これが彼らには意味が理解できない理由であるという。これは事実なのかもしれないが、私にはそれよりもっと言い訳というか、お詫びのことばのように聞こえたのだった［Tsuchida 1982a: 476］。

論文で土田は、劉枝萬が一九四八年ごろ大肚城で採集してその後フェレルが手に入れたパポラ・ワードリスト、および劉枝萬が台北帝大で作られた質問表に基づいて集めた大肚城のパポラの単語を語彙表で再生させた。言語解析の結果、土田は劉の採集したワードリストにある大肚城の言語はパポラ語であると断言している一方で、自身の発見した蕃曲歌詞集の内容は『猫霧捒社番曲』と同じだったとして、それがバブザ語で書かれているかのように述べている。しかし、この論文では土田自身は自分の入手した蕃曲の歌詞を分析するには至っておらず、また、劉の採集した蕃曲の内容も解析していないため、稿本がバブザ語で書かれたものだということを立証していない。と同時に、それがパポラ語で書かれたものではない、という根拠も示してはいないのである。

ところで、土田はパポラという言語名称の由来について次のように解説している。「浅井の記録によれば、彼らの自称は papulat または babusaga であり、一方、移川が述べたところでは族称を自ら basagar とよぶ」[Tsuchida 1982a: 465]、これは伊能の述べた Vupuran に属するという。また、「私が一九六九年に質問したときには誰も自分たちの部族の名称を思い出せなかった。つまりこの論文のタイトルにあるパポラの名称は、過去の文献資料のものによっているのである。小川の考えでは、パポラはもともとバブザの一方言で、後に多くの単語をタオカスから編入した。しかし私自身の研究によれば、タオカスとバブザの間に近い関係があるように見える一方で、パポラとホアニァにも近い関係があるらしい。Babuza 族の Babusa という名称と、パポラ族の Babusaga という名称との関係は、したがっていささか謎めいている」[Tsuchida 1982a: 465]。

土田は Babuza という名称とバブザ語の関係が一通りでないことについて注意を喚起してはいるが、名称をめぐる混乱に終止符を打つことにはならなかった。土田の論文を引用しながら書いた文章で、言語学者李壬癸は自らの言語分類の考え方に基づいて次のように述べている。

多くの文献によれば、この村の言語はパポラ語であり、そしてパポラはバブザに属し、バブザはまたファボランに少し似ている。土田のインフォーマントを根拠とすれば、バブザと彼ら自身の言語は異なっており、異なる方言（あるいは言語）である。そしてその歌は、彼ら自身の歌ではなくて、バブザの歌である。このために彼らは歌が何の意味なのかわからないのである［李壬癸　一九九九：一一二］。

李壬癸の解釈によれば、大肚城にはバブザ族とパポラ族が移住し、彼らは別々の言語（あるいは方言）を話していたが、バブザ語の話者はいなくなってしまったことになる。この考え方は、戦後の台湾の歴史学等の研究者たちの大部分とも共通するものであり、いずれも小川の一九四四年の言語分類に準拠しているといってよい。それはまた、中国語表記の猫霧捒族と猫霧捒社の名称が同じであることとも関係している。

しかし、これらの区分は大肚城の人々の民族的帰属とアイデンティティに関する実地調査から導き出されたものではなく、研究者が文献記録から推論したことに基づいている。こうして『猫霧捒社番曲』に関しては、テキストの言語が何かという肝心の問題が実は棚上げにされたまま残されていたのである。バブザ語とパポラ語に関する資料は近年整理されたが、三つのヴァリエーションの蕃曲（浅井採集、劉枝萬採集、土田採集のもの）が何語で記された歌詞集であったかは、これまで言語学者によって分析されてこなかったのである。

『猫霧捒社番曲』への疑問

ところが、最近になって、歴史学・民族学の立場からこの『猫霧捒社番曲』の内容について再検討が試みられた。簡史朗は劉枝萬の採集した『猫霧捒社番曲』の内容を検討した結果、これはバブザ族のものではなく、パポラ族の祭祀の歌曲であると結論付けたのである［簡史朗　二〇〇五b、c］。その研究では、歌詞集の訳を参照しながら、漢字で表記された単語を土田によるパポラ語の語彙資料と対照させる方法で解析を行っている。そして、拾い出せる限りの単語を集めてみると、蕃曲の語彙はいずれもパポラ語であることが判明したのである。さらに、「猫霧捒社」

をめぐる歴史的事実を再構築しながら言語・民族的背景を再検証している。簡の研究は、このような手法により、劉の研究を更に一歩進めたものといえる。

簡の主張の主旨は次のとおりである。

埔里の大肚城に居住する平埔族は、これまで考えられてきたようにパポラ族とバブザ族の集まりではなく、もともとパポラ族のみで構成されていた。大肚城に集落を構えて開拓を行なった人々のなかには、猫霧捒社から入植した人たちもあったが、彼らもまたパポラ語を話す人々であり、猫霧捒族ではなくパポラ族であったと考えられる［簡史朗　二〇〇五b：一九―二〇］。

簡は、歴史的文献や『猫霧捒社番曲』の語彙の分析などを通じて、学者による民族分類と、当事者意識の問題について次のように結論付けている。

平埔族の諸族と分類は、日本統治時代の人類学者に始まり、最も重要な根拠は言語の差異であった。このように「語族」を民族識別の依拠とする方式は、大体において民族分類の基本的要求と符合しうる。しかし、弁別するのに十分な言語資料がない単一の弱小群にとって、これは判断を誤らせる原因にもなりうる［簡史朗　二〇〇五b：一九―二〇］。

簡が、バブザ社に所属する民族はパポラ族であるとみなすその理由は、

①歴史文献資料から見て、猫霧捒社と大肚、水裡、牛罵、沙轆などの社は、ひとつの群としてまとめられ、共通の歴史背景と来源を持つこと。

②社域から見て、猫霧捒社と水裡社、北大肚、中大肚、南大肚、などの社域は、すぐそばに隣接しており、中には一部社域が重層しているあいまいな地域もあり、密接な地縁関係があった。
③分布地域から見ると、猫霧捒社の主な分布は台中盆地西南側の平原丘陵地帯で、盆地南縁において大肚社とまさに隣接している、その一方でさらに南に向かって広い大肚渓を渡ってから到達するバブザ族の分布域とは猫霧捒社は必ずしも関連がなかった。
④命名制から見ると猫霧捒社には連名制があり、名前の発音、外観形式あるいは中身が大肚社と同じである。
⑤言語から見ると、猫霧捒社人の通用語はパポラ語であり、大肚各社で使用された言語と同一である。
⑥自称から見ると、猫霧捒社は「パポラ」という言葉で「人」及び自分の民族を称しているのに対し、**Babusaga**、あるいは簡略化して**Basaga**を持って自己の村社名としている。
⑦民族的アイデンティティから見ると、猫霧捒社人は「われわれのグループ」を「大肚社五社――北・中・南・大肚社・水裡社および猫霧捒社」としている。
⑧民族集団間の相互関係（族群関係）から見ると、猫霧捒社とパゼッへの岸裡社は親密で友好的だったが、しかし、本当の社群関係（村落間関係）は大肚社を主とした「パポラ」のアイデンティティに立脚している［簡史朗二〇〇五b：一九―二〇］。

以上の結論のうち、⑤の部分に関連して簡はつぎのように述べている。

この問題について、あとになって埔里鎮大肚城に入ってきて言語学のフィールドワークと研究を行なった土田滋は、さらに一歩進んではっきりさせた。土田が一九八二年に発表した文章の中で、詳しく記述しているところによると、彼は大肚城で、劉が採集したのと同じ様式同じ内容の一冊の本を蒐集し、さらに進んで、浅井、劉枝萬と自分の採集した語彙を整理し、対照表を作った。全部で一九七個の単語を得、「猫霧捒番曲」中に認められる語彙はすべてパポラ語であり、もともとあいまいに認知されてきたバブザ語（あるいはファボラン語）ではないこと、言い換えれば、歴史過程においてかつて大肚城で通用し、かつまた毎年の慣習行事である祭祖儀式の言語は、パポラ語であること、そして最も重要なのは「猫霧捒社」で使用された言語もまた、パポラ語であり、いわゆるバブザ語ではなかったこと、を確定したのである［簡史朗　二〇〇五b：一七］。

簡はこのように述べているが、土田の分析したデータについては混同している点がある。先述のとおり、土田が分析したのは、フェレル経由で手に入れたパポラ・ワードリストと、そのもとになった劉枝萬の現地調査による単語採集資料のみであって、『猫霧捒社五社番曲』の語彙は分析の対象ではなかった。また、パポラ・ワードリストのもとになった、劉の採集による単語資料とは、台北帝大で作られた質問表に基づいて大肚城で語彙に関する調査を行なった結果得られたものであり、『猫霧捒社番曲』から抽出した単語ではない［Tsuchida　一九八二a：四六三―四六四］。したがって土田自身も蕃曲の言語が何語で書かれているかを認識していたわけではないのである。(6)

また、⑥に関しては、簡のもう一つの論考とあわせて以下のような点を指摘しなければならない。簡は、「巴布拉族〈猫霧捒社番曲〉的若干問題和発現」［簡史朗　二〇〇五c］において猫霧捒社とバブザ族について次のように記している。

現在、学界では一般的にバブザ族の主要な分布は彰化県の沿海平原丘陵一帯であり、南は濁水渓を越えて南岸の西螺鎮に達し、前述のファボラン社の位置は既にさらに南の雲林県の褒忠郷にまで達しているとみなされている。つまり、今日の彰化から雲林にかけての沿海平原丘陵がみな「Babuza語」を話す平埔族であり、彼らをBabuzaと称する理由は、この一大グループの人々の「対人自称」がいずれもBabuzaあるいはそれに近似した音であったからであり、分類の便宜の関係で、彼らに「Babuza族」という族称を与えたのである〔簡史朗　二〇〇五b：五〕。

当事者たちの対人自称が民族名の根拠となったバブザ族に対して、『猫霧捒社番曲』では自分たちのことをどのように呼んでいるだろうか。実は歌詞の中には「Papula」ということばが出てきており、簡はこの点に注目した。歌詞の「Papola」の一言を毒阿火は「番人」と訳し、劉枝萬は注を加えて「彼らは漢語を用いて『番人』『番仔』と自称し、高砂族を称する『生番』と区別している」〔宋文薫・劉枝萬　一九五二：一二〇〕と述べているのだが、簡は、劉枝萬の分析した歌詞に沿って一六句から二一句まで検討を加え、以下のように訳した。

一六、あなた方はどんなパポラ（人）ですか？　話すのは何語ですか？
一七、パポラ（人）の言語を知りたい、どれがパポラ（人）？
一八、われわれの社にもし歌がなくなったら
一九、または言葉がなくなったら、将来どんな風によくなるというのだろうか？
二〇、よい社とよいパポラを作らなくては。
二一、歌を歌えば、人々は褒め称える〔簡史朗　二〇〇五c：六〕。

このような歌詞の内容について簡は、次のように述べている。

歌詞の中に現われる事実としては、猫霧捒社の「人」の自称はパポラ（Papula）であって、学界が民族に命名するときの規則によるなら、猫霧捒社人の族称は**Papula**――すなわちパポラにならなければならない。番曲中に称する自己の本社名はイオヴァン・ハゾヴァン（iovan hazovan）あるいはハゾヴァン（hazovan）、即ち「大肚社」であり、伊能嘉矩は明治三二年（一八九九）『蕃情研究会志』第二号「埔里社熟蕃」報告のなかにも、「大肚社蕃人は**hazovan**を自称する」と書いており、もし純粋に歌詞の内容をもって判断するなら、われわれにとって非常にいぶかしく思われることには、猫霧捒社が、「**Papula**」を当事者たちの自称としていることを除外しても、頌祖曲の内容の主体としているのは、意外にも大肚社であるということを発見するのである〔簡史朗　二〇〇五c：六〕。

しかし、土田のパポラ語辞書〔Tsuchida 1982a〕によると「人」を表わすパポラ語は／**so**／**so'o**／**θo**／**sou**／などの音で表わされ〔Tsuchida 1982b:664(57)〕、パポラ（papola）という語が現われるのは民族名〔自称〕の一つとしてなので、正確には民族自称というべきである[7]。土田の辞書を見る限り、パポラの民族自称の中にも／パポラ **papola**／パプラッ **papulat**／ヴゥプラン **vupuran**／とともに／バブサ **babusa**／バブサガ **babusaga**／の自称があり、この点ではバブザの民族自称／バブザ **babuza**／バブサ **babusa**／マブザ **mabuza**／ヒナパヴォサ **hinapavosa**／パポサ **paposa**／と一部共通するところがある〔Tsuchida 1982b:691(30)〕。しかし、バブザ語のパポラ語と異なるところは、民族自称の中に／パポラ **papola**／パプラッ **papulat**／等の語はないことである。つまり「バブサ」に関しては両言語に共通する一方で、知られている限りのバブザ語の民族自称には「パポラ」に類する語彙があらわれてこないのである〔土田　一九八二：六九一（三〇）〕。言い換えれば、パポラの自称の中にはバブザに類する表現が含まれるが、バブザの自称の中にはパポラに類する表現はないのである。

西部平原におけるパポラ族の各社と猫霧揀社との関係について、簡史朗は大肚社と猫霧揀社の関係が本来非常に密接であったことを指摘し、このような背景を理解すれば、道光三年に猫霧揀社と大肚三社及び水裡社が開墾集団を合同で組織し、一緒に埔里盆地に遷移した事情を奇妙なものとは思わないと述べている。そして、これら五つの社の民族の背景はすべてパポラ族であり、必ずある一定の歴史的背景と淵源を持ち、彼らの話す言葉は一様にパポラ語であって、彼らの重要な、いわゆる「原住民の正月」のときの歌はみな一様に番曲（頌祖曲）であったと考えている［簡史朗　二〇〇五ｃ：七］。

簡史朗はまた、道光三年の大肚五社の埔里入植の際の土地区分の表を示し、猫霧揀社は埔里に入植したとき「大肚五社」の小作分となった広い耕作地の面積の中でわずかに一五・四％を占めるだけであったことを指摘している。「分数共有一〇分、およそ一〇家族の単位であり、その他の四社に比べると猫霧揀社は確かに主体ではなく、もし再び建てた新しい村社である大肚城から見れば、猫霧揀社はただ二七％を占めるのみであり、歴史発展の背景をみても前述の『猫霧揀社番曲』が実は『大肚社番曲』であったという言い方は成り立つであろう。さらにこれを敷衍して『猫霧揀社番曲』は根本的には『パポラ頌祖曲』である、ということができるだろう」［簡史朗　二〇〇五ｃ：七］と述べている。

ところで、簡が疑問とするのは、どうして猫霧揀社の人もバブサガ（Babusaga）あるいはバサガ（Basaga）を自称するのだろうかという点である。オランダ統治によって猫霧揀社が文字に記載される時代に入って以来、当時の猫霧揀社と思われる村落名がオランダ語の文献中に頻繁に登場する。もともと台湾原住民の観念には「族」の観念はなかったのに対して、「社」の観念は強くあり、これが生活領域を維持する最も基礎的な単位となっていた。それゆえ、「Babusaga 猫霧揀社」は非常に単純には社名のみであって、このひとつの社の人は大肚社人、水裡社人と同じくいずれも「人」のことを「Papula」と称する人々であった〔簡史朗　二〇〇五c：七〕。しかし先に述べたように、papola、papulat は人の意味ではない。福建系漢族、客家、パゼッへ族、そのほか他のエスニック・グループと比べたときの自称と考えられる。

その一方、「大肚渓の南から濁水渓を超えてまっすぐ旧虎尾渓に至るまでの間の別の一大グループは、阿束社、半線社、柴仔坑社、馬芝遴社、二林社、眉里社、東螺社、西螺社、Favolang 社などの平埔村社を含み、彼らの話すのはもうひとつの別の言語、「人」のことを「Babuza」と称する言語であり、「Babuza 猫霧捒族」の人々のグループと呼ばれるようになったのである」(8)〔簡史朗　二〇〇五c：七〕。

簡史朗は猫霧捒社の人がバブサガ（Babusaga）あるいはバサガ（Basaga）を自称することのもう一つの背景として、パポラ族の空間領域に関して蕃曲の中に現われる地名を検討対象としている。「歌詞の中には、烏牛欄、朴仔離、旱渓、涼傘樹などの地名が出てくる。烏牛欄、朴仔離は現在の豊原市の区内に入っているパゼッへ族の社名であり、旱渓は今の太平市の西側のところ、涼傘樹は台中盆地の東南の隅で今の大里市と台中南区に接するあたりである。これらがもしすべて（歌詞にあるように）パポラ族の人々の狩猟の場所であったなら、パポラの領域は台中盆地の大部分ということになるではないか。また、パゼッへ族は康熙五五年（一七一六年）に清の朝廷に対し、台中盆地北半分の『猫霧捒之野』の開墾を求めた。これはその実、沙轆社・大肚社・猫霧捒社の社と猟場であり、パポラ族の伝統的領域は、大肚山以西から拡大し台中盆地全体までであったと推定される。これまでの『大肚山脈以西のパポラ四社』という言い方は修正すべきではなかろうか」〔簡史朗　二〇〇五b：三〕と考察し、西部平原における各社の歴史的地理的領域についての再考を迫っているのである。

四　浅井ノートから見た大肚城の平埔族

大肚城の人々

簡史朗の研究は決して過去の事実のみを掘り起こそうとするものではなく、「パポラ族とは何か」ということを改めて問い直そうという問題意識を持っている。大肚城の平埔族の民族構成を明らかにしようとするこの試みは、近年、台湾で盛んになってきた台湾史に関する学術研究の流れを背景とし、日本統治時代以来の研究者の間だけで進められてきた民族分類に疑問を投げかけながら、分類される側の民族の当事者の目線に立ってあらためて民族とは何かを考察しようとしているのである。

近年、民族のアイデンティティの高まりや文化復興の動きは激しいものがある。政府による民族の認定が進められる過程で、これまで一つの民族として分類されてきたタイヤル族やツォウ族、アミ族の中から、タロコ、サオ、クヴァラン、サキザヤ、セデックなどのエスニック・グループが、民族運動の高まりを背景に正名運動を展開した結果、それぞれ単独の民族として公認された。こうした中で、研究者によって作られた民族分類を疑問視し、自分たちの所属を再定義しようという傾向が人々の中で強まっている。政府の公認を受けたサオ族やクヴァラン族に続くべく、固有文化をほとんど失った漢化著しい平埔族のなかにも文化復興をめざす人々が現れてきた時代的潮流を視野に入れて眺めてみると、民族分類に関わる問題を提起する材料として、『猫霧捒社番曲』が地元の研究者によってあらためて取り上げられるようになったことは、きわめて現代的な現象といえるのである。

したがって、日本統治時代に浅井恵倫の残した写真やフィールドノートの解析は、もはや単なる過去の発掘ではなく、現在台湾で進行中の各族群の自己確認にとって新たな意味を持ちうる作業となる。浅井ノートには、言語資料以外にも、インフォーマントに関する情報、民俗行事に関する情報などがメモ風に記録されている。以下では浅井ノートの中でも大肚城の人々に関わる記録を解析し、戸籍記録と対比させながら、大肚城に住んでいた人々の出身地やその背景について検討してみたい。

（1）大肚城のインフォーマント——高阿月と都氏阿綴

まず、浅井のインフォーマントの背景を探ってみよう。浅井ノート【OA5B（13）】に登場する高阿月は、日本統治時代の戸籍によると、慶応三年生まれ～昭和一五年死亡（一八六七年～一九四〇年）とされている。生まれたのは戸籍登記以前の時代なので、推定に基づく生年月日である。戸籍の記録をもとにおよその年齢を推定すると、浅井が訪ねたときには七〇歳前後であったと考えられる。

また、ここに出てくる「阿端」とは、浅井の大肚城のインフォーマント「阿綴」のことであると思われる。名前の漢字が一字異なっているが、浅井ノート【OA46（10）】では、インフォーマント名「都氏阿端」の「端」を消して「綴」と書き直しており、atuwan というローマ字も見える。やはり「阿端」と書いているのは「阿綴」のことであり、atuwan はその読みをローマ字で示したものらしい。

【OA 43（10）】の浅井の資料カードによると

熟。歴史。大肚城。
大肚城ノ頭目ハ都杞、彼ハ五〇年前ニ死ス
阿綴ハ彼ノ娘　　　　　（昭一三　Ⅰ）

とある。都杞という男性の娘であるから、阿緞の姓は都であったと考えられる。これをもとに戸籍の除戸簿を調査したところ、「阿緞」あるいは「阿端」という名前で戸籍登録されている女性のなかには、都氏の姓を持つものはなく、また浅井の訪問時に大肚城に居住していたことを前提とする条件に一致しそうな人物はなかった。唯一記録にあった大肚城居住者の阿緞という女性は、姓や父親の名前、年齢の条件が、浅井のインフォーマントのものとは合わなかった。しかしその代わりに、戸籍簿の記録の中には、父親の名前・死亡した時期・年齢などが条件と大きく矛盾しない人物として「都氏市」という女性がいたことがわかっている。都氏市は戸籍によると大肚城庄に居住していた都阿己の長女であり、同じ大肚城内の蒲旺に嫁いだ。戸籍では、嘉永六年（一八五三）生まれとされている。一方、浅井フィールドノート【OA5B（13）】によると、昭和一二年のデータとして「阿端（八五）六歳の時大肚より来る。」とあり、浅井の訪問時の都氏市の年齢（八五歳）とされる戸籍の記録と一致する。また、都氏市の父、都阿己は明治二五年（一八九二年）に死亡したとされる。日本統治時代開始の三年前ということになっており、死亡年月日の正確さには欠けるものの、浅井の調査時からさかのぼって四十数年前に死亡したとされるので、フィールドノート中の都杞の死亡時期に関する情報とも大差がない。したがって、都杞＝都阿己と考えても、大きくは矛盾しないのである。

また、浅井ノート【OA5B（17）】によると、「都氏 atan」の娘は「hap　王氏合」と記されている。その下に簡単な系図が書かれ、そこでは atuan（atan と同じ人物らしい）の子が Gon Kau で、その配偶者 Asiu との間の子供が hap となっている。この系譜関係を戸籍で確認したところ、「王氏阿合」という女性は都氏市の長男「蒲薺」の妻で、その父母の名前は、父が「王枩狗」、母が「王隊氏壽」となっており、父母の名前の閩南語の読み方は「ゴン　カウ Gon Kau」と、その配偶者阿壽「アシウ　Asiu」に相当する。しかし、浅井ノートに書かれている atuan（これが阿緞だと仮定した場合）の子が Gon Kau であるという点については戸籍との不一致がみられる。

また、日本統治時代の戸籍簿によれば、都氏市が亡くなったのは昭和一三年五月二八日である。浅井ノート【OA5B(17)】によると、「大肚城　都氏 atan」は旧五月七日に亡くなったとの記録がある。一九三八年の旧暦五月七日は、新暦換算では五月二九日である。戸籍上の死亡日と一日のずれはあるが、前述の諸点も考慮するなら、都氏阿緞（＝都氏市）であり、大肚城の頭目であった都杞（＝都阿己）の娘であると見てよいであろう。

しかし、なぜ都氏阿緞が戸籍上は都氏市になっているのだろうか。埔里鎮戸政事務所の話によると、かつては近所に同名の人がいるような場合には、紛らわしいからと別の名前で戸籍に登録することもあったということであり、この場合もそれに該当するのかもしれない。

ともあれ、浅井が語彙を集めた大肚城のインフォーマント都氏阿緞（すなわち戸籍上の都氏市）は、大肚からの移住者であり、大肚はかつてのパポラの領域であった。

（2）稿本中の人々――都国禎と毒英武

まず、蕃曲写本（写真1〜4）からみてみよう。これを筆写した人の名前は書かれておらず、浅井ノートによると、高阿月所蔵とある。タイトルは『大肚水裡猫霧捒社蕃曲』であって、劉枝萬の採集した稿本（写真5、6）とは異なるが、内容の字句はまったく同じである。しかし欄外の書き込みが異なっている。字体も異なる。タイトルに「番」ではなく「蕃」と書かれているので、日本統治時代に作成されたものだろう。「大肚水裡猫霧捒社」という表記は大肚社、水裡社、猫霧捒社の一体性を示すものに他ならない。同様なことがいえるのは、土田の採集した校本のタイトルである。土田の採集した稿本には、第一行目は「此是猫霧捒社五社番曲開」と書かれているので、「猫霧捒社五社」の蕃曲であることがわかる（写真7）。簡の指摘するように、猫霧捒社五社という表現は、パポラとされる四社と猫霧捒社の親密な関係を物語っているのであり［簡史朗　二〇〇五b：三］、大肚城においては、独占的に猫霧捒社の人々が歌っていた歌というわけではないことを示すものである。

また、二行目「例以左便覧馮成欲唱」と最後の句「此乃至結尾百唱不厭萬古流傳　抄者　都蒲洋　拝筆」（写真９）について、劉枝萬教授によると、このような言い回しは日本統治時代のものではなく、かなり新しい言葉遣いであるので、おそらく戦後筆写したものだろうとのことであった。[9]

ところで馮成とは、稿本の所有者である馮再生の父（戸籍では阿成）のことで、明治一二年（一八七九）生まれとされる人物である。二行目の意味は《馮成が歌いたいと思っているので左の歌詞を書いて便覧できるようにしたものである》という意味である。また最後の句は、《これは終わりまで何回歌っても楽しい、古くから伝承され将来まで伝えられていく歌である》という意味である。

劉が採集した毒家に伝わる稿本を筆写したのは都国禎であった。簡の見解によれば、都国禎は日本の明治三一年から三五年の間、契約書の中に集中的に「代書人」の身分で登場する人物と同一であろうという。いわゆる代筆人、即ち今の「代書」であり、非行政系の指導者であったと簡は考え、毒英武と都国禎の二人は比較的近い年代に前後して生きた人であり、毒英武は都国禎よりも年配であったため、輩分からいうと都国禎の父の執輩に属していたに違いないと推測している［簡史朗　二〇〇五c：三］。

この点について日本統治時代の戸籍資料から明らかなるところによると、次のとおりである。

一、都国禎は先述の都阿己の次男であり、文久三年生まれ～大正七年死亡（一八六三年～一九一八年）とされる。[10]つまり、都国禎は、都氏市（即ち都氏阿緞）とキョウダイ関係（年齢からすると弟）であった。

二、毒阿火は明治二三年（光緒一六年＝一八九〇年）生まれとされ、劉枝萬の調査事実と符合する。

三、毒英武の生まれた年は戸籍によると天保九年（一八三八）とされ、明治四〇年（一九〇七）死亡とされている。

埔里における戸籍登記以後のことなので死亡年は正確である。

簡史朗は、毒英武と都国禎は一定の血縁と地縁の背景を持っていて、二人とも猫霧捒社の頭目家の家系の人であったと考えているが、現存の戸籍から見る限り、都国禎と毒英武の血縁関係については定かではない。

（3）バブサガの三地域区分――高阿月、都氏阿緞、江氏査媒からの情報

浅井カード【OA43】には「熟　歴史　大肚城　高阿月」のタイトルがある。

熟　歴史　大肚城　高阿月
大肚城　六五五毒阿火方
父ハ山ノ下ノ Babusaga 生レ。二〇歳　埔里へ来ル。
父三五歳ノトキニ生マル。
父ハ蕃語ヲ用ヒ、私ノ物心ツク頃ハ盛ンニ用ヒラレタ

この内容はカードのタイトルと、毒阿火方とあるところから、高阿月が語る自分の父のことであるらしい。戸籍によると、高阿月の父は高阿丁、大肚城九六番戸に居住しており、高阿月はその長男であった。ノートの内容は《自分の父は山ノ下のバブサガで生まれ、二〇歳の時に埔里へやってきた。埔里に来て一五年後、父三五歳の時に埔里で自分が生まれた》ということになる。バブサガがどのあたりなのかはここでははっきりしないが、「山の下」という説明が付いている。

さらに浅井ノート【OA5B】の一三ページの記述は、浅井が昭和一二年に大肚城のインフォーマントから聞き取りをした内容である。最初は江氏査媒、玉枝の名前があり、次に浅井の最も重視したインフォーマント阿緞（ここでは阿端と書いている）の名前があがっており、阿緞に聞き取った内容と思われるものがそれに続く。

浅井恵倫フィールドノート【OA5B（14）】

昭和一二年

七／I　　大肚城　江氏査媒（道路付近）

玉枝（七二）単語ヲ聞ク

aromai　――――（歌、踊、ヲモ aromai ト云フ）

正月、元来の歌の意にあらず

阿端（八五）六歳の時大肚※より来る。

大肚庄

（原住地？）（庄名）

原住地

上　babusaga

下　babusaga

北　babusaga（山のふもと）

水裡社（発音が少し異なる）

papulat　熟蕃（漢人に対し）
morod　生子

※龍井より（清）一里ハナレタル処

intzi　a　dah　my son
oman　a　dah　他人の子
namu　a　dah　your son
molom　a　dah
スベテ

以上のノートの内容から推測すると、おそらくインフォーマント阿緞から聞いた事柄として、阿緞は西部平原の大肚から埔里へやってきたが、原住地とされる四つの地名は阿端の住んでいた場所及びその隣接地についての地域区分説明と思われる。ここには「babusaga（バブサガ）」という地域と、水裡社とが示されている。しかもバブサガという場所は、さらに上・下・北に区分される三つの異なる地域に分類されているということになる。そして、北に分類されたバブサガは山のふもとであった。そして水裡社はバブサガの範囲ではなかった。

もしここでいうバブサガが台中盆地の猫霧捒社のあった地域だとするならば、水裡社とは隣接していない。また、猫霧捒社は三地域に区分されていたことになるのであるが、そうだろうか。猫霧捒社がさらに三区分されているという記録はこれまでになかったものである。一方、歴史的に見ると、大肚と呼ばれた地域には三つの地域区分があったことは確かである。上・下・北という区分ではないが、清代光緒年以降に上・中・下に分かれた大肚堡が行政区域として設定されている［黃敏麟　一九八四：一八四］。また、埔里の大肚城を建設したのは、南大肚社・北大肚社・中大肚社の人々と猫霧捒社の人々だったのである。

バブサガの発音はバブザに近似しているが、浅井ノートを見る限り大肚丘陵東側の猫霧捒社の付近のことを指すものではないようだ。「龍井より（清）一里ハナレタル処」という浅井の覚え書きからすると、都氏阿緞のふるさとは大肚の広い範囲の中でも大肚丘陵西側の龍井に近いところであることを示していると思われる。猫霧捒社という地名はここでは出てこないうえ、猫霧捒社は実際のところ龍井から一〇キロメートル以上離れたところにあったと考えられるので、阿緞の説明によるバブサガとは地域的には丘陵東側の猫霧捒社のあたりのことではないらしい。阿緞の原住地バブサガとは、明らかに丘陵西側の大肚の地域であり、水裡社を含まないが龍井を含む範囲であった。つまり、大肚丘陵西側の地域がバブサガと呼ばれ、三つの区域に区分されていたと考えられる。

浅井カードによれば、高阿月の父高阿丁は山の下のバブサガ出身である。もしこのバブサガが猫霧捒社ではなく、都阿緞の生まれ故郷のバブサガと同じ地域であるならば、大肚丘陵の山のふもとの地域、阿緞が「北バブサガ」と述べたのと同じ場所かと推測される。日本統治時代の戸籍によると高阿月自身は一八六七年の生まれということになっているので、高阿月の父の大肚からの転出と埔里への転入はおそらく一八三〇年代頃だったと推測され、日本統治時代の戸籍上の記録に反映されることはなかっただろう。

【OA5B（8）】向かって右ページ

一六。大肚城、　都金鐘ノ女ナル江氏查媒（七六―七）

日南社―一六才―大肚城ニ移ル　家庭ニハ半バ熟仔語ヲ話ス、

bobat　正月

babusa、上、中、下ニ分ツ（忘レタ）
　大肚城、水裡城ノミニ用ヒラル

ノートの記述は、大肚城の「都金鐘の女である七六、七歳の江氏查媒」がインフォーマントであると書かれているものと判読できる。しかし、戸籍から確認したところでは、都金鐘の家族で江氏查媒に該当する人物は見つからない。ここに記されたインフォーマントは、都劉氏查媒すなわち都金鐘の母のことではないかと思われる。戸籍によると、都国禎の次男の都金鐘は一八九四年生まれとされており、浅井の訪問当時、まだ四〇歳前後であった。その母で都国禎の妻であった都劉氏查媒は、文久元年（一八六一年一二月）の生まれと記載されており、浅井の記した七六―七という年齢と思われる数値にほぼ合致する。死亡年月日は昭和一二年二月一七日である。

浅井恵倫フィールドノートには昭和一二年一月七日に江氏查媒から聞き取り調査をしたと書いてある【OA5B（14）】が、この人物が都劉氏查媒であるならば、確かに亡くなるより前に聞き取りをしたことになる。また、浅井ノートの記述からは、《江氏查媒は日南社から一六歳のときに大肚城に移ってきた》と読み取れるが、都劉氏查媒は、戸籍によると、埔里の日南庄から明治一〇年三月に婚姻入戸しており、浅井ノートの記述とほぼ一致する。以上の点から、江氏查媒はおそらく都劉氏查媒のことを指していると考えて間違いはないだろう。都劉氏查媒の戸籍の種族欄は塗りつぶされており、使用している戸籍の用紙から見て恐らく漢人ではなかったらしいことしかわからない。

日南社はタオカス族の村であるので、江氏査媒はタオカスだったかもしれない。

次に、《家庭では半分熟蕃語を話している。bobat は「正月」の意味であり、[11] babusa は上、中、下に分かれていたが、詳しくは忘れてしまった、正月の行事は大肚城、水裡城のみ二回行われる》という内容で、babusa が三つに分かれるという説明がある。インフォーマントの記憶は定かでないかもしれないが、彼女が、babusa という単語から思い出されることはそれが上・中・下に分かれるという点であったようだ。都劉氏査媒は出身村落から考えるとパポラ語の本来の話者ではないために、知識は多くなく、詳細なものではなかった。しかし babusa ということばが上、中、下の三区分と結びつくという点では、都氏阿緞の出身地域についての情報と無関係とはいえないのではないだろうか。

また、これらに関連する内容として、浅井ノートの中には「バブザ」に関する記述もある。

【OA5B（14）】

バブザ

五社頭蕃

南大肚　（王田）

中北大肚　（山ノ上）

水裡社　（龍井）

夘霧捒　（台中）

北大肚　（　　）

生蕃坑に大肚蕃あり

「バブザ」と書かれてはいるものの、実際は西部平原の大肚三社・水裡社・猫霧捒社を含むいわゆる「猫霧捒社五社」に関する地域の確認メモであろうと思われる。これは梅仔脚の阿興 ahien（八三）を訪問したときのノートの一部であるので、文献で調べたものではなく、このインフォーマントから聞いたことらしい。【OA5B（14―15）】によると、阿興は大甲に生まれ、六歳のときに埔里に来た。そして一七歳のときに埔地盆地内の梅仔脚に来た。彼女がどの民族であったのかはノートには記されていないが、大甲出身ならタオカスであるかもしれない。一方、「夫は眉裏社」、「夫は日北社」、という矛盾した記述があり、夫はバブザまたはタオカスであったらしい。阿束、眉裏、林仔城語などの使用状況に関する聞き取りのメモがあり、「眉裏と林仔城語と同じ、……大肚城ト異ナル」という記述があることから、バブザ語に関する調査を行なったときのものである。つまり、阿興の住んでいた梅仔脚周辺の平埔族言語を比較したとき、眉裏と林仔城の言語は同じであるが、大肚城の言語は異なる、と説明したのである。浅井はバブザ語とパポラ語の相違をバブザの多く居住する集落に住んだ住民から確認していたといえる。

そして、ノートのこの部分がインフォーマントから聞いたことの内容のメモであるならば、箇の指摘する五社の緊密な関係や、大肚三社の位置などに関する現地住民の地理的な認識を知る手がかりになる（図5参照）。大肚三社については、ここでは北、中北、南の区分となっており、三区分ではあるがかつての行政区分とは名称がやや異なる。記憶の問題であるかもしれないが、現在の地名との対照では、中北大肚が山の上、とされていることが注目される。それに対して北大肚にはカッコ内に場所が記されていない。先述の都氏阿緞による地理的区分では、北に分類された babusaga は山のふもとであったことを重ね合わせてみると、北大肚が大肚丘陵西側の山のふもとの地域、中大肚が山の上の地域、南大肚が大肚丘陵南端の王田の周辺というおおよその三区分が人々に認識されていた可能性がある。

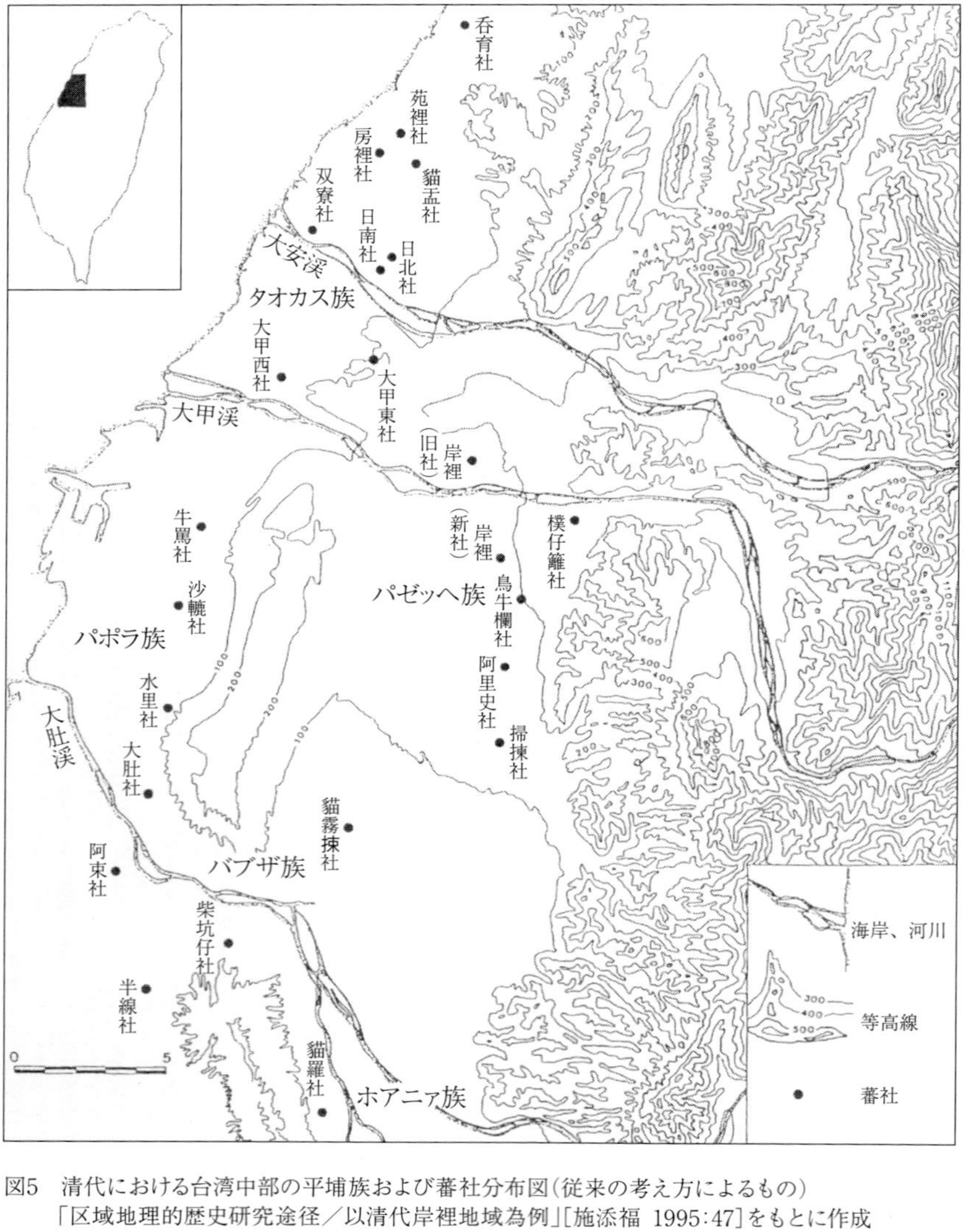

図5　清代における台湾中部の平埔族および蕃社分布図(従来の考え方によるもの)
「区域地理的歴史研究途径／以清代岸裡地域為例」[施添福 1995:47]をもとに作成

（4）バブサガとパポラ族

以上の考察から、バブサガという地域は、猫霧揀社の付近一帯というよりは、北・南・中大肚社のあった地域のことを指していたと考えられる。そこで、埔里の大肚城に移民して来た人々のうち、猫霧揀社ではなく大肚社出身のパポラ族の中には都氏阿緞のように「バブサガ出身」を自称する人々が存在したと考えることができる。埔里の大肚城で移川によって記録された「バサガー」という自称との関連も、彼らの出身地であるバブサガという地域との関係で改めて検討してみる必要がある。その場合、「バサガー、あるいはバブサガの出身者＝大肚三社出身者」ということになる。

これについて、清朝時代の大肚台地の東側の台中平野にあたる猫霧揀社の社域に関する歴史的な記録や、簡史朗の指摘する「揀加頭地」という地名とも関連を考察すべきところであろう。簡によれば、猫霧揀社の社域は台中盆地の西南側に偏っていた。台中盆地の北半分はもともとパポラ族に属する牛罵社と沙轆社の社域・猟場であった。康熙五五年、岸裡社の土官が台中盆地の北半分を開墾することを申請したときに諸羅県令の周鐘瑄が下した「暁諭」の文章中には、「揀加頭地」の名が出てくるが、その地域の範囲は、東は大山に至り、西は沙轆との境界の大山に至り、南は大肚に至り、北は大渓に至り、東南は阿里史、西南は「揀加頭地」に至る、とある。そこで、「揀加頭地」の意味は「揀加上方の土地」であり、「揀加」はつまり「saga」の直接の音訳で、サガはその実「バブサガ」の縮小形である。猫霧揀社人は自分の蕃社をバブサガと呼んだのであり、「サガ頭」の意味は即ち猫霧揀社の上方一帯のことである。簡はこのように推測している［簡史朗　二〇〇五b：一一—一二］。

しかし、浅井ノートの記述から推測したように、大肚丘陵の南半分の台地上、及び台地の西側に、バブサガの地域があったことを考慮に入れるならば、もう少し別のことが考えられる。《南は大肚、東南は阿里史、西南は揀加

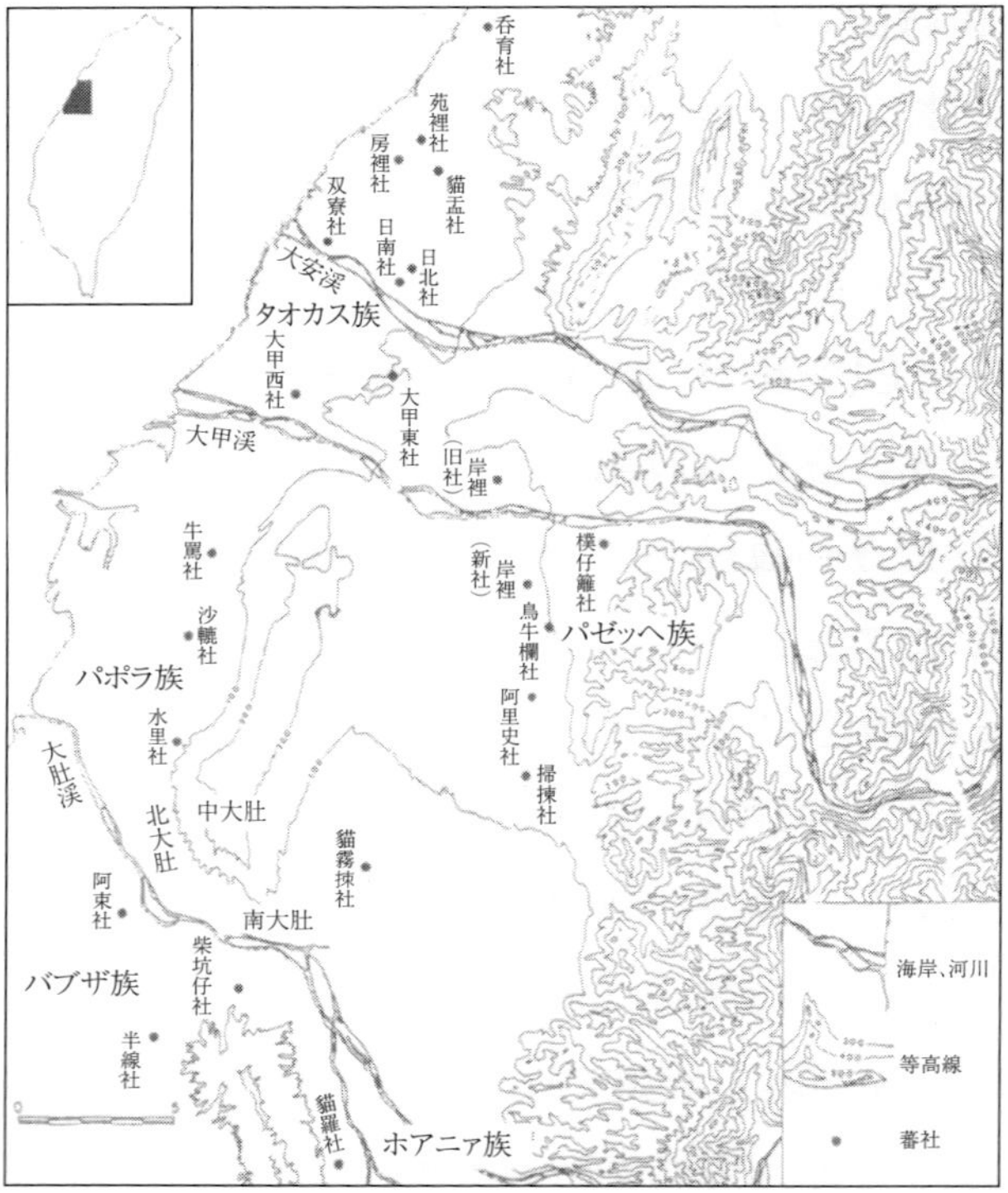

図6　清代におけるパポラ族蕃社の位置および周辺民族との位置関係（図5を一部修正して作成）

頭地に至る》という説明によって台中盆地の北半分の地理的位置を説明しようとすると、簡の言うようにバブサガが猫霧捒社であるとする場合［簡史朗　二〇〇五b：四、二〇〇五c：八］には、西南の方向づけにはやや無理がある。むしろ大肚丘陵の南半分の台地上をも含みさらにその西側の平地に広がる地域がサガあるいはバブサガと呼ばれる地域であったと考えるなら、「暁諭」の記述と対照させたときに、西南の「捒加頭地」の位置関係はより整合的である。したがって筆者は、浅井ノートに記されたバブザガの区分及び地理的状況に基づいて、龍井の南に北大肚（北バブサガあるいは山のふもとのバブサガ）、大肚丘陵上に中大肚（上バブサガあるいは山の上のバブサガ）、丘陵南端の麓の地域に南大肚（下バブサガ）を位置づけることができると考える。

（5）民族分類から見たバブザとパポラ

以上、蕃曲をめぐる議論の元になった民族分類の経緯を振り返り、問題の所在について検討を加えるとともに、大肚城住民の民族的帰属についての考察を進めてきた。これまでに明らかになったように、大肚城における蕃曲の担い手としての猫霧捒社人と大肚社人の間には歴史的・文化的関係の緊密性が存在したといってよい。そして地理的には、「猫霧捒之野」と呼ばれた領域と猫霧捒社の社域との関連性が推測される一方で、一七世紀の戸口調査表に登場するバブサク社（Babousack、Babosak など）と猫霧捒社の連続的関係、およびこれらとバブサガとの関係の不連続などを考えると、バブサガという名称は、少なくとも一九世紀後半以降は、清朝時代における猫霧捒社とは異なる地理的区域（大肚山西側）を指していたと考えられる。

民族分類のそもそものはじめの段階から、猫霧捒社は社名の類似性によってバブザ族と同一視され続けてきた。一方、パポラ族の居住地であったことが明らかな大肚三社もバブサガという類似の名称で呼ばれていたらしい。しかしこの名称の類似性を根拠に猫霧捒社や大肚社をバブザ族の村落とみなすことは難しい。本章で考察したように「バブサガ」と猫霧捒（バブサ）は異なる地点を指す語であった。しかし同時に、バブザ語にとっての babuza（つまり「人」の意）とも意味が異なっていたのである。

このように地名や社名、民族自称、人を表わす語彙など複数の場面で／猫霧捒／babusaga／babuza／babusa／basagar／Babousack／Babosak／等々の近似の音を持つ語が頻出するところこそが、パポラ族とバブザ族の言語・民族・歴史・地理など多方面にわたる相互関係の複雑さを反映するものというべきであろう。これらの語彙に加えて、あえて検討の対象としてこなかった〈Favorlang〉から〈Poavosa〉あるいは〈Babuza〉への歴史的音韻変化、また〈Vupuran〉から〈Papora〉への歴史的音韻変化の規則性に関する分析も含め、さらに言語学・歴史学などを含めたより広い観点から慎重に整理し、各々の語が示す意味内容を丹念に解きほぐしていく必要がある。

五　大肚城における民族集団

二〇〇五年一二月、南投県埔里鎮大城社区発展協会・大肚城文史工作室は、簡による「猫霧捒社非猫霧捒族――拍布拉族與猫霧捒族之析辦（猫霧捒社與猫霧捒族的迷思――析論台中盆地的一個平埔村社）」を印刷した。ここに収められた簡論文は、もともと同年、静宜大学人文暨社会科学院で開催された〈「人文・社会・自然與芸術」跨領域整合系列研討会〉での報告論文であった。大肚城文史工作室では、この論文に加えて、前書きとして、パポラ族大肚社・埔里鎮大城区社区発展協会理事長である張麗盆が一文を寄せている。そのなかで張は次のように述べている。

パポラ族大肚社の末裔として生まれ、この生活領域で成長し、青年時代に日本統治・国民政府教育の影響を受け、私は自分の祖先から後のつながり、身分の真実の一ページをずっと知らなかった。しかし、私は、大肚城の長輩の組織性や団結性を誇りに思ってきたばかりか、祖先の組織性・団結性は生来のものであるかのようであり、他のコミュニティのものと同じでないことに気づいていたのであった。戒厳令が解かれてからの十数年来、台湾在来の族群研究の風潮が起こり、パポラ族、大肚社、水裡社、沙轆社、牛罵社などの研究が続々と現われてきた。大肚城で発見された「牽田」の踊りの曲『猫霧捒社番曲』（宋文薫・劉枝萬著）と呼ばれるものについて、少なからぬ学者や専門家が、大肚城は遷徙のときにパポラ族・バブザ族が混住していたと主張している。族群中の人間として、私はその中に誤りがあることを知っている。しかし焦ったところで無力である。私は多くの本土族群についての混淆記載が相当にはなはだしいものであることを身にしみて感じており、族群中の人こそがむしろ責任を持ってこれを解決することができるかもしれないと考えた。しかし、半世紀を生きてきた私は学ぶにしても行動するにしてもどこにもそんな能力はなく、そのため猫霧捒社の所属する族について解析しなければという意思とプレッシャーは、昼も夜も私を悩ませ、眠れないほどであった。……「猫霧捒社は猫霧捒族に非ず――パポラ族と猫霧捒族の分析」は簡史朗氏の厳密な考証作業の下に完成された。パポラ族大肚社の後裔としてまことに感激に堪えない［張麗盆　二〇〇五］。

これまでの研究においては、研究者の観点に立った民族分類が行なわれてきた反面、当地の住民の民族的アイデンティティの意識に則した分類は、十分試みられたとはいえなかった。漢化が進んだとされる平埔族の場合、特にその傾向が強かったといえる。原因のひとつは彼らのほとんどが民族集団としての結集力を失って漢人社会の中に散在・融合し、表面的に見る限りでは固有言語・文化を喪失していたことと関係がある。しかし、大肚城の平埔族系住民はバブザ族とパポラ族という二つの異なる民族からなる、というこれまでの研究者の分類に対して、張の序文に記されているような漠然とした否定的感覚が、大肚城の住民の側に存在したことは、研究者の側からもあらためて尊重されなければならないだろう。民主化以降、台湾の住民の間に「族群」意識が高まってきたことにより、人々は原住民としての出自を改めて意識し、自覚するようになった。張の序文はそうした社会の潮流を背景に書かれたものといってよい。

では、同じ村落に異なる民族が混住していた場合、どのようなアイデンティティが子孫の間に保持されるだろうか。かつて筆者の調査した花蓮県新社村では、宜蘭平原から移住したクヴァラン族の子孫の中には、言語系統を異にするトロブアン（馬淵の分類によるトルビアワン）の子孫も混じっていた。筆者の調査した一九八〇年代半ばにおいて、新社には既に純粋の子孫はなく、いずれもクヴァランと混血し、日常的には人々が話す言語は漢語のほかはクヴァラン語であって、トロブアン語は消滅していた。にもかかわらず、トロブアンの末裔にあたる人々は自分たちの血統を十分に意識しており、その事実は、今も新年の儀礼のときにだけ形をとって現れ、厳格な排他的境界を持つ固有の祭祀集団が形成される［清水　一九八八：二〇〇四］。

歴史的に見ると、クヴァランは移住の過程でトロブアンと命運をともにし、きわめて友好的かつ協力的な関係を保ち、通婚も頻繁に行われていた。それでもトロブアンが異なる民族的出自を持つ人々であったことを、村人たちは実生活上ほとんど何の影響もなくなった今日に至るまで意識し続けてきた。言語文化が異なる民族が村の中にも周辺にも複数存在する状況下では、家族・親族関係に付随した儀礼を核として、互いの言語・文化的根源が「異なる」という事実について人々は十分に敏感だったのである。

一方、平埔諸族が集団入植を行い、開墾を進めた埔里盆地においてはどうであろうか。埔里では、漢族入植以前、平埔諸族同士が狭い盆地内に比較的同等な立場で、しかも契約によって民族集団ごとに整然と土地を分割し、肩を並べて開拓していた状況があった。平埔族の多くは出身地別に集落を形成し、あるいは複数の民族構成を持つ集落もあった。さらに漢人の入植者が急激に増え、やがて圧倒的多数を占めるようになってからも、開拓した耕作地に裏付けられた経済力を背景とする平埔族には他の地域ほど極端な社会的没落という結果がもたらされなかったのが、埔里の特徴といえるだろう。その意味では、多民族が混在する状況のなかで民族的差異が意識され続けるのに有利な条件を備えていたといえよう。

ところで、その中の一集落である大肚城では、どうだろうか。研究者の多くが考えてきたように、大肚城にはパポラとバブザという言語の異なる集団が共存していたのだろうか。小川によれば、ファボラン（バブザ）語とパポラ語には語彙にかなりの相違があるという［小川　一九四四：四五八］。また、浅井のノート【OA5B】によれば、林仔城などのバブザの牽田（平埔族の正月の踊り）の習俗は、日数をはじめ、内容がパポラとやや異なっている。そうであるならば、少なくとも当事者たちには何らかの形で相違が認識されていても不自然ではない。埔里では多種の平埔族が走標（マラソン）や牽田といった新年の習俗を共通して持つとしても、日本統治時代初期ごろまでそれぞれ異なる日程、方法を守って行われていたのである。

また、平埔族同士の付き合い方は誰に対しても同じというわけではなかったようだ。大肚城の高齢者によれば、幼い頃に他の平埔族の出自をもつ住民がまとまって住む村落を訪れたとき、自分たちとは違う人々だ、という印象を強く持ったという。同じ漢語を話していても、言葉遣いや話し方、顔立ちや雰囲気などから異質なものを感じ取った。それに対して、水裡城の人々に出会ったときには、同じ種類の人たちだという印象を持ったという。実際、大肚城と水裡城とは頻繁な往来があり、それに対して異なる平埔族集団の村同士では日常的な付き合いはそれほど多くなかったらしい。

このような状況の下にあったことを考えると、もし大肚城の集落のなかにパポラとバブザという異なる民族集団が混じって生活していたとするならば、伊能の調査資料や浅井のフィールドノート中に、これらの人々の差異に関する村人からの聞き書きが何もないのは不自然である。また、今日の住民たちの間からもそうした違いについての言及はない。毒英武のように猫霧捒社出身者がいることは判明しているとしても、猫霧捒社出身者は大肚などほかの地域出身者とは異なる人たちだという認識が示された例はなく、猫霧捒社出身の住民からもパポラとの言語・文化的差異があらためて強調されることはなかったのである。むしろ、パポラ語で書かれた蕃曲の帳面を所有していたのは猫霧捒社から来た毒英武の子孫だったのである。小川の言うように、バブザ語とパポラ語がかなり語彙の異なる言語であり、猫霧捒社から来た者がパポラ語のテキストを所有し、歌謡の中心的な伝承者であったなら、猫霧捒社で話されていた言語はバブザ語ではなくパポラ語であったと考えるのが自然であろう。仮に大肚城において二種類の民族が存在し、しかも互いに別の民族としての差異が意識されないほど同化していたとするならば、その同化が起こったのは彼らが埔里に移住するよりはるか以前の時代に遡ることになるはずだ。そうなると、埔里の大肚城に移住してきた時点で、パポラ族と猫霧捒社出身者とのあいだに言語・民族の相違が存在していたのかどうかも疑ってみなくてはならないだろう。大肚城の移住者の中には二つの異なる民族は存在していなかったと考えるなら、「これは自分たちの言葉で書かれた蕃曲ではない」という毒阿火の説明は、パポラ語から閩南語へと母語が移り変わった結果、失われた祖先の言語を自分たちの言語ではないと認識するようになったことを示すものなのかもしれないのである

簡が指摘するように、日本統治時代以来の民族分類を振り返ると、研究者の間だけでの議論が続けられてきたのであり、議論の焦点になった固有言語および民族の区分の問題に関して、大肚城の住民たちの当事者としての意識に関する確認はこれまで不十分だったといえる。その点を踏まえて過去の民族分類はあらためて検討し直されるべきであろう。

民族としてのアイデンティティは過去のものというよりも現在もなお変化し、時代の流れを受けてさらに醸成され続けているものである。大肚城の人々が過去において分類上のどのエスニック・グループに該当したかという疑問は、過去を単に学術的興味のもとに掘り起こすことではない。そのまま現在の子孫にとってのアイデンティティの源泉に関わる主題なのであり、さらに現代社会における彼ら自身による自己の位置づけの再確認活動へとつながっている。日本統治時代の調査記録や映像記録は、そのような人々の今日的欲求に対して、一定の材料を与えることができる。このような観点から、今日あらためて過去の記録が整理され、さらに詳細に読み直されることが求められているのである。

浅井恵倫撮影による『大肚水理猫霧捒社蕃曲』歌詞の文言は、劉の採集した『猫霧捒社蕃曲』のものと同一である。したがって、簡による語彙の検証［簡史朗　二〇〇五ｃ：一六―二六］に基づいて言えば、パポラ語によるパポラ族の祭祀歌謡の歌詞集であることはまちがいない。出自や過去の固有文化への関心が漢化の進んだ平埔族の子孫からも

現われている現在、蕃曲歌詞集の解読は新たな意味を持つことになる。固有文化の消滅著しい平埔族の民族分類に際しては、言語の違いがもっとも有力な柱であることを考えるなら、歌詞の内容に関して文化的側面・歴史的側面からの分析に加えて、これまで蕃曲を本格的な分析の俎上に載せてこなかった言語学の分野からも、三冊の稿本に対してあらためて検討が加えられていくことを期待したいと思う。

六　写真鑑定——大肚城の人と家

埔里大肚城での聞き取り調査の結果、浅井写真の中には、大肚城のパポラの家や人を撮影したものであると判明したものが何枚かあったので以下にそれを示すことにする。民族衣装を着た平埔族と思われる年配の女性を撮影した三枚の写真である（写真10、11、12）。

大肚城の施朝吉氏（調査当時八七歳）の記憶によると、この女性は大肚城に住んでいた人で、夫の姓は「ライ」、名

写真 10　〈浅井 C4-1-2〉

写真 11　〈浅井 C4-1-3〉

写真12〈浅井C4-1-4〉

は「チウディ（招弟または招治）」（閩南語では弟も治も同じ発音）であったという。そこで、植民地時代の戸籍簿中にその名前を探したところ、該当すると思われる人物を確認することができた。戸籍上の記載によると、その女性の氏名は「黎沈氏阿招」である。明治一〇年（一八七七）五月二〇日生まれ、埔里社堡大肚城庄三番戸の沈阿溪の次女（母は沈黄氏蚋衣）で、明治二八年一二月二五日に黎水盛と結婚し、大肚城四八三番戸に入戸した。熟蕃で大肚城の生まれであることから、前述の考察により、パポラ族であると思われる。浅井の調査時には六〇歳ぐらいなので、写真の女性の外見とも一致する。

ところで、村人の記憶する名前が「招弟（招治）」であるのに対し、戸籍上は少し異なる「阿招」という名前であったことは、漢人の慣習に従うと次のような説明ができる。「招弟（招治）」という漢人風の名前は、弟という字が入っているので一見すると男性的だが、慣習的には女児に対して付ける名前である。男児が欲しかったが女児が生まれたような場合に、父母はその次に生まれてくる子は男子であるようにと願い、生まれた女児に対して「招弟」あるいは「招治」と名付けるのである。「招治」は閩南語で「招弟」と同じ発音であり、弟（男児）を招きよせることが期待されるという意味も同じである。一方、「阿招」という名であれば、次の子が欲しいという意味になるが、この名前には次に男児を望むのか女児を望むのかは明示されない。または、日常的に呼称として使う「阿招」を戸籍登録しただけなのかもしれない。あるいはもともと「阿招」と名付けたが、その下に弟が生まれたことにより、のちになって周りの人が彼女を「招弟」と呼ぶようになった可能性もある。さらに、「招弟」という名前が一般によくある名前であることから、戸籍登記上の重複を避けるため、戸籍担当者によって「阿招」と登録された可能性もないとはいえない。

大肚城在住の王彩花さん（調査当時八六歳）によると、黎沈氏阿招が身に着けている服は、大肚城の平埔族の伝統的な衣装であった。頭には黒っぽい被り物をし、白の上着を着て、二色の布をはぎ合わせた巻きスカートをはき、スカートのうえから腰帯を巻いて前で結び合わせている。スカートの下にはふくらはぎまでの丈のズボンをはいている。張さんによれば、これらの頭の被り物、巻きスカート、アーラータイ（a:la:tai）と呼ばれる帯はいずれもこの村の平埔族の人々に固有のものであり、この衣装は、牽田と呼ばれる祭りのときに銅鑼を持つ役目の四人の女性が着る服だったとのことである。黎沈氏阿招はその役目の一人であった。パポラ族の牽田の祭りは当時すでに行われなくなっていたので、祭り当日の撮影ではなく、浅井の写真撮影に合わせてわざわざ盛装をしたのであろう。

写真13は黎沈氏阿招が身に着けていた帯を撮影した画像と思われる。刺繍を施した細長い布の両端に同じ幅の細い無地の布を縫いつけて作られている。写真10、11を拡大して帯の着用の仕方とスカートの巻き方に注目してみたところ、刺繍をした部分は背中側に回し、刺繍のついていない無地の長い布をスカートの上から身体の前面で結んで前にたらしているようだ。ブラウスの前の合わせ部分には、帯と同じような模様の刺繍を施した四角い色布が縫い付けてある。普通の漢服のブラウスに、細い布に刺繍を施した布を左右二枚縫い付けて、パポラ風に仕立てているのであろう。ボタンの付いた上着は当時の一般的な服

写真 13　〈浅井 C4-1-5〉

写真 14　〈浅井 C4-1-8〉

で、特別な衣装というわけではなかったと施朝吉氏は述べている。女性の上着の前の合わせ目に縫い付けた刺繍の模様は、もっと拡大してみると帯の模様と共通し、並んだ八角形の中に三角形と四角形の組み合わせからなる幾何学模様が埋め込まれたデザインとなっている。四角形の中央には必ず点が配置されている。また、卍型の文様を連続させた模様、いくつかの小さい四角形を組み合わせて全体を八角形の模様にしたものもある。帯の刺繍部分は、菱形をつないだ文様や、菱形の連続で空間を埋めた模様、などが組合わさっている。その他の模様は菱形をつないだ文様や、四角形や大小の菱形の連続で空間を埋めた模様、などが組合わさっている。

大肚城の施萬恩氏（調査当時七三歳）の記憶によれば、大肚城の昔の民族服の色は白と黒と青で、女性の腰帯は白、男性の腰帯は白と黒の二種類があったということだ。ただし写真の祭りの帯の色はそれとは異なるようである。白黒写真ではあるが、前に結んで垂らした帯の色は上着の白色とは明らかな違いがある。おそらく帯の両端の布は白ではない淡色だったと考えられる。また刺繍部分は、糸の濃淡の異なる部分を数えると、少なくとも四、五色が使われていたものと思われるが、それがすべて白、青、黒とその系統の色だったかどうかは判別できない。

頭に巻いた被り物は広げると四角形になる布である。被り物の形にするには折るだけでよく、中に芯になるような物は入れず、そのまま頭にかぶるのである。大肚城の高齢女性の中にはこの被り物をするときの布の折り方を知っている人がいるという。

大肚城の施朝吉氏によれば、写真14〈浅井C4—1—8〉の家の写真は大肚城の蒲寮の家である。浅井の調査時にはその孫の蒲纍華が戸主であった。浅井ノート【OA46（10）】にも蒲纍華の名前が出てきており、「都氏阿端 Atuwan　大肚城658　戸主蒲纍華方」とある。つまり、この家は、浅井のパポラ語（浅井はノートにバブザ語と書いている）のインフォーマント都氏阿端が住んでいた家なのである。この家の写真をよくみると、入り口の両側に提灯が吊るしてある。これは葬式を出した家であることを示す漢人風の提灯である。葬儀の後一年ぐらいは提灯を吊るしたままにされるのが慣例となっているのだが、提灯の上にはそれぞれ「五代　大母」「蒲」と記されている。これらの文字は、蒲家の「五世代前」の（しかし実際には五世代前ではなく、家族の中の年長の）女性が亡くなったことを示唆している。都氏阿端は蒲姓ではないが、蒲旺の妻であり、戸主でひ孫の蒲纍華がこの世帯の戸主となっていたことから「蒲」の字が用いられたのでろう。この写真からは、浅井が再度大肚城を訪れた時期が、蒲家で都氏阿端の葬式を出した後であったことがわかる。

前章（一四七頁）で述べたように、浅井ノート【OA5B】には、「Ⅵ—16　大肚城　都氏 atan　旧5月7日に死す」と記されている。「Ⅵ—16」の数字は、ノートを書いた六月一六日を示す。戸籍によれば、都氏市（都氏阿端）は、昭和一三年（一九三八）五月二八日に死亡している。浅井はこの年の一～三月に埔里調査に訪れ、阿端からも単語の聞き取り調査を行ったが、阿端はＴＢ、すなわち結核を患っていると記している［浅井　一九三八：三五］。この年、浅井は六月には、萬大社とパーラン社のタイヤル・セデックの言語調査を行った［浅井　一九三八：三五］。埔里は萬大社とパーラン社へ行くときの中継地点となる街であったため、浅井も埔里に宿泊したはずである。そして大肚城を訪ね、阿端がすでに亡くなっていたことを記録に残し、阿端の家の写真を撮ったと考えられる。

ところで、この写真を含む〈C4—1〉の一二枚の写真群は浅井によって「水裡」というタイトルが付けられており、埔里の水裡の集落で撮影されたという意味にとれる。水裡は大肚城とともに開拓時代からパポラ族の移住者たちが建設した集落であり、日本統治時代にもパポラ族が多く居住していた集落である。しかし、写真に写っている黎沈氏阿招が大肚城の住人であること、大肚城の蒲彚華の家の写真があることなどから、浅井の撮影場所の少なくとも一部は、水裡ではなく大肚城で撮影されたものであったと考えられる。

注

（１）浅井は、文献を撮影して記録に残すことについても熱心であった。文書全体を丹念に撮影したものとしては、一六、一七世紀頃のいわゆる「キリシタン文献」などがあり、第二次大戦の空襲によって原本が失われた現在では浅井の写真が世界で唯一の記録となっている［土田　一九八四：一九—二〇］。

（２）宋文薫・劉枝萬論文の掲載された号には、稿本の写真は掲載されていない。劉枝萬教授によれば、論文の最後に掲載されるはずであった蕃曲稿本の写真が編集過程で欠落し、写真だけが『文献専刊』の次の号（三巻二号、一九五二年一〇月）に掲載された経緯があるという（写真５、６）。

（３）劉は中国語で「番曲」という字を使っているので、ここではそのまま使用した。「蕃」の字は日本語的な用法である。

（４）Happart、Rev. Georgius 1650、'Woord-Boek der Favorlangsche Taal.,（Translated in Campbell 1896）のことを指す。

（５）黄叔璥による『臺海使槎録』所収の「番俗六考」中の文章「北路諸番八」（一七三六年）の内容を指す。

（６）この点については直接土田教授に確認を行った。

（７）土田滋教授のご教示による。

（８）土田の辞書やLi, Paul Jen-kuei［二〇〇三］によると、バブザ語の場合、「人」を表わす単語は、cho／babosa／bausi　などとなっており、babosaという語は確かに含まれている。さらにバブザ語においては、「人」を意味する語にのみならず、民族自称にも、babosa、babusaなど「バブザ」に発音の近似した単語が含まれている。しかしパポラ語の場合には、「人」を意味する語には「バブザ」に近似した語は見られない。

（９）劉枝萬教授のご教示による。

（10）生年は戸籍登記開始以前のもの。（以下同）

（11）劉枝萬の蕃曲解析によるとbobatは正月ではなく歌の意味。

第二部　台湾南部のタイヴォアンの歴史と文化

第二部　台湾南部のタイヴォァンの歴史と文化

第二部では、台湾南部に分布しているタイヴォァンと呼ばれる平埔族グループについての画像を取り上げ、これらの人々の歴史と文化、そして彼らの現状について概観する。タイヴォァンは、漢化の進んだ原住民の中でもシラヤ族と言語・文化的な関係が深いとされ、研究者による民族分類としては広義のシラヤ族の一部として分類されてきた。馬淵東一による台湾原住民の分類では、広義のシラヤ族は、主として小川尚義・浅井恵倫による言語学的根拠に基づいて、シラヤ・プロパー（狭義のシラヤ族）、タイヴォァン、マカタオの三つの下位グループに区分されている［馬淵　一九七四：五〇八］。このうちタイヴォァンは清朝時代には「四社熟蕃」と称され、シラヤ・プロパーのグループとの共通性は多いもののやや異なる文化的特徴を持つことが知られていた。狭義のシラヤ族については国分直一の研究以来、宗教文化の残存についての研究が比較的多くなされてきたが、タイヴォァンは相対的に研究が少ないため過去の資料の丹念な収集が求められる。

鳥居龍蔵の写真資料には、「平埔族」と説明された写真が多数あり、その中には南部の平埔族の特徴を示す写真も見られるが、撮影地域についてのメモ書きがあるものは高雄県内の一部を除いて多くはなく、シラヤ系、あるいはタイヴォァンの画像と特定できるものは少ない。一方、浅井資料のなかには、台南県頭社で採集されたシラヤ語の言語調査記録とともに、シラヤの人々が公廨で行なう祭祀の場面を撮影した動画と多数の写真がある［笠原　一九九五］。頭社の住民はシラヤ・プロパーの特徴を持つ人々であるが、浅井資料のなかには頭社とは異なる壷の祀り方を写した写真が一定数含まれ、そこにはタイヴォァン系の祭祀の特徴を示す祭具などが見える。タイヴォアンの公廨における祭祀の形態については、劉斌雄の調査報告［劉斌雄　一九八七］に詳しく、浅井資料の画像の内容は劉斌雄の分類する「大武壠系」の平埔族、すなわちタイヴォアンの人々の太祖信仰の形態と一致する。

浅井資料中のタイヴォアンに関係すると思われる人や家屋、宗教施設や祭具などについては、高雄県内の内陸部で撮影したと推定される写真と、台東県沿岸部で撮影したらしい写真とがある。浅井はタイヴォアン語の調査を高雄県、台東県において行なったことがわかっており、その時期や地域は言語資料や音源資料に関する記録やフィールドノートから確認される。浅井は専門の言語資料だけでなく、写真や民俗にかかわる記録なども残しており、これらをつなぎ合わせることで、当時のタイヴォアンの生活文化に関する情報を断片的ながら再構成することができる。

タイヴォアンのうち、台南・高雄県境から高雄県内にかけての丘陵地帯、楠梓仙渓、荖濃渓流域に分布する人々の信仰形態には強い統一性が見られることが劉斌雄によって指摘されている［劉斌雄　一九八七：三二］。戦前の浅井のタイヴォアン語の調査地域は、ほぼ戦後の劉の調査地域と重なることがわかっており、浅井と劉の調査内容を再確認するため、筆者の聞き取り調査は主として高雄県甲仙郷、桃源郷のタイヴォアンの居住地で行なった。第二部では、高雄県内で撮影したと推測される浅井写真を主な手がかりとして、タイヴォアンの歴史や習俗について考察し、これに加えて二〇〇九年の八八水害による甚大な被害と、その後の復興状況を取り上げる。

第四章　小林村の平埔族と桃源村のガニ移民

一　タイヴォアンの画像と映像の記録

鳥居龍蔵が撮影した写真の中には、南部の平埔族に関するものも含まれている。「六亀里の平埔族」というキャプションがついた写真〈鳥居七〇一〇〉には、シラヤ系のグループに特徴的な「公廨《コンカイ》」と呼ばれる宗教的建築物が撮影されている（写真1）。鳥居の調査当時、六亀里とその周辺にはシラヤ系のタイヴォアンと呼ばれる人々が多く住んでおり、写真はタイヴォアンの公廨を撮影したものと思われる。建物は家にしてはかなり小さく、建物の前の柱にササラ状の祭祀用具が取り付けられていることが見てとれるからである。これは向神座とよばれる祭具で、シラヤ系のなかでもタイヴォアンに特徴的な祭祀用具である。

鳥居のデータベースに収められた写真には、平埔族というキャプションがついているものが一定数あるが、この写真のように南部の平埔族と特定できるものは少ない。一方、浅井恵倫の写真の中には南部の平埔族を写したと思われる画像が多く残されている。そこにはタイヴォアンと思われる人々や、彼らの信仰にかかわる特徴的な画像などもある。本章では、主として浅井資料の写真の鑑定と文献との照合をもとに、タイヴォアンの人々についてその

写真１　〈鳥居 7010〉「六亀里の平埔族」

信仰と歴史をたどってみたい。

浅井恵倫は写真資料を残したばかりでなく、八ミリ、一六ミリ映像フィルムの撮影も行なった。これらの映像フィルムは、現在すでに消え去った習俗のひとコマを、動きを伴う映像として残した点で貴重な記録である。とはいえ、当時の技術は現代の水準から見れば限られたものであり、撮影時間も短く、暗い場所や夜の時間帯での撮影などには限界があった。また、集められた映像に関する浅井自身の解説はほとんどなく、フィルム容器につけられたタイトルと撮影年が、内容についての数少ない手がかりを与えるものとなっている。これらのフィルムの映像と同じ場面や人が写真としても残っており、これらも検討材料となる。

タイヴォアンの人々のものと思われる写真にはほとんどキャプションがないが、同じ場面を撮影したと思われる動画のフィルム番号〈Q―4〉の映像のはじめには、「シライヤ系平埔蕃・小林の公廨／（Ⅷ一九三二）／ガニ移民の踊り／Ⅷ一九三二」というタイトルが入っている。映像にはこれ以外の解説も注意書きもなかったが、研究会での笠原政治教授の指摘により、小林とは高雄県甲仙郷小林村のこと、ガニ移民の「ガニ」とは、南ツォウの一部であるサアロアが居住するガニ（雁爾）社のことだとわかった。浅井資料のなかの〈F5―8：6、7〉、〈F5―1：1、2〉は、動画フィルムに映った映像と同じものである。動画タイトルの「一九三一」、「一九三二」とは撮影年を表すものだろう。

映像には、広場で歌いながら踊る人々が映っている。壷を前にした踊りの形態やステップの特徴から見て、〈Q―4〉の動画はシラヤ系の人々の踊りを撮影したものらしい。これらの動画と写真は、浅井がツォウ語の調査に行った時に高雄県の山間の村で撮影されたものと考えられる。浅井は一九三一年にはサアロア、カナカナブの言語調査を行い、一九三二年八月には阿里山ツォウの言語調査とルカイの下三社調査を行い、九月には再びサアロアの調査を行なっている。ガニ移民の踊りの撮影が一九三二年であるなら、二回目のサアロア調査のときに撮影したものかもしれない。

これらに加えて、〈F5―1〉、〈F5―2〉、〈F5―3〉、〈F5―4〉、〈F5―5〉、〈F5―6〉、〈F5―8〉のなかのそれぞれ何枚かの写真の撮影地点も、上記の一九三一、一九三二年に撮影された小林村、（さらに広げて浅井ノートの単語採集地をあげるなら、東大坵園、甲仙埔、荖濃などの平埔族居住地）、及びガニ社、ハイセン社そのほかサアロアの居住領域と重なる地域のどこかの村であろうと推測した。

サアロアの居住地域は台湾南部の高雄県の山岳地帯であり、一方、シラヤ系の平埔族は一七世紀には現在の台南・高雄から屏東にかけての平地に居住していた。これらの写真や動画フィルムに登場する平埔族の人々はどのような経緯をたどってガニ社に居住するに至ったのだろうか。本章では小林村と桃源郷桃源村（旧ガニ社）の平埔族について、その移動の歴史をたどりたいと思う。

二　タイヴォアンの移住と小林の平埔族

移住の歴史

小林は、高雄県の山間の川に沿った場所に位置する村であり、タイヴォアンが多く住む甲仙村、関山村（阿里関）、そして小林村を含む一帯の集落はすべて楠梓仙渓《なんしせんけい》の両岸に位置している。小林は日本統治時代の前後に建てられた比較的新しい村であり、小林と甲仙の平埔族はいずれも阿里関に住んでいた平埔族と同じ一支に属し、阿里関から分出してきた人々であるとされる［陳漢光　一九六三：一五九］。この地域に居住する平埔族であるタイヴォアンはかつて四社熟蕃と呼ばれていた。馬淵東一による原住民の民族学的分類に従うならば、これらの人々は広義のシラヤ族に含まれる。そのシラヤ族の下位区分として馬淵は、シラヤ、タイヴォアン、マカタオの三つのグループを挙げている［馬淵　一九七四：五〇八］。これらの下位区分は、小川尚義、浅井恵倫らの言語学的分類に主として基づくものである。

小川尚義の考察によると、タイヴォアンの原郷はオランダ時代のいわゆるテヴォラン（Tevorang）と呼ばれた村落にあたる場所で、台南の北、現在の台南県玉井付近にあった湾裡社のことである。この湾裡社及び付近の平埔族が、漢人に圧迫されて川を遡って曾文渓の上流に移住し、そこに大武壟頭社、宵里社、茄抜社、芒仔芒社の四社を形成した。このことからタイヴォアンは四社熟蕃と呼ばれるようになった［小川　一九四四：四六〇］。四社熟蕃はまた四社平埔とも呼ばれるが、南部ツォウ族の一部の四社蕃（サアロア）と呼ばれた人々との区別上このように呼ばれているものである(1)。

タイヴォアンがこの四社の地域に住んでいたのは、オランダ東インド会社による台湾支配の時代であり、漢人の

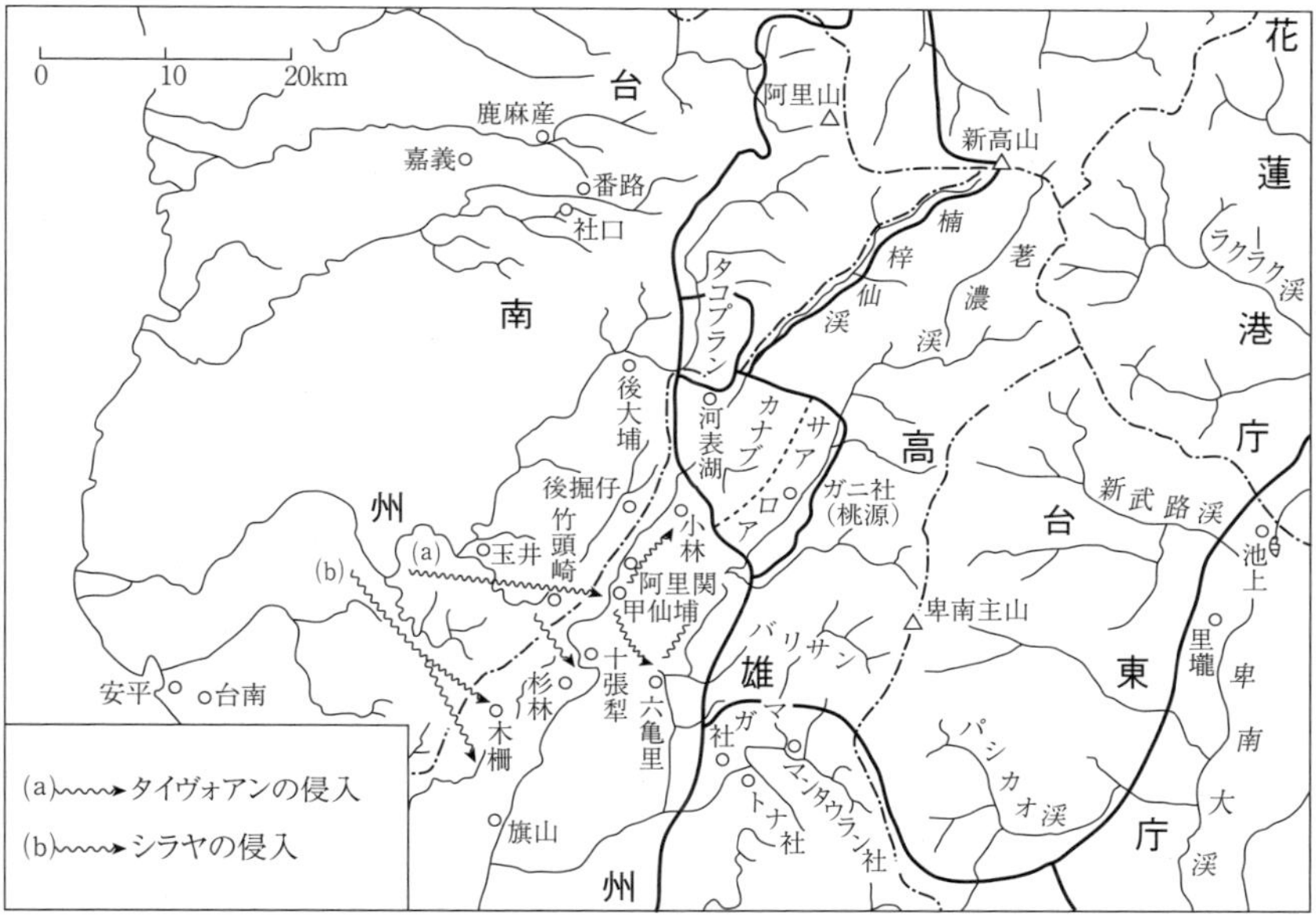

図7　清代におけるタイヴォアンとシラヤの移動
『馬淵東一著作集』［馬淵 1974：329］の図をもとに作成

大量入植以前のことであった。その後、明末の鄭氏時代から清朝支配の時代にかけて、大陸からの漢人移民の圧力は急速に増大し、まず台南付近にいたシラヤが次第に原住地を追われた。タイヴォアンの四社のあった場所には、漢人によって原住地から押し出されたシラヤの人々が入り込んできたため、タイヴォアンはさらに別の地域へと移動しはじめたと考えられている（図7参照）。

馬淵東一は、楠梓仙渓岸では一七四〇年代、荖濃渓岸では一七六〇年代あたりから、タイヴォアンが続々来住したと考えている。楠梓仙渓の流域及び荖濃渓流域は、平埔族が移住する以前は南部ツォウ、主としてサアロアが猟場として所有しており、恐らくその小集落も若干あったと考えられている。しかし、タイヴォアンの遷移、それに引き続く漢人の侵入により、活動領域を圧迫された南部ツォウの首狩襲撃が激化した。そしてこうした襲撃を防ぐ対策として、来住者の方から毎年ツォウに蕃租を支払うことで妥協が成立したのである。しかし最終的には、サアロアはこの地域からの撤退を余儀なくされたのであった〔馬淵　一九七四：二一四〕。台南の平地から高雄の山岳地帯にかけての地域における漢人、シラヤ、タイヴォアン、サアロア各グループの動きを見ると、漢人の進出に端を発し、押し出された原住民が別の原住民の地に入り込んで先住者を押し出し、押し出された原住民が遷移先でまた別の原住民を押し出す、といういわば玉突き状態の移住が発生したのである。

明末から清朝統治時代、日本統治時代にかけて起こったタイヴォアンの移住は、おそらく何回かの波があり、移住地からさらに移住を重ねるという状況だったが、その具体的経緯の詳細はわかっておらず、伊能、馬淵らの研究によっておおよそのところが推測されているのみである〔伊能　一九〇四、馬淵　一九七四：三四三―三四四〕。しかし、少なくとも日本による本格的な統治が始まったときには、タイヴォアンは平原地帯を離れて荖濃渓及び楠梓仙渓流域に移住しており、これらの地域から、さらに中央山脈を越えて東海岸南部（現在の台東県）の沿岸にまで移動していた人々もいたのである。

楠梓仙渓および荖濃渓流域の人口データとしては、戦後一九六〇年代初頭の調査があり、それによると、小林を含む甲仙郷一帯における平埔族居住地の住民は次のようであった。

関山村：清代末には、阿里関庄と称した。阿里関、羌埔、内芹蕉、蕃仔寮の四地域を含む。全村一五三戸、人口八七九人。すべて四社平埔（すなわちタイヴォアン）であり、頭社の平埔にも属する。しかも頭社の系統が人口の七〇％以上である。

甲仙村：もとは甲仙坑（後に埔と改称）から発展した。現在は、甲仙埔、過渓仔、四社仔、東安、西安、和平の六地区からなる。全村戸数五二六戸、人口二五八一人。このうち四社平埔系統は約三五％である。

小林村：牛寮、五里埔を含み、全村戸数一九四戸、人口一〇九七人。七〇％以上が四社平埔である〔陳漢光一九六三：一五九]。

ここからさらにさかのぼって、荖濃渓及び楠梓仙渓岸における平埔族の移住と諸集落の成り立ちを振り返ってみよう。日本統治時代の派出所須知簿にはいくつかの集落の成立年代が記されている。『系統所属』は、これがどのような資料に基づくものか不明であると断って、参考のために次の記録を示している。それによると、六亀里は乾隆二六年（一七六〇）、荖濃は乾隆四六年（一七八〇）、阿里関は乾隆九年（一七四三）頃、甲仙埔は乾隆九年、上張犁は乾隆九年頃、杉林は乾隆年間にそれぞれ成立したとされる。いずれも一八世紀中葉とされ、平埔族の古老に尋ねても乾隆年間のことだと言う者が多かったという［台北帝国大学土俗人種学研究室 一九三五：二三五］。

これに対して陳漢光は、甲仙の地域は大武壠頭社人によって開発されたと考えた。陳によると、漢人がまず一八八六年頃にこの地域に入り、それより遅れて大武壠頭社の人々がこの地域に入ってきたのは、清代の光緒二一年（一八九五）一〇月以後になってからであった。台南に入った日本軍に抵抗する漢人が丘陵地帯に拠点を設けたことにより、玉井方面の大武壠社平埔族も影響を大きく受けて、それから間もなく上流の方に山を越えて東遷し、阿里関に来た。一九一〇年に彼らの一部は甲仙に、一九一二年にはさらに小林に分かれて現在に至ったという［陳漢光 一九六三：一五九］。しかし、清代においてタイヴォアンとツォウとの間に成立していた蕃租授受の関係を考慮に入れるならば、『系統所属』が述べるようにもっと早い時期からタイヴォアンがこの地域に進出していたと考えるべきであろう。『系統所属』は、小林集落の成立年代を明治三七年（一九〇四）としている［台北帝国大学土俗人種学研究室 一九三五：二二四］。

一方、簡文敏は日本統治時代の戸籍を調査し、平埔族世帯の転入と分家の状況から集落形成過程を再構成した。まず、一九〇一年よりも前からこの地に住んでいた平埔族のうち、その後転出していない世帯は沈・劉・潘の三つの姓で合わせて六戸あること、明治三四年（一九〇一）にはそのうち一戸が最も早く分家したこと、明治三八年（一九〇五）には新たに五世帯、翌年にも五世帯が小林に転入したこと、そして一九〇六年までに、集落の戸数は合計一八戸となっていたことなどが判明した。この頃になって小林はようやく集落の形を成してきたと簡は推定している［簡文敏　二〇一〇：六二］。戸籍の記録によると、これらの平埔族の移住前の居住地は、東阿里関、南化坪林渓東部、大目隆社、新港社、屏東潮州など、高雄、台南、屏東の広い範囲に及んでいる［簡文敏　二〇一〇：六三］。簡によると、この後も抗日活動のために小林に移住してきた者たちや、植民地官憲から逃れてきた者などが入ってきたらしい。そして、彼らは家族も含めて「熟」すなわち熟蕃と記録されている［簡文敏　二〇一〇：六三］

簡はまた、植民地時代におけるこの地域の住民たちの抵抗運動について次のように考察している。まず、清朝時代の小林には国家権力による直接的な干渉が及んでおらず、山地の原住民との間に番租関係があるだけだったが、日本統治時代になると、植民地政策の影響が小林にも及ぶようになった。とくに樟脳採取のための山林開発政策が始まると、住民の山地での活動の自由が制約され、林野調査を名目に没収した無主の土地を台湾拓殖会社にサトウキビ栽培用の土地として売り渡すなど、国家の政策によって住民の生活基盤が強制的に変更され、住民はこれに激しく反発した。警察による高圧的態度や信仰の抑圧なども原因となり、日本統治時代の五〇年間に甲仙地区では三回の抵抗運動が起きた。一九〇四年の漢人・平埔族・ブヌン族・ツォウ族による四社寮事件、一九一五年の甲仙埔事件（タパニ事件）、一九三七年の小林事件である。事件に加わって処分された者の中には甲仙埔周辺に居住していた多くの平埔族が含まれていた。抗日事件が収束するごとに、小林には避難者や抗日人士が移住してきたと伝えられている［簡文敏　二〇一〇：六三―六四］。実際、小林の戸数が一八戸となり、集落の形を成したのは四社寮事件の二年後であった。このような人の流れによってこの地域の平埔族人口が増加し、小林を含む東阿里関地域内では平埔族同士の婚姻関係が強化される結果となったのである［簡文敏　二〇一〇：六四］。

ところで、小林村の住民も含めて今日のタイヴォアンの人々は、日常的に閩南語を話し、固有語は話せない。日本統治時代に小川尚義・浅井恵倫らによって言語学的な調査が始められた時期には、タイヴォアン語はすでに衰退しており、限られた数の単語が採集されたにとどまった。そのため、その固有の特徴が十分に解明されたとはいえず、タイヴォアン語とシラヤ語（狭義のシラヤ・プロパーの言語）との関係についてもよくわかっていない。ただ、これまでの研究過程で指摘されているのは、これらはもともと別の言語であったらしいという点である。そして、オランダ時代の終わりごろまでには南部の平原地帯においてシラヤ語が（どのような理由かはわからないが）ピジン化し、共通語として広く使われるようになった結果、タイヴォアン語と近隣のマカタオ語とを押しつぶすに至った、と考えられている［土田　一九九一：一五二］。一九世紀末には、言語のみならず、宗教信仰の上でも（狭義の）シラヤとの多くの共通性がみられ、公廨に壷を祀る祭祀形態が広くタイヴォアンの間にも見られたのであるが、シラヤとタイヴォアンがどのような経緯で類似の信仰を持つに至ったかは明らかではない。

三　日本統治下のガニ移民の歴史

日本植民地下の平埔族移住政策

次に、高雄県桃源村のガニ社における平埔族移民について、その歴史をたどることにする。桃源村は甲仙郷の小林村からは内英山山列とその北に連なる玉山山脈の山筋を隔てたところにあり、北緯はほぼ同じである。しかし小林から桃源に到達するには、東西に山を横断することはできない。楠梓仙渓（下流は旗山渓）のさらに下流の甲仙まで下り、そこから山越えをして荖濃へ出て、さらに荖濃渓を溯らなければならないのである。

楠梓仙渓流域付近は、古くは南ツォウのグループであるサアロアが居住していた。馬淵東一の研究によれば、次のような状況があった。サアロアの一部は、古くは、楠梓仙渓のラヴァルアナ（Ravaruana：甲仙埔対岸あるいは阿里関西方）まで進出し、また六亀里あたりにも居住した時期があった。その当時タマニア（Tamania：台南州玉井、旧名はタパニ）方面にいたタイヴォァアンは、ラヴァルアナのサアロアとのあいだで、猟産物と織物を交換するなどの交流関係を持っていたらしい。ところが、前述のように、一八世紀中葉頃になると漢人の圧迫に押されたタイヴォァアンがサアロアの土地に続々来住し、サアロアをさらに奥地に撤退させることになった［馬淵　一九七四：三四三］。この際、土地を占拠することに関してタイヴォァアン側からサアロア（及びカナブ）に毎年の貢租贈与を行なうこと、つまり「蕃租」を納めるという取り決めがなされたのであった［馬淵　一九七四：二一四］。

その後、日本が台湾統治を開始すると、蕃租の授受は禁止された。植民地化とともに、山地には樟脳製造業者の進出が著しくなった。清朝時代からすでに漢人によって樟脳の採取が盛んに行なわれ、セルロイドの原料となる樟脳は国際貿易の重要な産品となっていた。日本にとってもまた製脳業は植民地台湾における重要な産業であったため、総督府は製脳業の展開を積極的に後援した。その一方で、製脳業者の侵入は山地を活動領域としていた原住民の生活領域を侵すものであった。製脳業者の進出に対し、楠梓仙渓、荖濃渓流域でも領台当初はサアロア、つづいてカナブ、さらにブヌンからの襲撃が続き、原住民の襲撃によって製脳業に携わる作業員の人々（主として漢人）が被害にあうことも多く、また、警察の派出所も襲撃の対象となった。

このような事態を受けて、当該地域を管轄する蕃薯寮庁の庁長からの要請に基づき、総督府は新しい政策を実施した。そこでは平埔族が一定の役割を担っていたことが、『理蕃誌稿』のおよそ次のような内容の記事によって知られる。

明治三九年、蕃薯寮庁長から総督府に出された申請によると、蕃薯寮庁の「民蕃」の境界には官設の防衛機関がなく、近くの庄民は山地原住民の襲撃に対して自衛的な防備をしてきたが、製脳業に与える影響が大きい問題でもあり、民力だけに任せがたい。そこで、民営の防衛機関を整理し、一定の命令条件の下に補助費を給付して「防蕃警備」の任に当たらせる必要があるので許可してほしい。

この申請の結果、明治三九年に総督府から、六亀里庄民に防蕃警備をさせるという許可が出た。それによると、

・六亀里庄民が原住民の襲撃に対する防備のために警戒線を設けることに対して、政府は月額五〇〇円の手当てを出す。

・警戒線合わせて二〇～四〇箇所に、毎日合わせて八〇～一六〇名の六亀里庄民を出役させる。

・六亀里の庄民は、平時は上記の警戒に当たり、政府の意向に沿ってサアロアおよびブヌン族のイシブクンに首狩の悪習を止めさせ、ルカイ族下三社に対しては帰順を申し出るまで打撃を加えることに尽力すること。ことに下三社の襲撃により被害が出たときは必ず一〇〇名で蕃社を襲撃すること［台湾総督府警務局　一九一八：四四七—四四八］。

つまり、これは、手当てを政府から支給する代わりに、警戒線を守り、山地原住民に対して首狩の禁止や帰順を促し、襲撃事件があったときには反撃のための襲撃隊を組織することを命じたものである。

続く明治四〇年の「蕃薯寮庁ニ於ケル移民竝防蕃警戒線配置延長ノ施設」の記事には、蕃薯寮庁長からの申し立てとして、「防蕃警戒線」の配置延長に関しておよそ次のような内容が打診され、認可されたことが記されている。

製脳会社の事業拡張にともなう警備の必要から、臨時隘勇線より下流、すなわち荖濃—新威七里の間に、（上述の）

独特な補助隘勇団の制度ができたが、この補助隘勇団の性質及び組織は、いまや著しい好成績を現しつつある。そこで、この際、荖濃庄上荖濃よりさらに上流に「熟蕃人」七〇戸を、小屋掛け料、農具費、その他として一時金七千円を下付することにより、蕃界内の開墾予定地に移住させたい。

総督府はこれに対し、開発上適当と認めて移住政策を認可した。そして、警戒線は下荖濃渓右岸、新威庄より上は雁爾（ガニ）社まで延長することとした。同時に、六亀里区庄民が「兇蕃防備」のため設けた警戒線に対し、政府は手当てを増額すること。相当の人数を四社蕃地内に移住させること。この住民は六亀里区及び山杉林区、ならびに阿里関区内の各「熟蕃人」をあてること。移住については小屋掛け料、農具費、食費などの手当金を支給すること。六亀里区庄民は、平時は防蕃警備に従事し、またイシブクン及び下三社に、首狩の悪習を止めさせるように努めること、などを取り決めた［台湾総督府警務局　一九一八：五五七—五五九］。

さらに翌明治四一年、庁長はさらに新たな申し立てをした。概要は次のようであった。

明治四〇年中に槺仔脚、ハイセン社、ガニ社の三箇所に合計七〇戸の「熟蕃人」を移住させ、目下、百数十甲もの広さの土地の開墾に着手しており、移民事業から見ると非常に好成績である。しかし防蕃計画から見るとまだ力及ばないところがある。ガニ社よりも北方、現在の隘勇線の終点から北方約三里のあいだの一帯が肥沃な平野であり、開墾に適する場所が多いのを発見した。同時に、このあたりには原住民の通り道があるのが発見され、防衛上問題である。また、実地探査によると、製脳地はガニ社方面の隘勇線をはるかに越えており、台東方面の原住民に対しては防衛が不十分である。このためには補助隘勇団の移住地を荖濃渓のガニ社上流と、楠梓仙渓の蚊仔只社上流とに増設するべきである。移民に関しては、ガニ社北方の荖濃渓右岸、美秀臺に三〇戸、楠梓仙渓上流左岸箇仔霧邱坪に三〇戸の移民を入れ、蕃務官吏駐在所それぞれ二箇所新設する。移住民は美秀臺には六亀里荖濃及び土壟湾庄の「熟蕃」、八邱坪には大圻園、十張犂、茄冬湖、山杉林新庄、及び月眉庄の人民とし、原野を開墾させて防蕃に当たらせる。この際に移住の補助金や防蕃手当てを支給する。［台湾総督府警務局　一九一八：五九九―六〇一］。

この明治四一年四月の申請は予算の関係で認められず、その翌年四二年五月に、内容に修正を加えて再度申請され、六月に認可された。移民に関する内容の変更点はおよそ次のようなものであった。

従来「熟蕃人」が単独移民または開墾を企図した形跡のある荖濃渓左岸の三合、新興、寶来の三ヶ所に、それぞれ二四戸、一〇戸、二〇戸の合計五四戸の「熟蕃人」を移住させる。これらの移住民は六亀里、荖濃、その他各庄の人を移住させるのであるが、いずれも赤貧と称するものが多いので、三合の移民には一戸平均二〇円、新興移民には一戸平均三五円、寶来移民には一戸平均五〇円を給付する［台湾総督府警務局　一九一八：六八六―六八八］。

以上の三記事に見えるように、平埔族の移動は、蕃薯寮庁と総督府が計画・実行したものであった。ガニ社その他の地域への移住に至る経緯の要点はそれぞれ以下の通りである。

・明治三九年に、総督府から一定の命令条件を付けて六亀里区住民に補助金を給付し、原住民の襲撃に対する警備のために一〇〇人前後のまとまった人数を毎日出役させて好成績を挙げた。これは移民として居住したわけではなく、また六亀里区住民のなかに平埔族がどのくらい混じっていたかは不明である。

写真２　〈浅井 F5-11-5〉サアロア

写真３　〈浅井 F4-2-1〉サアロア

写真４　〈台大 C12〉寶來社の平埔族男性（1928 年撮影）

・一年後の明治四〇年、六亀里区と山杉林区と阿里関区内の平埔族七〇戸をサアロアの居住地である様仔脚、ハイセン社、ガニ社の三カ所に移住させ、総督府からの補助金を与えて開墾に着手させたところ、移民事業は好成績をおさめた。

・ガニ社よりもさらに北方の肥沃な平地に、平埔族と、漢人とを集めて補助隘勇団として移住させようとしたが、予算が足りないため実現せず、明治四二年、荖濃渓左岸の三合、新興、寶来の三ヶ所に、それぞれ二四戸、一〇戸、二〇戸の合計五四戸の平埔族を移住させることになった。

総督府は民間の製脳業の保護を目的として、政府の資金を投じ、山地の警備と原住民の教化をかねて、平埔族の人々に補助金を与え、三年間に一二四戸を移住させ、ついでに肥沃な土地の水田開墾も進めていったのである。しかも、開拓のための移住者としては、各庄の「住民」を選ぶのではなく「熟蕃人」というはっきりした規定を設けたり、漢人移住者を予算不足で除外したりしている。総督府は、このような形で平埔族を対原住民の最前線に押し出し、土地の開拓に従事させながら山地原住民の襲撃に対する防衛と原住民教化の役割を与えたのである。

浅井写真資料「ガニ移民の踊り」

次の写真5、6、7は、浅井がガニ移民の人々を撮影した写真である。これらと同じ踊りの場面は、浅井の動画フィルム〈Q—4〉にも撮影されており、「ガニ移民の踊り」のタイトルが付いている。浅井がガニ移民と呼ぶのは、明治四〇年の移民政策により、サアロアやブヌンの居住地域内に移民し、開墾に従事した人々である。移民の対象

写真5　〈浅井 F5-1-1〉ガニ社の平埔族の踊り（以下同）

写真6　〈浅井 F5-8-6〉

写真7　〈浅井 F5-1-2〉

となったのは、六亀里、阿里関、山杉林、などの地域のタイヴォァアンを主として構成される広義のシラヤ系平埔族であった。その四半世紀後の一九三一、二年頃、浅井もこの地域を訪れ、ガニ社のサアロアのあいだに混じって住む「ガニ移民」に遭遇したのであった。浅井の動画と写真に残されている踊りの場面には、観衆がいないことからみて、日本人の学者のために村人がわざわざ晴れ着を着て歌と踊りを披露してくれたものであろう。

高中村在住のタイヴォァアンのひとりである曽友明氏（調査当時七八歳）はこの写真について、「写真の人物は誰だかわからないが、同じような服装は見たことがある。付近の平埔の間にも同じような踊り方があった。写真と同じように壷も竹も踊りの場の真ん中に置く習慣であった。また、踊りの撮影地点は美蘭（サアロアの集落ビラガノ）あるいは、昔の四社（旧社）のようだ」と述べている。浅井の写真には、ガニ社かその付近で撮影されたと思われるサアロアの踊りの画像なども残されている（写真２、３）。サアロアの踊りの手のつなぎ方はガニ移民と同じようであるが、踊り手たちの前におかれた祭具（甕と平ざる、そこに立てかけた棒状のものなど）は、タイヴォァアンとは異なる。タイヴォァアンは地面に棒を挿して旗を立て、壷を置いている（写真６参照）。

浅井がガニ社のタイヴォァアンを撮影した地点であるが、聞き取り調査では美蘭ではないかとの意見が多かった。一方、高中村付近に、四社と呼ばれた平埔の集落があり、そこが撮影場所ではないかとの意見もあった。四社の集落にいた人々は後の時代になってさらに桃源の方に移ってきたので、現在はこの地は旧社と呼ばれている。調査時に旧社のあった場所を確かめたが、斜面が急で、写真の広場とは異なっていた。美蘭からの光景も撮影することができたが、付近の山の斜面の角度や距離感が違うようなので、どこかもっと低い場所だったようだ。最も可能性があるのは、桃源村の郷公所などがあるカラボン集落の中心にある崖に面した広場である。写真の背景に写るすぐ後ろの山の角度や斜面のひだの形などは、この広場から見た形と酷似している。一方、遠くの山の重なり具合は、広場の端に新しい建物がてられているために写真と比較しにくくなってしまった。

また、服装に関しては小林村在住の王天路氏の記憶によると、写真5の背の高い女性の着ている服がタイヴォアンの昔の服装で、小柄な女性たちが着ている服は「新港蕃のもの」ということであった。新港蕃とは、新港地方のシラヤの人々のことを指し、民族学的分類ではシラヤ・プロパーに属する人々を意味する。写真で見る限り新港蕃の女性の服装は、タイヴォアンの服装とは異なる特徴がある。ズボンの上に着用している上着は長めのもので、三人のうち二人は白っぽい色の上衣の襟の合わせ目に暗色の布で模様をつけており、袖にも同じ色襟元の合わせ方が漢服的な特徴を持つ。一方のタイヴォアンの服装の女性は、暗色の短めの上着を着て、その上から体の左側に模様の縁取りが付いた四角い布を巻き付け、右肩にかけた紐でしばっている。

清朝末期に書かれた『安平縣雜記』には「四社番男女衣服」（タイヴォアンの男女の衣服）に関する記述があり、女性が「被仔圍」と呼ばれる刺繍の縁取りのついた藍布の肩掛けをつけたことが記されている［台湾銀行経済研究室　一九五九：五八］。平埔族の服装は明・清時代以来の漢人移民からの影響を受けており、南部の平地の場合は閩南系の漢人移民からの影響が中心であった。しかし荖濃渓、楠梓仙渓流域に移住したタイヴォアンの場合は、移住後に近隣に住む客家系漢人の服装に強い影響を受けたとされる［台湾銀行経済研究室　一九五九：五八、簡炯仁　二〇〇四：一二一―一二二］。写真ではタイヴォアンの服装は暗色であることしかわからないが、小林の人々の現在の祭りの衣服や高齢者の話から、使われていた色は藍色や紫、黒などであったと思われる。このような色の組み合わせは客家と共通する。また、男性の服装のうち、晴れ着を着ていると思われる白い上衣の中央の二人の男性は、ターバンを巻いているいることや金属の飾りを額にたらしていることに特徴がある。桃源村に流入した平埔族の人々の中には、シラヤ系であっても系統が異なる人々が含まれていたことが、実地調査で聞いた老人の話や、簡文敏による戸籍の調査などで明らかになっている［簡文敏　二〇一〇：六三］。ガニ移民の踊りの写真中央のターバンを巻いた二人の男性は屏東から来たマカタオであろうか。ガニ社の平埔族移民の主流はタイヴォアンであるが、そのほかに、シラヤ・プロパー、

写真８　〈台大 C13〉人類学者とサアロア男性　ガニ社の家屋前での集合写真（1928 年撮影）

写真９　〈台大 C454〉サアロア　ガニ社の男性（1928 年宮本延人撮影）

マカタオの系統の人々が一緒に祭祀を行い、写真のように歌舞も共同していたのだろうか。

桃源村在住の薛旺貴氏（タイヴォアン、二〇〇五年当時六五歳）はこれらの写真の中の住民について次のように述べている。

・向かって左から七番目の短いズボンをはいた背の高い男性は、自分の「舅公」にあたる林春雨である。母方の祖母の兄弟である林春雨は、六亀から来て、美蘭の近くの旧社に住んでいた。写真を撮った時期には旧社にいたのではないか。しかし旧社は今ではもうない。そこに住んでいた人々はみな桃源村に移った。

・昔は一月一日、一月一五日に牽曲をしたが、桃源（ガニ社）に公廨はなかった。踊りの場に挿してあるような棒は見たことがない。

酒瓶が二つあるのを見ると祭のときらしい。

しかし、この写真のほかに祭りの様子を撮影した写真などがないことから見て、ガニ社を訪問した浅井に急遽踊りを見せてくれたものらしい。また、薛氏はガニ社付近でのタイヴォアンの生活について次のように語っている。

日本統治時代には、平埔族の所有とされた土地を平埔の村が共有し、村人は耕作の仕事を一緒にしていた。どの土地に植えるかはその年になって決めていた。「遊耕」という耕作法である。火で焼いて畑を作る場所もあったが、焼畑にするかどうかは場所による。ガニ社付近では水田は少なく、陸稲栽培が多く、陸稲の一種で「埔《ポ》尖仔《アニャオ》」という種類の稲を植えていた。この稲は毛が籾の周りに生えているので籾殻の中の米が守られており、収穫前に鳥に食べられずにすむ。一方、水稲耕作の方はあまり成功しなかった。水稲はここの自然条件とあわないからだ。

戦後の土地改革により、このあたりの土地が原住民保留地の一部とされたため、急に自分たちの土地ではなくなってしまった。

美蘭にはツォウだけでなく平埔族も住んでいた。自分も住んだことがある。しかし高中村のほうから、川向こうの美蘭の耕作地まで耕作のために川を渡っていくのは不便だった。そこで、戦後、高中村のサアロアの土地と、美蘭の平埔族の土地を交換した。だから美蘭は今サアロアの土地になっている。

平埔族の人々は、植民地時代には日本の政策によって、山の中に移住したり、また平地に戻ったりと行ったり来たりしていた。

日本統治時代のガニ社のタイヴォアンは、土地を個人の所有ではなく村の共有とし、村人全体で共同耕作していたのである。しかし、戦後になると、国民党政府による土地改革が行われ、その結果、ガニ社のような山地の原住民行政区域に住む平埔族は平地人身分であったために土地所有権の保持に関して不利な立場となった。しかも原住民に供与されるさまざまな優遇を平地人である平埔族は受けることができないのである。その結果、この地域に居住する人々のうち、原住民身分を持ち優遇政策の恩恵を受けてきたブヌン族やツォウ族の人々と、平地人である平埔族の人々との間には、身分の認定に由来する経済格差が生まれている。

ガニ社のインフォーマントとフィールドノートの整合性

ガニ移民の動画フィルムには、人々が歌いながら踊っている様子が残されているように、ガニ社にはタイヴォァアンの伝統的な歌謡が伝承されていた。浅井はガニ社の張港が歌うタイヴォァアンの祭礼の時の様々な歌謡をレコードに録音している［土田　二〇〇五：二五一、二六三］。浅井のフィールドノート【OA9】（一九三一年八月二四日）によると、ガニ社の張港は甲仙の近くのカタンオ村の「mamof（男）に習ったものを（一六歳）筆記せるもの也」とある。つまり、張港は一六歳のときに甲仙の近くのカタンオ村でマモという男性から歌を習い、これを筆記したものを持っていたらしい。

浅井ノートによると、一九三一年当時張港は七八歳であったという。

ところが、その九年後に書かれた総督府の公文書には、ガニ社の張港の名前とともに、かなり異なる生年月日が記されている。この文書は、言語学者小川尚義が総督府に依頼した調査に対する総督府の返事であり、現物がＡＡ研の浅井・小川台湾資料の中に残されている。ＡＡ研の浅井・小川資料の中の【OA9ノート以外】というデータベース番号およびタイトルがつけられている資料で、昭和一五（一九四〇）年一月三一日付の台湾総督府警察局理蕃課長から小川尚義に宛てた公文書である。この文書によると、小川は、前年の昭和一四年六月に総督府に対して「高雄州六亀地方熟蕃人の史跡調査」という名目で、平埔族の歌謡に関する調査依頼を出しており、この文書は小川の依頼に対する回答である。小川の調査依頼は、浅井のインフォーマントであった張港が持っていた平埔族の歌謡の筆記したものを解読したいという趣旨であったと思われる。そして、聞き取り調査を依頼し、歌詞を筆写したうえで歌詞についての説明を求めたものかと思われる。

文書では、張港の生年月日と住所まで述べられているので、おそらく戸籍を参照したものと推察される。この文書には平埔族の歌謡の歌詞を漢字表記した資料が添付されており、日本語による書き込みがあった。参考までに、浅井・小川資料の【OA9ノート以外】の公文書本文を引用する。

昭和十五年一月三十一日　臺灣總督府警務局理蕃課長 慶谷孝夫
小川尚義殿
熟蕃人ノ史蹟調査ニ関スル件
昭和一四年六月七日付御書信ニ基キ高雄州六亀地方熟蕃人ノ史蹟調査ニ関シ、直チニ高雄州警務局部長ニ回送依頼シテ現地ニ調査セシメタル處、其ノ後半年ニ亘ル綿密ナル調査ニモ不拘現在以上ニハ判明致シ難ク其ノ状況左記ノ通ニ有之候條此上ハ可然専門家ガ現地ニ臨ミテ相当ノ期間滞留ノ上調査セラル丶ヨリ他ニ方法無之モノト認メラレ候條
右回答ス
記
一、上部欄外ニ疑問符ヲ付シタル漢字ノ字画ヲ明瞭に記シ得ズ　判明シ得ルモノハ悉ク其ノ原体ヲ其ノ儘模寫シタルモノニシテ其ノ間漢字トシテノ体ヲ為サ丶ルモノアルモ已ムヲ得ザル所ナリ
二、歌謡文字ノ左側ニ蕃人ノ發音ヲ其ノ儘記入スルノ件も不可能ナリ
換字シタル文字自体ガ既ニ前記ノ如ク讀ミ得ザルモノ多ク到底歌謡トシテ完全ニ讀ミ得ルモノナシト云フ
但シ模寫シタル歌謡ノ一部ハ既に蓄音機ノレコードニ吹キ込マレアリ現物ハ左記被調査者（張港）ニ於イテ所持シ居ルニ付之ニ依テ直接聴取セラルレハ幾分判明スル筈ニ付御希望トアレハレコードハ御貸シ與致スヘキモ相當盤面モ摩滅シ居リ又曲目、曲種、演奏者、發賣元モ判明セザル由ナリ。

三、調査シタル蕃人ノ名、年齢等
旗山郡番地ガニ社二五番戸
熟蕃人（男）　張　港
明治一六年八月八日生
以上

文中には「ガニ社二五番戸　熟蕃人（男）張港」の名前があるのに加え、この張港という人物は、タイヴォアンの歌謡を蓄音機のレコードに吹き込んだ現物を所持していたという。盤面が摩耗していて曲目や演奏者もわからないということであるが、浅井が製作し、原住民の歌謡を吹き込んだ「蕃曲レコード第一輯」か、または市販される前に作成されたレコードであったかもしれない［土田　二〇〇五：二五二］。いずれにせよ、タイヴォアンの歌を録音した人物の名前も張港であった。返事の内容からすると、「蕃曲レコード」のなかに収められた歌曲は、張港の持っている歌詞集の一部でしかなかったらしい。また、現地の警務局関係者が筆記した歌詞の意味を張港に尋ねたが、本人も歌の意味について全部はわからなかったという。この公文書の後に漢字で記された平埔族の歌謡が手書きで書かれた文書が添付されている。文書は高雄州の原稿用紙であり、用紙の中央に警務局を表す「警」の字があるところから見て、張港が持っていた歌詞のノートの内容を警務局の調査員が筆写し、それに加えて小川の依頼を受けて聞き取り調査を行い、歌詞の意味を一部分書き込んだものである。理番課長からの公式文書には、歌詞の文字自体が漢字として判読できないような形をしているものも多いので、歌謡として完全に読むことは難しいと述べている。

ところで、警務局の調査による明治一六年（一八八三）という生年月日からすると警務局の調査当時の一九四〇年には張港は五七歳であり、従って浅井の調査した一九三一年には四八歳のはずである。しかし浅井のフィールドノートに記載された「ガニ社　張港」の年齢は「(78才)」と読める。張港個人に関する浅井ノートの情報はこの一か所しかないので判断材料は限られている。小川の依頼で高雄州警務局の役人が張港を探した時に、当時五七歳の張港が蕃曲レコードらしきものと歌詞を記した文書を所有していたことなどから見て、警務局が探し出した張港は浅井のインフォーマントであった可能性が高い。ガニ社に同姓同名の年齢の異なる人物が二人いたのでなければ、浅井のインフォーマントの年齢が記録違いであったのではないだろうか。

その後、簡文敏教授の戸籍調査の結果、ガニ社の戸籍に現われる張港の孫の消息が分かり、老濃に住む孫の張明秋氏にインタビューする機会をえた。浅井写真を見てもらったが、若い頃の祖父張港が写っているかどうかは判明しなかった。しかし、張明秋氏の記憶によれば、近年高雄県政府が再現した平埔族の歌に比べると、祖父はそれよりもずっと長い歌詞を知っていて歌うことができたという。つまり、若い方の張港が浅井のインフォーマントであっても話のつじつまはあうのである。

写真、動画フィルムの資料の考察にあたっては、同時に浅井のフィールドノートの内容とのつき合わせも必要である。しかもノートの内容と浅井以外の他の資料との細かい対比なども欠かせない。浅井資料は調査によって得られた素のままのデータである（しかもしばしば聞き取りながらの乱雑な走り書きである）ため、聞き違いや書き間違いも含まれていると思われる。したがってその活用においては常に検証と再検討が必要であることはいうまでもない。

四　戦後の桃源村

ガニ移民の戦後の軌跡

タイヴォアンによる開拓は、『理蕃誌稿』の記述を見る限り、かなりの好成績を収めたようであるが、こうして日本統治時代にガニ社にやってきたタイヴォアンの移住民は、戦後どのような軌跡をたどったのだろうか。劉斌雄による一九六四年のサアロアの調査報告には、ガニ社とその周辺における平埔族の存在についての言及がある。高雄県桃源郷桃源村および高中村はガニ社とその周辺の三つの集落、ガニ、ハイセン、ビラガノ三社を含み、もともとサアロアの居住地であったこの地域には、日本統治時代に官の奨励によって移住し、開拓と耕作に従事してきた平埔族がそのまま住み着いていたのである。また、更に上流にも一戸平埔族の居住が確認された。六〇年代のガニ社では、平埔族は、サアロアや漢人に加えて、日本統治時代以来不断に南下を続けてきたブヌンなどの諸民族と混住する状況下にあった。

劉の調査時における桃源村の種族別の人口は以下のとおりであった［劉斌雄　一九六九：七四］。

桃源村
サアロア一一三戸（男四〇人・女二九人）、
ブヌン六五戸（男二二〇人・女二〇八人）、
平埔二二戸（男五七人・女五四人）、
パイワン一戸（男四人・女一人）、
アミ二戸（男二人・女二人）、
漢族二二戸（男四一人・女二三人）、

総計一一五戸（男三六四人・女三一七人）

平埔族男女の人口は桃源村全体の人口の約六分の一を占めていることがわかる。ガニ社の社民は二つの地域に居住している。一つはカラブガ、ひとつは郷公所のあるカラボンである。カラブガには、サアロアとブヌンが居住している。カラボンには郷公所に働く公務員が多数遷入しているが、それ以外の各民族の居住状況は、サアロア七戸、ブヌン二〇戸、平埔二一戸、パイワン一戸、アミ二戸（郷公所職員）、漢人の二三戸中公務員でないのは三戸のみ、となっている。

また、高中村には、サアロア一八戸、平埔戸六戸、ブヌン二六戸、パイワン一戸、漢人五戸が居住している。劉の調査報告ではビラガノ社には平埔戸はなかったが、上流の梅山村に一戸一一人が居住していた［劉斌雄　一九六九：七三―七四］。以上のように、ガニ社周辺には一九六〇年代の調査ではシラヤ系平埔族（おそらくタイヴォアンが大半）が総数で二七戸、居住していたのである。

ところで、現在の桃源村には今もタイヴォアン系の平埔族（シラヤ・プロパーとマカタオも含む）がブヌン、サアロア、漢人と混ざって住んでいる。桃源村の平埔族の人々は今では公廨を祀っておらず、また以前行っていた新年の牽曲の踊りも行わなくなった。そこには、平埔族の大方の世帯の経済状況がかなり苦しいことが原因としてあるように思われる。戦後の土地改革は、平埔族の土地の所有権を喪失させ、今日のかれらを取り巻く複雑な状況を作り出してきた。戦後平地人として戸籍に登録されるようになった平埔族のうち、植民地時代に山地行政区であった地域に居住していた人々には完全な形での土地所有権を与えられなかったのである。桃源村は山地行政区に含まれていたことによって、土地が原住民保留地の一部となり、平地人身分のものには土地の地上権のみが与えられるという結果となった。そしてこの事実が、桃源村に住む平埔族の経済的な位置づけを規定したのである。戦前には平地行政区内であった小林村においては平埔族住民の土地の権利が保持されたのに対して、桃源村の人々は法的にもそして経済的にも不利な立場におかれてきた。自分の耕作地からの収入に頼ることができず都会に出稼ぎに出ることも少なくなく、その結果、危険な工事現場などで命を落とした若者もある。これに加えて近年、海外からの安価な労働力の流入によって、単純労働の現場からも締め出されがちになっている。桃源村の平埔族は、いまも日本統治下における原住民政策と、中華民国の原住民政策の双方が作り出した狭間にはまり込んだままなのである。

注

（１）台南平野のシラヤ・プロパーは新港、蕭壠、麻豆、目加溜湾の四つの大きな蕃社を形成し、これらは「四大社」と呼ばれていた。「四大社」、「四社蕃」、「四社熟蕃」の区別は注意を要する。

第五章　タイヴォアンの公廨と祭祀

公廨祭祀の今昔

公廨と呼ばれる宗教的建築物を建て、神々の偶像ではなく壷を祀るという独特の形式の祭祀は、台湾南部のシラヤ系平埔族に共通している。このような祭祀形態を持つ宗教信仰は台南から高雄、屏東にかけて点在する村々で継承されてきた。一見すると漢人と変わることのない集落の中に漢人の廟とはかなり異なる様式の公廨が配置され、普段は漢語しか話さない人々がオーストロネシア語系の古い言語による歌と踊りによって神を祀るのである。一九八〇年代以降の民主化と本土化の進展以来、台湾原住民の固有文化に一般の関心が高まり、こうした壷を祀る平埔族の祭りは一般社会からの注目を集めるようになった。平埔族であるということが近隣の漢人からの差別を受けることでもあった時期には、隠したい、という意識を強く持つ人々が多かった。しかし、民主化と本土化が進んで以降、多くの平埔族が自分たちの存在を強調し、政府に対して原住民としての認定を求めるようになるとともに、伝統文化を再興しようとする動きが強まっている。シラヤと共有する要素を多く持つタイヴォアンの祭祀も、平埔族文化が一般に知られるようになるにつれて外部からの参観者を増やしてきた。その中でも代表的なものが高雄県甲仙郷小林村の平埔夜祭である。小林村では古くからのしきたりにはなかったような舞台の設置と様々な演目を工夫し、祭りと同時に民芸品の展示会を開催して、観光資源としての活用にも注意を向けるようになった。

祭りはまた、彼らの固有の文化を外部に発信する機会でもある。小林村における伝統文化復興の活動は、原住民としての政府の公認を求めるシラヤ族の「正名運動」(民族名回復運動)と連携を取りながら進められている。小林の人々は自分たちがシラヤとは異なるグループであるという区分意識を持っているわけではなく、平埔族という認識以外の部分は、外部の研究者からの情報によって知るようになったのである。したがって、民族としての意識や文化復興運動の面では、シラヤの人々と足並みをそろえることには抵抗がなく、実際シラヤ族の名称を公に用いている。

タイヴォアンの宗教はシラヤの宗教とは大枠では共通する面が多い。その一方で、シラヤとは異なるタイヴォアンの固有の特徴も根強く残っている。タイヴォアンとシラヤの歴史的・文化的な関係を考察するうえでは、宗教の固有の要素について踏まえておく必要があるだろう。本章では、タイヴォアンの公廨における祭祀形態の持続的な側面を探るために、六〇年代において荖濃渓に及び楠梓仙渓流域の信仰を調査した陳漢光、劉斌雄らの記述、および簡文敏［簡文敏　二〇一〇］による最近の調査を参考にし、浅井の写真を照らし合わせながら祭祀の形態的側面を再構成してみたい。

タイヴォアン固有の祭祀形態

タイヴォアン固有の信仰については、清朝時代の『安平縣雑記』に掲載された「調査四社蕃一切俗尚情形詳底」の章のなかで詳しく記載されており、国分直一はこの記述に沿って、タイヴォアンの特徴的な宗教形態について解説している［国分　一九八一：二六五］。戦後の台湾人研究者による研究としては陳漢光や劉斌雄の実地調査報告がある。このうち、劉の報告には小林村の公廨についての記述がないが、代わりに、小林に近い甲仙と阿里関の公廨の年祭について詳しい記録がある。その一方、祭祀にかかわる固有語の使い方などにおいて、劉の報告は陳漢光の調査報告とやや相違する点もあるので、比較のために両者の記述を随時参照することにしたい。

阿立祖信仰という名称は、国分直一が『壷を祀る村』[1]〔国分　一九八一〕を著わして以来、シラヤ系民族の信仰を指す名称として広く一般的に用いられるようになった。これは、台南県全域、高雄県甲仙・六亀郷内および台東県の一部に分布する広義のシラヤ系平埔族の宗教信仰の事を指すもので、公廨あるいは家の中に設けられた特定の場所に一個から数個の壷や甕をおき、水を満たして神を祀る形式を持つ。固有の神の偶像が作られることはなく、また祭壇に置かれた壷や甕は直接崇拝される対象ではないという説もあるが、長年祭壇上に置かれているためか、神聖性を具有し、一般の人はこれを神主と見なしている。祭神の名称は地方によって異なっており、「阿立祖」というのは佳里地方のシラヤの信仰に通用する名称であるが、その他の地方では「太祖」あるいは「老君」などの名称で呼ばれている。また、漢人から見て原住民の祭祀する神であることから、「番祖」、「番太祖」、「番仔佛」などの名称も存在し、平埔族自身もこの呼称を用いている〔劉斌雄　一九八七：四二〕。

シラヤ、タイヴォアン両グループの信仰について戦後比較的早い時期に民俗調査を行なった劉斌雄によれば、シラヤと類似の信仰を持ちながら、タイヴォアンの宗教には次のような特徴があった。まず、タイヴォアンの故地である大武壟などの地における信仰はシラヤの阿立祖《アリツ》信仰と同じく壷を祀る形態を持つが、阿立祖に相当する祭神は「太祖」、「老君」などと呼ばれること、また、タイヴォアンの太祖信仰形式には強烈な統一性が見られ、九月一五日を祭日とすること、主柱と向神座をもつ単房型の公廨を建てること、祭神である太祖、老君は別々の存在としてはっきり分けられ、太祖は多くは姉妹であること、などである〔劉斌雄　一九八七：三二―三三〕。

小林・阿里関・甲仙一帯の四社平埔と呼ばれる人々、すなわちタイヴォアンもまた、シラヤと共通の信仰をもっている。しかしここでは彼らの固有神は「太祖」「公廨祖」「番祖」「番太祖」と呼ばれており、シラヤのように阿立祖とは呼ばれない。劉の調査によると、甲仙では、公廨で祀られる神を「太祖」と称し、女性であるとする。現地の言葉では「アナン（anang）」と呼ぶ［劉斌雄　一九八七：四〇］。また個人宅で祀られる老君について、老君の本当の名は「アリ（aii）」であり、女性である［劉斌雄　一九八七：四四］ということだ。

タイヴォアンの固有の神を祀る儀礼は「作向」と表現される。また、「公廨《コンカイ》（公界）」とよばれる宗教的建築物は神を祀るための場所であり、集落の人々の公共の祭祀空間となっている。「作向」、「公界」などの漢語は、清朝の光緒年間に記録された『安平縣雜記』所載の「四社番作向」という文章のなかにすでに現れている。ここに述べられた作向は一般的に宗教儀礼を指す言葉で、平埔族のみならず、原住民一般の宗教儀礼を表わす言葉として用いられている［国分　一九八一：二六八―二七二］。ただし、タイヴォアンを含むシラヤ系の平埔族研究においては、固有の宗教的事象を説明する際に用いられている。

公廨のことは固有語で「キキジウ（khi khi jiu）」というと陳漢光は述べている［陳漢光　一九六三：一六〇］が、劉斌雄の調査したところによると、甲仙では公廨は「クヴァ（kuva）」と呼ばれていた［劉斌雄　一九八七：四二］。甲仙・小林・阿里関を含む地方の公廨は陳漢光の調査時においては三つあった。これらの公廨の神はもともと三姉妹であり、三つの公廨には姉妹のうちのそれぞれ一人が祀られていた。甲仙の公廨に祀られたのが姉妹の一番上の姉であったが、陳漢光の調査時にはすでに甲仙の公廨は失われており、年長の姉は二番目の姉の公廨（小林）に移ったといわれていた。しかし、甲仙の林の中には一つの壷がおいてあり、これを祀る人もいたのである。村内の別の場所にあった公廨から移してきたものだという。そして一番下の妹が阿里関の公廨に祀られているという。このような公廨の神の姉妹関係は、これら三つの地域の人々が密接に結びついていたことを示している。

浅井写真中の公廨と思われる建物群

次に、浅井写真を交えてタイヴォアンの公廨と祭祀の痕跡を探ってみよう。小林の公廨は、楠梓仙渓畔にある。

公廨前及び左右には一〇〇人以上が活動できる場所がある。公廨の正面は東に向かって開かれており（公廨の慣例）、ここも例外ではない。六〇年代の調査時には公廨は毎年、開向前の前日または当日に建て直すことになっていた。ちなみに現在の公廨はコンクリート製となっているため、祭礼の際には、竹や茅などで作られた部分のみを作り直す。『高雄縣平埔族史』には、壷を祀る甲仙の祠、小林のコンクリートの公廨、阿里関の新しい公廨などの写真が収められている［温振華　一九九七：六二、六四―六九］。

ところで、台湾大学人類学系所蔵の写真の中に、植民地時代に撮影された小林の公廨の写真（写真1）が残っており、現在データベース化されてインターネット上に公開されている。撮影年は不詳だが、台北帝大の研究者が撮影したものである。撮影の年月日などの記録はない。斜面に建っている景観から見て、旧社の公廨であるかもしれない。

写真1　〈台大 A508〉小林の公廨

入り口が両側にあるかどうかやや不明瞭であるが、写真の建物の手前、柱が白く見えているところ（建物の前面の右側）が開いており、真ん中には雑草に紛れて低い仕切りがあるのかもしれない。屋根や全体の大きさ、形としては写真2〈浅井F5―4―8〉とよく似ている。

写真2の建物の形式に注目すると、壁が四方を囲んでいないことや、建物入り口らしき部分が正面の左右にあり、低い仕切りはまたいで入れるくらいの高さであることなどから、この小型の建物の写真は人家や納屋、あるいは家畜小屋というようなものではなく、公廨を撮影したものと考えられる。小林村の劉仁和村長によると、写真2の建物は小林の公廨との構造的な共通性があるという。つまり、小林の公廨も正面の中央からは入れない構造になっており、正面の両側に入り口があるという点である。ただし、写真2の建造物をよく見ると、

写真２　〈浅井 F5-4-8〉タイヴォァンの公廨と思われる建物

写真３　小林の公廨と劉仁和村長（2005 年筆者撮影）

写真４　〈浅井 F5-1-3〉タイヴォァンの公廨と思われる建物

左右の壁が奥に向かって斜めに切れた形であるらしいことがわかる。このような形態は一つの特徴であるが、小林の過去の公廨の写真とは若干異なる形態である。

高雄県各地のタイヴォアンの公廨には、入り口の位置にさまざまなヴァリエーションがある。正面中央に入り口がある形式を持つのは、六亀里の公廨〈鳥居七〇一〇〉である（前章の写真1）。正面の壁面は太い竹を垂直に立てて作られているが、屋根までの高さはなく人の背丈程度の高さに切り揃えられている。そして中央部分の竹は人の膝ぐらいの高さに短く切り揃えられている。この部分が入口であると思われる。このほか昔の匏仔寮（宝隆村）の公廨なども同じく中央に入り口を持つ形式である。これに対して阿里関の公廨は、正面を除く三面に壁を持つ形式となっている。一方、彎丘の公廨は西に向いた正面の左側と、正面に向かって左（北側）の側面に入り口があった［劉斌雄一九八七：三八]。また、小林のものは正面の左右両側から入るようになっているほか、正面真ん中は屋根まで届く壁ではなく、内部が覗き込めるくらいの低い壁がついている。写真1の人物は特定できなかったが、阿里関から小林にかけての地域で撮影したと思われる写真の一群の中に混じっているので、ガニ社の公廨ではないかもしれない。

公廨は一つの村に必ず一つというわけではなく、集落単位で建てたり、または居住者の移住などに伴って消滅したりすることがしばしばあったため、現在では公廨の撮影場所の特定は非常に難しい。ただ少なくとも写真2の建物は構造的には現在の小林の公廨と共通するということができる。写真3は二〇〇五年の小林村の公廨を撮影したものである。正面の左右が入り口であり、開閉式の低い格子扉がついている。小林では、伝統的な祭祀をもとに再構成した「平埔夜祭」の際に「牽戯」と呼ばれる歌舞が行われる。その際には、手をつなぎ合った踊り手たちは公廨の左門（向かって右）から進入し、向神柱の後ろを回って右門（向かって左）から出るのである[簡文敏　二〇一〇：六六]。

写真4〈浅井F5―1―3〉も公廨を写したものであろう。「ガニ移民の踊り」写真群の中に混じっているので、これがガニ社（桃源郷桃源村）のタイヴォアンの建てた公廨かもしれない。構造としては、建物正面の中央部分は壁が全くない形になっており、そこが入り口である。正面両側の壁も低く造られているが、参拝者は真ん中から出入りする構造になっていて、小林の公廨の構造とは異なっている。

公廨に付属する祭具

公廨前の広場の反対側の端には、公廨と向かい合って「向竹」と呼ばれる竹が立てられ、公廨内部には、「向神座」（円錐形の竹筐《かご》）と「向缸」と呼ばれる壺がおかれ、祭祀の対象となる。小林の公廨の様子はこの点において匏仔寮、阿里関と異なるところはない。劉によると、甲仙では、向神座を「カイタンタ　アギシウ（kaitanta agisiu）」、向竹を向竹は、次のようなものである。公廨前の広場の、公廨正門から何メートルか離れたところに一本の長い竹が挿し立ててあり、これがいわゆる「向竹」である［陳漢光　一九六二：八八］。小林の向竹の下方には一つの竹筐《たけかご》が付いており、向竹の上のほうには七束の茅が括り付けてあり、向竹の先端にも一束の茅がぶら下がっている。昔は茅ではなく人の頭をぶら下げたのだが、それは傀儡蕃の頭だったという伝承がある。人間の頭がいつごろ茅に変わったか誰も知る者はない［陳漢光　一九六二：一六〇］。

公廨は単房型であって、公廨の内部の向神座は、中央の柱に取り付けた、竹を縦に裂いて作った竹筐状のものである。ここでいう向神座は、太い竹の幹に縦にたくさんの裂け目を入れて、切ったところを広げ、広げたところを上にして柱にくくりつけたものである。小林の向神座は、円錐状に広げた竹の先の広がったところに竹刀を挟み、草の輪で作った花冠を掛ける。

阿里関では、主柱の前の左側には「竹籠」がくくりつけてあり、高さは約一メートル、切り出した竹の上端からタテに裂け目を入れて、二十数片に切り開き、それを広げた形になっているという。上に広く、下が狭い籠の形で、下の一節がそのまま残されて地面に挿してある。上端は広い所で五五センチ、口の周りの前の方には一束の草が取り付けられ、長さ三八センチ、上面には二つの竹の刀が挿してあり、逆八の字の形になっている。刀の長さは約三〇センチ、幅八センチである［劉斌雄　一九八七：四五］。

また、匏仔寮の向神座は、陳漢光によると次のようなものであった。建物の中央に竜眼の木で作った主柱がある。この主柱に一本の「開口竹」が括り付けられている。高さは一メートル。「開口竹」の先端の直径は約二五センチ。中には十数個の丸い小石が入れてあり、外側には一枚の赤い布が周囲にまきつけられている［陳漢光　一九六二：八八］。

また、古いものでは、『安平縣雑記』所載の「四社番作向」の項に「四社番」(いわゆる四社熟蕃、タイヴォアンのこと)の公界(公廨)における作向の様子と、公廨のなかに設置される向神座に関して次のような記述がみえる。(以下、国分直一の訳による。)

毎年旧暦三月十五日に向を禁じ、九月十五日に向を解禁する。開向、禁向に当たっては、それらに先立って、各社、各荘均しく、作向に使う公界を一か所設け、竹屋一軒を建築し、屋上は茅草で葺き、中央に棟を作り、前後に水を流し、棟の左右には、土で仮鳥三羽を作る。……〔中略〕……四側には各々切断した竹棒を用いて、椅子となし、その間に固定し、屋前には一つの正門を開き、屋内、棟の下に、大竹一本を立て、竹頭を地中に挿入し、竹の先を屋根に取り付ける。この大竹の前にまた小竹の棒を一本、長さ四尺ばかりのを用いて、上に向くところを刀で数十本に切り開き、大きくひろげ、別に剥いだ竹皮を一束使い、刀で切り開かなかった所をくくり、裂開を防ぐ。すでに切り開いて拡げた所は竹筐のようになる。泥をその内側にいれ、香燭を挿すに便ならしめるため、大竹の前において、地中に挿入し、正門に相対させる。おのおのこれを「向神座」という。座前には大石一塊を安置して神卓とする。卓上に檳榔、焼酒を排列、新月と満月の日に一回交換する〔国分 一九八一:二六八—九〕。

以上のような向神座に関する幾つかの記述は、細部において若干の相違があるものの、筆者が調査した現代の小林村のものと共通し、タイヴォアンの特徴をよくあらわしているといえる。向神座を「竹筐」「竹籠」「開口竹」などとさまざまに記述しているが、いずれも形態は同じであることがわかる。

現代の小林村の公廨祭祀について簡文敏は次のように解説している。小林村における公廨内の太祖と老君は「向

写真５〈浅井 F5-4-5〉公廨内部の向神座

神柱」（「将軍柱」ということもある）の周囲に降臨するということになっている。村人は公廨の中心に位置する太祖・老君および屋外に位置する「向神座」に向かって礼拝する。「向神柱」は公廨屋内の中心に位置しており、檳榔の幹を中心として矢柄、竹刀、甕、石台、香炉、酒杯、草花で装飾した頭飾り、色布などの法器が地上に置かれるか、あるいは他の法器の上に積み上げられる、という形で構成されている［簡文敏　二〇一〇：六六］。また、似たようなものが屋外の広場を挟んだ正面にも設置してある。屋外に設置する法器としては、檳榔の幹の代わりに（端の竹葉を残した）竹を用い（向竹）、それに藁束を七束しばりつけ、その根元に向神座を括り付けるという点である。この藁束は太祖の七姉妹を表しているとされている。人によってはこの竹と草で作った法器が太祖降臨用の階段を表したものであるという［簡文敏　二〇一〇：六六］。

向缸とは、公廨内で祭祀の対象として祀られる多様な壷や甕、瓶などのことである。小林や阿里関では中心の柱の下、つまり向神座の下に壷すなわち向缸が置かれている。小林には二つの向缸と、檳榔などの供物を置くための石の板が二枚あったことを陳漢光は報告している。これは甲仙の公廨と合併したからであるという［陳漢光　一九六三：一六〇］。壷には清浄な水が満たされる。

向頭とは、公廨の管理と祭礼の中心的役割を任された人物である。向頭は旧暦の毎月一日と一五日に必ず公廨に来て向缸の水を取り替え、線香を燃やして礼拝し、建物の管理責任を負い、掃除などもする。また、年祭のときも指導的役割を果たす。さらに師阜《サイフ》と呼ばれる者がいた。師阜は牽曲に詳しく、祭祀の歌を指導する役割を果たしていた［陳漢光　一九六二：八九］。

向頭は、祭祀のときの歌に詳しい人物であるが、特別な技能を持つ宗教職能者ではないようだ。宗教職能者としては尪姨《アンイー》と呼ばれる存在があり、劉の調査によれば、甲仙では集落の中の病気治療儀礼に長けた人物を尪姨と称した。尪姨は個人に依頼されて個人宅で病気治療のための「放向」あるいは「作向」と称する儀礼を行なうのである。尪姨の大多数は女性であるが、男性がこれにあたることもある〔劉斌雄　一九八七：四四〕。阿里関でも尪姨は「放向」による治療儀礼を行い、甲仙と同様である〔劉斌雄　一九八七：四七〕。タイヴォアンの人々が多く居住する六重渓では、各太祖に専属する計五人の尪姨が公廨の祭りに指導的役割を果たしていた〔劉斌雄　一八九七：三五―三六〕。匏仔寮における個人的な老君祭祀にも、尪姨に関連した記述があり、甲仙の尪姨と同様であることが指摘されている〔劉斌雄　一九八七：五三〕。

これらの地域の尪姨になる者は、いずれも儀礼を行なって「螺銭」と呼ばれる宝を神から受け取り、腕につける。また、自宅で「老君研」と呼ばれる壷を奉じ、豚の供犠によって老君を祀るとされる〔劉斌雄　一九八七：三六、四四、四七、五三〕。このような事例は基本的には『安平縣雜記』に記された「四社番作向」の記事中にある尪姨についての解説と共通するものである〔国分　一九八一：二六八―二七二〕。

各番民家にはまた、私向をなすものがある。その家の婦女の尪姨になるものがあるからである。作向時には必ずその祖李老祖君を敬祀し、宝を乞い、法を護らねばならない。その乞宝の例、もし甲家の番婦に尪姨となるものがあればその祖神李老祖君を三年供養しなくてはならない。これを「尪姨猪」という。作向の時期には、その尪姨は、その家の中の正堂（正庁）の左側に、竹葉をつけた竹竿三本または五本を立て、その場所にしっかりと立てておかなくてはならない。竹前には磁瓶あるいは磁確（壷）一個を備え、その中に水を入れ、檳榔・焼酒・糀麻糬《モアチィ》（糀麻糬とは糯米を炊き、胡麻を少しばかりこれにまぜたものである）等を供え、また殺した猪一頭、皮と肉は不要、ただ頭骨を取り、竹竿の上に縛りつけねばならない。尪姨となる番婆は竹椅子を一つとり、竹前に座し、念呪し、宝を乞い、法を行なうこと約一時間の長さに達する。突然一宝、竹上に旋舞して来る。尪姨が見かけると、急に碗一個を取り、水を半碗に入れ、いざって行き、これを受け取る。その宝は自ら水中に飛び入る（その宝は一個の螺殻銭である。中に一孔あり、白色で円いものである）。尪姨はすぐ碗内から取り出し、紅縄で通し、左腕の手脈の前につけ、護法の用とする［国分　一九八一：二六九―二七〇］。

一方、陳漢光の報告には、匏仔寮では牽曲の歌い方を伝承して村人に教える師皁と呼ばれる役目の者が、尪姨の仕事も兼ねていたとある［陳漢光　一九六二：八九］。阿里関、甲仙、小林に関する報告では、尪姨の存在についての記述はない［陳漢光　一九六三：一五九―一六七］。

公廨の祭祀

小林の公廨では、毎年二回、公廨において重要な祭祀が行なわれる。旧暦九月一五日「開向」と、旧暦三月一六日「禁向」である。開向前日は、かつては公廨の新築の日であり、全社の男子が仕事に参加した。公廨を新しく建てるには茅と竹を用いる。すべて新しいものを用い、古いものは使わない。開向の日の午後までには、公廨を新しく建て直す。向竹も新しいものにする。公廨の向竹は前年の儀礼的競走で一位になった人が採取することになっていた。そしてこれをしっかり固定して立てるのである。陳漢光の調査時には競走はすでに行なわれなくなっていたが、数十年前に一着になった人が竹を採取して広場に立てる役割を担っていた。向竹を立てるのは名誉なこととされ、竹が差し立てられるとき、仕事をする人々全員と、村の中の男女が集まって見る。そしてみな大声で、「ヒ　オ　フイ（hi o hui)」と叫ぶのである〔陳漢光　一九六三：一六一〕。

向竹を挿すことについて、甲仙には、次のような伝説があった。

昔、劉パンガという名前の人がいて、足が速かった。競走のとき七つの公廨をくまなく走ったので向竹の上に七層の草束を結びつけ、劉パンガの走ったことのある七箇所の公廨を表わし、竹の上に草の束の塊（草圏）を吊すのは競走第一位を記念するものである〔劉斌雄　一九八七：四三〕。

写真6は二〇〇六年の小林村の開向の日に新しく建てられた向竹である。真新しい七つの草束が取り付けられている。

写真6　小林村の祭りの際に新しく建てられた向竹（2006年11月筆者撮影）

かつては開向の日に儀礼的競走が行われた。日本統治時代には、小林とその周辺の広い範囲のタイヴォアンの集落に八座以上の公廨があった。杉林、匏仔寮、甲仙、阿里関、小林、白水泉（三座）である。競走はこれらの公廨で同時に挙行された。参加者は男子であることを条件とするが、その村の者だけに限らず、どこの村の者が競走に参加してもよかった。もしもこの競走の一位をよその村人に獲られると、次の年にはその村での競走は挙行できなくなるので、村人は翌年、他の村での競走に参加する。そしてよそで一位を獲得すれば、翌年は自分の村の競走行事が復活するのであった。浅井写真の中には台南のシラヤの公廨前でのマラソンのスタートの様子が写っている（写真7、写真8）。公廨の儀礼に付

写真７〈浅井 C2-13-12〉台南頭社村のシラヤ族　祭りの際のマラソン行事　スタート

写真８〈浅井 C2-13-13〉台南頭社村のシラヤ族　祭りの際のマラソン行事　公廨脇を走る

随する競走行事はシラヤ・プロパーにも、タイヴォアンにも共通の要素である。

公廨での開向の行事は、この日の夕方はじめられる。まず、「向頭」が公廨で換水（水の交換）、献花、拝礼を行なう。換水とは、向缸の中の水を新しい水と取り替えることである。また、献花とは生花を用い、草を編んで大小の花輪（花冠）をつくり、向缸の口の上か、向神座の上に置くことである。拝礼の際は、供物を持って公廨に行く。三牲（肉、魚、豆製品）。米、からむし（苧麻）、金紙、菓子折、赤い布、白い布、檳榔、もちなどである。拝礼のときは歌を歌う。

その後、村人が「班壓」をしに来る。班壓とは、三牲を供え、その他の礼品を用意する形式の拝礼である。班壓は福建系漢人の謝神と同じものであって、病気その他の事故があると、公廨に言って神の助力を求め、成功するとその年の開向で班壓を行なって神に感謝するという習慣である。

その晩、皆が公廨に集まって神を祀って歌い踊る。これが「牽曲」、「牽戲」である。まず、公廨に皆で座って「九月曲」を歌う。歌の後に手をつないで歌いながら公廨を出る。皆ゆっくりと歌い踊りながら公廨を出て、向竹付近に来て歌い踊る［陳漢光　一九六三：一六四―一六五］。小林の公廨内における向神座の位置や参拝順路に注目すると、その順路は向神座を軸とする円形となる。例えば夜祭牽戯の際には、信者は公廨の左門から進入し、向神柱の後ろを回って右門から出るのである［簡文敏　二〇一〇：六六］。「公廨を出る歌」が終わるとそのほかの歌を歌ってもよい。昔は必ず翌朝の日の出まで歌い踊ったが、いまはもうほとんどない。二日目の夜、公廨では歌舞のみならず、酒や餅も出て、そこでのんびり楽しむ［陳漢光　一九六三：一六四―一六五］。

「禁向」は小林の場合は旧暦三月一五日である。一九四〇年ごろまでは、禁向の日の朝に、台南県玉井の公廨に水を汲みに行く習慣があった。この日の早朝、小林、阿里関、甲仙から、それぞれ一～二人を玉井の公廨に派遣して、水を取ってこさせる。その道筋は、大坵園、浜東、北寮から玉井に至るものであった。この道は昔、彼らが甲仙一帯に遷入したときの道筋でもある。水を取って帰ると、それぞれ自分の所属する公廨の向缸の水を替える。午後は村人が集まって献祭がおこなわれ、夜間には皆で歌舞を楽しむ。開向の行事との大きな相違はないが、異なるのは供物にする餅の種類と公廨で歌う曲とであった。

このほか、禁向のほかに禁大向があった。小林では四月二六日とされ、この日、向頭と村人は公廨で簡単な儀礼を行なった。また、この日は、水掛け行事が行なわれる。この日一日は誰も笠をかぶってはいけないことになっており、水を自分の家の屋根や公廨にも撒くのである。そして皆がお互いに水を掛け合って祝福する。また、この日から結婚が禁じられ、祭祀の歌を歌うことも禁じられる。禁大向に先立つ「打向鹿」は、成年男子による狩猟のことで、四月一日あるいは四月九日から狩猟を始め、禁大向の日までずっと続けられ、その後はもう猟をしてはいけないことになっていた［陳漢光　一九六三：一六四―一六五］。

このように禁向の後必ず遵守されるべきさまざまな禁忌があった。歌ってはいけない、結婚してはいけない、そして大禁向の後は猟をしてはいけない。神を祀る年二回の公廨祭祀は、タイヴォアンの人々にとって一年間の農業、狩猟などの生業活動と社会生活の内容を大きな異なる二つのシーズン、すなわち、雨の恵みのもとにもっぱら農業に従事する夏の季節と、収穫が終わって祭祀や狩猟活動や結婚などの活動を行なう乾燥した冬の季節とに区分する役割を担っていたのである。

タイヴォアンの家屋内の祭壇と祭具

高雄県内の平埔族居住地域において浅井恵倫が撮影したと思われる一群の写真の中には、祭祀設備や祭祀用具などがあった。家の中の祭壇のようなもので、一見すると漢民族の伝統的な祭壇に見えるもの〈F5―5―1〉（写真９）、卓の上に布をかぶせた位牌状のものを置き、男性たちが楽器を演奏して祭祀を行なっている場面〈F5―5―7〉（写真10）、そのほか、タイヴォアンに特徴的な竹製の祭具の写真（写真13、14）などがある。これらについて、筆者はまず台北でシラヤ研究の林清財・潘英海両教授を訪ね、続いて小林や阿里関などに住むタイヴォアンの人々を訪ねて写真を見てもらい、その内容にまつわる話を聞いた。

（1）屋内の祭壇

写真９〈浅井F5―5―1〉は、家の中の祭壇を撮影したもので、祭壇自体は漢人が屋内に設置するものと同じような形式である。しかし、よく見ると壇上向かって右に瓶が置いてあることに注目したい。林清財教授によれば、この写真にはタイヴォアンの人々の祀る祭壇の特徴として、次のような点がある。〔一〕祭壇上に壷や瓶を置くこと（この場合は壷ではなく瓶を使っているのが特徴といえる）。〔二〕神画は、シラヤ系の人々が好んで拝む神の絵柄と共通している。〔三〕さらに祭壇下右側に二本、真ん中に一本の酒瓶がおいてある（そのうちのひとつには旗のようなものが挿してある）。〔四〕また、平埔族の家屋内には、祭壇前に置く供物用の卓が設置されていない場合が多い。

この写真を含む一連の写真が、阿里関やガニ社等タイヴォアンの地域でまとめて撮影されたものであると推定されることから、写真9は高雄県のタイヴォアンの家屋内の祭壇と推測できる。

一方、阿里関在住のタイヴォアン潘大瞬氏の記憶によれば、写真9の祭壇は、渦のような装飾文様の彫り方に特徴があり、これは植民地時代当時、小林に住んでいた劉燕回という匠の制作になるものに共通した特徴であった、という。小林の匠の制作による祭壇であるとするならば、小林かその近隣の地域で撮影された写真である可能性が高い。

写真9　〈浅井 F5-5-1〉屋内の祭壇

（2）家内での祭祀

写真10　〈浅井 F5-5-7〉屋内での祭祀

写真10の撮影場所は特定できなかったが、〈浅井F5—5〉の写真群に含まれる他の写真との関係から見て、この写真に写っているのは阿里関から小林にかけての地域に住む平埔族である可能性が高い。林清財・潘英海両教授の指摘は次の三点であった。〔一〕タイヴォアンは儀礼を始める前に、太鼓などを鳴らす習慣があり、この写真も儀礼を始めようとしている場面であるらしい。〔二〕後ろ向きに立っている人物の腰のところに小さい袋が見えるが、この袋はタイヴォア

ンの人々がよく使う袋で、檳榔やタバコなどを入れるものである。〔三〕机の下に瓶があることも注目すべきである。これもタイヴォァアン、あるいはシラヤなどの平埔族の宗教的慣習と共通する。

小林の村人によると、この写真がタイヴォァアンの祭祀ならば、この場面は楽器を演奏している人たちが、位牌を卓上に置いてこれから神を祀るところだろうということであった。小林では、案卓のすぐ下の段に大きい平ざるを置き、その上に餅やタガビク（竹筒飯）をのせて神への捧げ物とする。酒も置く。しかし、この写真では卓の下の段に供物はのせていない。また、位牌を置いている卓は漢化した形式を示しており、平埔族の一般の民家では大庁の祭壇前にはふつうはこういうものは置かない。ただ、民家の内部に廟と同じように神を祀っている「神壇」と呼ばれる家には、こういう卓がある。

同じく潘大舜氏は、写真の左端に写っている男性に見覚えがあり、この男性は盲目であって、屏東から移住して来た人らしい。彼が住んでいた場所は、はっきり記憶していないが小林村ではない。また写真の場面は神を祀っているところであり、盲目の男性は太鼓をたたいているが、特にタンキー（童乩）のような職業の人ではなかったという。写真右の背中を向けた男性が儀礼を遂行する道教の宗教職能者であった可能性がある。

（3）向神座

前述の写真の向神座の写真５〈浅井F5―4―5〉を小林村の人々に見てもらったところ、現在の小林村の向神座に比べて、切れ目を入れる深さと根元から切れ目の始まるまでの長さが異なっているという意見があった。浅井撮影の向神座は、全体に現代の小林のものより高さがあるのではないかと推測される。一般に、向神座には祭礼に使った花冠や赤い布などがかけられる。小林では竹を削って作った刀（竹刀）を挿す。向神座の籠状になった中には、地域にもよるが、線香を挿したり石を入れたりする。浅井写真の向神座にも、旗が挿してあり、上には植物で編んだ冠がかぶせられ、籠の中にも同じものが入っているように見える。

潘大舜氏の記憶によれば写真5〈浅井F5—4—5〉の向神座の写真は小林の公廨にあったものではない。その理由として、この公廨内部の側面の壁を支える柱に対して横にくくりつけられた竹が、写真では縄を使って結び付けられているからである。小林の公廨の横木の竹は縄で結びつけられることはなく、この映像に写っているような公廨内部の様子は見たことがないということであった。潘氏によれば、公廨は祭りの際に毎年作り直されるもので、その公廨を建てる役目は世襲であり、阿里関にも小林にもそれぞれその仕事を専門とする一家がいた。建て方はそれぞれ家族ごとに伝承されていたので、公廨内部の細部の特徴はその土地独自の建て方を伝えるものであるという。

向神座は魚をとる筌（うけ）に形が似ている。公廨前の広場の隅に公廨の正面と相対して立てられた竹の棒（向竹）の根元にも別の向神座を取り付け、さらに向竹には草を吊るす形式とあわせてみると、何かを招き寄せて、あらかじめ設置した筌の中に捕らえようとするかのようにも見える。一般に、筌を漁撈に使う場合、仕掛けた筌が浮かび上がらないように水底に固定する際に石を入れることもある。タイヴォアンの向神座の中にも川で拾った石を入れることがある。タイヴォアンの向神座は、オランダ人が始めて台南に上陸した一七世紀頃、祖先が海や川での漁撈活動を行なっていた時代の文化の面影を残しているものかもしれない。漁の獲物を招き寄せるための装置が、このような向神座の形に表れたものであろうか。漁撈の道具に類似したものが中心的な祭具として公廨の中央に配置されるという独特の形式から見て、タイヴォアンの宗教が現在のような形をとるようになった時期に、彼らの生業の中で漁撈が占める割合が相当に高かったことを示すものといえるだろう。

公廨の中に水を満たした壷を置いて太祖を祀る形態において、タイヴォアンの宗教はシラヤとの共通性が高い。しかしその一方でこうした筌によく似た形の向神座をセットに持つ点で、劉が指摘するように、高雄県地域のタイヴォアンは明確な形態上の特徴を持つのである［劉斌雄　一九八七：三二一—三二二］。

写真 11　祭礼当日の小林の向神座（2006 年筆者撮影）

写真 12　阿里関の公廨内部の向神座（2005 年筆者撮影）

写真11は二〇〇六年の小林の祭礼当日に飾り立てられた公廨内の向神座、写真12は阿里関の公廨内部の向神座である。写真13・14の壷と竹の祭具はタイヴォアンのものらしい。これらの祭具は公廨に置くのではなく、個人の家で老君、あるいは地域によっては太祖と呼ばれる神を祀るためのものである。潘英海・林清財両教授の指摘によれば、室内ではなく家の外の壁のところに置いて祀る場合もあるという。浅井の写真にある祭具も、撮影のためにわざと正庁から外に出したものではなく、普段からこのように民家の外壁に立てかける形式で祀られていたものであるらしい。写真の竹の下においてある壷は老君矸と呼ばれる。竹には、植物や植物で編んだ草の冠のようなもののほか、螺銭、ひょうたん、動物の頭骨がくくりつけられているのがみえる。劉の報告によると各地で見られる例では、竹にくくりつけられるのは供犠の豚の頭骨である［劉斌雄　一九八七］。

タイヴォアンの人々はこの祭具をどのように使用したのだろうか。劉斌雄の報告によると、宗教職能者の尫姨が老君矸を自宅で祀る例や、職能者ではない普通の個人宅で祀る例（台南県白河鎮六重渓、楠栖郷彎丘、高雄県甲仙郷甲仙、

写真13〈浅井 F5-6-1〉屋外の壁際に祀られたタイヴォアンの祭具と壷

甲仙郷阿里関）などが報告されている。一例として六重渓に関する記述を参照してみよう。

六重渓では、五太祖を祀る祭祀を行なう職能者である五人の尫姨は、それぞれ自分の家で老君矸を祀る。そして、太祖の誕生日を祝う旧暦九月一五日の迎神儀式のときに、大公廨にそれぞれの老君矸を持ち寄り、酒を満たしてハバンと呼ばれる植物の葉をさして左手に持ち、右手にハバンの葉を持って将軍柱を取り囲み、拝礼して周りを歩きながら迎神曲を歌う。

写真14〈浅井 F5-3-1〉タイヴォアンの祭具と壷（拡大）

また、この年に新たに加入した尫姨がいるときには、太祖の誕生日翌日の九月一六日の朝早く五人の尫姨が老君矸とハバンを持って小公廨に集まり、「螺銭を乞う（kitkavi）」の儀式を行う。大尫姨が音頭をとって神を降ろす歌を歌い続けるうちに一個の螺銭が屋根のてっぺんから飛び込んできて、大尫姨の手に持った碗の水の中に飛び込むので、この螺銭を新しい尫姨の左腕に取り付ける［劉斌雄　一九八七：三四―三五］という。

螺銭と呼ばれる祭具と思われるものは、浅井の写真にもみえる。写真14の左側の竹の上方に小さい白いドーナツ型のものが細い紐でぶら下げてあるのがそれであろう。螺銭は清朝時代の四社熟蕃についての記録にも見える祭具であり［国分　一九八一：二六八―二七二］、貝殻を加工して作られている。螺銭はタイヴォアンの宗教職能者が持つものであることから、浅井写真13、14の竹の祭具を家の壁に立てかけて祀っている場所は、タイヴォァンの尫姨の家であったと思われる。

簡文敏によれば、小林・関山地区のタイヴォァンの村落の祖霊信仰は太祖祭祀を主とするものであり、各々一座の公廨を建てる。かつてはそれと並んで家庭で「壁脚佛」あるいは「壁脚仔」「壁脚踞」とよばれた前記のような竹の祭具を祀っていた。皇民化時期には日本の警察が迷信を排除しようとして公廨にこれを集めて焼き捨てたという歴史もあった。これらの祖霊信仰は、女性との関係が密接であり、『安平縣雑記』によれば、尫姨の多くは女性であった。また、家の中で壁脚佛を奉仕している家庭では、家族の長女あるいは長男の嫁が伝承していることが最も多かったのである［簡文敏　二〇〇〇：一九］。

あるシラヤ系民族の宗教と社会――残された課題

本章では主に形態面に注目して、タイヴォァンの宗教の中にあるシラヤ・プロパーの宗教とは異なる部分について述べてきた。しかしそれ以外にも、神々の性格や神界の構成といった信仰内容におけるタイヴォァンとシラヤの相違をはじめ、固有の社会組織と宗教との関係における両者の相違などにも少なからず比較検討の余地が残されている。

オランダ人の記録によれば、一七世紀のシラヤの社会は、結婚後の夫婦に対して一定年齢に達するまで同居したり子供を持ったりすることを禁じていた。アメリカの人類学者シェパード（Shepherd）は、当時のシラヤ社会では妊娠した妻には堕胎が義務付けられるという特殊な制度があったことに注目し、夫が四〇歳頃に戦士階級を引退するまでこの慣習的な堕胎が続けられたことの意味について考察している。それによると、シラヤの社会では青壮年層の男性を年齢階梯によって軍事的に組織し、男性の活動を戦士としての役割に集中させることに重点が置かれ、それを維持するために慣習的堕胎を伴う家族制度が機能していた。シラヤのその制度を裏付ける諸観念は当時の彼らの宗教信仰の中に深く埋め込まれており、慣習に従った家族生活・社会生活を送ることにより、作物の豊穣や戦争における戦士の身の安全が神によって保証されると信じられていたのである。夫婦の同居と出産を遅らせる慣習は、象徴性に満ちた複雑な説明体系を持ち、イニブと呼ばれる女性宗教職能者の指導のもとに宗教的に正当化されており、結果として青壮年男性を家族生活維持のために費やす活動から引き離し、戦闘集団へと動員する機能を果たしていたのである［Shepherd 1995］。

今日の台湾南部各地に残るシラヤの社会も宗教も、その当時から長い時間を経て大きく変化しており、当時の社会と宗教との関係を今になぞるのは難しい。しかし、祭礼に現出する神と人との関係性や、儀礼の中に見られる生命観を表現するシンボル体系など、シラヤの宗教の持つ固有の特徴は、過去のシラヤの文化の名残りをまだある程度引き継いでいる面があると思われる。そしてまさにその点において、タイヴォアンの宗教との相違が感じられるのである。神々の軍事機能が強調され、豊穣観念を表す象徴的表現が重層的に組み合わさり、それらが複雑な体系にまとめあげられていたと思われるシラヤの宗教に比べると、タイヴォアンの宗教は、より直接的に、農作物の豊穣や狩猟・漁撈の豊猟を神に祈願し、神とともに祝う毎年の収穫の喜びを表現しようとするものであるようにみえる。祭祀の形態上の類似を超えたところに見られるこうした宗教観念の相違は、タイヴォアンの固有宗教の基本的性格を示しているように思われ、シラヤとタイヴォアンの民族性の違いを作り出す根源的要因の一つとなっていたように感じられるのである。

一方、少なくとも形態的側面に関する限りにおいては、シラヤ・プロパーの宗教の特徴がタイヴォアンやマカタオに広く受容されていることも確かである。それでは、シラヤは他のグループの固有宗教に対してどのような経緯で影響を与えるに至ったのだろうか。この点についてはまだ明らかにされていない。言語学の分野からは、シラヤ語の周辺民族への影響について、過去のある時期にシラヤ語が台湾南部平原で共通語的な役割を果たすようになったこと、タイヴォアン語、マカタオ語という別の言語が次第にシラヤ語に吸収されていったらしいことなどの指摘がなされている。こうした指摘をふまえながら、台湾と外部社会との交流が活発化し始めた時期の南部平地における農業開発、経済交易関係とそれに伴う民族間の相互関係など社会的諸側面からも、シラヤ文化の周辺民族への影響について検討してみる余地があるのではないだろうか。

さらに現代に視線を戻してみると、タイヴォアン・マカタオを含む広義のシラヤの子孫たちの間では、伝統的宗教の残存は根強いものがあり、八〇年代半ばからの民主化、本土化の影響を受けて、南部各地でシラヤの祭礼が復活し、観光化しながら年々盛んに行われるようになっている。その一方で、シラヤ系の人々の民族的アイデンティティに焦点を当てると、漢人社会に囲まれた環境に長く置かれてきたシラヤの人々の民族としての実体は断片的なものになり、自分が平埔族であるとか、シラヤ族であるという意識は、実はかなり曖昧なものになっている。このことを広範囲にわたる実地調査から指摘した山路勝彦は、漢人の信仰から新しい要素を取り入れつつも固有性を保ち続けるシラヤ系の宗教の変容の姿は、民族的アイデンティティの保持とは必ずしも同レベルで論じられるべきものではないと強調している。そして、固有文化の保持と再編成にかかわる主体性というものは、民族としての意識を明確には持たなくなってもなお、人々の間に存在し続けるものであるということを、シラヤ系の人々の事例から山路は指摘しているのである［山路　二〇一〇］。

こうした山路の議論は、漢人社会に大きく影響を受けたほかの民族、例えば家族を中心に儀礼を残しているサオやクヴァランやトロブアン、かつてはかなり広範囲に分布していたにもかかわらず固有文化の痕跡をほとんど残さなかったホアニァなどとの比較も視野に入れながら、さらに検討されるべきテーマといえるだろう。

注

（1）初版は一九四四年　東都書籍株式会社から出版され、一九八一年に『壷を祀る村——台湾民俗誌』として法政大学出版局から一部改訂再編のうえ復刊された。

第六章　小林村の人と生活文化

二〇〇五年及び二〇〇六年、筆者は台南県内の浅井の調査地を訪問したほか、高雄県の甲仙郷、桃源郷のいくつかの地点でタイヴォアンの住民を訪ね、浅井写真と動画による映像資料に関連する聞き取りと鑑定の作業を行なった。筆者の主な関心は、タイヴォアンの人々の信仰や生活文化についてであった。筆者は浅井の調査ノートや写真類の中からタイヴォアンに関連するらしいものを選び出し、タイヴォアンの年配者、高齢者の記憶に残る生活形態や習俗などについて話を聞いた。

一九三〇年代に写真が撮影されてからすでに長い時間が経過し、調査は容易ではなかったが、なかには人物が判明したものや、撮影内容に関して多様な情報が得られたものもあった。得られた情報は、断片的なものであり、文献や実地調査を加えてさらに検討すべき余地を残しているとはいえ、継続的研究のための足がかりとなるものである。そこで、本章では、判明した事柄のうち、小林村とその人々に関する内容を写真と共に記しておきたいと思う。次章でも述べるように、未曽有の災害によって小林村が消滅した今、二〇〇五、二〇〇六年の時点での筆者なりの調査報告をまとめておくことは意味のあることであると思う。なお、「現在」とは調査時点のことを指す。

はじめて小林村を訪れて調査をした二〇〇五年には、タイヴォアン研究に携わってきた文化人類学者の簡文敏教

写真１　〈浅井 F5-5-2〉小林村の公廨（9 号橋下）

写真２　小林村　９号橋から見た対岸の霍比亜湖山列（2005 年筆者撮影）

授の案内で、小林の中心集落（以下、本村と称する）とその周辺で調査を行なった。

この調査で、本村から少し下流の九号橋を通り過ぎて川下に少し下った河岸段丘から見る山の形と斜面の特徴が、浅井写真と同じものらしいことを確認した。そこには昔公廨があったという場所があり、写真１〈浅井F5—5—2〉にある公廨らしき建物の写っている場面はここであると特定することができた。

写真１では小屋と向かい合って向竹が立てられており、タイヴォアンの公廨の特徴を示している。小屋と向竹の距離は割合短いようだ。撮影者側が、玉山山脈に連なる楠梓仙渓の東岸で、小林の本村がある側である。公廨の向こうに楠梓仙渓が写真右から左に向かって流れている。対岸の山が、西岸に連なる霍比亜湖山列である。

九号橋の近くのかつて公廨があった場所に現在は人家があるので、敷地内には下りなかった。次の写真２は、九号橋を少し越えたところの道路の上から撮影したものであり、道路の下に降りると河岸段丘上になった平らな場所が広がっており、調査時点では個人宅とバナナの畑になっていた。ちょうど家の立っている付近に公廨があったという。実際に浅井が写真を撮った場所は現在の道路の下のバナナ畑のあるあたりの平らな地点からである。

タイヴォアンのものと思われる民家の写真について

タイヴォアンの居住地域において撮影したものと思われる写真群に民家の写真が何枚かあり、二〇〇五年に小林の村人に聞き取り調査をした中では、そのうちの一枚は、小林本村のものであると確認できた。

小林村の人々は、この民家が本村のものらしいという根拠について、隣家と屋根がつながっているような形をしていること、入り口は別々で前に庭があること、左に食物干し場の段組があること、家の前庭の周囲に石を並べて造った溝があることなどの特徴を挙げた。本村の家の多くは、漢族の三合院のようにコの字型に建て増しという方法をとらず、隣家と軒を接するように横長に建てられている。このような並び方の家々が道路に沿って横並びに連なっている。昔は写真にあるように家の前の庭の周囲に溝を作ってふちに石を並べ、家の敷地を区別していた。

写真３　〈浅井 F5-5-4〉小林村のタイヴォアンの家と人びと

小林村の呉嬌娘さん（調査当時八〇歳）によると、家の前に組まれた棚状の段組は、小林特産の鹿肉、猪肉を家の前に干すための棚であった。こういう棚を作って乾し肉を作るのは小林だけであり、他の村では見かけないものだった。植民地時代には、鹿肉は自分たちで食べて、鹿皮は日本人に売っていた。劉鳳連氏（調査当時九二歳）によると、前庭に木組みの棚を作って肉を干す場所は、一軒が単独で使うのではなく、隣り合う二軒が共有していたということである。また、写真の家の前庭には犬が見えるが、村人の話では、昔は猿を飼っていた家も多かったそうである。

写真３に写った小林の民家は、村人の意見を総合すると、忠義路一五七号の劉家を撮影したもののようだ（写真４）。現在のこの家は後ろに二階建てを建て増ししたため山の形がよく見えなくなっているが、村の人々によれば、

写真４　小林村忠義路157号民家　（2005年筆者撮影）

浅井写真に写った背後の山の形と同じである。現在見られるように、後ろの山は（向かって右の崩れたところ）は、戦後になって道路を作ったときに崩れたもので、昔は崩れたところはなかったという。

以上のように、少なくとも小林の本村における民家の配置の特徴は、村の中心を走る道の両側に民家が横一列に並び、軒の両端が互いに接触するように建っているところにある。屋根が段状につながっているように見えるが、よく見ると一軒の家ではなく、別々の家が左右の軒を接して建てられているのである。家と家との間にはどこも人が通れるくらいの隙間がある。こういう特徴ある建て方は浅井が訪問した昭和初期の小林でも同様であった。川沿いに集落ができているため、平坦な場所の面積が狭く、このような形式になったのである。こうした並び方の場合、家を建て増しするには漢族の三合院のようには展開しにくいので、忠義路一五七号の家のように、後ろに別棟を建てる形になる。また、前庭があり、昔は前庭の周囲には、個人宅の区分けを示す溝が掘られ、石が並べてはめ込まれていたので、どこまでが互いの敷地かがわかるようになっていた。現在では前庭を舗装したコンクリートのふちがそれぞれの前庭を区切っているのでそれとわかる。

このほかに、何軒かの民家の写真もあった。これらの民家の写真は、それぞれ阿里関の平埔やそのほかガニ社の平埔らしき写真と同じ分類番号〈F4—4〉および〈F4—5〉の一群の中に入っている。この中にはルカイの下三社かと思われる映像や、サアロアの映像が混じっているので、おそらく時期的に共通性があり、浅井の高雄県内の調査、一九三一、二年のサアロアやタイヴォァン、下三社の調査の時期に撮影されたと考えられる。また、浅井がわざわざ写真に撮って残しているので、この番号の写真群の中にある家の写真は、普通の漢人ではなく平埔族の家屋あるいは平埔族の村の家屋であった可能性が高いと思われる。

民家の写真を小林村の村人に見せて確認したところ、最も記憶に残っていたのは写真5〈浅井F5―4―6〉の民家であった。これは小林本村の道路沿い、現在の忠義路一一号のあたりに建っていた村一番の金持ちの家で、居住していたのは福建系漢人の商人、林永という人物だった。林永は山地の原住民と商売をしており、山の産物を原住民から買っていた。遠方の山奥から産物を持って林永のところに売りに来る原住民は、一日がかりでここまで来るので、夜は泊まっていく必要があった。そこで林永は専用の原住民宿泊用の部屋を造っていた。向かって左端の入り口の付いた部屋である。小林の平埔族の家にはこのようなつくりの部屋はなかったという。小林の人々は、原住民が泊まるための部屋のことを「番仔間《ファナーキェン》（蕃人の部屋）」と閩南語で称していた。どの原住民族かの言及はなかったが、歴史的に見ると、かつて蕃租関係のあった南ツォウ族の一部のサアロアかカナブ、あるいはルカイ族ではなかったかと思われる。

写真5　〈浅井 F5-4-6〉小林村の林永の家、原住民を泊める部屋は左端

写真6　〈浅井 F5-5-3〉小林の民家

また、写真6〈F5―5―3〉の民家は、阿里関の潘大瞬氏の記憶では本村の中心部にある北極殿の近くに住んでいた叔父の家らしいとのことであった。

以上、小林およびその付近で撮影された

写真７　〈浅井 F5-4-7〉タイヴォァンの少女たち　小林―阿里関付近

ものだという証言を得た写真が多く見られたことから、F5の番号がつけられた浅井の写真群は、小林とその周辺の地域でまとめて撮影されたものである可能性が高い。

小林村の人と生活

浅井資料の中に、白い服を着た少女たちが写っている写真がある（写真７〈浅井F5―4―7〉）。写真の雰囲気から、写っているのは平埔族の少女たちではないかという推測のもとに、聞き取り調査を行なったところ、おそらく楠梓仙渓沿いの阿里関付近の人たちではないかという見当がついた。阿里関から小林にかけての地域は、タイヴォアンの人々の居住地であり、浅井がかつて調査に歩いた地域でもある。写真７の少女たちの服装について聞き取りをしたところ、小林村の平埔族の老人たちの感想は、次のようなものであった。

・昔の正式の服装をしているので、何かの祭に参加しようとしているように見える。
・白い服の少女たちは、晴れ着を着ている。祭とかなにかの催しがあるときに着た服のようだ。手に包みを下げているので祭にでも行くところか？
・白い服の少女たちは、阿里関の人のような雰囲気がある。白い服は金持ちの着る服だった。

少女たちの服は、祭のときに着るとか金持ちが着るというように、日常着というよりは特別なものであったことがうかがえる。左端の女性と右から二番目の女性の着ている服が昔の普段着だった、という指摘もあった。

また、二〇〇五年の調査では、一番左の人は関山村（阿里関）在住の潘順花さん（八六歳）の母親であることがわかった。写真の女性の名前は潘香、小林で生まれ、阿里関に嫁に来た。阿里関は楠梓仙渓沿いの村で、小林よりも下流に位置し、タイヴォアンの人々がまとまって居住する村である。

また、二〇〇六年の二回目の現地調査では、これに加えてもうひとり、右から三番目の小柄な若い女性の名前も判明した。この女性は当時小林に住んでいた劉王得金である。子供のときに荖濃から小林に移住してきたタイヴォアンである。劉王得金は小林で結婚し、息子と娘を生んだ。その息子と娘にあたるのが小林本村の住人の劉貴林さん兄妹である。小林の王天路氏および阿里関の潘大舜氏の記憶に基づいて、劉貴林さん兄妹に写真を見てもらったところ、左目の特徴や背の高さなどから、二人の母親の若い頃に間違いないことが確認できた。二人は母親の晩年の写真を持っており、顔立ちの特徴が浅井写真と共通していた。このほか、右端の女性と右から二番目の女性も小林の生まれの人ではないかという意見もあったが、確認するにはいたらなかった。

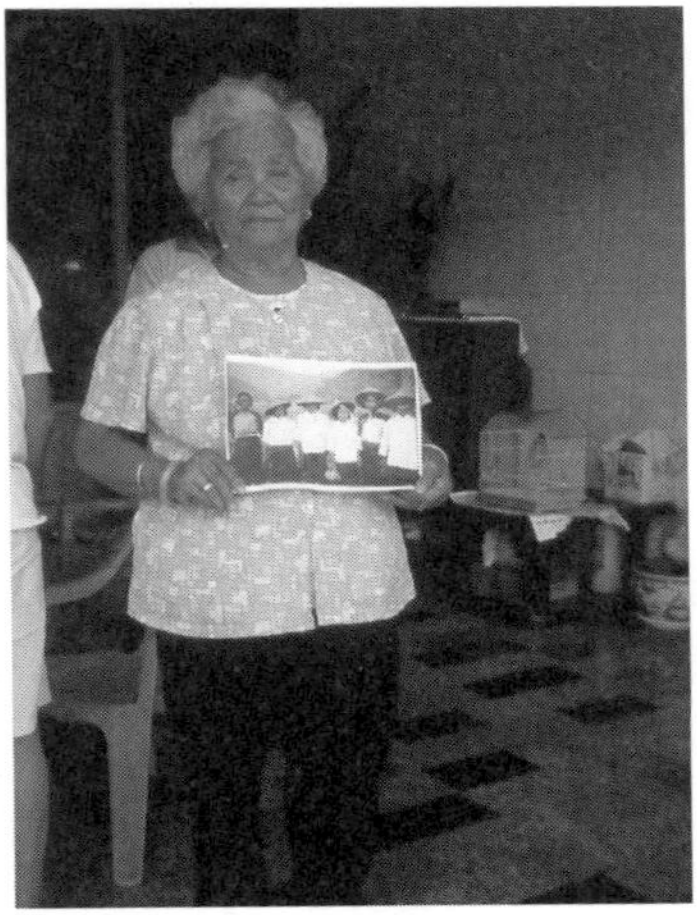
写真８　阿里関在住潘順花さん（2005年筆者撮影）

浅井写真に関する筆者のこれまでの調査から、分類番号の近

写真9　〈浅井 F5-4-3〉小林のタイヴォアン

い写真群は、ほぼ同時に同じ撮影地点でまとめて撮影されたものが多いことがわかっている。そこで、写真の場所は小林から阿里関にかけての川沿いのどこかの地点ではないかと推測される。簡文敏教授は、白い服の少女たちの立っている撮影地点は小林村の川下の九号橋付近にあった公廨の近くか、あるいはさらに下流の五里埔集落の近くかもしれないと推測している。五里埔にも公廨がかつて建てられていた。また、潘大舜氏は、九号橋よりも北で、つり橋よりも南側の過渓とよばれる場所の辺りではないかと述べている。

また、二〇〇五年の調査時には、公廨の祭りなどに行くところの写真ではないかとの指摘があったが、潘大舜氏によると、白い服を着るのは公廨の祭りのときではなかったという。タイヴォアンの公廨の祭礼の際は、写真7左端の潘香が着ているような黒っぽい普段着の服装の上に黒の布で作られた肩掛けのようなものを身体の横に巻く。これは桃源村で浅井が撮影した「ガニ移民の踊り」の動画と写真にあるような衣装である。二〇〇六年現在、小林の平埔族の人々は、「平埔夜祭」をテーマに伝統的な祭りを復活させ、新しい伝統を創造しているが、この中で彼らが新たに誂えた祭りの衣装には、黒や紫が使われており、タイヴォアンの祭りの衣装の形や色に対する考え方が反映されている。台南地方のシラヤ・プロパーに分類される村々の祭りの服は、集落によって多少の差はあっても、主として白を基調とするものである。しかし、小林では衣装に黒や紫、藍色などを使い、布を身体の横に巻く伝統的なスタイルを守っている。紫が多く使われるのは、高雄県の客家の影響を受けているからだと村人は述べている。簡炯仁によれば、タイヴォアンは漢化の過程において、家屋の構造や衣服などの外面的な部分では移住地周辺に居

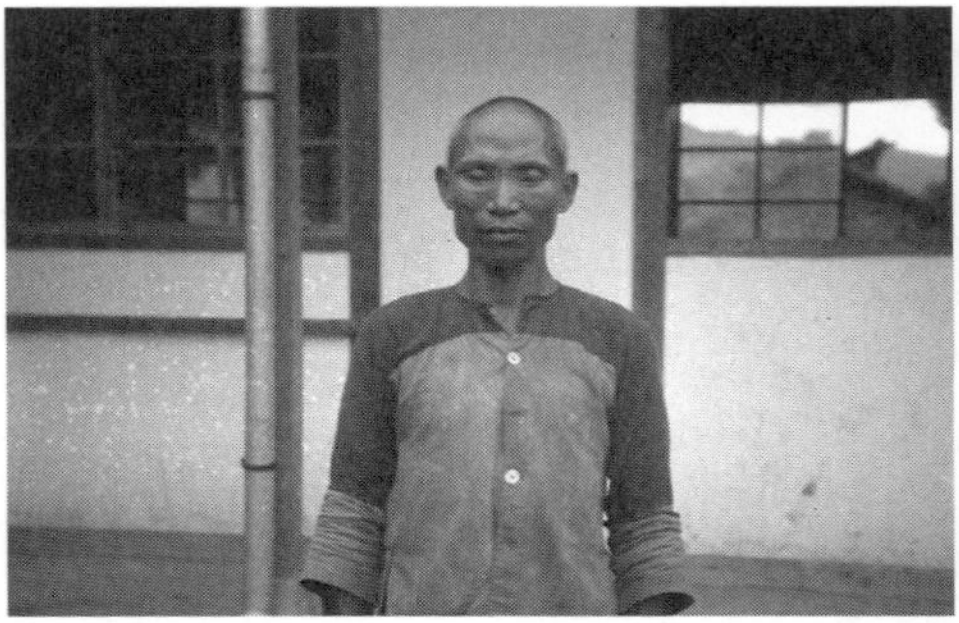

写真11　〈浅井 F5-3-6〉小林付近のタイヴォァンと思われる男性

写真10　〈浅井 F5-4-2〉小林のタイヴォァン

住する客家の影響を受け、婚姻や喪葬など内在的な文化の面では原住地で接触の多かった福建系漢人の影響を受けているという［簡炯仁　二〇〇四：一一九―一二二］。

このほか、第一回の調査では撮影地点が小林周辺ではないかとされたものの明確にはならなかった何枚かの写真があり、二度目の調査では、これらについても判明したことが少なからずあった。

複数の村人からの指摘によると、写真9の男性は、日本植民地時代に一時期小林に住んでいた陳群という人である。また、その妻である陳葉氏蜂は写真10〈F5―4―2〉に写っている女性である。陳葉氏蜂は左目が見えなかったという。日本統治時代の戸籍簿で確認したところ、二人とも平埔族であり、同じくタイヴォアン系の平埔族が多く居住する大坵園（現在の高雄県甲仙郷宝隆村）で生まれ、後に小林に転入している。日本統治時代の間は小林に住んだが戦後再び大坵園に戻った。写真9の背景にある家屋は、小林集落の忠義路一〇八号のあたりにあった陳群の家であるらしい。また、写真10〈浅井F5―4―2〉の背景は角材の柱を使った建物であり、民家というより何か公共の建物のように見える。日本統治時代には小林に分教場があったので、その付近で撮影したものかもしれない。同じF5の写真群の中にある写真11〈F5―3―6〉の写真にも、漢族的ではない顔立ちの男性の後ろに同様

写真 12　〈浅井 F5-5-6〉小林のタイヴォアン　右は劉連雲

の角材を使った建物が背景として写っており、これも小林村のものかと思われるが、撮影場所や人物の特定にはいたらなかった。

F5の写真群には人が写っているものが多い。写真12〈F5―5―6〉には二人の女性が写っているが、向かって右側の白髪の女性は、複数の村人の指摘により、小林に住んでいた劉連雲という人であることがわかった。二回目の小林村調査で知り合った阿里関生まれの劉林玉綢さん（調査当時七八歳）は劉連雲の息子の嫁にあたる人で、嫁いで来て以来の小林本村の住人であり、夫の母のことをよく覚えていた。また孫に当たる劉建華氏も小林本村の住人である（写真13）。二人によると、写真12の場所は現在の忠義路九四号の場所に建っていた劉連雲の自宅であると思われる。写真９の家と同じように家の入り口の脇に擦り切れた対聯が写っており、漢人の家屋と異ならない様子である。

二人の話によると、劉連雲の夫の劉添旺は、足が速く、公廨の祭りに伴うマラソンでいつも一位になっていた。

小林村ではマラソンで一位の人が向竹を立てる習慣があったが、マラソンが行われなくなった後は、劉添旺の子孫である劉建華氏が公廨の祭りの際に向竹を立てる役目を担ってきた。その妻の劉連雲はとても年をとってから子供を生んだといわれ、それが劉健華氏の父の劉天来である。

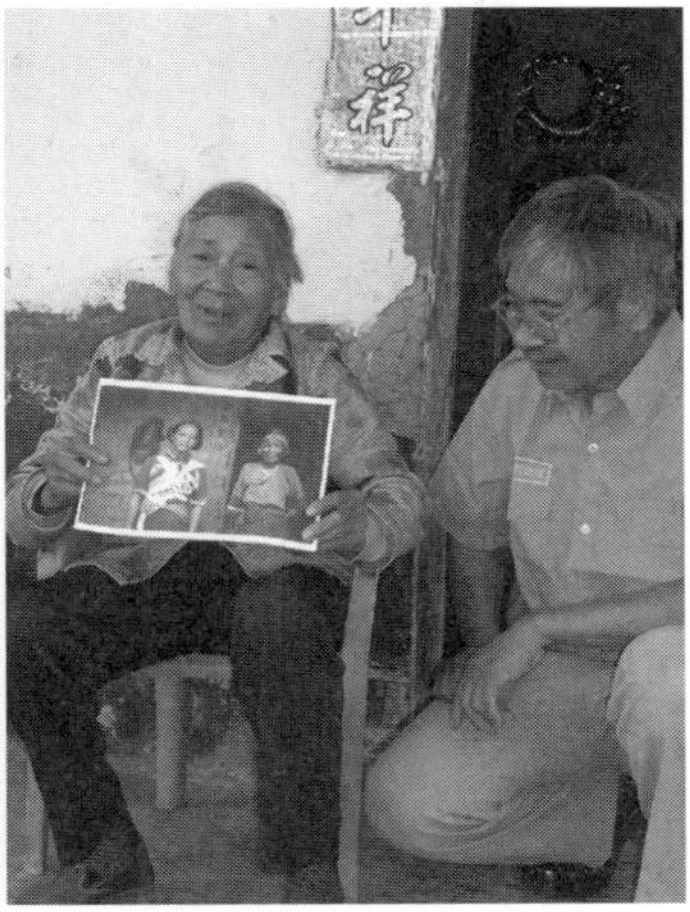

写真13　小林村在住の劉林玉綢さんと劉建華氏　(2006年筆者撮影)

写真14　〈浅井 F5-3-2〉子供をおぶった若いタイヴォアンの母親

日本統治時代の戸籍簿によると、劉連雲は明治一三年生まれと記されている。浅井が小林村を訪れたのは一九三一、二年であるから、写真撮影当時、劉連雲は五一、二歳ぐらいだったということになる。写真を見るとそれよりもさらに年をとっているように見える。戸籍登記前に生まれた人については正確な出生年月日はわからないため、この当時の劉連雲の年齢も確実なものではないが、とりあえず戸籍によると、劉連雲は蕃薯寮庁楠梓仙渓東里大坵園庄で生まれ、明治三二年に結婚した。戸籍登記が始まって以後の記録によれば、劉連雲は四回出産したのだが、いずれも子供たちは幼くして亡くなり、末っ子の劉天来が生まれたのが大正一一（一九二二）年であった。生年が戸籍の通りなら劉連雲は四二歳で息子劉天来を生んだことになる。

また、劉連雲の隣に立つ若い女性は、白い帯を上半身に交差させて前で結んでいるので、背中に赤ん坊をおぶっていると思われる。赤ん坊の足が写真14〈浅井F5—3—2〉では少しだけ見えている。はにかみながら笑顔をみせるこの若い母親は劉連

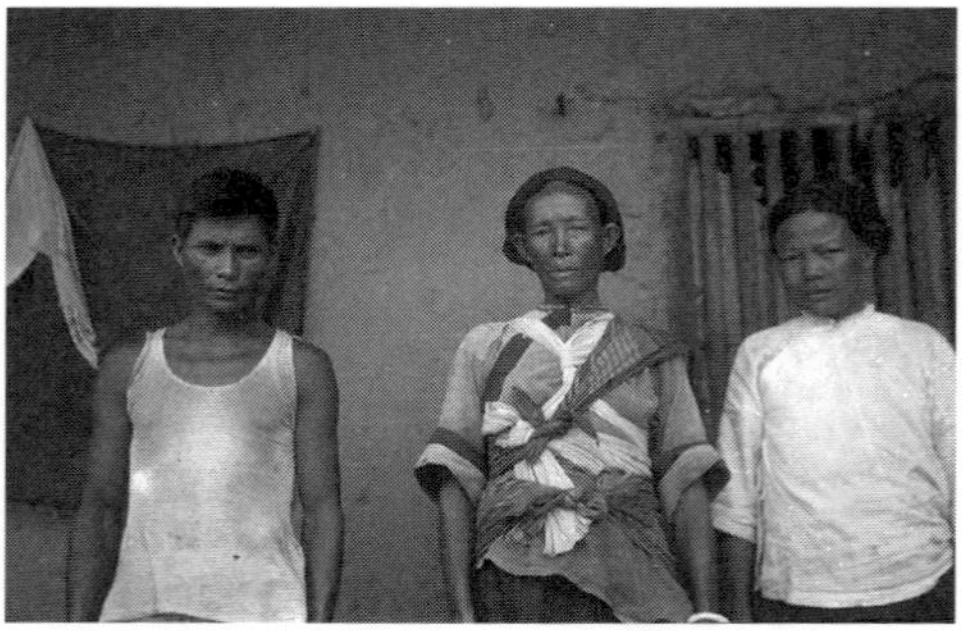
写真 15　〈浅井 F5-3-4〉小林付近のタイヴォアンと思われる人々

雲の家族なのだろうか。浅井が写真を撮った一九三一、二年頃には、劉連雲の息子天来はまだ一〇歳ぐらいであり、他の子供たちは幼くしてすでに亡くなっていた。したがって、写真の若い女性は劉連雲の娘ではなく、息子の嫁でもない。何人かの村人に聞き取り調査を試みたところ、自分の母親や親族かもしれないという人は複数あったが、話の内容とこの女性の推定年齢とが必ずしも合致せず、残念ながらこの女性が誰なのかを特定することができなかった。

ところで、写真12の二人の女性の服装はいずれも典型的なタイヴォアンの服装であった。短い上衣とズボンのようになった巻きスカートを身に着けている。髪は頭の周りに巻き付けて、頭の後ろの方に布を巻いている。『安平縣雑記』「四社番男女衣服」によれば、荖濃渓、楠梓仙渓方面に移住していたタイヴォアンの女性の服装は、客家の女性のものと同じであるとされ、上衣は特に短く、胸を覆う程度の長さのものであった〔台湾銀行経済研究室　一九五九：五七―五八〕とあるので、小林の老若二人の女性の服装もそれに近いようである。若い方の女性が背中から回して体の前で縛っている何本かの布は子供を背負うときのものである。写真12、14によれば、女性は子供の体に回した長い布の端をを両肩からおろして胸の前で何回かねじり、後ろに回してから腰の右斜め前で結んでいる。さらに別の白い布を背中からまわし、左肩からの端と右わき腹からの端を胸の前で結び、背負い布にも結び付けて固定している。腰から下にも一枚柄布を巻いている。このように斜めにかけた上の白い布は赤ん坊の上半身を、下の柄布は赤ん坊の下半身を覆っているのである。写真15にも赤ん坊をおぶっているらしい女性の写真がある。やはり同じように赤ん坊の下半身を支えて背負う長い布を交差させているほか、腰まわりと、上半身とに同じように柄のある布を巻き、背負っている赤ん坊の背中と下半身をそれらで覆っている。写真の男女も顔立ちから見て平埔族であるらしいが、小林、阿里関等での聞き取り調査では、人物を特定することができなかった。これらの写真もやはりF5のグループのものであり、おそらく小林かその付近で短期間にまとめて撮影されたものであろうと推定される。男性の後ろに写っている四角い網は川で魚を獲るのに使うもので、小林村にもかつてはこのような漁具があったという。雨で川が増水したときなどにこの網を使って魚を捕らえるのである。このような漁具はイヴァと呼ばれていた。

漢化と年中行事

以上、浅井の写真から得られるタイヴォアンのかつての生活文化の情報について述べてきたが、聞き取り調査の情報に加えて、先行研究を参考にしながら、小林村のタイヴォアンの漢化について考えてみたい。植民地時代の調査によると小林の人々の間に記憶されていた固有言語の単語数は少なく［土田　一九九一：一四九］、当地に移り住んだ段階で、言語面では相当程度漢化が進んでいたことがうかがえる。それでは、日本統治時代の小林の人々は、言語以外に風俗習慣や信仰の面で漢文化の影響をどの程度受けていたのだろうか、固有文化をどの程度維持していたのだろうか。

小林村には固有宗教の公廨のほかに、北極殿があり、漢人の道教の神である玄天上帝が村人に信仰されている。玄天上帝は荖濃渓・楠梓仙渓流域のタイヴォアンの人々に広く信仰されている神である［簡炯仁　二〇〇四：一三〇―一三八］。そのほかにも漢人の年中行事が取り入れられていた。ただし、タイヴォアンの年中行事や信仰は一見漢人風に見えて必ずしも漢人と同じ形態ではなかったようである。そこで次に、漢人の影響を受けた文化の一部である一月一五日の元宵節の行事について取り上げ、小林のタイヴォアンの間に伝承されていた元宵節の二つの習俗《女の宵》と《ネギの偸《ぬす》み抜き》の内容を検討することにしよう。

高雄県内の楠梓仙渓と荖濃渓に沿った地域のタイヴォァンの村々では、旧暦一月一五日の満月の夜に行われる漢人の元宵節の行事が受容されており、いくつかの行事を組み合わせてこの日を祝う習慣となっていた。これらの地域では、かつては元宵節に女性を主体とする《女の宵》と《ネギの偸み抜き》の行事が行われていた。小林もその習俗を持っていた村の一つであった。この習俗は漢文化に由来する元宵節の活動とも関連していることから、漢族の年中行事の受容と見ることもできるが、同時にタイヴォァン社会における男女の関係の一端を垣間見ることができるのである［簡文敏　二〇〇〇、二〇〇二］。

タイヴォァンの《女の宵》

元宵節は中国起源の習慣で、漢人社会の重要な節日である。明・清代に漢人が台湾に移民したのち、元宵節の行事も台湾漢人社会の中に取り入れられた。台湾の元宵節の旧慣行事としては、迎花燈の催しがある。各戸に走馬燈をつるし、竹の骨組みに紙を貼った人形や動物その他の形をした提灯をつくり、これに火をともして大勢が行列して各街を回って歩くのである。この提灯をもった行列に龍燈が加わることもある。龍燈は、龍の形をした長い燈籠を数人が棒で支えて歩くもので、龍珠と呼ばれる赤い提灯を持った者に先導されて街を練り歩き、十字路や広場に来ると乱舞するのである［鈴木　一九七五（一九三三）：二九七―二九八］。

漢人移民との接触が早期に始まった平埔族の間でも、旧暦一月一五日の元宵節を祝う習俗があった。簡文敏の調査によれば、小林、関山地区では、元宵節の早朝、村民は集団で阿里山山脈を越えて台南玉井の北極殿に詣で、祭神の註生娘娘を祀り、その晩、七、八時頃に村に戻る。そして夜は女性を主体とした《女の宵》（查某暝）の行事が行われたのである［簡文敏　二〇〇〇：一四、二〇〇九：一四―一六］。以下、簡の記述に従ってその概要を示す［簡文敏　二〇〇〇：一四―一六、二〇〇二：二三―二五］。

《女の宵》は、集落の中心で行われたのだが、まず集落内の既婚女性の呼びかけにより、元宵節の晩に女性七、八人あるいは三、四人が一組になって行われた。集落内の広い場所を活動の場として、会場内ではかがり火をたく。そして参加する女性たちは特別な化粧をし、頭には竹のかんざしを挿し、盛装し、顔にはおしろいやピーナツ・オイルを塗り、檳榔を噛んで唇に赤い口紅を塗ったかのようにし、美しさを強調した。

女性たちは集団になって、ドラム缶で、銅鑼や太鼓を作り、それらを打ち鳴らして歌い踊りながら「遊街（あちこち練り歩く）」し、男性を見ると、腰を振ったりお尻を振ったりしながら男性の面前に来て酒を飲ませ、「花鼓陣」という歌舞の中にある男女の掛け合い歌を一緒に歌うよう強いる。選ばれた男性は逃げることができない。酒をもっていないものは強制的に酒を飲まされ、からかわれ、相撲を取らされたり、酔って体力が十分でなくなるのを見計らってズボンを脱がされたりする。以前の男性は長いズボンの下に下着をつけていなかったので、ズボンを脱がされたときはただ手で隠してその場を離れるしかなかった。酒を持ってきた者は、いっしょに歌い踊って楽しむことができたが、同じようにからかわれてズボンを脱がされた。その日になると村の何人かの男性は、女性につかまって弄ばれるのを避けるため、寝床の中から出てこられなかったほどだったという。

小林村の老人の説明では、その晩、女性たちはチャンスがあれば相談して一緒にだれか特定のあるいは気に入った男性を捜しに行き、酒を飲ませた。そのときからかわれた男性は、「中秋節の《男の宵》になったらどうなるかわかっているだろうな?」と言い返す。これは仕返しをするぞという予言である。しかし、実際の中秋節の《男の宵》（査甫暝）には女性をからかったりする習慣はなく、中秋節には、男性たちが夜集まって朝まで飲食するだけであった。一方、元宵節の晩は女性の節日であり、男性はからかわれても手を出してはいけない、怒ってはいけないことになっていた。

興味深いことには、小林のほかにも楠梓仙渓と荖濃渓沿いの多くのタイヴォアンの村でこの《女の宵》の活動があったが、各地で展開された活動内容は同じではなかった。一部の村の男性は妻が参加するのを阻止しないばかりか、自分たちも集団を作って対抗した。小林では、男性は自分の妻の行事への参加を阻止できないし、やきもちを焼いてもいけないことになっていた。もしもやりたければ、自分も酒を準備して参加し、あるいは集団を作って女性の集団に対抗することもできたのであった。

いくつかの集落では、夜遊びの習俗があり、甚だしくは集団で特定の相手と騒ぎを起こしたという。日本統治時代、村の女性は報復のチャンスとして、普段日本人に対して協力的な人物を標的として騒動をおこしたので、警官の介入を要請したこともあったという。

その日、女性がどんな活動を行っても、村の男性は干渉や批判してはいけないことになっていた。とはいうものの、これらの娯楽活動にもマナーはあり、女性たちは年長者の目の前で過度に放埒ではいけないとされ、からかいの対象は同世代を中心とするものであった。

この行事は明るい元宵節の夜に行われ、焚き火の明かりとともに、歌舞からズボン下ろしまでのパフォーマンスにどっと盛り上がる声が混ざり合って歓楽的場面を作り出し、老人や子供たちはその周りに集まって見物したのであった。当地では「元宵節の夜は女たちが一晩中起きている夜」であるといわれ、女性たちが夜どおし楽しむ状況を語るものである。簡文敏は、タイヴォアンの人々のこの活動は、女性の「性の自主性」と「歓楽性」を強調するものであり、当地の女性の楽観的な生活態度を養うものでもあったことを強調している［簡文敏　二〇〇〇：一五］。

台湾の《ネギの偸み抜き》の習俗

元宵節の夜には、花提灯をもって歩き回る夜の行事のほか、漢人の間にもう一つの特殊な《偸みの習俗》があった。それによると、元宵節では、まだ婚約していない女性は他人の家の花の枝や竹の葉を盗んでも叱られることはなく、いつか必ず良い婿が得られると言われる。また、平民は、よその家の垣根を壊したり、豚の餌桶を盗んだり、鶏の囲いを盗んだり、父母を侮辱したりすると、一年に大利がある［簡文敏　二〇〇〇：一三］という。日本統治時代、台湾各地では、元宵節当日の晩に寺廟での祭祀、謎かけ提灯、花提灯等々の活動が行なわれたほか、元宵節の晩に「提灯の下を通ると男の子が生まれる」「葱を偸むとよい夫に嫁げる」「男性は遅く寝るほど長寿に恵まれる」などという結婚や出産、長寿にかかわる俗信があった［鈴木　一九七五（一九三三）］。小林村でも元宵節の夜、女性による《ネギの偸み抜き》がかつて行われ、「未婚の女子が元宵節の夜にネギあるいは野菜を畑からこっそり抜きとると、よい夫に恵まれる」と信じられていたので、結婚を願う娘は元宵節の夜に畑に行ってこっそりネギや野菜を抜いた［簡文敏　二〇〇〇：二五―二七、官亦書　二〇〇九］。一方、男性は畦をまたいで跳び越せば、きれいな娘と結婚できるといわれた［簡文敏　二〇〇〇：二五］。

ところで、大林太良の研究によれば、中国の年中行事の体系に組み込まれた行事は、幾つかの節日と対をなすとみなされることがある［大林　一九九二：三七―四〇］。とくに元宵と中秋はいろいろな形で対をなしている。元宵と中秋において一致しているのは、その日、女性が外出すること［大林　一九九二：四五］、人々が出会い、集まる日だという観念を基礎にしているらしいことである。その一方で、鮮明な対称性ではないものの、元宵における死者と生者の出会いという観念に対し、中秋は生者と生者が結ばれて結婚する豊穣性という観念の対比を示す面もあると考察した［大林　一九九二：四八―五〇、五八］。

一方、簡文敏は、《女の宵》が平埔文化・漢文化との創意性のある整合に基づく合成文化（両者の間の新しい文化）［潘英海　一九九四］であり、タイヴォアン社会における女性の自主性及び性的諧謔性の高さが発現される現象であったと指摘し［簡文敏　二〇〇〇：一二三］、《女の宵》は漢文化の特質に平埔文化をすり合わせ、《男の宵》に対応するものとして設定される一方、《ネギの偸み抜き》は漢人文化から模倣、学習したものである［簡文敏　二〇〇〇：一二三］と考えた。また、《女の宵》・《男の宵》の年中行事と、タイヴォアンの禁向・開向との対応関係については次のように考察している。禁向（旧暦三月一五日）と開向（旧暦九月一五日）の習俗から見ると、時期的には元宵節：《女の宵》がまさに開向期間にあり、禁忌がなく、歓楽や歌舞が許される時期であった。一方、中秋節：《男の宵》は禁向期間内にあり、伝統習俗のロジックから見ると、期間中の歓楽は伝統習俗の禁忌に抵触するものである。そこで男性たちはただ飲食をして楽しむだけで、《女の宵》のような歌舞や性的諧謔を表現する活動などは行わない。この点からタイヴォアンの年中行事の中で対をなす《女の宵》・《男の宵》と、漢人の節日である元宵節・中秋節との間には対応関係がみられ、元宵節に竹のかんざしを挿したり、女性が出歩いて、註生娘娘に参拝したりする習俗も漢人から取り入れたものである［簡文敏　二〇〇〇：二二］と考察した。確かに《男の宵》と《女の宵》との対応は、中国の元宵と中秋の関係に呼応している面がある。しかし、中国での元宵節にみられる結婚や出産など豊穣性に関わる観念は、中秋節の行事にも共通して現われるのに比べ、《女の宵》と対をなす《男の宵》では豊穣性は強調されない。この点からみて、タイヴォアンの一年を分ける開向・禁向の背景にある気候条件や基本的観念は、中国の年中行事とは異なるものであり、元宵の諸習俗も《ネギの偸み抜き》の習俗も、ともにタイヴォアンの季節の観念と生業サイクルに合致する限りにおいて受容されたものであったといえよう。

ところで、日本統治時代には、タイヴォアンの公廨祭祀とともに《女の宵》の活動も禁止されるようになった。日本の統治者側の観点に少なからず影響を受けた村の男性は、自分の家族の女性がこの活動に参加するのを阻止するようになった。また、学校の日本人教師も体罰を用いて、この活動に参加した女子生徒を懲罰し、《女の宵》の継続の機会を阻んだという話も伝えられている。植民地時代が終わり、戦後、一九五〇年代以後になると、小林村には漢人の移入者が次第に増加し、父系の色彩が村落社会の風貌を変えていき、かつ社会の変遷に従って村の生活形態も変化して、《女の宵》の活動もひっそりと消えていったのである［簡文敏　二〇〇〇：三三］。

第七章　八八水害からの再建

小林村の被災状況

二〇〇九年八月に台湾に接近したモーラコット台風による大規模な災害、いわゆる八八水害は、台湾南部山岳地帯を中心とした広大な地域の住民に大きな被害をもたらした。数日間にわたって南部に降り続いた記録的な集中豪雨によって引き起こされた土石流や土砂崩れ、洪水などの被害が南部・東部に多発した。しかも被害の大半は原住民の多く住む山地で発生したのである。家や村が土砂に埋まったり川の氾濫によって流されたりする被害に伴って犠牲者が多数出た地域もあった。結果として、この災害によって南部、東南部の原住民社会の多くは、居住地を元の状態に回復することが難しくなるほどの大きな打撃を受けたのである。

被災地域の中で最も被害が甚大であったのは、前章に紹介した小林村（被災当時は高雄県甲仙郷、現在の行政区分では高雄市甲仙区）であった。モーラコット台風のもたらした集中豪雨がおさまらない二〇〇九年八月九日朝、楠梓仙渓の河岸段丘上に細長く形成されていた小林村の東側に聳える献肚山の中腹から大規模な深層崩壊[1]が発生し、巨大な地滑りによる土石流が小林村の中心集落に覆いかぶさった。さらに短時間ののち、土石流で川がせき止められてできた堰止湖が決壊し、残った村の家々も流れ出した土砂に埋まったため、小林集落はほぼすべての建物が土

写真１　災害前の小林集落（簡文敏撮影）

写真２　災害後の小林集落（簡文敏撮影）

砂の下敷きになった。その結果、四五九人が犠牲となったのである［小川・黄・石村・松岡 二〇一二：七二］。集落のはずれの小高い地区の住民数十人が、堰止湖の決壊までの短時間に山の上に逃げて難を逃れたほかは、本村のほとんどの村人が逃げ遅れ、救出されたのはおもに約一キロ下流の五里埔集落に住んでいた人々であった。道路の両側に並んだ集落の家々や平埔文物室が付設されていた小学校の建物、公廨や北極殿など村の中心部を形成していた様々な建物が一五メートル以上もの厚い土砂の下に姿を消した。付近の地形と景観は変わり、集落のあった河岸段丘や川筋は消え、今では土砂に覆われてせりあがった川床が広がっている（写真1、2）。

災害後まもなく、逃げのびた村人と、村外に出ていたために無事だった人々が中心となって、再建への歩みを始めた。しかし同じ場所に村を再建するのは難しく、新たな場所を求めることになったのだった。その結果、旧小林村の人々の居住地は三か所に分かれて現在に至っている[2]。二〇一一年五月一～二日の二日間、筆者は簡文敏教授の案内で、高雄市杉林に移転した小林村の人々の居住地区と、もとの集落に近い高雄市甲仙区小林村五里埔（旧高雄県甲仙郷小林里一～八鄰五里埔）[3]に再建された村との二か所を訪れる機会を得た。短期間の訪問ではあったが、その訪問で知りえた二年近い期間が過ぎた時点での被災地と被災者たちの現状について紹介し、さらにその後の状況を付け加えたいと思う。
ところで、小林村訪問直前の三月一一日、日本では東日本大震災が発生し、三陸沿岸を中心に多くの町や村が壊滅的被害を受けた。津波や原発事故によって一挙に生活の場を失い、各地に移転した人もあれば仮設住宅に住む人々も多数にのぼっている。これらの人々の今後の生活をどう再建するか、それをどう支援するかは、私たちにとって重要な課題となった。災害発生からすでに時間が経過し、生活の再建の本格化という次の段階に進んでいる八八水害被災者たちの活動は、私たちの道をある意味で先取りしているともいえるかもしれない。

小林村の再建計画

災害後まもなく、生き残った人々によって再建の動きが始まった。小林村の人々は臨時の「自救会」を組織し、のちに「台湾八八水災小林村重建発展協会」(重建とは再建の意)として「笑顔の新小林」を再建する主張を打ち出した。この組織は、小林村民による小林自救会と小林社区発展協会を主な構成母体とし、シラヤ研究者やシラヤ関連の歴史文化団体や有識者たちも加わって、小林平埔族文化の再建のために作られた組織である[簡文敏 二〇一〇:七三]。

災害後、政府と民間の慈善団体などが小林村民の生活再建を支援した。行政院文化建設委員会が中心となって再建プログラムを準備し、中華民国赤十字などの資金により計画を実施してきた。再建プログラムの具体的な措置としては、例えば小林村五里埔においては、恒久住宅(永久屋)九〇戸の建設、平埔文物館・平埔公廨・省親会館・小林特色小学校・記念公園・公祠などの再建が計画された。また、小林村の被災民のための杉林台糖月眉農場敷地(旧杉林郷、現高雄市杉林区)における恒久住宅の建設が計画されたのである[簡文敏 二〇一〇:七三—七四]。

まず、小林村の本村から下流に一キロほど下ったところにある五里埔集落には、新しい小林村が再建されることになり、恒久住宅のほかに平埔文化園区・平埔文物館などの文化的施設が準備され、平埔族の伝統文化の保全への

写真３　五里埔の恒久住宅（2011 年筆者撮影）

対策が取られた。この五里埔基地は赤十字が中心となって台湾内の各慈善団体の力を結集して建てたものである。簡によると、建設計画には村民の意見・見方なども取り入れられており、援助側と住民側の良好な相互関係のもとに造営が進められた［簡文敏　二〇一〇：七六］。

先に完成した五里埔の新しい小林村は、「高雄市甲仙区五里埔永久屋園区」と称され、五・八ヘクタールの広さがある。内政部と旧高雄県政府が準備した建設用地に、赤十字の資金によって太陽光発電パネルを設置した三階建のコンクリート住宅が建てられ、九〇戸約三六〇人の収容が可能な家屋群が確保された［内政部營建署綜合計畫組　二〇一二］。恒久住宅には、筆者の訪れた二〇一一年五月一日現在、八九戸が居住していた。ここは、杉林区にもう一つ建設がすすめられている旧小林の人々のための居住区（小林二村）に対して、小林一村と呼ばれている。

五里埔の小林一村における文化の再興

五里埔の小林一村には、平埔文物館の建設が計画され、すでに建てられていたタイヴォアンの公廨も含めて、小林村の伝統文化を復活させせようという村民の自主的な動きがみられた。公廨の場所はすでに神の意志を占うことによって決定し、建設中の文物館のすぐ横に建てられていた。また、以前から小林村の人々の信仰を集めた北極殿も再建計画が進行中であった。

旧小林村の中心にあった北極殿は、別の場所での再建が急がれていた。玄天上帝を主神とする北極殿は、歴史的には台湾南部のシラヤ、タイヴォアンなどの平埔族が信仰してきたが、もともと漢人の信仰する神でもあり、小林

写真4　五里埔の公廨（2011年筆者撮影）

写真5　公廨内部（2011年筆者撮影）

在住の漢人の信仰も集めてきた。筆者の訪問の三か月前には台南市玉井の北極殿から仮の祠に玄天上帝が迎えられる儀式が行われた。仮の祠はとりあえず公廨のすぐそばに設置されているが、北極殿の恒久的な建物の建設を始める必要があった。

筆者が小林一村を訪れた五月二日には、五里埔の小林一村では新しい北極殿の廟を建てるための敷地選びの儀礼がおこなわれ、台南県玉井から宗教職能者タンキーが儀礼執行のために招かれてきていた。村人たちは玄天上帝を乗せる小型の神輿を先頭に行列を組み、神の意思が現わされる理想の地点を求めて村の付近を神幸した。その結果、恒久住宅群から少し離れたところの畑の中に新たな場所が定まった。その場所は既に候補地として地主の了解が得られていた土地であったため、タンキーが煉瓦の礎石を埋め込んで、供物を備え、紙銭を燃やして儀礼をおこなった。この建設に際しては、高雄市政府の援助を申請中とのことであった。最終的には政府が四九％の出資をし、村民が五一％の募金を集めて建設することになっており、出来上がった北極殿は出資比率により小林村民の所有になる。

また、訪問時には赤十字による文化面での復興支援として文化館の建設が進んでおり、年末に開館の予定であった。このように小林一村では村人の意思を反映させながら伝統社会の姿を残す工夫がなされているが、五里埔は面積にも限りがあり、住民の

写真６　北極殿の場所探し（2011 年筆者撮影）

写真７　北極殿の場所探し（2011 年筆者撮影）

経済発展にとって将来有望な環境とは言い難い。加えて、大災害を経験した村民達の多くは、犠牲になった親族・家族が村とともに埋もれたままになっている被災現場の近くに戻って生活することは耐え難いと考えている。伝統的信仰の観念からしても、死者を出した場所は不祥の地とみなされ、避けるべき土地となるからである〔簡文敏 二〇一〇：七六〕。したがって村民の大部分は、旧杉林郷月眉の（元）台糖農場の土地に移転することを希望した。

杉林の小林二村

八八水害で被災した多くの人々を収容するために旧高雄県が用意した恒久住宅施設の一つが杉林にある大愛園区である。ここは「慈済杉林大愛園区」と呼ばれ、仏教教団を母体とする慈済基金会が中心となって建設した居住区である。政府が杉林月眉台糖農場を買い上げ、建設資金面では慈濟基金会が全面的な委託を受けて建造した。大愛園区には旧甲仙郷ばかりでなく、旧那瑪夏郷の三つの村、旧桃源郷、旧茂林郷、旧六亀郷などの被災者が住むことになった。旧小林村民の一部は大愛園区にも入居したが、しかし多くの村民はここへの入居を拒否し、自分たちで一つの村を建てたいという希望を実現する道を選んだのであった。しかし、その道は険しく、政府の認めるところとなるまでには曲折があった。

大愛園区は広さ約六〇ヘクタールの土地に最終的には一五四〇戸の恒久住宅が建設されるという計画のもとに工事が進められてきた。鴻海《ホンハイ》企業グループも、大愛園区に永齢農場を建設し、有機農業開発をおこなう計画を立てており、被災者の技術指導や生計の確保などを支援した［行政院新聞局　二〇〇九］。大愛園区にはすでにツォウ族・ブヌン族・ルカイ族・平埔族・漢族などさまざまな人々が暮らしており、民族ごとに居住区が分けられ、広場等が設けられている。広い園内はいくつかの民族集団が民族ごとに集結しているような状況にあり、最終的には六〇〇〇〜七〇〇〇人程度の被災者たちが定住することを目指しているのである。慈済基金会はここを「世界の模範村」にすべく、多民族の融合とそれぞれの文化の発展を計画している［頼怡伶　二〇一〇］。しかし、小林村民はこうした多民族の同居する環境に住むことをよしとしなかった。簡文敏によると、慈済基金会はそれぞれの民族の伝統的生活方式を尊重することを強調するが、再建方針には仏教的考え方や慈善的色合いがはっきりと見られ、小林村民の生活再建の考え方とはずれが生じたからである［簡文敏　二〇一〇：七六］。

小林村民ばかりでなく、大愛園区における慈済基金会の価値観に違和感を覚える人々は少なくないといわれる。それは多様な原住民の持つ文化的価値観との齟齬でもある。大愛園区は、すべて同じ形の家が立ち並び、それぞれの民族の住む区域と広場からなる居住区全体が、慈済の価値観に基づいて一つの公園のようにまとまった世界を構成している。ここを国家模範村にするために、慈済基金会は住民に対して様々な規制を設けた。特に、慈済のすすめる生活方式により、仏教の五戒の考えに基づいて、飲酒の禁止、喫煙の禁止、檳榔の実を噛むことの禁止をはじめ、野外でのバーベキューの禁止などが掲げられている。このような禁止事項は原住民の生活再建のために必要なものと慈済側は考えた。しかしこれは原住民の文化習慣に対する理解の欠如によるもの、あるいは価値観の押しつけであるという声が聞かれる。これらは厳格な禁止ではないにしろ、しばしば慈済会の関係者が住人を訪ねてきては、

写真８　大愛園区の恒久住宅（2011 年筆者撮影）

写真９　杉林地区の小林二村の仮設住宅（2011 年筆者撮影）

写真 10　小林二村完成予想図（日光小林全景）（2011 年筆者撮影）

これらの禁止事項を繰り返しやんわりと指摘する〔呂淑姮　二〇一〇、李珊　二〇一〇〕。また、のちに多少緩和されたものの、最初は、犬を飼ってはいけない、花を植えてはいけない、野菜を植えてはいけない、服を外に干してはいけない、店を開くことは認めない、等の禁止事項が多くあった。さらに、慈済の提供する恒久住宅の構造は、大庁の祭壇の真上にあたる二階部分にトイレが設置されるというものであったため、小林村の人々にとっては、この設計は神に対する不敬と受け止められた。こうした様々な価値観の相違に対して、慈済側では住民の意見があってもなかなか反映されなかった。このことが、小林村の人々が大愛園区に入りたがらない理由の一つとなったのであった。

杉林に移住することを決めた小林村民は、自分たちの主体的意志によって小林二村を建設しようと慈済基金会との間で対話を重ねたが、それぞれの文化的理想が食い違ったため、共通認識に至ることは難しかった。したがって一部の者を除き、多くの人は実際に大愛園区に入居せず、隣接地に小林村民約一四一戸が「自主地」を求め、赤十字と協力して別の独立した居住区である「笑顔の新小林」構想を立てて活動を行うことになったのである〔簡文敏二〇一〇：七六〕。二〇一〇年二月には、この構想にはまだ政府の認可と援助が得られていなかった。慈済基金会ばかりでなく、行政院重建委員会（モーラコット台風被災地の復興のために設置された政府機関）と高雄県政府の考え方と小林住民の考え方も合わなかったからである。当初、行政院重建委員会と高雄県政府は、慈済基金会が小林二村を建設するか、少なくとも大愛園区と同じ外観を維持し、慈済側の理想とする国際模範村の水準に合わせることを求めたが、小林村民の反対にあって、二村再建は一旦膠着状態に陥った〔何欣潔　二〇一一a〕。しかし、二〇一〇年五月に自殺者が出てから政府が動き出し〔小川・黄・石村・松岡　二〇一二：一〇八〕、八八水害から一周年にあたる二〇一〇年八月、政府は小林村の自主再建を支援すること、建設を担当するのを慈済基金会ではなく赤十字とすることを認め、恒久住宅の工事が開始されたのであった。

小林村の人々は大愛園区に近い杉林月眉段の台糖農場の土地五・八ヘクタールを政府から提供され、二〇一一年一月一五日には「小林二村」の造成工事が開始された〔何欣潔　二〇一一a〕。小林二村の建設に当たっては、赤十字を中心に、慈済基金会とは別の仏教組織である法鼓山財団基金会、世界展望会避難中継、なども参加した。杉林の小林二村の恒久住宅は年末には完成予定とのことであり、筆者の訪問時には、小林から移住した人々は隣接地に赤十字が建てた仮設住宅に住みながら建設中の小林二村の完成を待つ状況であった。小林二村の景観は、小林村民の意思により、以前の小林村と同じ細長い形に設計されており、消滅した村を形に残そうという村民の構想に基づいている（写真10）。

三年目の状況と生活再建

小林村民の生活再建は、筆者の調査後もさらに進み、二〇一一年一二月には小林二村の恒久住宅一二〇戸が完成し、二〇一二年一月には入居が行われて、ひまわりをイメージした明るい「日光小林」として再出発することになった〔何欣潔　二〇一二a〕。

災害から三年目の二〇一二年には、日光小林の一二〇戸、五里埔の八九戸、杉林大愛園区の六二戸の三か所に分かれて、約二七〇世帯の村民が生活をするようになったが、生活費の工面が切実な問題となった。二七〇世帯のうち、現地で仕事をしたり農業を行ったりすることができたのは約半数であり、残りは出稼ぎに出ることとなった〔小川・黄・石村・松岡　二〇一二：一〇八〕。このほか、若者たちは政府からのプロジェクト資金を得て「日光小林烘焙坊」を立ち上げ、まず小林二村の仮設住宅の中に工場を建て、ジャムやパンを製造して、インターネットで販売する事業を始めた。二〇一〇年の仲秋節には月餅六五〇〇セットを売った。二〇一一年、二〇一二年にも販売が行われた〔何欣潔　二〇一一b〕。若者たちの努力によって経済的自立を模索するなかで、二〇一二年には新たに甲仙区の寶来、桃源地区で収穫された梅を一〇年間漬け込んで作った梅餡を使った創作菓子「老梅餅」を売り出して、地元の産業として発展、定着させようとしている〔日光小林　二〇一二〕。二〇一三年の仲秋節には、「老梅餅」を全家便利商店（ファミリーマート）で予約販売した。また、二〇一二年夏、若者を中心に「大滿舞団」を立ち上げ、祭りの際の伝統的な踊りや、創作舞踏などを上演するようになった。これは固有文化の創造と継承という意味ばかりでなく、災害によって孤児となった若者たちの心のケアという意味合いも持っている。

以上述べてきたように、旧小林村の生存者の人々は、五里埔の新しい小林一村に住むグループと、杉林の慈済の大愛園区の中の一区画「小愛小林」区に住むグループ、そして大愛園区を拒否して杉林の仮設住宅に住み、小林二村を建設しているグループという。三つのグループに分かれることになった。このうち、大愛園区内の人々と大愛園区に住むことを拒否した人々との関係は良好で、お互い協力しあう間柄にある。大愛園区の小愛小林に住む人々は、旧小林本村の付近に住んでいた人々が中心となっており、水害のときにかろうじて難を免れ、家や財産をなにもかも失ってヘリで救出された人々が多い。また、杉林月眉の新しい小林二村を建設している人々の中心は、五里埔の土地を漢人に売って杉林の方に移ってきたタイヴォアンの人々である。とくに若者たちが多く、彼らの大半は家族を災害で失った孤児たちでもある。一方、五里埔小林一村の人々は年齢や民族構成に違いがあり、高齢者が比較的多いことと、漢人と平埔族が混じっていることが特徴である。

杉林の小林二村の住民は、五月二日に小林一村で行われた北極殿の建築予定地を決める儀礼にはほとんど参加していなかった。簡教授によると、小林二村の比較的若い世代の人々は伝統宗教にはそれほど興味がなく、それよりも小学校の再建や産業の育成に関心がある。これに対して、小林一村の高齢の人々は若者たちの活動に対する協力はしていない。このように、一村と二村の住民の関心を持つ方向性が違っているのが現状である。この点に関して、村民が分裂している、という外部からの評価がなされることもある。しかし、五里埔の小林一村と杉林の小林二村は両方に親戚関係があり、宗教信仰の根底部分は分かれているわけではない。また、若者たちも、老人たちも、村の再建のために何かしなくてはならないという意識が強いという。復興という一つのプランに対して、老人の世代は新しいものを身につけることができないでいる反面、宗教など伝統文化の保持には関心が高く、一方の若い村民は伝統を保存しながら新しいものを作って外の世界に発信することを通じて外部とかかわりあうことを目指そうとしている。このようなそれぞれの方向性を模索しながら、異なる世代、民族のグループが努力することによって、小林村の人々は自分たちの将来を切り開いていけるだろうというのが、復興を支援してきた簡教授の意見であった。

小林夜祭

別の居住地に別れて暮らす村民たちであるが、災害後に五里埔で開かれるようになった平埔夜祭は旧小林村の人々が集まる機会ともなり、回を重ねてにぎわいを少しずつ取り戻してきた。そして、小林の平埔族文化再建の象徴として次第に機能し始めているように見える〔何欣潔　二〇一二b〕。小林の平埔夜祭はもともと三〇年以上の休止期間を経て一九九六年に再開されたものだった〔蘇福男　二〇一二〕。その後村民の尽力で少しずつ名前が知られるようになり、観光に訪れる人々も増えていたが、八八水害によって村が多数の犠牲者を出す大きな被害を受けたことにより、二〇〇九年の祭礼は中止となり、また多くのタイヴォアンの住民が犠牲となったため文化伝承そのものが危機的状況に直面した。しかしその翌年から夜祭は仮の公廨で実施されるようになった。災害から三年後の二〇一二年一〇月の夜祭では三か所に分散した村民が集まり、一つの村の祭りとして、踊りや歌などの出し物を持ち寄って催しを行った。これらの様々な歌や踊りなどのイベントが当日昼間にぎやかに行われ、夜には伝統的な牽戯、牽曲が行われた。

これに先立って、一〇月九日には新しく落成した五里埔の公廨に正式に太祖が遷座する儀式が向頭（男性）と尪姨（女性）の主導で行われた〔何欣潔　二〇一二b〕。そして、新しい公廨で一〇月二七日に平埔夜祭が挙行されたのである。この日、向竹を立てる役目は、慈済の大愛園区に住む劉正義氏が行った。この仕事は日本統治時代に劉添旺がマラソンで一着になって以来、代々劉家が担ってきた役目であるが、前章で紹介した劉添旺の孫にあたる劉健華氏が八八水害で亡くなった後、息子の正義氏が亡父の後を継いで「立向竹」の役目を担うことになったのである。

二〇一三年も、小林村の平埔夜祭は実施され、三か所に分かれて住む平埔族の住民が、一か所に集まり、一致して祭りを盛り上げた。このように、生活空間は三か所に離れることになっても、小林村の出身者たちが平埔族としてのアイデンティティを確かめ合うことの中核に、小林の平埔夜祭が位置付けられるようになったといえるだろう。

原住民社会の再建と研究者の役割

ところで、八八水害で被災した南部および東南部各地の各原住民の多くが、村の移転や移住を余儀なくされており、その移住の規模は日本統治時代の強制移住にも匹敵するものといえる。『台湾原住民研究』（日本順益台湾原住民研究会）一四号及び一六号の八八水害特集記事では、原住民居住地域全域の被害の状況、それをめぐる民間や政府の対応の経緯、研究者の取り組みなどが包括的に紹介されている［小川・黄・石村　二〇一〇：八〇―一二九、小川・黄・石村・松岡　二〇一二：六九―一二二］。自然災害を機にはじまった台湾南部・東南部山地の広範囲に及ぶ村落社会の分解と再編成の動きのなかにあって、原住民は新しい移住地におけるコミュニティの再建を目指して今日まで努力を重ねてきた。しかし、もとの村に戻ることを望む人々は多く、恒久住宅から時々山に戻って暮らす人も少なくない。恒久住宅をもらっても、その土地で生計を立てるには十分な社会・経済環境が整っていないことがその背景にはある。また、とりわけ小林村の人々には心の問題もあった。被災の衝撃や家族を失った心の傷は、簡単に癒えるものではなく、心理的なケアをひきつづき必要としている。経済的自立と、心理面での回復はまだ道のり半ばにある。

このような被災者に対して、台湾の原住民研究者たちは、原住民の人々の生活再建が軌道に乗るようにと長期にわたる支援を続けてきた。『台湾原住民研究』八八水害特集記事によれば、災害当初から多くの台湾の研究者が声を上げ、情報交換をし、原住民の側に立って発言し、支援してきたことが見て取れる［小川・黄・石村　二〇一〇：八〇―一二九、小川・黄・石村・松岡　二〇一二：六九―一二二、簡文敏　二〇一〇：五九―七九］。移住や村の移転、恒久住宅への入居に伴う土地の権利その他の問題に関しては、原住民の権利を守るために弁護士の協力を要請し、村民の意向を無視しがちな政府の政策立案に対する抗議の表明を行い、村の再建にあたっては住民の意向が反映するよう建築家に要請して設計を後押しし、基金を立ち上げて文化の再建にも努めてきた。また、個人のレベルでは、被災者との家族ぐるみの交流も含め、若い被災者たちの心のケアを視野に入れた支援を行い、活動を続けている。こうした外部からの持続的支援が、被災者の社会生活・文化生活の再建に絶えざる前進をもたらしてきたといえるだろう。

政府や企業、慈善団体などの大規模な財政的支援が生活再建にとって欠かせないものであることはいうまでもないが、外部の支援機関と原住民との間にあって、長年原住民族文化・社会の研究に携わってきた人々が果たしてきた役割は少なくない。文化人類学や民族音楽学などの研究者をはじめ外部の有識者たちは、旧小林村民とともに「台湾八八水災小林村重建発展協会」の組織を立ち上げ、新生活の設計を側面から支えてきた。今日、旧小林村の被災者たちが、内部の意見対立などがあるにせよ、自らの力と意思で主体的に行動することができている背景には、当事者の意思を汲み上げようとする研究者たちの配慮ある働きかけと支えがあったことを見逃すことはできないだろう。その成果は新しい村や家のデザインにも現れており、日光小林の新しい集落のかたちは住民たちの要望を反映し、失われた村の姿を再現するものとなったのである。台湾の研究者たちの支援のあり方は、研究者と研究対象の原住民の人たちとの関わり方を考えるうえで参考になる。

小林村の被災者は数からいえば八八水害の被災者全体の一部にすぎず、ほかにもそれぞれ状況の異なる被災者たちが複数の県にまたがって存在し、そのほとんどが社会的立場の弱い原住民である。南部の広い地域にわたって従来の生活基盤が崩れてしまったなかで、人々は自分たちの生活・文化・社会の再建を目指している。現地の研究者たちによる原住民支援はそれらの地域にも広く及んでいるが、被災者たちが安定した生活を取り戻すために解決すべき問題は多く、復興にはさらに時間がかかることが予想される。災害によって引き起こされた社会の変容は、思いのほか複雑な様相を示しているからである。

台湾の研究者のようには日常的な支援活動を行うことができない私たち日本人研究者にもとりあえずできることがあるとすれば、それは今後の状況の推移を長く見据え、個々の調査地で起こっている原住民文化・社会の変化の諸相を記録し、その変化の全体像を明らかにしていくことなのだと思う。

鳥居龍蔵や浅井恵倫は、総督府の諸政策によって原住民社会が著しく改変を被った植民地時代のそれぞれ初期と後期にあたる時代に、急激な変化にさらされる原住民の固有文化や言語を調査し、同時に多くの画像資料を後世に残した。鳥居や浅井らの取り組みは、時代の潮流の中で変容を余儀なくされる固有文化に備わった本来の価値を知る者としての使命感に基づいたものだったといえるだろう。

注

（1） 小林村を襲った大規模な深層崩壊のメカニズムについては、二〇一〇年に放送されたNHKのドキュメンタリー番組『深層崩壊が日本を襲う』において解説と分析がなされている。NHKアーカイブス参照。

（2） そこで展開された村落社会と村の文化復興活動の状況は、『台湾原住民研究』一六号掲載の「小林平埔族文化と災害後の再建」［簡文敏　二〇一〇：七三］に詳しく取り上げられている。さらにその後の再建プロセスは同号に特集を組んで紹介されている［小川・黄・石村　二〇一〇］。

（3） 高雄県は二〇一〇年一二月二五日をもって高雄市と合併したため、八八水害の発生日と実地調査日との地名に変更があった。このため、本章では改正前の地名には「旧」を付記した。

第三部　東海岸のクヴァランとトロブアン

第三部　東海岸のクヴァランとトロブアン

台湾東部海岸地域には高い山々が連なり、東北部にひらけた宜蘭平原（蘭陽平原とも称す：宜蘭平野）のほか、南部の卑南平原（台東平野）、花蓮市付近の奇莱平原などがあるが、宜蘭平原を除けばまとまった面積の平野に乏しく、台湾西部に比べて水稲耕作に適した土地が少ない。東海岸に沿って南北に伸びる海岸山脈は、台湾を南北に貫く中央山脈との間に細長く伸びた花東縦谷を作り出す一方、その東側は急な斜面が太平洋に向かって迫っているような地形となっている。そこには限られた平地を生活空間とする原住民族が居住しているほかに、山地を生活空間とする原住民族が海岸線の近くまで接近して分布しているという状況があった。明・清時代の台湾開拓当初は、中央山脈を越えて西海岸から東海岸に通行することは容易ではなく、中国大陸との海上交通の表玄関である西部地域から見れば、東部は峻険な中央山脈によって隔てられた裏側の地域であった。そのため、大陸に面した西部平原が早くから漢族移民によって開かれたのに比べると、東海岸では西部平原の主な土地がほぼ開拓しつくされる時期になるまで漢族の本格的な進出が始まらなかった。東海岸地域において原住民族の固有文化や言語が比較的よく保存されていた背景には、このような自然環境と民族の分布が関係していたのである。

しかし一八世紀後半以降、次第に北部の宜蘭平原への開拓者たちの侵入が試みられるようになると、そこに居住していた原住民、すなわちクヴァラン族およびバサイ族系のトロブアンの人々は、西部平原の平埔族諸族と同じような経済的困窮と移動分散の運命をたどることになった。彼らは耕作地をめぐる漢族との力関係において劣勢となり、多くの人々が耕地を手放して内陸の山間部や南の沿岸地域へと移住し始めた。人口の移動は、一九世紀を通じて起こり、日本統治時代にも家族や個人の単位で連綿と続いていたことが、戸籍の記録に残されている。今日では、花蓮県・台東県沿岸の狭い平地のところどころにクヴァラン族の子孫が残り、言語や文化の一部が保存されている。しかし、かつて宜蘭平原に住んでいた人々が、漢族の移住以前にどのような文化を持っていたか、漢文化の影響がいつ頃からどのような形で始まったか、その結果人々の意識や言語・文化がどのように変化したか、等々の疑問についてはまだ十分に解明されたとは言えないのである。

近年、考古学の発掘調査が宜蘭平原北部で進められ、比較的新しい時代の遺跡に関する情報がまとめられた。第三部では、まず考古学の成果に対し、文化人類学からの接点を探る試みを通じて、宜蘭平原に住んでいた時代のクヴァラン族の家屋と人々の生活を遠望する。また、オランダ時代におけるトロブアンと周辺民族およびオランダ人などとの相互関係を文献資料との照合から探索し、当時から今日に至るまでのエスニック・グループの連続性について考察する。さらに、漢化の進んだ民族のアイデンティティの拠り所として、家族を中心とした儀礼がどのような機能を果たしているかを、トロブアンを例として筆者のフィールドワークから考察する。これらの考察にあたり、植民地時代と現代の画像を参照し、彼らの歴史と民俗を知る手掛かりとしたい。

なお、第三部では、宜蘭平原に先住していたクヴァラン族・バサイ族系の人々に加えて、系統不明の幾つかの民族を含む東部地域の住民を「原住民」と総称している。これらの原住民のなかには、クヴァランやトロブアンのように平埔族として分類される人々も含まれるが、以下の考察では彼らが清朝政府から「熟番」の身分を与えられる以前の時代を含んでいること、また、クヴァランは現在では「原住民族」としての政府の公式認定を受けていることなどにより、「平埔族」の呼称は用いていない。

第八章　クヴァランの家屋の構造と機能

一　発掘資料と歴史の接点

台湾宜蘭県の海岸近い場所にある淇武蘭《キブラン》遺跡では、二〇〇一年〜二〇〇三年にかけて緊急発掘調査が行われた。この調査によって、クヴァランの村落であった淇武蘭社の形状が明らかになった。発掘調査の結果は、『淇武蘭遺址搶救発掘報告』全六冊（二〇〇七年・二〇〇八年　宜蘭県立蘭陽博物館）として整理出版され、宜蘭平原のもとの住民であったクヴァランの社会と文化に関心を持つ者にとって興味深い成果となった。本章では、宜蘭平原における漢人と原住民との関係史および花蓮方面への移住史をふまえ、淇武蘭発掘報告と花蓮県新社における現代の民族誌資料とを見比べながら、クヴァランの家屋を中心とした固有の生活空間の構造と機能について考察する。

宜蘭平原の歴史

まず、クヴァランの原住地であった宜蘭平原と原住民の歴史について、異民族との関係を軸に振り返ってみることにしよう。

アジアにおける貿易ルートの拠点をめぐってスペインとオランダがしのぎを削っていた一七世紀初頭、台湾北部の東海岸にある宜蘭平原及びその住民の存在が、外の世界に知られるようになった［曹永和　一九七九：二四一四四］。北部の基隆周辺の地域を占領していたスペインは、一六三二年に船員五〇名が宜蘭平原の原住民に殺されたのをきっかけに、カバラン（Cabaran）すなわち宜蘭平原への進出を計画する。当時、平原上には四七の原住民村落が確認された［伊能　一九〇四：五五―五六］。スペイン人はこの地方に産出する金などに関心を持って探検を行い、また住民のキリスト教化を計画した。しかし間もなくスペインの勢力はオランダに追い払われることになる。

一六四二年、スペインの勢力を台湾北部から駆逐したオランダ東インド会社は、一六四四年に宜蘭平原北部に遠征隊を送って威嚇したところ、一二か村が服属を承諾し、合計四四か村がオランダの支配下に入った［中村　一九三八：二三九、村上　一九七二：二八五―二八六］。オランダの記録によれば、一六五〇年の段階では四三か村が帰順していたものの、その後、帰順村落は急激に減っていき、一六五五年には三か村のみとなった［中村　一九五一：一〇六―一〇八、一九三六：四七―四八、一九三七：一八七］が、一六六一年に台湾から撤退するまでの期間、オランダは村々に対する支配と徴税のための記録を残している。この時期のスペインやオランダの記録のなかには淇武蘭に該当するらしい村落名がいくつか見られる（Quibanuran, Kibannoran,Banouran, Quibararan）［Borao 2001: 164-165、張耀錡　二〇〇三：七八］。

鄭成功の勝利によってオランダが台湾から撤退すると、宜蘭平原はしばらくの間外の世界とのつながりが薄れたが、村落についての記録は清代の文献に残されている。淇武蘭に相当すると思われる集落名は以下のようなものがあった［施添福　一九九七：三二］。

期班女懶　『臺海使槎録』（一七三六年）
期班女懶　『重修福建臺灣府志』（一七四二年）

奇班宇難　『續修臺灣府志』（一七六二年）
熳魯蘭　『噶瑪蘭廳志』（一八五二年）
奇蘭武蘭　『噶瑪蘭廳志』（一八五二年）
奇蘭武蘭　『東槎紀略』（一八二九年）

宜蘭平原開拓と漢人の圧力

漢語で「蛤仔難《ハヴァナン》」と呼ばれていた宜蘭平原は、一八世紀の終わり頃になるまで漢人による開拓の対象にはなっていなかった。平原地帯にはクヴァラン族が主に居住し、これに加えて少数のバサイ族系のトルビアワン、リナウ、カウカウなどのグループが村落を形成して分布していた。近年の研究により、それらの住民の言語及び村落間の親縁関係もある程度明らかになった（図8参照）［詹素娟　一九九五：四九］。一方、西部平原での開拓が一段落し、開墾可能な土地が少なくなると、漢人移民たちは新たな土地を求めて東海岸の宜蘭平原への入植を図るようになった。初めて大勢の人員（郷友二〇〇余名、流民一〇〇〇名）を集めて開拓を試みたのは呉沙であった。原住民の初期における抵抗を排除してからは、呉沙とその後継者たちによる開拓は迅速に進み、開拓開始から一〇年余りで宜蘭平原は清の版図に入り、名称も噶瑪蘭と改称することになった［陳淑均　一九五七（一八五二）：一四七―一四六］。

歴史学者の詹素娟は、清朝時代の漢人による宜蘭平原の開拓を次の三つの段階に分けている［詹素娟　二〇〇一：一一五―一一六］。

①一七九六―一八一〇年……蘭陽渓北部（渓北）地区の開拓時期
②一八一一―一八二一年……蘭陽渓南部（渓南）地区の荒れ地の開拓時期

図8　19世紀以前の宜蘭におけるクヴァラン族旧社の分布および相互関係図
[詹素娟 1995:49]より作成

③一八二一—一八九五年……蘭陽渓上流の浮洲堡の開拓時期

とりわけ、最初の一〇年間で宜蘭市以北の大部分の開拓が進められた。詹素娟によれば、これらの地方はちょうどクヴァランの村落とタイヤル族の活動領域の空白地帯で、しかも平原上における水稲耕作最適地区であった。さらに一八〇四年には西部平原の平埔族も入植し、一八〇九年には冬山郷の一部を客家が開拓した［詹素娟　一九九八：一一六］。一八〇八年の楊廷理の調査では、当時の渓北はすでに漢人が土圍（防御のための土塁をめぐらした村）を五か所、民荘（民間人の開拓した村落）を二三か所形成して集住しており、クヴァランの村と入り混じっていた。男女丁口（徴税の対象となる人口）は約二万人余りで、八〇〇〇余甲の田畑を耕していた［中央研究院歴史言語研究所　一九七二：五四八］。

写真１〈台大 A227〉宜蘭大竹圍庄のクヴァラン族集落（1932 年撮影）

呉沙による開拓からこの間、大量の開拓民が急激に宜蘭平原に侵入し、三籍（漳州・泉州・客家）の漢人同士が土地争いの械闘を繰り返しながら、荒れ地の開拓に積極的に介入していった。このことにより宜蘭の原住民の生業が深い脅威にさらされるようになったという事実に対し、清朝政府は嘉慶一七（一八一二）年、漢人と平原の原住民の生活圏の境界を設ける加留制を定めた。加留制は清朝政府が宜蘭平原の原住民の土地権益を保証するための特別な土地政策で、その性質は「原住民保留地」に類似した制度であった［詹素娟　二〇〇一：一一三—一三八］。

清の朝廷が渓北地域において遂行した「加留余埔」制は、大社の周囲二里、小社の周囲一里を加留余埔とし、原住民を奨励して自ら開墾耕作に従わせ、加留余埔の外には木を植えて外界とし、加留余埔の外側でなければ漢人が開拓地とする権利を有さない、とするものである。その外側で土地を開拓しようとする漢人があれば開墾が成った後に原住民に対して納租の義務を負わせることを取り決めた［伊能　一九〇四：一三三］。この加留余埔制は直ちに実行されたが、渓北地区は早くも版図に入る前に、すでに開拓した熟田園二四四四甲、土地と未開墾の荒れ地を二〇六九甲、総面積四五一三甲を漢人が占有してしまっていた［詹素娟　二〇〇一：一一七］。そこで、原住民の損失を埋めるため、清の朝廷は再び一八一二年に烏石港から蘭陽渓の河口までの約三〇餘里、幅約一、二里の海岸砂丘を漢人が入墾することを許さない「加留沙埔」として認定した［詹素娟　二〇〇一：一二四―一二五］。これは、クヴァランの西勢二〇社が沿海一帯の砂地の上に集中しており、かつその付近の土地はすでに漢人に開墾されあらためて余埔をとどめることができなかったため、現存する砂地を末永く原住民であるクヴァランなどの民族の所有とし、漢人の入墾を許さないこととしたのである。とはいえ、清朝政府は、原住民村落の人口が少なく開墾の人手がある方がよいとするときには官の許可を得て小作に出すことを許してもいたのである［伊能　一九〇四：一三三、詹素娟　二〇〇一：一一七―一一八、一二四―一二五］。

このような保護政策ではクヴァランの人々が土地を手放してほかの土地へと去っていくのを防ぐことはできなかった。清朝は、加留余埔を原住民の占有の土地とする一方で必要に応じて小作に出すことを認めたため、実際には漢人が小作を請け負う状況が発生し、これが長く続くうちに小作人がやがて実質的な田地の主となっていった。そして加留余埔、加留沙埔ともクヴァランの人々にとっては、ただ形式上保有しているだけの土地となった。のみならず売買が不可能なはずの土地が売買されて漢人のものになるという現象も起こり、クヴァランは五〇年もたたないうちに、土地を手放して原住地を離れることになったのである［詹素娟　二〇〇一：一二三―一三五］。

詹素娟は、この加留余埔制について、清朝の一種の多重主権理念に基づいて生み出された土地計画であると指摘している。その根本的な精神は、土地所有権と土地使用権を主導的に分割するというものであり、所有権の方は官府が設定して原住民に与え、使用権の方は所有権とは分離して漢人移民に与える。そして地主小作関係を人為的に作り出すのである［詹素娟　二〇〇一：一三四］。このような清朝の土地政策により、入植した漢人たちは加留余埔の外側を自分たちの開拓地とし、加留余埔の内側も、地主である原住民から借りて耕作し続けることにより、実質上自分たちの土地として占有していった。その過程で、宜蘭平野に住んでいた原住民は生活に困窮し、次第にその土地を離れ、原住民村落は消えていったのである。

清の版図に入ってから一〇〇年後、日本統治時代の一九一〇年の調査資料によれば旧村落のクヴァランはすでに大幅に減ってしまっており、ごく少数が漢人村落の中に混じって住んでいるという状況になっていた。一九世紀前半には村落の範囲がまだはっきりしていたのが、一九世紀後半になると、人数が減り、移住などにより旧村落の空間範囲は次第に漢人集落によって切り取られていった。一八七五年以後、噶瑪蘭地方の旧村落は普通行政区に編入されて、もとの原住民村落の空間保全性は崩壊し、旧村落の名に付随していた族群の特徴は尋ねあてることができなくなっていた［詹素娟　一九九八：一二七］。

淇武蘭社

冒頭に述べた緊急発掘調査の対象となった淇武蘭社が位置するのは渓北地区の北部にあたり、宜蘭平原の中で最も早くから漢人が入植した地域の一つであった。現在の淇武蘭遺跡付近はすでにクヴァランの痕跡は見ることができない。しかし一六四八年にオランダ人が当時の宜蘭平原の三九の村落に対して行った戸口調査資料で明らかなのは、淇武蘭社（当時の名称はKibannoran、あるいはQuibaranan）の戸数と人口は、一六〇戸、八四〇人であり、一七世紀半ばにおいては、淇武蘭社は蘭陽平原において規模も最大で人口の最も多い一社であった。その人口数は当時二番目に大きかった婆羅辛仔宛社（四七一人）より三七九人も多かったのである［陳有貝　二〇〇七：一二］。

しかし、その後の淇武蘭社のクヴァラン人口の推移は以下のようであった。

一八二一年　　奇蘭武蘭　　四九人
一八九五年　　淇武蘭社　　八九人
一九〇九年　　三十九結庄　　男一〇人、女六人
一九三〇年　　礁渓庄大字三十九結　　男六人、女五人［陳有貝　二〇〇七：一二］

淇武蘭のクヴァランは日本統治時代には人数が大幅に減っていた。当時彼らが居住していた場所は現在の淇武蘭河と武暖河の合流地点の西岸であって、行政区分は当時の区画の「三十九結」と呼ばれる地域に該当する［陳有貝 二〇〇七：一二］。文献資料と調査を総合すると、数百年来、クヴァランは付近を流れる川の河畔に居住し、集落を形成していた。清の嘉慶・道光年間に、漢人が宜蘭に大量に入植して以来、淇武蘭社のクヴァランの住民は漢人勢力に押されて次第に当地を去った。陳有貝らの聞き取り調査によれば、発掘地点の傍らの野菜畑のところに潘姓のクヴァラン三兄弟が住んでいたが、およそ一九五一年頃に全員この地を離れたということである［陳有貝　二〇〇七：一二］。

クヴァランの移住

筆者が長期のフィールドワークを行った花蓮県豊浜郷新社村は、現在東海岸で最大のクヴァランの村落である。今ではアミや漢人も混じって住んでいるが、本村のバトロガン集落においてはクヴァランの人口が最も多い。当地のクヴァランの村人の祖先は、清朝時代末期から日本統治時代にかけてここに移住してきた。宜蘭平原からこの地に至るまでには二段階の規模の大きな移住があった。まず、一八四〇年頃、蘭陽渓の河口近くにある加礼宛社を中

心としたクヴァランの一部が、漢人移民の圧迫を受けて宜蘭平原を出て海路南下し、花蓮港に近い米崙山の北側に加礼宛庄を建てた。これが最初の大規模な移住であった。その後、一八七八年に起こった清軍との武力衝突、いわゆる加礼宛事件により、花蓮港郊外の加礼宛社の住民は清軍に敗北して更に南方へ分散を強いられ、この時期に新社への移住民が増加した。これを第二波の移住と考えることができる。その後も宜蘭平原各地や花蓮港の加礼宛庄から、個人や家族を単位とした移民の流入が連綿と続き［清水　一九九一：八五―九五］、今日見られるような新社の集落のかたちが形成されたのである。

　移民の過程ではバサイ系民族の混入が進んだものと考えられる。花蓮港の加礼宛庄では、宜蘭平原の哆囉美遠社からきたバサイ系のトロブアンの人々がクヴァランと混住し、両者の通婚が少なくなかったらしいことが、聞き取り調査や、祖先祭祀儀礼の伝承などによって裏付けられる［清水　一九九二：二六三―二九二］。また、日本統治時代の戸籍からは、次第に周辺のアミとの婚姻も行われるようになったことがわかる［清水　一九九二：一三九］。新社村の調査で見る限り、トロブアン固有の文化はアミ文化やクヴァラン文化とは区別されて意識されている。しかし、上述のような歴史的過程において、部分的な文化伝統の変容や混淆が起こった可能性は否定できない。さらに漢人からの言語・文化・生業経済などの広範囲にわたる影響は、持続的に受容されてきたのである。

　また、日本による統治が始まると、さまざまな規制が加えられ、伝統文化の改変が行われた。村落の居住環境や土地の利用についていえば、新社の公共墓地の整備や、衛生指導による家屋状態の改善（窓を大きく開けるなど）の行政指導が加えられた。このような歴史的経緯を経て形成されてきた新社のクヴァラン族社会においては、宜蘭居住時代の生活形態とはさらに異なる形態があらわれたのである。

　呉沙が宜蘭の開拓に成功し、宜蘭平原が一八一〇年に清の版図に入ってから今日まで既に約二〇〇年が経過し、一八四〇年に加礼宛社の人々が宜蘭を離れて、船で花蓮港に南下してからは一七〇年あまりが経過し、また、加礼宛事件からは一三〇年以上が経過した。その後、日本統治時代、戦後の国民党政権下での経済成長などを通じて農村の生活に根本的な改変が及んだ。彼らの社会生活は絶えず変化の波にさらされてきたといってよく、この間に受けた影響による変化は、今日のクヴァラン族の生活や文化のなかに根を下ろしたものもあれば、伝統の一部を消し去る働きをしたものもある。比較に際しては、こうした時代の流れや空間的な移動を考慮しなければならないだろう。

ここで、フィールドワークの資料から溯ることのできる時間の幅について考えると、一九八五年頃に筆者がクヴァランの古い習慣について五〇～七〇歳代の村人から聞き取り調査を行なって得た情報のなかには、彼等が子供時代だった頃に経験したことに加えて、子供の頃に祖父母から聞いた話、村の年寄りから聞いた話なども一部に含まれていた。このような情報を時代的に遡ってみると、最も古い伝承は、おそらく一九世紀の終わり頃の新社あるいは宜蘭の記憶を含むものと推測される。時代的には、淇武蘭上文化遺跡の最晩期と辛うじて接点を持つ時期のものである。空間的に両地域は離れているが、宜蘭から花蓮、更に南の新社へと、個別の移住の流れによる交流があった時期でもあり、相互の地域は関係が断絶していたわけではなかった［清水　一九九二：一二八―一三八］。したがって、清朝時代や植民地時代の研究者の記録などを参考にしつつ、資料のつき合わせを行うことにはそれなりの意味があるとみてよいだろう。

淇武蘭遺跡における生活の痕跡と民族誌の接点

筆者が調査に入るよりも一〇年以上前の一九七〇年代から、新社では伝統的な家屋は建て替えられ、ほとんどがコンクリート建築に変わった。しかし、調査当時の村人たちは木造あるいは茅葺きの家で生まれ育った経験を持っており、またそうした家屋を自分で建てた経験もあったので、聞き取り調査によって、過去の家屋の構造や形態についてある程度知ることができた。当時の筆者の主な関心は家屋が家族サイクルとどのような関係にあるかという

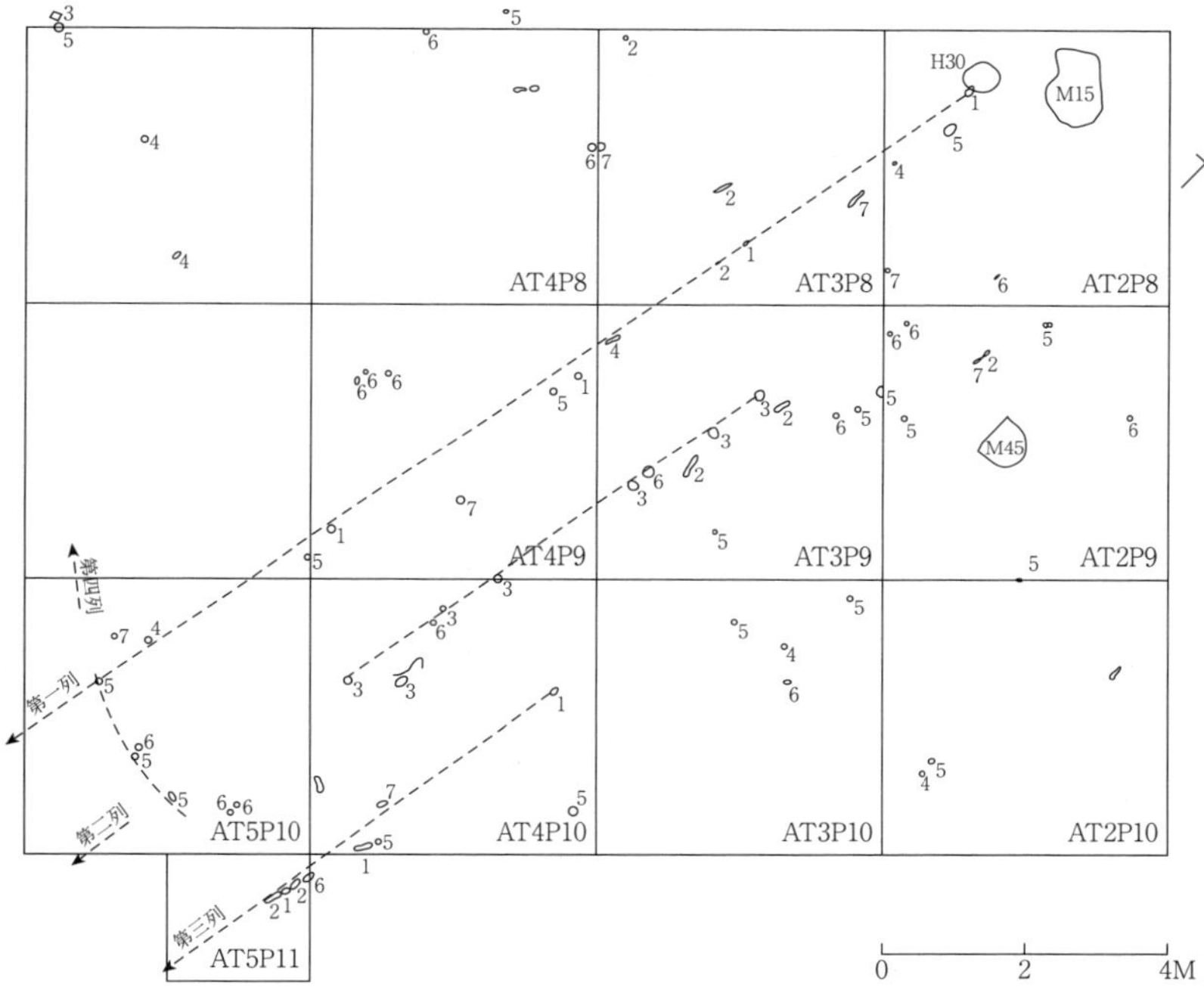

図9 『淇武蘭遺址搶救発掘報告(一)』[陳有貝 2007:64]より作成

点にあり、工法上の特徴や詳細については専門的な調査を行っていない。しかし、聞き取り調査をもとにクヴァランの家屋及びその機能についての大まかな特徴を呈示することは可能である。その場合、これらの民族誌資料から淇武蘭遺跡に見られる生活の痕跡をどのように解釈することができるかということが一つの論点になるだろう。もちろんその際には淇武蘭遺跡に暮らしていたクヴァランと、現存するクヴァランとの間には時間的、空間的な飛躍が含まれることをふまえておく必要がある。

『淇武蘭遺址搶救発掘報告（二）』［陳有貝 二〇〇七：三八］において推定されている当該遺跡の年代は、淇武蘭遺跡の上文化層の時代に限定すると、今から約六〇〇年前の一五世紀から、約一〇〇年前の一九世紀末までである。クヴァランをはじめとするオーストロネシア語系の人々がいつの時代から宜蘭平原に住むようになったか明らかではないが、遺跡の上文化層の年代に関して、淇武蘭遺跡はクヴァランの集落跡であるとみなすことは、スペイン、オランダの資料や漢籍など歴史的文献との照合から見て理にかなう。

このうち、上文化層の時代の後半は、スペイン・オランダの影響があり、漢人の流入が顕著になった時期である。さらに、一八世紀後半以降、三籍（福建省の漳州と泉州、および広東籍の客家）の漢人が大挙して移住してきた。上文化層の最晩期である一八世紀末から一九世紀末の一〇〇年間には、宜蘭平原では漢人の入植が本格化するとともに、次第にもとの原住民村落は消えて漢人の村になり、元の住民は他の土地に移住していくという事態が進行した。一方、この過程でクヴァランは漢人から集約的な水稲耕作技術を受け入れ、漢人と原住民との通婚も進み、言語、文化の漢化が加速されたのである。上文化層の末期の時代には、こうした大きな社会変動が起こり、クヴァランの村にもその間に漢人の家屋建築の影響が及んだと考えられる。

したがって、遺跡の家屋の形や間取りなどの痕跡と、現代のクヴァランの家屋空間を比較するには、漢人からの文化の影響に留意し、どこまでがクヴァラン固有の特徴なのかを考えてみる必要があるだろう。宜蘭時代のクヴァランの家屋構造の伝統的特徴は何か、ということがまだ十分わかっていないという限界があることをふまえ、断定は避けつつも、以下ではある程度の可能性を推測してみることとしたい。

二　伝統的家屋の構造

宜蘭における家屋形態

クヴァランがどのような家屋に住んでいたか、歴史的な史料を見てみよう。清朝時代の一八五二年に書かれた『噶瑪蘭庁誌』によれば、宜蘭におけるクヴァランの家屋は次のような構造であった。

大木を鑿で穿って横倒しにしたものを屋根とし、上下に茅を貼り、竹や木で支え、両端にはそれぞれ小さな戸がつけられていた。また、家の前に別に一軒を建て、北投口と呼んだ［陳淑均　一九五七（一八五二）：一一五］。

『噶瑪蘭庁誌』に記された当時の家の建築材料は、新社の伝統家屋とほぼ同じであった。家の構造については、『噶瑪蘭庁誌』では両端に戸口がつけられているというが、どのような位置にあるのか、この文章だけでは位置関係がはっきりしない。この時代の家屋を写した画像情報はないが、鳥居龍蔵が一八九六年に花蓮港付近または東海岸の新社のあたりで撮影したと考えられる「加礼宛蕃」（クヴァラン族）の写真を見ると、その背景にわずかに茅葺きの屋根の一部と細い竹のようなもので作った家の壁が写っている（写真2）。これは『噶瑪蘭庁誌』の記述をある程度裏付けるものである。

写真2　〈鳥居 7287〉「加礼宛蕃　男女」漢人も含む

また、北投口という別棟の建物は新社では存在しなかった。クヴァランの北投（パッタウ：閩南語読み）という祭祀を行なう場所に関しては、日本統治時代の宜蘭平原に関する速水家彦の報告がある。流流社のインフォーマントによれば、パッタウは山地原住民の首を手に入れることができるようにと祈願して踊る場所であって、みだりに立ち入らないことになっており、近寄ると病気になるとされたという。速水はこの場所が原語でパトリサン（patrisan）とも呼ばれ、集落内に数か所あったと述べている［速水　一九三二：一二二］[1]。パトリサンという言葉は、新社のクヴァラン語では、トロブアンの人々が病気治療のためのキサイーズ儀礼を行なうときに祖先への祈りを捧げる神聖な竹藪のことを指す。新社で

写真３　〈台大 A228〉宜蘭利澤簡の禁忌の藪（1932 年）

写真４　〈台大 A231〉宜蘭大竹圍の禁忌の藪（1932 年）

はかつて原住民の首を祀ったという場所はトハカズ（toRakaz）と呼ばれていて、集落から少し離れた海岸にあり、やはりみだりに近づかないようにといわれていたという。一方、台湾大学データベースに保存されている台北帝大の時期の写真には、禁忌の藪という説明のついた写真が二枚ある（写真3、写真4）。利澤簡社、大竹圍ともに、宜蘭平原のクヴァランの村である。写真の禁忌の藪は、速水のいう家の前のパッタウとは少し異なるようだ。

宜蘭の家屋の内部の構造については、速水家彦による次のような報告がある。

> 家の屋根は船の様で、……（中略）……あった。寝床は竹を編んだもので、一家屋に一つである。そして之に梯子が架けられてあった［速水　一九三二：一二〇］。

これは当時七三歳になるクヴァランの老女の話を記述したものだ。この女性がどの社出身かわからないが、父親は武暖社で亡くなったので、この社の者と思われる。寝床が各家屋に一つしかなかったことは、新社の家屋との大きな相違点である。新社では土間の両側に寝室二部屋を持つ左右対称の三間屋形式を基本とするからである。中央の土間を挟んで左右対称に寝室を配置しているのは漢人の農家の一般的な形式であり、台湾では広くみられるものである。クヴァランの固有の家屋が寝室一つしかない形式だったなら、左右対称の形式は漢人の家屋からの影響かもしれないという点を検討してみる価値があるだろう。

まず、以下に筆者が新社で聞き取りをした内容について整理していきたい。

・**建築材料**

新社のクヴァランの伝統的な家屋は木の柱、竹とコアチン（〝芋蓁〟の閩南語読み）の壁、茅葺き屋根である。壁土の材料は水牛の糞と刻んだ藁屑を用いたものであった。裕福な世帯は木造家屋に住んだ。

写真５　新社の竹とコアチンの家（1985 年筆者撮影）

・**新社のクヴァランの伝統的な家屋の間取り**

新社のクヴァランの家は、伝統的な形としては長方形で、入り口は長辺の中央にある。筆者の調査時には、新社の家はコンクリート建築に変わっており、竹とコアチンで作った茅葺き屋根の家は一、二軒だけしか見られず、完全な形の木造の家はなかった。しかし、コンクリート家屋内部の構造は、昔の家の構造に類似したものが多いことが、聞き取り調査を通じて判明した。

（1）家の向き

新社村では大半の家が海に面して建てられている。家の向いている方向を調べると、入り口のある長辺が東南向きになっていることが多い。直接幹線道路

写真７　新社の家　風呂場兼洗濯場（1985 年筆者撮影）

写真６　新社の家（裏の別棟：炊事場、風呂場、便所など）（1985 年筆者撮影）

に沿った家は道路に面しているが、路地の両側のコンクリート家屋は必ずしも路地に面しているわけではなく、長方形の家屋の長辺の中央にある入り口が海の方向を向いて建てられている。かつて、村人が住んだ伝統的な家について場所や位置を聞き取りした際も、同様の東南向きが多いようだった。つまり家屋の長辺は北東から南西に伸びていたのである。

これに対して淇武蘭遺跡では家屋の多くは南北の辺は長く、東西の辺は短い長方形であったという特徴がある。この説明として、どのようなことが考えられるだろうか。新社ではクヴァランの家の多くが入り口を海に向けて建てられてきたこと、新社の海岸線が南北方向よりは北東から南西方向に続いており、幹線道路も海岸線とほぼ同じ向きであることなどが新社の家屋の向いている方向の理由として考えられる。新社においては、入り口の向かう正確な方角が問題になるというよりは海のみえる方向、あるいは幹線道路に平行に建てて正面（入り口）を道路、あるいは海岸線に向けようとするのが、家を建てる際に意識されることであるのかもしれない。

また、クヴァランは、臨終の時をむかえた人を正庁にあたる土間に運び出すが、その際足を入り口に向けて横たえる。足がその家から出て行く方向であり、これは漢人の習慣と異ならない。このような習慣は新社では深く浸透しており、死者を家の中の寝床に寝かせたままにしておくアミとは異なるという話を村人から聞いた。新社では、夜、玄関に足を向けて寝ないようにといわれるほか、死者の頭を西向きにするので、頭を西に向けて寝てはいけないなどといわれている。このような話からは家の方角としては入り口が東向きになることが前提とされているような印象を受ける。実際には、家が東南に向いていれば、死者の頭はほぼ西北向きになる。

また、かつて新社で病気治療のキサイーズ儀礼が行われたときには、祭祀結社のメンバーであるムティユたちは家の屋根の上に登って至高神を迎える歌を歌った。このときそれぞれのムティユは棟木の上をまたいで一列に整列し、北の方角に向いて歌うことになっていた。家が南北に長い長方形であれば、棟も南北方向になり、屋根に上った時に自然に北を向きやすい。同じく病気治療儀礼であるパクラビのときには屋根には上らないが、家のなかで、神を訪ねる旅の様子が表現され、北の方角に向かって儀礼を開始する。クヴァランの儀礼では祖先や至高神のいる方角として北が重視されている［清水　一九九二：二二四］。その一方で、東南方向に向いた家が多く、真東に向いた家が少ないことについては、クヴァランが、家を理念的には東向きに建てることを重視していながら、実際には海岸線あるいは海岸沿いに走る道路に向けて入り口を作ったと考えられるのである。

淇武蘭の場合、付近の海岸線の向きはほぼ南北である。淇武蘭遺跡では、家の址と思われる木柱列の方向から考えて、多くの家は南北に長く、東西に配列されて、建てられている。入口がどこにあったかは考古学的な痕跡からだけではわからないが、淇武蘭の住人が新社のクヴァランと共通の家屋の構造を持っていたと仮定するなら、南北に長い細長い家屋の長辺の東側（海に面する側）におそらく家の入り口があったのではないかと想定される。ただし、『噶瑪蘭庁誌』の記述にあるように、かつて入り口が家の両脇にあったのであれば、長辺に入り口を設置するのは漢人の影響で、もとは短辺の方に入り口があったという可能性もある。

（２）家の間取り

先述のように新社村のクヴァランの伝統的な家は長方形の平入り形式で入り口は長辺の中央にあり、家の前には庭がある。家屋は、横幅三〇尺（約九メートル）程度の長辺の長さ、三～四メートル程度あるいはそれ以上の奥行きを持つ。これが比較的基本型に近いものである。新社村の人々は一〇尺を一間と数える。一尺は約三〇センチである。一間すなわち一〇尺は約三メートルであり、家の長辺の長さは三間すなわち約九メートルが基本である。家屋の奥行きは一〇尺よりやや深い。

新社で聞き取りをした限りでは、伝統的な家屋は基本的には漢人と同じ三間屋の形式であった。長辺の中央に入り口があり、入ってすぐの部屋は土間である。この部屋はトモナウ（tmunaw）と呼ばれる。この部屋の両側にそれぞれ寝室が作られている。これらの部屋にはそれぞれトモナウに通じる入り口がある。現在では入り口には扉があったり、カーテンなどがかけられたりしている。

このような屋内の構造は、横長の家屋の中央に正庁、その両側に寝室を区切る漢族の伝統的な農家の構造と似ている。しかしクヴァランの家屋の場合、増築するときは横に伸ばして部屋を付け足していくだけであり、横に伸ばすにしても、五間屋程度が限度であり、それ以上に長大な家屋になることはめったにない。これはおもに、家族形態と家族サイクルが関係しており、子供たちの結婚後の分出が早く、大家族を形成しないことによって、大きな家屋を必要としないからである。

トモナウの両側の部屋は、高床になっており、伝統的にはコアチンを編んで作った床が張られている。これらの部屋はカイヌパン（qaynpan）と呼ばれる寝室である。カイヌパンとは文字通り、「寝るところ」という意味である。

寝室は基本形の家屋ではトモナウの両側に一部屋ずつあり、家族成員の成長や増加によって、更に部屋の真ん中に仕切りをつけて、二部屋に分けることもある。新しい部屋にはそれぞれ、トモナウへの出入り口をあける。これに伴って、靴を脱いでカイヌパンに上がる位置を変更する。このような場合に柱や仕切りの壁を増やす。部屋の仕切りを変更するときに新設する柱は、梁には達するが、棟木に達しない高さのものを用いる。

これでも足りないときには、三間屋の外側の左右のどちらかに新しい部屋を増築する。その際、新しい部屋に入るには必ずトモナウを通るように屋内の出入り口の位置や、他の部屋の高床の位置を変え、高床の上を通らなくても通り抜けられるように土間の部分を増やす。

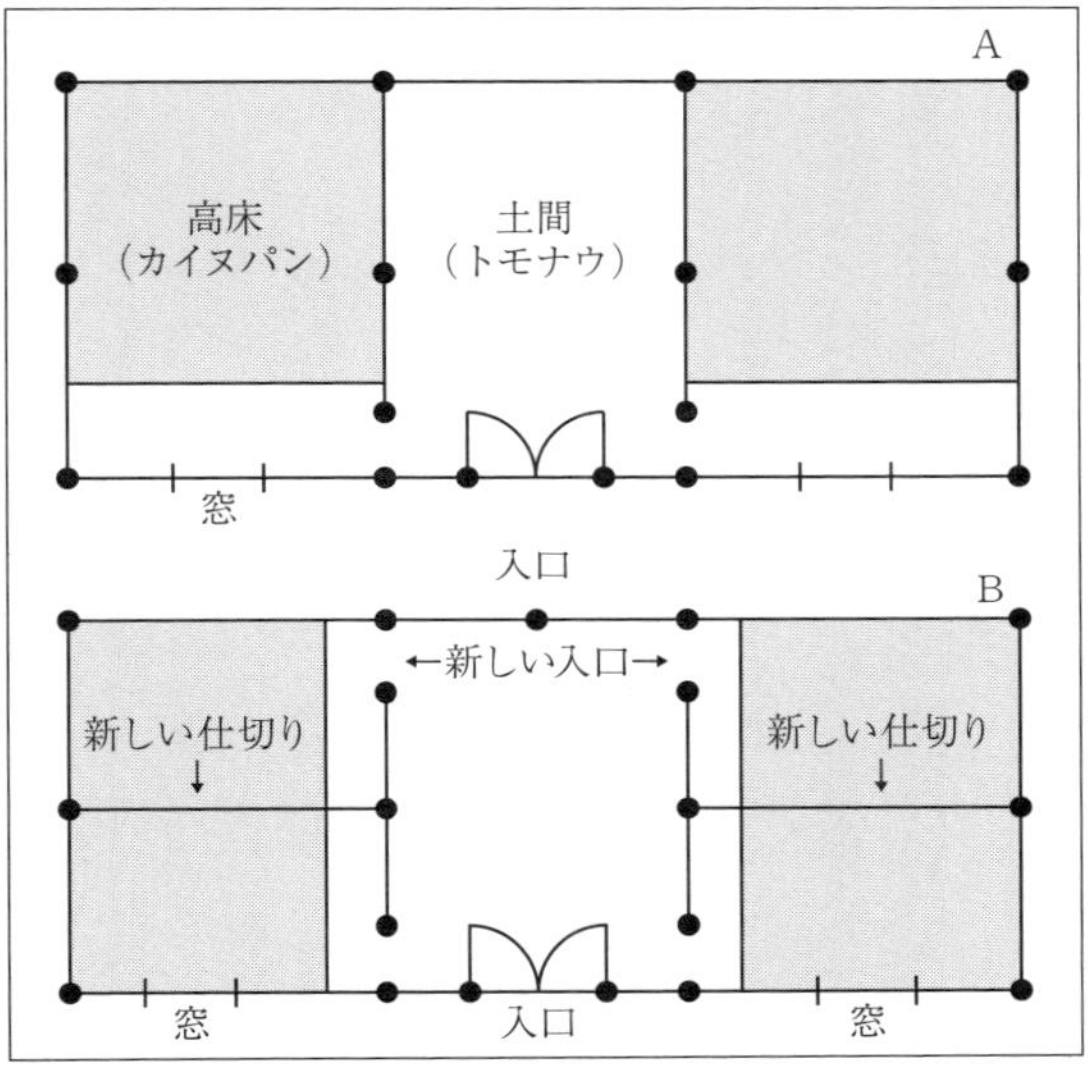

図10　クラヴァン族の家の基本構造

台所はサウマヤン（sammayan）とよばれる。ご飯を炊くところ、という意味である。台所は必ず土間になっている。基本となる家屋の外側に別棟として設置されるか、または左右のカイヌパンのどちらかにつなげて建てられる。サウマヤンには家の表に向かって小さい出入り口がつけられ、トモナウを通らなくても直接台所に出入りできるような構造になっている。また、家の裏手に回れる小さい出入り口もつけられることがある。更にトモナウに通じる屋内の出入り口をつけることも多い。

風呂場はサウマヤンの片隅に作られたり、別棟で建てられたりした。以前は冬でも川で水浴びをするのが普通であったので、風呂場はないことが多かった。コンクリート作りの家になって、屋内のサウマヤンの近くに作られることが多くなった。

籾倉は、別棟として建てられ、または屋内に空間の余裕のあるときは、カイヌパンを土間にして籾倉とした。

鶏小屋・豚小屋は屋外に作られる。トイレは家の外に別棟が作られる。

三　各部屋の機能

次に各部屋の機能について整理する。

トモナウ

トモナウは正面入り口を入ったところの部屋のことで、伝統的家屋では土間になっており、家族成員の居間と接客空間を兼ねる。現在のコンクリート家屋ではテレビや応接セットがおかれるのがこの部屋であり、接客と宗教的な機能を果たす漢人の家の大庁と機能が似ている。新社では、この部屋の奥の壁のところに漢人式の祭壇を設置している家庭もあり、また、キリスト教信者の家では、奥の壁に十字架を掛けている。

家族が危篤になると、この部屋に必ず移されて最期の時を迎える習慣を持つ点は漢人の喪葬の習慣を受容したものであろう。安置する場所は、入り口を入って、男性の場合はトモナウの左側、女性は右側で、足を出口の方に向けて寝かせる。その後、葬儀まで棺は屋内に安置され、弔問客が訪れる。亡くなってから二、三日のうちに埋葬されるため、漢人のように埋葬まで長く待つことはない。その代り、埋葬が済んだ後も数週間にわたって、トモナウは弔問客が毎晩寝泊りする場所になる。村の人々の誰彼が夜になるとやってきて、トモナウの土間に板を敷いて自分たちの寝床を作り、かすかな明かりを一晩中ともして遅くまで思い出話を語り合い、死者や遺族を慰めるのである。その家の寝室に入って寝るのではなく、トモナウで過ごすところからみても、トモナウは家族以外の人々との接点となる場であるといえる。

埋葬後に行われる死者の霊魂を他界に送るための伝統的なパトロカン儀礼も、この部屋で行われる。そのほか、神を祀り、病気の平癒を祈願する治病儀礼も、招待客を集めてこの部屋で行われ、宗教結社メンバーが集まって儀礼を行い、至高神を祀って歌ったり踊ったりする場となる。

このように、トモナウは家族の共有の居間であり、村人が出入りする接客空間であり、公共性のある宗教活動が行われる場でもある。多くの人々が出入りすることになるこれらの機能を果たすためには、ある程度の広さを持った空間になっていることが意味を持つのである。

カイヌパン

カイヌパンは家族の寝室であり、仕切りや壁で仕切られている。一か所だけトモナウへの入り口がつけられ、特定の成員たちの寝る空間となる。伝統的にはコアチンや細い竹などで高床を張り、その上に直寝をする。現代のコンクリート家屋でも、靴脱ぎの土間部分を除いた部屋全体に六〇センチ程度の高床を張っていることが多い。このような場合、ベッドを入れる必要はなく、板敷きの上に布団を敷いて寝るのである。または、コンクリートの床にして、ベッドを入れている家もある。伝統的なカイヌパンの場合、前庭に向けてコアチンの蔀窓が開けられている。場合によっては家の裏に出られるように小さな裏口などをつけることがある。

カイヌパンの配分の原則は、まず夫婦ごとに一部屋を占有する。子供たちは幼いうちは父母と一緒に寝るが、一〇歳前後から兄弟姉妹と一緒に子供たち用のカイヌパンで寝る。未婚の年頃の娘や息子は、一人で一部屋をあてがわれることになるが、これは夜這いが行われていたこととも関係がある。配偶者を迎えるとそこがそのまま夫婦のカイヌパンになる。老夫婦になると同じ部屋に寝ることがなくなる。老夫婦が部屋を分ける場合、祖母に一部屋、

図11-1　伝統的アミ族(台東県内)の家の伝統的な間取り

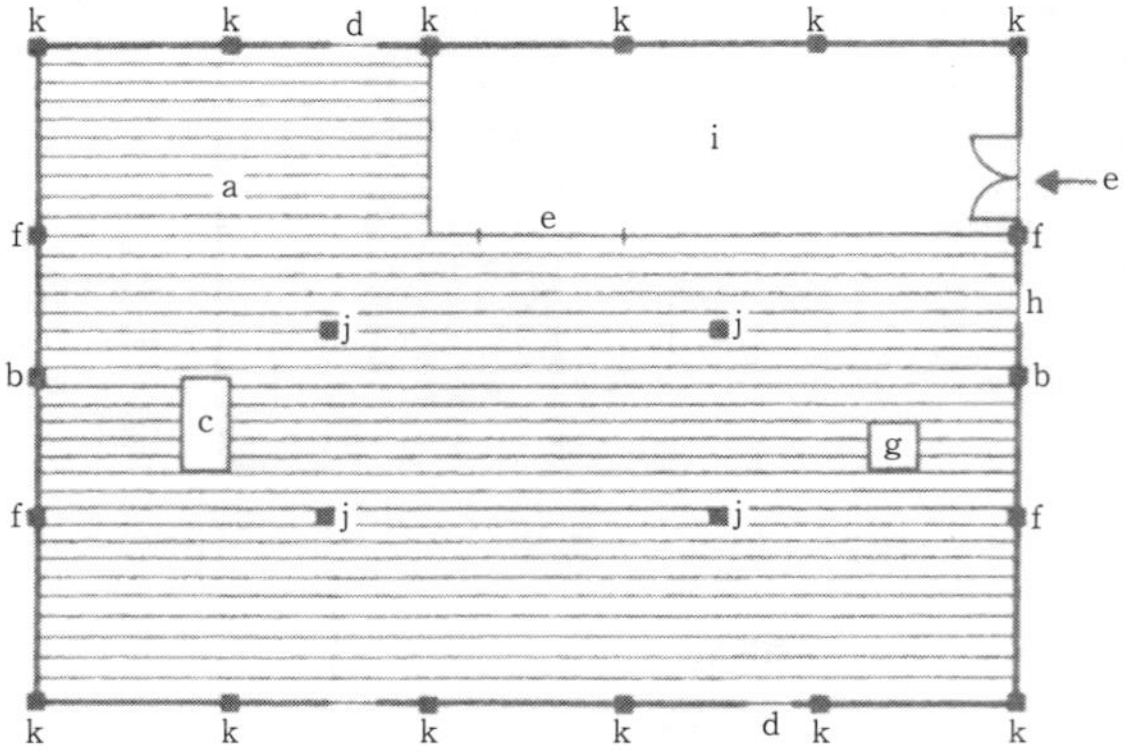

■ 柱(厚板)
≡ コアチン(鬼茅)の床
— コアチン壁

a 奥間
b 大柱
c 上から吊した神棚
d 窓
e 出入口
f 柱
g 暖房用炉
h 窓
i 土間
j 柱
k 柱

図11-2　日本統治時代の影響を受けた間取り

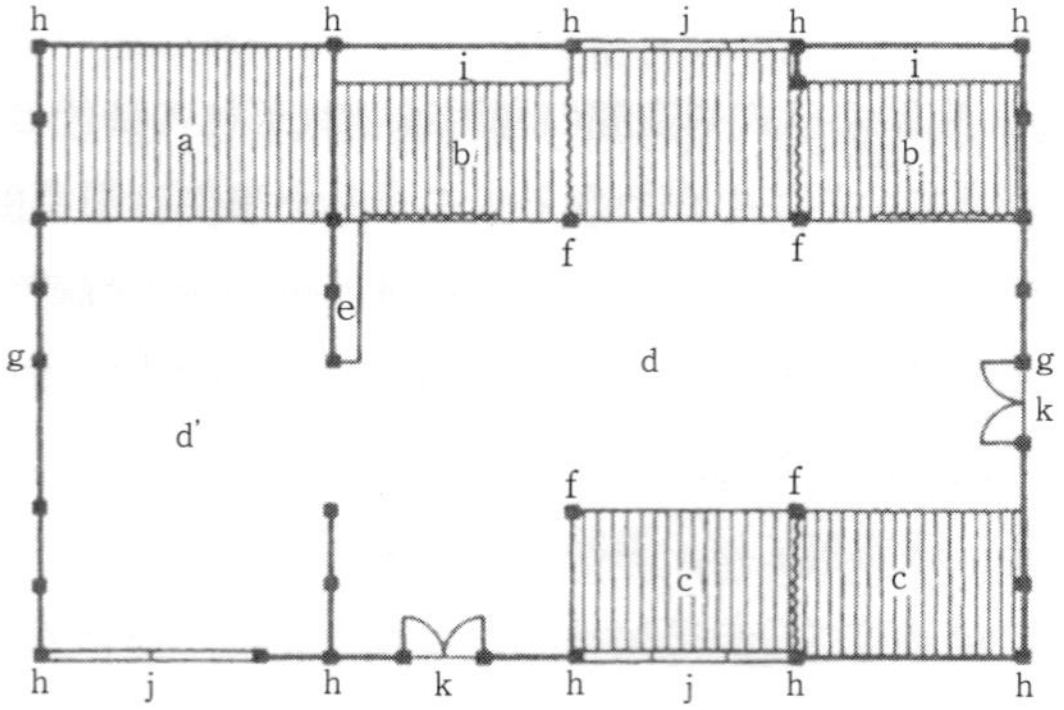

a
b 床(家族用)
c 床(客用)
d 土間
d' シラウを置くところ
e 神棚
f 柱
g 柱
h 柱
i 戸棚
j 窓
k 出入口
■ 角柱(木)
— 板壁
||||| コアチン床
〰 コアチン仕切り

図11　アミ族の家屋の間取り『台湾アミ族の社会組織と変化』[末成 1983:109]をもとに、不明部分を著者に確認の上、一部修正して作成

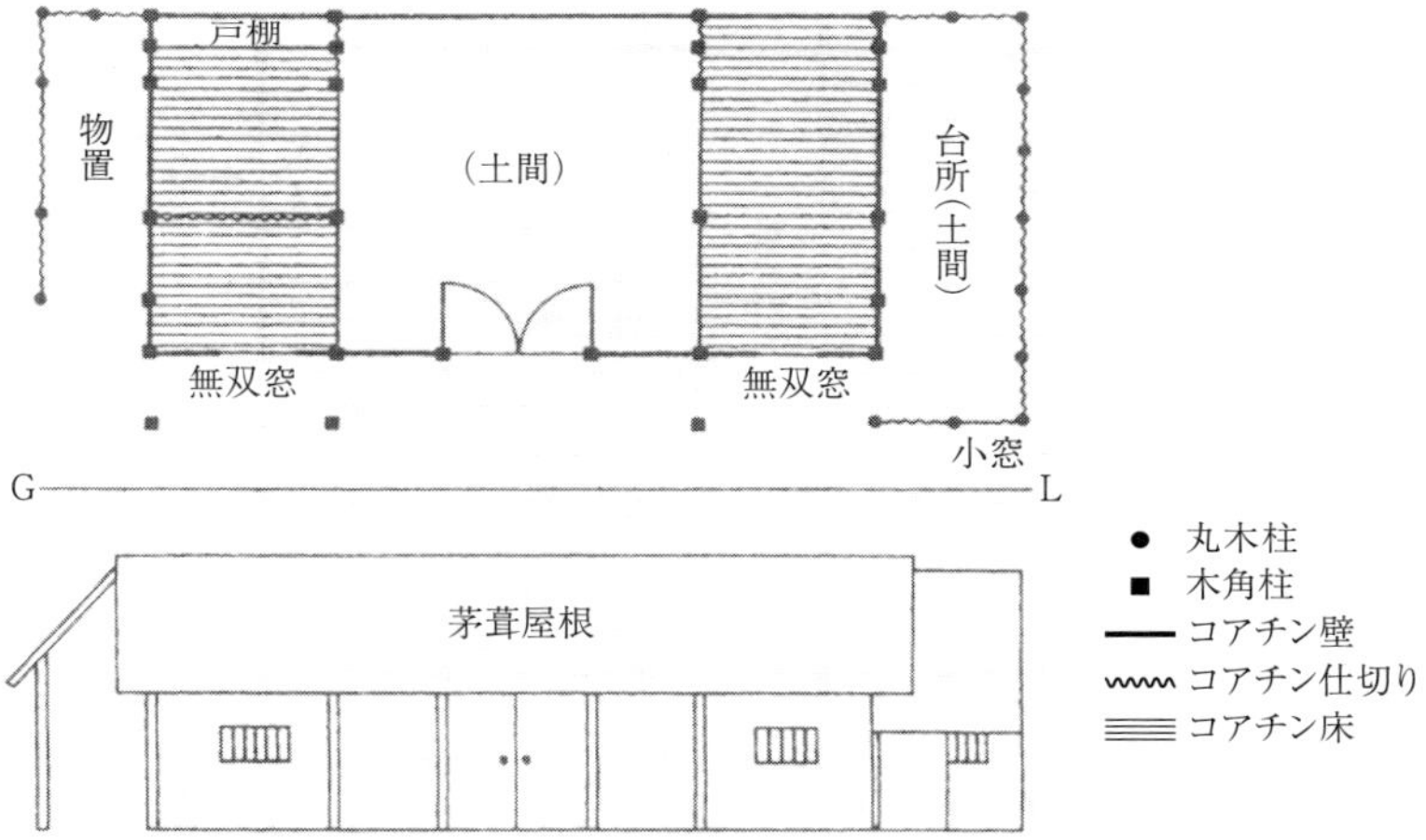

図12　漢人式家屋の影響を受けたアミ族の家屋と間取り
『台湾アミ族の社会組織と変化』［末成 1983:110］より作成

祖父に一部屋を充てるが、祖母と幼い孫たちが一緒に寝ることも多い。

このように家族成員の世代や性別、年齢、成長の度合いなどに応じて寝室を割り当て、各部屋の個別性を保つようにするのが特徴である。新社のクヴァランは部屋に仕切りを設けて家族成員間での個別性が保たれることを重視する。このような習慣を持っていたために、新社の住民は隣接する豊浜村のアミ族の伝統的家屋のように大家族が一つの大部屋で仕切りなしで寝るということには心理的な抵抗が強かった、と年配者たちは述べている。

クヴァランがこのような家族成員の区分を行い、夫婦別や年齢別に異なる部屋を割り当てる、ということをいつ頃からはじめたのかははっきりしない。家族成員の部屋を分けること、家族の増加にともなって部屋を増築することは、漢人の家屋空間でも行われているので、漢人からの影響を考えてみるべきかもしれない。ただし、すでにある部屋の真ん中に仕切りをつけて半分に分ける方法や、部屋の割り当て方法は、漢人のものではなくクヴァランの考え方に基づくものといえる。

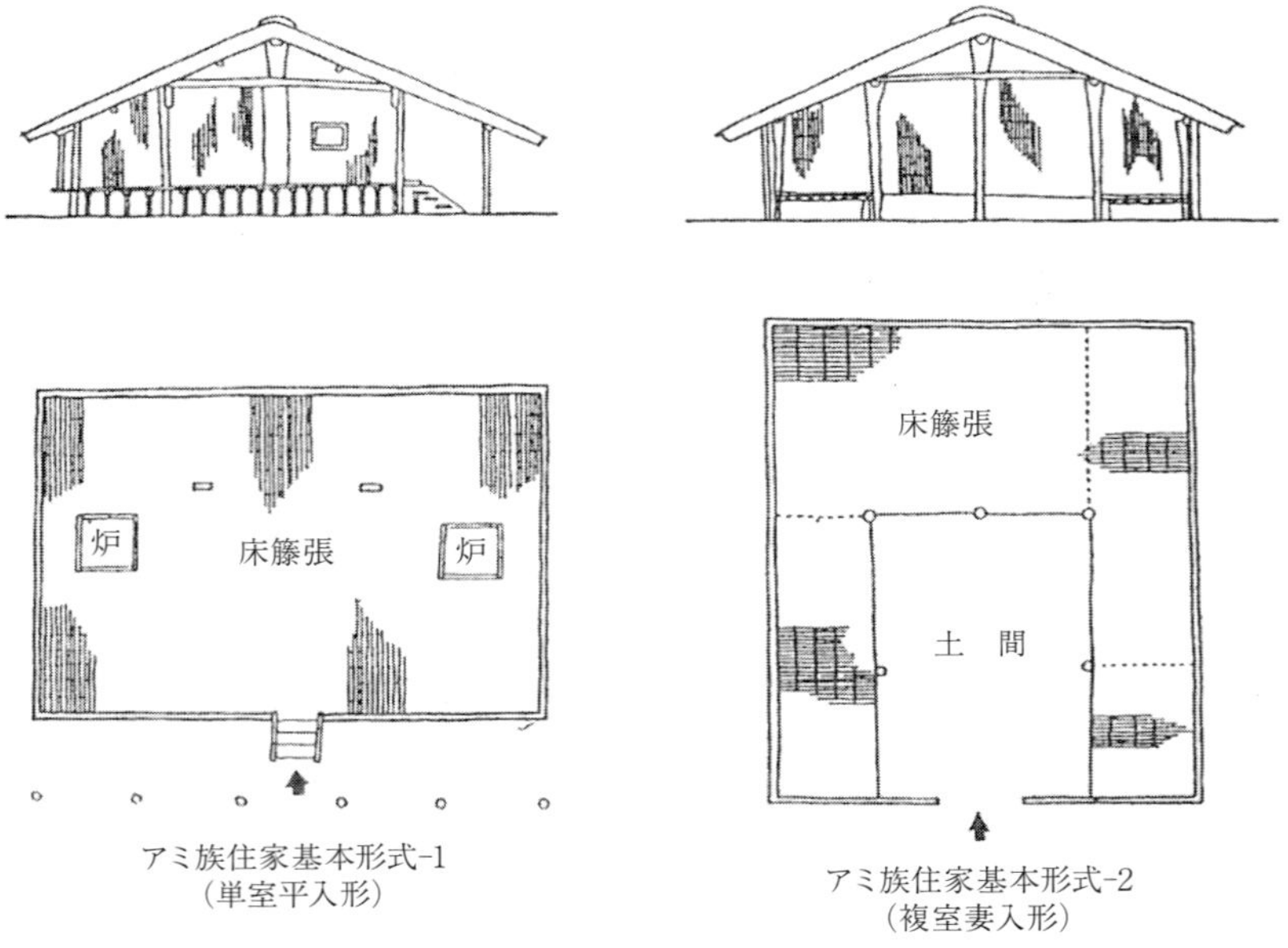

図13　アミ族の家屋の外面と屋内の基本構造［千々岩 1960:65］

サウマヤン（竈と台所、食事する場所）

新社の伝統的な家屋の中の台所、つまりサウマヤンは土間になっていて、調理用の竈が築かれ、水甕が置かれていた。風呂場、つまり水浴びする場所もその土間の隅であることが多かった。サウマヤンは別棟になるか、三間屋のさらに外側に一部屋作られるかのどちらかであった。

高床の部屋を改造してサウマヤンを作る場合、高床は取り払って必ず土間にする。クヴァランは、千々岩が示したアミの住家基本形式―1（単室平入り型）（図13参照）［千々岩　一九六〇：六五］に見られるような、高床の上に炉を切って設置するような形式は採らなかった。新社のクヴァランにとっては、火を焚くところは、高床上ではなく、地上であった。新社での聞き取り調査の事例では、昔は家の外に別棟で台所を作ったという例が少なからずあった。母屋に台所を作らなかったのは延焼を防ぐ意味があったと推測される。

写真8 〈浅井 C3-6-21 〉アミ族の家　南部　台東付近

写真9　台所での伝統的食事のスタイル（1985年筆者撮影）

写真10　クヴァランのパリリン（1985年筆者撮影）

　サウマヤンは、料理する場所であると同時に、家族が集まって食事をする場所でもある。彼らの昔の食事様式は、サウマヤンの土間に家族が円陣になってしゃがみ、手づかみで食べる、というものである。現代ではサウマヤンにはテーブルといすがあり、箸を使って食事をするが、昔ながらの食事作法は、著者の滞在中にもたまに見られた。筆者の滞在していた家では、主婦が間食をするときに食卓ではなく、サウマヤンの土間にしゃがんで、あるいはごく小型の低い木の腰掛けに腰を下ろして地面に置いた皿や碗から手づかみで食べることがあった（写真9）。

　また、新年の祖先祭祀（パリリン儀礼）では、家族が祖先に食べ物を捧げるが、捧げ物を置く場所はサウマヤンの竈の上あるいは竈の近くの窓辺であり、この点でも、祖先とともに食べる行為を行う場所は家族の食事場所と一致している（写真10）。

　また、トロブアンの新年の祖先祭祀（パリリン儀礼）においては、サウマヤン、あるいはトモナウの土間に平ざるを置き、その上に供物を並べて、家族が周りを取り囲んでしゃがみ、祖先と共食を行なう。クヴァランとトロブアンの伝統的な生活形態が、比較的類似したものであることを考えると、台所か居間の土間にしゃがみこんで、あるいは高さ二〇センチ程度の低い腰掛に座って食事をする、というのが、新社のクヴァラン、トロブアンともに古い形態であろう。クヴァランの世帯では祖先祭祀のパリリン儀礼は必ず台所で行われる。

このようなことから、家族が一緒に食事をする場所について考えると、家屋空間の中の家族共有の場所であるサウマヤンに集まり食事をした、というのがクヴァランの古い食事形態であるらしいと推測できる。新社の人々の現在の生活様式や意識の点から見ると、高床を張った寝室は、火を使って煮炊きしたり、ものを食べたり、または祖先を祀ったりするところではない。睡眠を目的にしている以外の使い方はなされていないのである。実際、コンクリート家屋の中に作られた高床のカイヌパンには一日中布団を敷いたままにしている場合もあった。高床の上に炉が切られているアミの単室平入り形式の家の部屋と比べると、クヴァランの高床の部屋はアミとは使い方がやや異なるようだ。

新社のクヴァランの生活形態や聞き取り調査から考える限り、火を使う煮炊きは茅葺の母屋の一番外側に設けた土間、あるいは別棟の台所の中で行われ、食事の時は台所に家族が集まって食べたのが本来の形式と思われる。

クヴァランの家屋における高床と土間

集まって食事を取る場所、という点から考えると、土間の機能や固有の食事の作法がより明らかになる。新社のクヴァランの家屋の機能を見ると、土間ではいくつかの儀礼がおこなわれる。

葬送儀礼パトロカンのときには、トモナウにおいて儀礼が進行する（写真11）。宗教結社メンバーのリーダーである二人のムティユがトモナウの奥に座って儀礼の進行役となり、バイラテラルな血縁関係のある人々が順番に死者に捧げものをするのである。親戚以外の弔問客が前庭に集まって見守る中で、血縁者は一人ずつトモナウに入って

写真11　パトロカン儀礼開始（死者の霊魂を呼び戻す）（1985年筆者撮影、写真12も）

写真12　パトロカン儀礼に集まった弔問客たちの食事風景

きて、死者の霊魂に供え物を捧げる。土間には敷物を敷いてその上には水を入れたたらいを置き、そのわきの地面の一方に死者や祖霊への供物を用意し、もう一方の側には故人の遺品を山積みにする。二人のムティユの指導のもとに、弔問客はしゃがんで地面に置かれた供物を取り、捧げる。

神や祖先を祀ることで病気を治すキサイーズ儀礼やパクラビ儀礼も、トモナウで行われた（写真13～16）。トモナウに集まったムティユたちは、北の方向に向かって二列に並んで至高神のいるところを目指す旅の様子を演じ、見えない糸に引きずられて神のもとへ走ったり、気を失って倒れたりする場面が進行する。病人の衣服がトモナウの床に広げた敷物の上に置かれ、神に捧げる餅が並べられる。その回りをムティユたちが取り囲んで低い腰掛に座り、神に捧げる歌を歌い、その後、トモナウで輪になって歌い踊ったのである。村人によれば、かつての病気治療儀礼は人々が集まる賑やかな集まりであり、見物の村人もトモナウに招き入れられてこれらの様子を参観した。そして女性が初めてこの儀礼を行う時は儀礼が何日も続けて行われ、客に食事も振舞われたという。

一方、もう一つの土間であるサウマヤンは、調理の場であるとともに、家族の集まるプライベートな食事の場でもあり、新年には祖先を祀るパリリン儀礼が行われる場所でもあった。これは家族成員のみ集まる儀礼であり、一人ずつ捧げ物をする形

写真 13　パクラビ儀礼の開始（神を呼びに行く）（1984年筆者撮影、以下写真 16 まで）

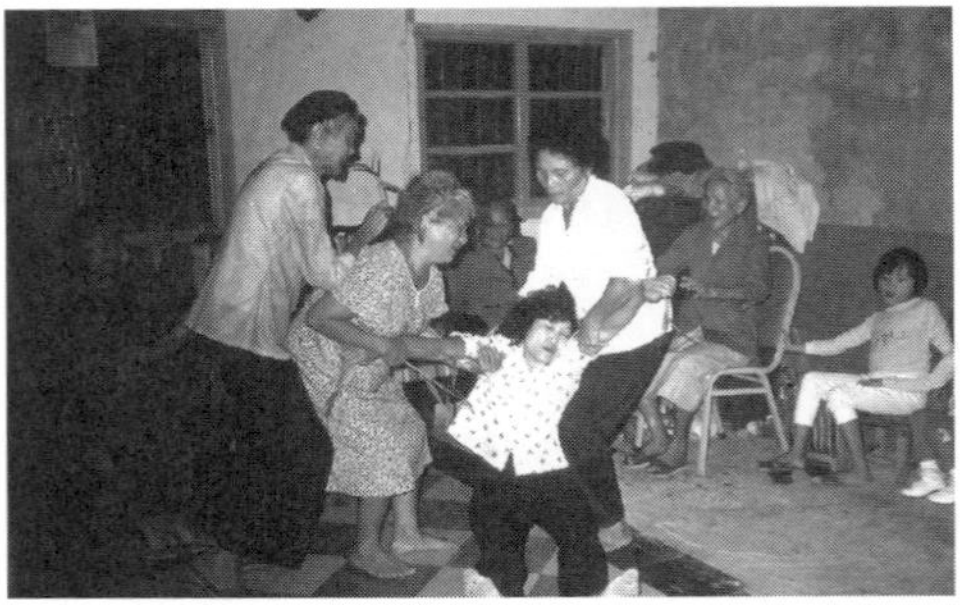
写真 14　パクラビ儀礼（病気の者が気を失い倒れる）

写真 15　パクラビ儀礼（歌を歌い神に捧げものをする）

式の儀礼である。

クヴァランの伝統的な儀礼がいずれも土間で行われることを考えると、新社で見る限り、クヴァランの家屋において、土間は重要な宗教的役割を担う空間であったといえる。その中で、サウマヤンは家族の共有空間であり、トモナウは公共性のある空間であった、という区分が成り立つ。それと対照的に、高床からなるカイヌパンは、家族それぞれに分け与えられた寝床の機能に特化されているのである。

クヴァランの家屋の構成要素

以上の新社村での聞き取り調査から、クヴァランの家屋の構成要素をあらためて取り出してみると、最低限必要な空間は、サウマヤン（台所）、トモナウ（居間）、カイヌパン（寝室）の三つの部分であることがわかる。

サウマヤンには竈があり、これは独立した家族の象徴でもある。若い夫婦が親元を離れて分出[2]する際には必ず竈を分ける。もし新しい家屋の建築が間に合わないときには、同じ家のなかを壁で区切って、相互に内部からは行き来できないようにし、新しいサウマヤンを作り、分出した家族はその台所で食事を取るのである。一方、家屋本体に不可欠なのは、居間と寝室である。新社のある事例では、夫婦が独立して同じ家屋の中に一間屋相当の空間を占有したとき、そこにトモナウとカイヌパンの二つの空間が新たに構成された。もともと寝室だったところを二分して、半分の床を取り払って寝室と居間の二つの部分に作り直した。更にその外側に増築した部屋を台所としたのであった。これは、夫婦が分出したときに、すぐに家を建てることができなかったために、臨時の措置として寝室を奥に作って壁を張り、手前に土間のスペースを確保したものであった。更にその部屋の外側に柱を立てて部屋を継ぎ足して台所としたのだった。分出に際しては竈の新設が必要であるけれども、それだけではなく、新しい独立した世帯には居間も必要だったのである。その後、この夫婦は三部屋からなる家を建てたが、炊事場に一部屋分を取ったため、残りは居間と寝室の二部屋の構成となった。

写真 16　パクラビ儀礼（神に捧げる歌と踊り）

また、同じ家屋内で分出して二つの部屋を夫婦が使うことになった家族の例では、一方の部屋を台所と居間を兼ねた土間とし、残りの一つの部屋をさらに半分に分けて、籾倉と、高床を張った寝室にした。トモナウとカイヌパンを分けるときは、カイヌパンの中がトモナウから見えないように、壁で仕切りをつけたのである。このようにカイヌパンが一部屋だけという例は少なかったが、何れも寝室、居間（兼接客空間）、台所という三つの構成要素はそろっていたのである。

以上のような新社村の事例は、クヴァランの家屋の漢化以前の原型がどのようなものであったかについて考察する上で、参考になるだろう。

また、速水が報告した聞き取り調査記録によれば、宜蘭のクヴァランの家は、寝床は一つだったという。そこで、クヴァランはもともと北部アミ族のように仕切りをつけない家に住んでいた、という推測をしてみよう。

宜蘭のすべての村のクヴァランの家が同様な構造であったのかどうかは断定しがたいが、もし仮に寝床が一つしかないのが一九世紀頃の宜蘭の典型的な家屋の伝統構造であったとすると、二〇世紀の新社で建てられていた三間屋形式の家屋の基本構造は、漢人の家屋からある程度影響を受けたものだったかもしれない。宜蘭平原から新社に至る移住を経てきたクヴァランが、移住のどこかの段階で家の構造に変化を生じたのであろう。こうした変化について考えてみるにあたって、淇武蘭遺跡の家屋遺跡との比較をしてみたい。

淇武蘭遺跡の発掘調査で発見された柱の列などからは、復元される家屋の主体長度が八メートル、幅三・八〜四メートルで、両側に延ばして一五メートルの長さであったと推定されている（図９　淇武蘭遺跡の柱穴の図参照）［陳有貝　二〇〇七：六二―六三］。この家屋が一間あるいは二間を基本としていたらしいという点は、新社の多くの家の基本的な建て方とは異なる。しかし、長辺に沿って部屋を継ぎ足したらしい痕跡があること［陳有貝　二〇〇七：六三］からみると、新社のクヴァランの家の増築方法と共通する点はある。新社の家を念頭に置くと、一間屋、二間屋の大きさでは、夫婦に子供が何人か生まれるだけでも居住空間は不足する。クヴァランの家族サイクル及び家の建て方から見て、横に延ばして増築することは、家族が増えれば当然の結果であろう。もともと大きな家を建てたわけではないらしいので、家族が分出をしないで一緒に住み続けるならば、寝床となる部屋数を増やす必要があっただろう。淇武蘭の家がどのような向きに増築し、どのように部屋の機能を分けたのか、ということは考古学調査からもまだはっきりとは分かっていない。土間の左右に均等に増築を重ねるのであれば漢人からの影響があったと見ることもできる。その反面、最初の段階が一間あるいは二間からなる構造であったのは、最初から三部屋を供えた家を建てる漢族とは異なっているともいえる。その場合、長辺に沿って土間を中心に、部屋を左右対称になるように継ぎ足すことが漢人からの影響であったかもしれない。柱の遺物や柱と高床を接合した部分の残余物などから、高床すなわち寝床にあたる部屋が家屋の中のどの部分であったのかを推定するなどの試みが必要であると思われる。

末成道男は、アミ族の家屋について、漢人の影響を受ける前の伝統的形態と、影響を受けた後の家屋とを比較しているが、その相違点は、部屋割り、入り口の位置、左右対称性であった［末成　一九八三：一〇八―一一二］。まず、日本化した家屋では入り口の位置が変わっていた。末成が示した例では入り口の位置が九〇度劇的に変化しており、このような変化はクヴァランにも起きなかったとはいえないだろう。この点は遺跡の形態と、新社の家の形態についてさらに検討が必要である。遺跡には長方形の家の柱跡があるので、形態としてはとりあえず新社の昔ながらのスタイルとあまり違わないように思われる。

次に高床の高さについてである。報告書では、遺跡からはまだ梯子が発見されていないので高床はそれほど高くはなかったのではないかと推測している［陳有貝　二〇〇七：六二］。しかし、速水家彦の記述には、宜蘭では家の寝床に入るのに梯子を使ったという発言が記録されており、梯子の存在を念頭に置いた方がよいかもしれない。その一方で、新社の伝統家屋及びコンクリート家屋では、高床の高さは地上から五〇～六〇センチ程度であり、どこの家の場合も一メートルには達していない。したがって寝床に入るのに梯子は必要ない高さである。速水の言うように宜蘭の家屋に梯子があるのが一般的だったなら、宜蘭の家屋は新社の場合よりもっと地上から高い高床であったのではないか。宜蘭平野のように川が縦横に走って低い土地が広がる地形であれば洪水に見舞われる可能性も高かったのに対し、新社は海岸段丘上に集落があって洪水の心配が要らない。梯子の有無は、このような地理的条件の違いを反映していたかもしれない。速水の報告にある武暖社の海抜高度は四・一～五メートルであるのに対して、淇武蘭は二・一～三メートルと低くなっている［施添福　一九九七：一四］。高床の高さをより高くする必要があったのは海抜のより低い淇武蘭の方だったのではないか。

四　家の周囲の空間利用

次に、家とその周辺の空間利用について比較する。淇武蘭遺跡の柱穴の周辺にはたくさんの穴の痕跡があり、遺物もまとまって出土している。新社の伝統的家屋の空間配置との比較から見れば、屋外に建てられたのは、台所、トイレ、籾倉、豚小屋、鶏小屋のいずれかである。あるいは、『噶瑪蘭庁志』に記述され、速水の報告にもある「北投口」「北投」に該当するものだったかもしれない。

台所の竈、トイレと籾倉については、新社の村人に伝統的な形態について聞いた。

（1）竈

台所の竈は赤土を使って作る。四角く整形して真ん中に鍋や釜の大きさにあわせて穴を開ける。横にも穴を開けて火の焚き込み口を作る。竈の代わりとして、臨時の時には三個の石を置いて火を焚くこともあった。これは山で仕事をしたときなどに行う略式の作り方であった。

（2）トイレ

新社の昔の便所は、家の外に丸い穴を掘ったものであったという。深さは人の背丈ぐらいで、用を足すときに穴に落ちないように丸太を何本か横に差し渡した。板状の木は使わず、丸太のままの木をそのまま使った。トイレは、コアチンや竹を使って家と同じように周囲を壁と屋根で覆った。トイレの穴は丸いが、周りの壁は四角く四方を囲んで作った。汚物がたまってくると、川などに捨てに行ったという。排泄物がたまったときに穴を埋めて別の穴を新しく掘らなかったのかという質問に対しては、そういうことはしなかった、という。一度掘ったトイレの穴は、その家に住み続けている間ずっと利用したようである。排泄物を豚のえさにしたり、堆肥を作ったりすることはなかったようだ。このような形式がいつからはじまったのかについても推測は難しい。末成道男教授の経験によれば、一九六〇年代において、調査地の台東のプユマ族とアミ族の村でも同じような形式の別棟のトイレがあったとのことであり、[3] 植民地時代に行政指導による共通の影響を受けたものかもしれない。

（3）籾倉

籾倉も家と同じようにコアチンと竹で作る。大きな家では、自分たちの家のなかに籾倉を作り、小さい家では屋外に作った。家のなかの籾倉は、一部屋分を使うこともあれば、サウマヤンやカイヌパンの一部におくこともあった。ある村人の記憶に寄れば、籾倉の床は地面ではなく、コアチンを並べて、牛の糞と土を混ぜたものをその上に塗ったという。これは壁を作るときのやり方だが、籾倉の床にも同様にこの材料を塗ったのである。

五　家の耐用年数——新築と引越し

家屋の空間利用の時間的変化と家族サイクルについては、すでにいくつかの事例を示して拙著［清水　一九九〇：二六五—二八七］に紹介したので詳しい内容については省略し、ここでは引越しと家の耐用年数について述べる。新社のクヴァラン族の家はアミ族の家より小さい。かつてアミは五〇～八〇年の耐用年数のある頑丈で大きな家を建てたが、クヴァランの家は五～一〇年ぐらいで建て替える事が多く、長くても二〇年程度である。建て替えに際しては、同じ敷地に家を建てた例は少なく、むしろ同じ集落の中の離れた場所に建てる事が多かったようだ。

新しい家を建てるきっかけは、まず家族の一部が分出するときであるが、そのほかにも、①家が古くなった、②火事で焼けた、③台風で倒れた、④家族が病気になり、その土地の祟りを畏れた、⑤自分の水田の近くに住む方が便利だと判断した等いろいろな理由がある。コアチンの家は、耐久性がない反面、建て替えやすい。新社のクヴァランは特定の敷地に長年住み続けることにこだわることはなく、新築を機会に別の敷地に移ることが多い。同じ敷地に建て替えるなら、その間の住居を確保しなければならないが、別の敷地に建てるなら、その必要はないという点でも合理的な方法である。

このように比較的短期間で家を建てては村の中の別の場所に移っているので、ひとりが一生の間に住んだ家の柱穴の数は村に点在する数軒分になる。集落遺跡から同時代の人口や個数を概算するとき、クヴァラン族の家族サイクルと家の耐用年数の関係も考慮に入れる必要があるだろう。ただし、淇武蘭遺跡の遺物からは木板が建材として多く使われていたことがわかっており、コアチンよりも丈夫な木材の材質であることから、新社のコアチンの家屋よりも長めの耐用年数であったと考えられる。しかし、クヴァラン族の家族構造から考えて、淇武蘭の家屋は、大家族の拠点として八〇年以上も長持ちするアミ族の家屋ほどではなかったと考えるべきであろう。一七世紀中頃のオランダ時代の記録によれば、淇武蘭社には一六〇戸、八四〇人の人口があった［陳有貝　二〇〇七：二二］。一戸当たり平均五・二五人である。三世代同居の家族形態であれば、ほぼこれに近い数値になるだろう。ちなみに末成道男の調査によれば、台東県長浜郷の石渓（仮名）のアミ族の一戸当たりの人数は次のようであった。

一九一九年　一〇・四人
一九二九年　一一・〇人
一九三九年　一一・五人
一九四九年　九・八人
一九五九年　八・八人
一九六九年　七・四人
〔末成　一九八三：一一二〕

大家族が同居するアミ族に比べると、淇武蘭社のクヴァラン族の家族の規模は小さかったことがわかる。

六　画像に残された家屋の形状

新社の家屋構造に基づく比較考察に加えて、過去の画像資料による補足を加えておきたいと思う。まず、台湾大学に残る写真の中には日本統治時代の宜蘭のクヴァランの家族らしき人々が写っているものがある。

これらの写真の家屋のうちの一つは、茅葺きに竹かコアチンのような植物を並べて作った壁で作られているものであり、もう一つは茅葺きではあるが石積みの上に煉瓦を重ねた漢人風の建て方のものである。写真17、18、19はいずれも同じ流流社の同じ家の前で撮影されたものらしい。写真20は武暖社の家である。流流社の方は、漢人の家のような左右対称の構造であるのかどうかが画像からははっきりしない（写真17、18、19）。ただし、棟の向きから見て、家の長辺に入り口がついた形式ではあるようだ。一方、武暖社の家は入り口がある方が長辺と思われる。煉瓦が使われていることから見て、この建て方はすでに漢人の影響を強く受けたものかもしれない（写真20）。

写真 18〈台大 A226〉流流社の家の前

写真 17〈台大 A233〉流流社の家の前に集まった人々

写真 19〈台大 A232〉流流社のクヴァランの家

写真 20〈台大 A225-1〉宜蘭武暖社のクヴァラン（写真 17 ～ 20 はいずれも 1932 年撮影）

また、浅井恵倫が撮影した一九三〇年～四〇年ごろの写真の中には、花蓮港の加礼宛社の集落あるいは花蓮港の付近のクヴァランの集落で撮影したと思われるものがある。これらの写真に関する聞き取り調査の結果、花蓮港の周辺に散在するクヴァランの集居地区のものと推定された写真を掲載し、参考に付したいと思う。

浅井が撮影した地点は、二〇〇六年の調査によってほぼ明らかになった。これらの写真はおもに〈C3―3〉の写真群に含まれ、場所はそれぞれ花蓮港附近の北浜、南浜、十六股、加礼宛社付近で撮影された風景や人であることが判明している。花蓮港付近で浅井の調査した地域が記録されているのは、【OA21】「花蓮港庁下、台東庁下のカヴラン平埔、並びに大庄のシライヤ平埔」を調査したノートの記述であり、以下の調査の日付と、村落の住所番地とインフォーマント名、生年、どこから移住してきたか（地名）の情報が箇条書きになっている。

住所番地のメモから浅井の調査を類推すると、

七月一五日　花蓮港　北濱、南濱、米崙、加礼宛
七月一六日　十六股、加礼宛

となる。

これらの地域は、現在の花蓮市中心部の北側に位置し、花蓮港を取り巻く地域にある。加礼宛は一九世紀半ばに宜蘭からの最初の移民によって集落が建てられたところであり、米崙はその付近である。十六股は清代後期に開発された漢人の移住集落である。北浜・南浜は花蓮港の南側の海岸沿いにあり、比較的新しい移住者の住む集落である。〈C3―3〉の写真群の撮影場所の鑑定結果と、この二日間の調査日程はほぼ重なるので、写真は一九三七年七月の撮影と推定される。これらの写真に記録された家の造りは新社の家屋と若干異なり、木造家屋が多いことも特徴である。これらの写真のうち、家屋が写っているものを以下に取り出してみることにしたい。

〈C3―3―9〉（写真21）、〈C3―3―11〉（写真22）には二人の婦人が木造の民家の前庭で踊っている様子が写っている。クヴァランの治療儀礼の際の踊りをみせているところらしい。新社で聞き取りをしたところ、白い上衣の女性は花蓮の加礼宛（現嘉里村）に住んでいた人で、プラッツという名前だということがわかった。夫はクヴァランだがプラッツ自身はアミであった。民家がプラッツの家だったかどうか判明しなかったが、日本統治時代当時のクヴァ

写真 21〈浅井 C3-3-9〉

写真 22〈浅井 C3-3-11〉

ランは戸口に対聯を貼る習慣がなかったので、この家はクヴァランの家らしい。家の前には木臼や平ざるや煉瓦などが置いてある。また玄関前の土台の土止めとして太い円筒形のものが地面に並べて埋め込んである。新社の住民によると、クヴァランは以前、家の前に酒瓶をずらりと並べて埋めて土止めとした。酒瓶のガラスは外観がきれいだからという理由だったそうだが、写真の土止めがガラス瓶かどうかは判断しにくい。新社では、瓶を並べて家の前に埋めておいたところ、割れたガラス瓶に触れて子供が怪我をしたので瓶を埋めるのはやめて石に替えることになったという。

写真23は先の加礼宛の民家と同じような板壁の木造家屋が並ぶ集落である。茅葺きの屋根もあるが、大半は木材で葺いてあるようだ。このような木造の家は日本統治時代の新社には二軒しかなかったが、花蓮のクヴァランの家はむしろ木造が多かったようだ。遠くに見える堤防は建設中の花蓮港であり、位置関係から見て集落は南浜らしい。港が整備されていなかった頃は、大型の船が花蓮に接岸するのは難しく、このあたりの浜で艀を使った荷揚げ作業が行われた。北浜・南浜の集落には植民地時代になって宜蘭から移住してきたクヴァランが集まって暮らしており、主に荷揚げ作業に従事していた。しかし、一九三九年に花蓮港が完成した後、次第に荷揚げ作業の職は失われ、この地を離れていく人が多かったという。家々を上から見た写真なので間取りを推測することは難しいが、漢人の三

合院や一護龍などとは形態が異なっている。家がひしめき合って建っているので、前庭はほとんどないように見える。

同じ写真群のなかにある写真24の家〈浅井C3―3―12〉は花蓮郊外の加礼宛あたりの家らしい。前後する番号の写真との整合性からみて、この写真はクヴァランの家を撮影したものではないかと思われる。手前の低い屋根の部屋（おそらく炊事場）の屋根に立っている煙突は煉瓦で作られているようだ。加礼宛には煉瓦工場があり、建築材料として煉瓦も利用可能であった。これに対して、新社には煉瓦がなかったため、一九五〇年代頃の新社の家々ではトタンを丸めて針金で巻いて煙突にしていたという。

また、比較的新しいものだが、土田滋教授から提供された一九六八年の新社の当時の村の景観と家屋の様子が写っているものがあったので併せて掲載した（写真25、26、27）。写真25は山側から見た新社の中心パトロガン集落

写真23〈浅井 C3-3-18〉

写真24〈浅井 C3-3-12〉

写真25　新社の遠景（1968年土田滋撮影）

の風景である。瓦屋根の家も見えるが、大部分はまだほとんどが茅葺きであったことがわかる。写真26、27は偕萬來氏宅の木造の家の正面で撮影したものである。画面後ろには豚小屋らしき茅葺きの建物が見える。また、筆者の一九八五年の調査時には、コンクリート家屋に建て直した民家の隣に、漢人風の古い木造家屋の一部が残っていたので参考に掲げた（写真28：新社村・李清水宅）。この建て方は漢人の家と変わらない。

これらの建物は清朝時代にまでさかのぼるものではないが、それぞれの時代や地域の特徴を示しており、このような画像を丹念に拾い集めることによって、現代までの空白をわずかながら埋めることができるだろう。

写真 26　王崧興教授と偕萬來氏一家（1968 年土田滋撮影）

写真 27　偕氏宅前の土田滋教授（1968 年土田滋提供）

写真 28　新社の木造家屋（残存部分）（1985 年筆者撮影）

終わりに

以上、新社での調査で得られた民族誌資料の中から、淇武蘭遺跡の遺物との関連が考えられるクヴァラン族の伝統的生活形態について思いついたことを取り上げ、家屋の構造と機能を焦点として一部分比較を試みたが、最初に述べたように、考古学によって得られる宜蘭のデータと新社の民族誌データとの比較は慎重を要するものであり、直ちに結論に結びつくようなものではない。両者の間には時間や空間が横たわっているからである。しかし、七、八〇年前の日本統治時代の画像データをその間に挟んで参考にしながら、最近の民族誌データやアミ族との比較も交えることで、発掘資料からは見えにくい側面にも注意を喚起することができると考える。そして、そこにあらわれる淇武蘭社の人々と一九八〇年代の新社の人々との間の相違点と共通点は、クヴァラン族の人々が過ごしてきた時代による変化の形態をはじめとして、幾つかの可能性について考察を進めるきっかけを与えてくれるのである。

注

（1）本文中のクヴァラン語のローマ字表記は、李&土田『噶瑪蘭語詞典』［中央研究院　二〇〇六年］（Li, Jen-kuei, Paul & Tsuchida, Shigeru, 2006, *Kavalan dictionary*, Academia Sinica）による。

（2）クヴァランの家族の分出は漢人のように財産分けを必ずしも伴うものではなく、竈を分けて居住空間を共有しなくなるというものである。家族が分裂して複数の家族に分かれることを意味するクヴァラン語の本来の表現は「竈分け」である。竈分けのときに親の財産の一部が与えられることがあるにしても、本格的な財産分けは老父母が高齢化した時点で行われる。新社では日本語や中国語で「分家（ぶんけ）（フェンチャー）」という言葉が使われているが、日本人や漢人の分家と混同しないようにするため、本章では分出という用語を用いている。

（3）二〇一〇年一〇月二八日、末成道男教授の私信による。

第九章　トロブアンの歴史

一　クヴァランとトロブアン

二〇〇二年一二月、クヴァラン族が行政院において公式の「原住民族」として認定され、台湾で第一一番目の「原住民族」グループ「噶瑪蘭《カバラン》（Kavalan）族」という民族名を確定した。クヴァラン族は、日本統治時代以来、民族学や文化人類学からは台湾原住民諸グループの中の単一のエスニック・グループとして分類・認識され(1)、清朝時代には「熟番」、植民地時代には行政上「熟蕃」（のちには「平埔族」）と分類されたが、戦後、中華民国政府は、漢化の度合いが高いことを理由に漢人（平地人）と同等の扱いとし、行政的には原住民族として扱ってこなかった。しかし、クヴァランの人々は自ら組織して「正名運動」、すなわち失われた民族名を回復する運動を進めた。固有言語・習俗の残存、民族的アイデンティティの堅固さ等が調査によって再確認されたことにより、現存する原住民集団として公式な認定を受けるに至り［清水　二〇〇三］、クヴァラン族は、第一一番目の原住民となったのである。

彼らが現在、花蓮県の海岸地域に居住しているのは一八世紀以降の南遷の結果であり、スペイン人が台湾に拠点を置いた一七世紀初頭には、彼らはまだ宜蘭平原に散らばって四〇余りの村に住んでいた。漢人の入植者の増加につれて土地を手放して原住地を離れ、南へ移住した経緯はすでに前章で触れた。

さて、このクヴァラン族であるが、ひとつのエスニック・グループでありながら、実はその内部に、もう一つ別のバサイ族系のエスニック・グループを「内包」しているという事実がある。花蓮県豊浜郷新社村には、このような別種のアイデンティティを自らの血統のなかに内在的に保持するクヴァラン族の村人が一定数存在するのである。著者が調査した一九八〇年代半ばの新社村では、クヴァランはこれらの人々を「トロブアン[2]（ToRbuan）」と呼んでおり、混血の人々自身もトロブアンを自称していた。馬淵の分類では、宜蘭での彼らの自称に基づく民族名として「トルビアワン」という名称がつけられているが、本書では主として、新社における自称である「トロブアン」を用いている。馬淵が民族名としたトルビアワンというグループ名は、歴史的な記述の際に哆囉美遠という社名の閩南語読みの発音に基づくものであるが、オランダ・スペインの文献ではこれと同系と思われる人々がトゥルビアワン、テラボアン、タラボアンなどの名称で登場する。

新社のトロブアンの人々は、現在ほぼ全員がクヴァランと混血していると推定される。彼らはクヴァラン族としてのアイデンティティも持っているために、トロブアンをクヴァランとは別の単独の民族として区分けすることはもはやできなくなっているという事情がある。加えてアミの祖先や、漢人の祖先を併せ持つ人もいる。新社村は、日本植民地時代以来現在まで、クヴァラン族が住民の主体をなすほぼ唯一の村であるが、新社村の歴史を反映して住民のほとんど全員が他のエスニック・グループとさまざまな割合で混血している状況がまずあり、そのなかにあって、一部にトロブアンの祖先を持つ人々が混じっている、という複雑な民族的出自を生み出しているのである。

クヴァランが宜蘭平原に住んでいた時代には、トロブアンは海岸沿いに「哆囉美遠社」を形成していた。この時期からすでに両者の間に交流や通婚関係があった可能性がある。その後一八世紀後半に、海岸沿いの加礼宛社の人々を中心に海路花蓮方面への移住が行われたときにも、トロブアンはクヴァランとともに行動してきた。通婚も多く、その結果、今日の新社では、トロブアンの血統はクヴァランの人々のなかに内包されている形で存在しているのみである［清水　二〇〇四：二一一－二一二］。

この二つのグループは言語学的には異なる集団に分類され、トロブアン語は、リナウ語、カウカウ語とともに北部のバサイ語の下位グループに属している［Tsuchida 1980: 30］。新社村の村人は、トロブアン語のいくつかの単語を記憶しており、クヴァラン語とは違うことばだったと述べている。しかし日本統治時代にすでに新社村にはトロブアン語を話せる人はなく、トロブアンの子孫たちがクヴァラン語の中にたまにクヴァラン語とは異なる単語を混ぜて話していた。新社の人々が説明するところによれば「トロブアンの言葉は、日本語の中でも東京の人と大阪の人の話し方が違うのと同じようなものだ」という。しかし、クヴァラン語に対するバサイ語あるいはトロブアン語は別の言語であり、聞けばすぐわかる方言のようなものではない。新社に移住してきた人々とその子孫の間では、すでにトロブアン語はいくつかの単語だけを残して消滅していた。そのために、クヴァランの人々からは、トロブアンの言語は時々知らない単語が混じるクヴァラン語の方言のようなものと認識されていたのである。

民族集団としてのトロブアンは、馬淵東一の分類に基づくと、平埔族の一〇種のエスニック・グループのうちの広義のバサイ族に含まれる。馬淵は、広義のバサイ族を主として言語学的根拠からさらに三つの下位グループ（バサイ、リナウ、トルビアワン）に分けている［馬淵　一九七四：五〇八］。このうちトルビアワンとされるグループに該当するのが、新社村で「トロブアン」と呼ばれる人々である。日本統治時代には、宜蘭平原の海岸沿いの哆囉美遠社のあったところは「台北州宜蘭郡大福庄社頭」と呼ばれるようになり、新社村に居住するトロブアンの人々は、社頭からの移住者たちの子孫であることが日本統治時代の戸籍によっても証明されている。

ところで、新社村では、クヴァラン、トロブアン、アミ、漢人など複雑なエスニック・グループ間の婚姻関係が展開され、トロブアンは村内の推定でわずか一〇〇人前後の人口、しかもすべての人々が複雑に混血しているにもかかわらず、重層する複数の「族」集団への帰属意識のなかに、トロブアンとしての自己意識が今日まで保たれてきたのである。生活上の相違が何もない中で民族としての意識が複数のエスニック・アイデンティティと同時に保たれていることは興味深い事実である。彼らのアイデンティティについては、祖先祭祀の側面から次章で詳しく述べることにしたいと思う。以下ではまず、トロブアンの歴史について考察し、鳥居、浅井の写真との関連について触れてみたい。

二　トロブアンの歴史

砂金交易とトロブアン

トロブアンの歴史的な記録は、スペインとオランダが台湾北部を占領した時代にさかのぼる。この時期、トロブアンの祖先にあたる人々によって砂金の採取と加工が行われていたことが知られている。スペインもオランダも、砂金の採れる場所がどこにあるのかに強い関心を持っていたことから、トロブアンの祖先にあたる人々についての記述は、スペイン人・オランダ人の金鉱探索に関する報告書の中に残されている。以下にその記述を拾いながら、トロブアンの祖先の歴史を振り返ってみたい。ところで、この人々の呼称については、スペイン語文献、オランダ語文献の違いによるばかりでなく、それぞれの文書の書き手によって、また文脈によっても、トゥロボアン、テラボアン、タラボアンなどと綴り方が異なっており、統一が難しい。以下の引用ではそれぞれの文書の書き方を尊重しているが、異なる綴りが出てきて紛らわしい場合にはカッコ内に別の呼称を付してある。

スペイン人の記録のうち、一六三二年のドミニコ会士エスキヴェル神父による「台湾島に関する出来事の記録」によれば、台湾東海岸のトゥロボアン（Turoboan）という村は多くの金鉱を有し、北部のタパリ人（Tapari）たちは、たくさんの黄金を集めてそれを中国人に売り、石の硬貨やクエンタス（タガログ語で首飾り）を手に入れている［Borao 2001: 163］とある。

また、エスキヴェル神父は同じ報告の中でカバラン（宜蘭平原）にある三六か村の名前を列挙しているが、その中にはキタラビアワン（キタラービアヴァン）：Quitalabiawan（Kitala-biauan）という村の名前があり［Borao 2001: 164-165］、これが清朝時代の記録では宜蘭平原沿岸部にあった哆囉美遠社と同じ村落を指すものと思われる。一方、エスキヴェルによると、金鉱のある場所の中で原住民の間で最も知られているのは産出量の豊富なトゥロボアン（Turoboan）の金鉱であるという。ファン・デ・アルカラゾ将軍はこの土地から産出された二三カラットの金を見たと述べたこともエスキヴェルは併せて記している［Borao 2001: 165］。今日までの研究で、トゥロボアンは花蓮のタッキリ渓の北から大濁水渓の間あたりに存在した村のことであるらしいと考えられている［中村　一九四九：三〇五］。また、中村はタパリを淡水、基隆をカマリ（キマウリ：金包里）であると推定した［中村　一九九一：一九六］。

また、一六四四年の『バタヴィア城日誌』によれば、オランダ人は金の採集と加工を行っていたテラボアンとその住民についての情報を集めていた。『バタヴィア城日誌』の中には黄金に関することとテラボアン及びバサイ、クヴァランの関係に関する記述が見える。以下にその概要を示す。

> キマウリ（金包里）の住民は毎年テラボアンで四〇レアルの金の取引をしている。銀についても相当の知識を持っている。砂金を鋳造しないで平たく打ったものは一レアルの重さに対して銀八レアルを支払うが、平金板には偽物が多いので四レアル以上は出さない。鎖状にして耳飾りや胸の飾りにするものもある。三貂角や宜蘭平原の住民も同じように黄金を求めているが、キマウリ人のように（海外との交易品の）鉄鍋や布その他の中国雑貨を手に入れる機会が少ない（ので、キマウリ人の方が金の交換では優位に立っている）。テラボアン人は金銀両方の知

識を持ち、またこれを試験するための試金石を持っている。テラボアンには四、五、六月の間に一回旅行することしかできない。その際商人は輸入品を速やかに売り渡すので、それ以上内地に入り込んで輸入品を売ることはない。かつては五、六日で往復することができたので、二回の旅行をすることができた。テラボアンは人口二〇〇人の村で、スペイン人または中国人に貿易をすることを許可したことはない。彼らはスペイン人を畏れており、中国人は彼らを怖れているからである。これに対してキマウリ人は昔から彼らと貿易をし、その交換して得た黄金は、雑貨と引き換えに中国人に渡していた。このような砂金はひどく雨が降った際に海岸の砂の中に混ざっているのを見つけるということである［村上　一九七二a：二八三］。

オランダの探金事業

一六四三年の記録によれば、オランダ東インド会社は東海岸にボーン大尉率いる探検隊を派遣し、産金地タラボアン（テラボアン）に到達し、ある程度の情報を得た。タラボアンの首長らはボーンに対し和平友好の意を示し、会社員若干名がこの地に駐在して調査することを勧めた。ここで得られた情報は、タラボアンの位置が大体判明したこと、八月の豪雨の後、川辺に金の粒が産出すること、タラボアンとアミ族の村落テラロマとの関係は特別であるらしいことなどであった［中村　一九九一：一九四―一九五］。翁佳音は『凱達格蘭族書目彙編』のなかでオランダ東インド会社の文書《VOC 1145, fol.270-273》を中文に翻訳している［翁佳音　一九九五：一一〇―一一三］。前記の報告のもとになった記録は、翁佳音の文献譯注の第二編に収められた一六四三年三月九日付の、オランダ東インド会社によって行われた日本人クサエモン（Quesaymon：喜左衛門？　九左衛門？）に対する尋問の報告である。この日本人は、かつて乗り込んだ船が台湾の海岸で座礁して仲間が原住民に殺され、そのままキマウリ人の女性と結婚して金包里に住みついた。彼は洗礼を受けており、当時六二歳だったとされる。中村孝志もこの文書に書かれた内容について概要を示している〔中村　一九四九：三〇八—三〇九〕。そこでは東インド会社側は、金鉱のある場所についてクサエモンに対して細かい質問を繰り返している。以下このやり取りの内容を示すにあたり、翁佳音の中文を参考にし、オランダ語の原語が付記されている場合にはそれを併記した。また、中村孝志の上記文書の概要説明を参考にした。

——金鉱は発見されたのか？

——ある程度の金を産出することは知っている、しかし金鉱があるかどうか知らない。海岸あたりで産出する。

——そこはどこか、そこまでの距離はどのくらいか、なんという名前か？

——距離は知らないが、天気は晴れて風があるときには航行一日でよい。その地はテラボアンという。

——そこへは陸路で行けるかあるいは船で行くのか？

——船で行けるだけだ。しかも天気が良い時ならいける。船も大きいものが必要である。

——陸路で行くのは困難かもしれない。しかしもし行くならそこへ到達するのに何日ぐらいかかるか？

——いう通りで、陸路は容易ではない。

——一般の人はそこへ行くのにどの道を利用するのか？彼はその地に行った時、当地の住民あるいは野蛮人が金を持っているのを見たことがあるか、当地の居民の話を聞いたことがあるか？

——そこへ行ったことは五、六回ある。今年も一度行った。そこで見た金は、少量の砂金である。テラボアンの言葉も分かる。というのはその地の彼らの慣習によって交易を行うからだ。

——その金はどんな形だったか？　山金？　砂金？　あるいは溶かして板状にしたものか、あるいは成形してその他の形にしたものか？

——砂のようで、そのほかの塊を見たことがない。しかし薄紙のように打ったのを見たことがある。

――当地の居民は金をめずらしいものとして大事にしているか？　人に見守らせているか？彼らと交易できるだろうか？

――当地の居民は一レアルの金を六あるいは六・五レアルの重さの銀と交換で売る。ただし総量はあまり多くない。

――その地でどのような産品や貨物を金と交換したがっているだろうか、価格はつねに上がっているか？

――そこの居民は魚の塩漬けや、生魚、模様の布、醤油、銅製の腕輪を（金包里人から）もらう。これらは基隆の漢人が金包里人に売り渡したもので、金包里人は船で海岸に沿ってその地へ到達し彼らと交易を行う。陸路でそこに到達する道がないからだ。最初一レアルの金を銀四レアルで買った。その後は五レアルの銀で買った。のちには漢人の需要が切実であったため、値上がりして銀六～六・五レアルまでになった。

――彼らその地の住民は頭、首、手首、足、あるいは体のその他の部分を金で飾るのか？どのように身に付けるのか？

――女性の大部分は祭りの日や結婚式の時に、金を胸の前に掛けたり、頭や首に掛けたりする。これらはみな、金をたたいて作ったもののようである。

――彼らはその飾りが金であることを確実に知っているのか？銅で作ったものではないのか？彼らはどのような方法でそれを確かめるのか？

――上に述べたのは、祭りの時に用いる金のことであり、そのほかの場合には銅を用いる。彼らは飾りを作ることができる。また彼らは火を使って確かめる、銅は（火の中に立てると）直ちに黒ずんでしまうが、金は火の中に入れて五〇回焼いても変わらない。

――一年のうちで、そこへ行くのに一番適しているのはいつ頃か？

――南の季節風が吹く三月頃から五、六、七月、ただしその他の時期はそこへ行く方法はない。

〔中村　一九四九：三〇八―三〇九、翁佳音　一九九五：一一〇―一一三〕

基隆とその周辺に生活していたバサイの人々、特に金包里の住民がタッキリ渓方面のトロブアンと交易を行い、それを漢人商人が買い付けるという関係があり、そこに金包里在住の日本人も混じっていたのである。台湾北部の拠点である基隆から東海岸のタッキリ渓までは、簡単には到達できないことが、この質疑応答の中で明らかになっている。比較的大型の頑丈な船で行く必要があり、陸路は使えない。また、海路も季節風を見ながらでなければ移動が難しかったのである。また、質疑応答ではテラボアン人の金の装飾品の種類や使い方、金と銅の見分け方の知識などについても触れられており、興味深い。その後、オランダ人は台湾への支配を強めながら、砂金への関心を薄れさせることはなかった。

一六四五年には東インド会社は事務長セザールの一行四四三名を東海岸の遠征と探金に送り出した。隊は一二月にタラボアン（テラボアン）近くに到着したところ、タラボアンの長老タリエウ（Tarrieuw）が贈り物を持ってやってきた。セザールらは、金の供出を要求したが、彼らは応じず、翌年の供出を約束したのみで、セザールらは多くの金を得られずに帰着した〔中村　一九九一：一九八〕。

一六四六年、商務員ハッパルトは現地人通訳のテオドール、クサエモンらとともに金鉱地に赴き情報を集めてきた。それによると、タラボアンの住民に関する興味深い事実が判明した。

①クヴァランは金鉱地をタラボアンと呼ぶ。その地の住民は、タラボアン、パバナン Pabanangh、ダダン Dadangh の三族で、各異なった言語を用いる。

②タラボアンは六〇～七〇戸からなり、キモリ（キマウリ）語と同じバサイ語を話す。

③タラボアン人、ダダン人は砂金を年々絶え間なく、悪天候の際に川下の岸辺で採取する。これに対しパバナン人は一年の間、三か月を川下のみでなく川上で、大粒のものを多量に採取する。

④住民は、奥地の数カ所に住む通称パロヘアロン人Parrougearonが採金を許さないのでこれを恐れて山奥深くまでは赴かない〔中村　一九九一：二〇〇〕。

つまり採金の縄張りは、下流はタラボアンとダダン、上流はパバナン（下流でも採取）と一応分かれており、彼らの言語はそれぞれ別のものであった。そして奥地には凶悪なパロヘアロン人の居住地があったということになる〔中村　一九九一：二〇〇〕。これらの人々はどのような民族的背景があるのだろうか。

馬淵によれば、アタヤル・セデクの祖先の移動が始まったのは一八世紀初め頃のこと、タロコ・タウサイが山中を移動してタッキリ渓上流に出てきたのは一八世紀半ば頃と考えられ、オランダ時代には彼らはまだ中央山脈のあたりに住んでいたと推測される。オランダ時代の一七世紀の中頃にはタラボアンはタッキリ渓デルタの北に住んでおり、バサイ語を話し、宜蘭平原の哆囉美遠社とも交易を行っていたと考えられる。当時タッキリ渓のあたりには南勢アミが分布していたことから、中村は花蓮港西隣のアミ族旧社タラロマ（テラロマ）とも近い関係にあり、これに従属する関係であったと考察している〔中村　一九九一：二〇二〕。一六五〇年の戸口表には卑南北部にあってオランダ東インド会社に未帰順の地として、タラロマ、バセイ、タキリスの村落名があり、タキリスはアミ族の活躍境界線上の村落であった〔中村　一九九一：二〇二〕。

オランダ支配の末期にあたる一六五七年四月三〇日の記録では、「黄金の取引は、テラボアン人（Terraboander）とのみ行うことを得べしと認め、タイオワンよりカバラン（Cabolangh）湾に人を派遣し、鹿皮貿易を名として漸次黄金の取引に至るべきことを長官に任ずることに決したり」〔村上　一九七二b：一六三〕とある。この記述によれば、オランダはキマウリの住民を介してではなく、テラボアンの住民と黄金の取引を直接行おうとしていたようである。

この年の夏、オランダ東インド会社はようやくテラボアンに到達し、念願であった金を採取する場所を初めて見ることを許された［Blussé & Everts 2010: 296-303］。これは同年七月から八月にかけて行われた助手（補佐官）のヤコブ・バルビヤーン（Jacob Balbiaen）一行の旅によって達成されたものであった。一行は、宜蘭沿岸を経由して船で南へ下り、急峻な崖のある一帯（おそらく蘇澳と花蓮の間の断崖）を通り過ぎてタラボアン（Tarraboangh：バルビヤーンの報告にはこの綴りが用いられている）に到着し、一行はタラボアンの住民から歓待され、七月二五日から八月一六日までタラボアンに滞在した。

バルビヤーンの報告によると、タラボアンの村は、海岸近くの高台にあり、家は材木を使って地面から一フィート高くして建てられていた。一二〇軒の家があり、五つの区域に分かれていて、それぞれに首長がおかれていた。バルビヤーン一行は、それらの区域を束ねる村全体の頭目のタリボクラウ（またはタリボカラウ／オランダ語表記：Tariboeckelaauw、英語表記：Tarribockalouw）と会見した。彼はピーテル・ボーン大尉が帰順村落の首長に与えた杖を持っていた。タリボクラウは、「今は時期が遅すぎて逆風であるから基隆に行くのは難しい。しかし来年季節風が吹いたら基隆へ行き、オランダ東インド会社の新しい長官を訪問する」と述べた。彼は砂金の採れる場所にバルビヤーンらを初めて案内した。この場所はこれまでキマウリの住民にさえも知らせたことはなかったものであった。そのほかにも砂金が取れる場所があり、タリボクラウは海岸沿いの大理石の崖のところまで案内してくれた。金鉱がどこにあるかわからないが、大雨が降った後、流されてきた砂金がこのあたりの砂の中に混じるので、村人たちは総出で探しに来るという。タリボクラウはオランダ人がタラボアンに駐在して金鉱を探すことを許可した［Blussé & Everts 2010: 296-303］ことから、オランダ人の探金事業は新たな段階に入ったのであった。しかし、この四年後の一六六一年一二月には、オランダ東インド会社最後の長官コイエットは鄭成功の軍にゼーランディア城を明け渡して投降し、オランダの三八年間の台湾支配は終わりを告げたのである。

続く鄭氏政権も、また清朝も、この地方の砂金についての関心を持っていたことがわかっている［移川・馬淵　一九七四：四七六］が、清朝時代にはテラボアンに関する記載が次第に曖昧となり、その所在地について清朝の文献の間に種々の憶測が生まれた。馬淵東一は、タッキリ渓沿岸の民族と砂金交易の顛末について、オランダ、スペイン両国人、ついで鄭（成功）氏政権はこの産金地に到達しようとしていずれも失敗に終わり、清朝時代になると、砂金交易も行われなくなったらしく、その所在地も曖昧になったと述べている［馬淵　一九七四：四九四―四九五］。ただし、前述したように、最近英訳されたオランダ東インド会社の文書類により、少なくともオランダ側はタラボアン（トゥルボアン）という村と良好な関係を打ち立てることに成功し、金鉱の探索を本格化しようとしていたのであった［Blussé & Everts 2010: 296-303］。しかし、オランダの撤退とともに、探金事業は終わりを迎え、その場所に関する情報は薄れていったようである。清朝時代には、次第に砂金採取そのものが行われなくなったらしい［馬淵　一九七四：四九四―四九五］。

タロコの圧迫とトロブアンの移動

馬淵が採集した宜蘭のトロブアンの人々の複数の口承伝承によると、彼らの祖先はタッキリ渓河口あたりに居住していたが、タロコの圧力を受け、海路または海岸沿いに宜蘭東方海岸に移動したという［馬淵　一九七四：四七三―四七五、四九六―四九七］。馬淵はこの時期のトロブアンの移動について、その時代の台湾全体の民族の移動の波と関連づけて考察している。それによると、トロブアンの北方移動はタイヤル族やブヌン族の大移動と同じ波動に属するタロコの移動が引き起こしたものであったという［馬淵　一九七四：四七三―四七五］。つまり、山の中での原住民の領域の拡張や変動に伴って、タッキリ渓周辺にまで下りてきたタロコのトロブアンに対する攻撃が激しくなり、トロブアンの祖先はタッキリ渓を離れて北に移住したのである。

このようなタロコの移動を引き起こした山地原住民の大移動の波がこの時代に発生した理由について、馬淵は次のように考察している。山地の原住民の移動の波が起こるより先に、台湾の西部平原では漢人による平原部の開拓が進むという出来事が起こっていた。開拓に伴って森林が伐採されて水田になるにつれて、原住民の狩猟の対象であった鹿の捕獲量が急減したと考えられるが、その一方で、鹿の袋角および鹿鞭は、漢方薬の強壮剤原料として漢人側の需要が大きく、高価であったことから、漢人との交易のために原住民によって鹿が捕獲され続けた。より多くの鹿を捕獲するため、原住民は漢人から鉄砲を手に入れることが必要になった。そこで鹿の袋角や鹿鞭を含む猟産物及び林産物と引き換えに、鉄砲その他の漢人の製品が山地民の間に流入した。［馬淵　一九七四：四九六―四九七］。

他方、猟の獲物を増やすため、原住民は猟場を拡張することが必要になった。アタヤル（タイヤル・セデック・タロコを含む）族やブヌン族などの大移動の伝承について考察した馬淵は、まず遠隔地に猟小屋が作られ、やがてそれが耕作小屋にまで発展した後で、本格的な移住と部落づくりが行われたという話が多いことを指摘している［馬淵　一九七四：四九六―四九七］。山地原住民の移動は、このような猟場の拡張と結びついたものであったようだ。のみならず、鉄砲の使用は、ほとんど台湾全体の諸民族の間で行われていた首狩りに、画期的な戦術変革をもたらすことになった。銃という新兵器を持ったアタヤル族やブヌン族の襲撃を受けて、東部平地のアミ族村落が壊滅四散した事例は少なからずあったことから、馬淵はタッキリ流域のトロブアンも同様の状況におかれたのではないかと述べている。そして、タロコやタウサイなどの山地原住民グループがタッキリ流域に来住したのは一八世紀の半ば近くかと推測されるが、それに先立ってタロコの狩猟活動が同流域の住民に脅威になり始めていたことは十分考えられるとしている［馬淵　一九七四：四九六―四九七］。

一方、一六三二年の時点で宜蘭の原住民村落にキタラビアワン（キタラービアウァン）という名前があることから、宜蘭におけるトロブアンの村落形成は、一八世紀の移住よりもかなり早かったと考えられる［Borao 2001: 164-165］。移川・馬淵も、宜蘭平原における哆囉美遠社の形成は一六五〇年よりも前であると述べており［移川・馬淵　一九七四：四七五］、タッキリ渓からの移動時期とは一〇〇年ほどの開きがある。その間タッキリ渓のテラボアン村と、宜蘭の哆囉美遠社との間にどのような交流関係があったのかははっきりしていない。

詹素娟は、クヴァランの間に伝わるサナサイからの移住伝承について、馬淵東一、蕃務本署、台北州警務部、ボラオ（Borao）の資料をもとに、タッキリ渓付近から宜蘭への移動について検討を加えている。詹素娟はこれらの資料を総合した結果、トルビアワン（トロブアン）が宜蘭に入った時期は確定できないものの、但し必ず一七・一六世紀よりも前であったこと、そして、一七世紀の台湾東海岸の宜蘭、花蓮にはそれぞれ一つのトロブアンの村落があったこと、前者（宜蘭の村落）は後者（花蓮の村落）から遷移していったものであることを結論付けている。ただし、花蓮のトルビアワンがずっと継続してその地に在留していたのか、また、直接宜蘭へ到達した同族は、道光年間に花蓮からの人々が合流したときに、果たして彼らが帰ってくるのを迎えに行ったのだろうかと述べ、宜蘭の哆囉美遠社の住民とタッキリ渓から宜蘭に移住してきた住民の相互関係について疑問を投げかけている［詹素娟　一九九五：七三］。筆者も詹素娟の疑問については同感である。つまり、一七世紀初めから存在していた宜蘭と花蓮の両方のトロブアンの村落（トゥルビアワンとテラボアン）の間の関係が伝承されていないことに対する疑問である。オランダ人の記録では、砂金交易は宜蘭の哆囉美遠社の者が仲介を行っていたというわけではなく、オランダ人との仲介者はもっぱら基隆のバサイの人々であったことが記録されているのである。それにもかかわらず、さらに一〇〇年以上もたって、花蓮から宜蘭に移住した際に何らかの連携を持つことができていたのだろうか。

この点について馬淵東一は、「高砂族の移動および分布（第二部）」において、次のように述べている。

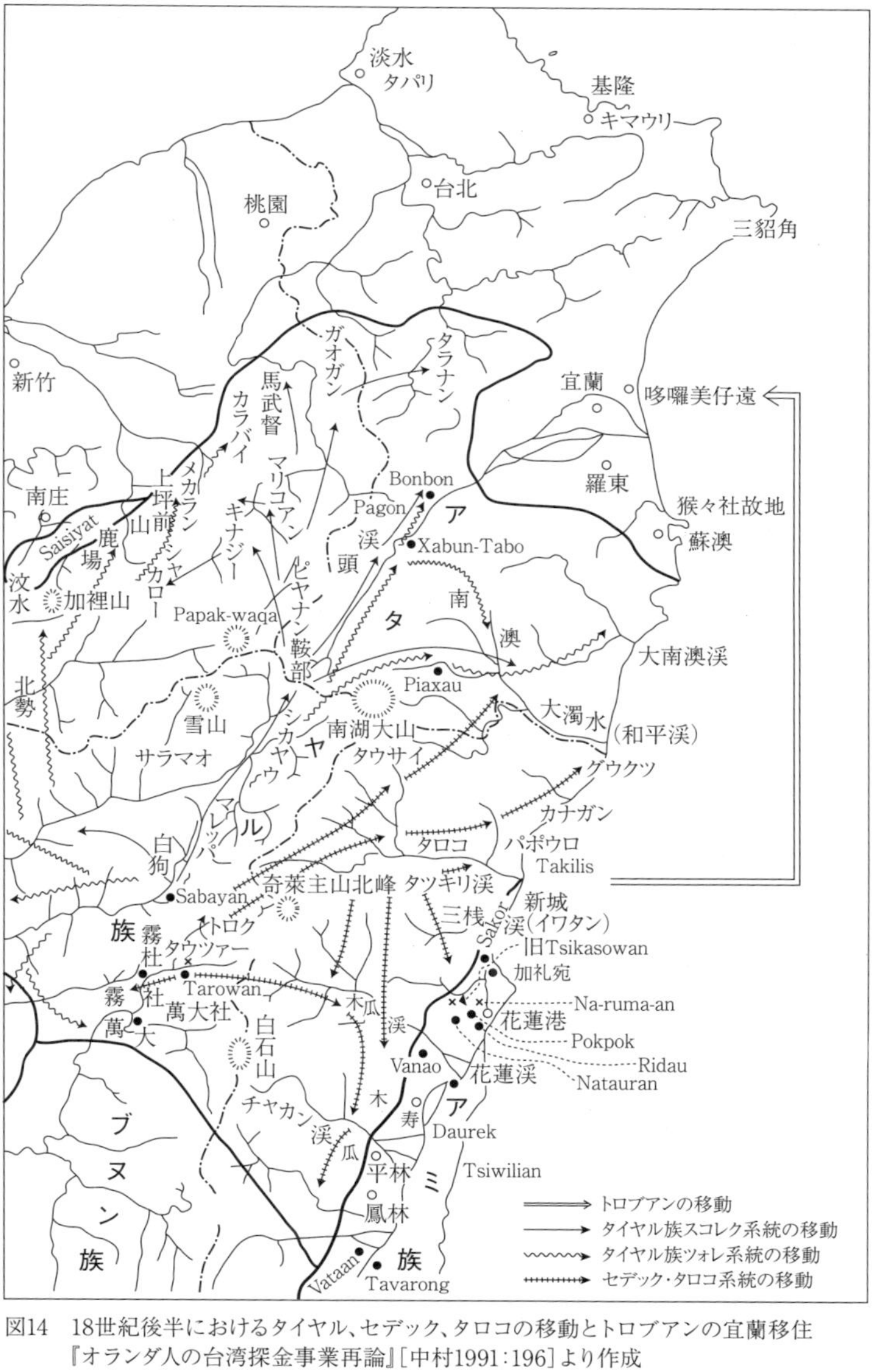

図14　18世紀後半におけるタイヤル、セデック、タロコの移動とトロブアンの宜蘭移住
『オランダ人の台湾探金事業再論』[中村1991：196]より作成

一六八三年以後、台湾が清朝の統治下になってからは、この産金地のことが次第に曖昧となり、哆囉満などの地名を文献にとどめるのみで、その位置も文献史家の間では不明のまま放置されていた。これはアタヤル族セデク群の東方進出と、自らの口碑にも伝えられるトロビアワン人の宜蘭方面への退去とに関連するものであろう。ただし、トロビアワン人の一部は、オランダ時代にもすでに宜蘭方面に居を定めていたらしく、一六四四年の記録にはタラビアウワン（Talabeauan）の名があり、これは彼らの自称トゥルビアワン（Turubiawan）に該当し、清朝時代の文献には哆囉美仔遠、哆囉里遠などと記されて後代まで存続してきた。タッキリ渓から最後に引き揚げたトロブアンの多くはここに合流したものかと思われる［馬淵　一九七四：四二五―四二六］。

しかし詹素娟が集成検討したトロブアンの口述は、それぞれタロコに圧迫されて宜蘭へ移住してきた自分たちが哆囉美遠社を建てたとか哆囉美遠社の祖先となったのだと述べており、別社に合流したとか、同じトロブアンの仲間を頼って移住したという話は見当たらない。ただクヴァランの方が先に宜蘭へ移住し、自分たちは少し後になって宜蘭にやってきたというのがトロブアンの移住に共通するといえる話の筋である［詹素娟　一九九五：五八―六一］。

山地原住民プルヘロン

最近になって、オランダ時代の東インド会社の手紙や報告類などの史料が、ライデン大学の研究者たちにより整理され、英訳されて出版された［Blussé & Everts 2010］。また、それより前からマイクロフィルムが整理されて日本でも閲覧できるようになり、この報告類の中にはこれまで知られていない興味深い事実が含まれていることも明らかになった［中村　一九九二］。前述のバルビヤーンのタラボアン訪問に伴う報告もその一つである。このオランダ時代の記録には、民族誌としても興味深い記述が含まれている。タッキリ渓河口にあったタラボアンの村の周囲の高い山には一六五七年頃にはすでにプルヘロン（Poulecheron; プレヒェホン、プルヒェロン）人[3]が住んでいた。タラボアンの村人にとっての唯一の敵は村の周囲を取り囲む山に住むプルヘロンの住民であり、彼らは互いに首狩りを行っていた。プルヘロンは海岸に迫る高い山に村を作っていた［Blussé & Everts 2010: 302-305］。テラボアン（タラボアン）に近づいたバルビヤーン一行は、タッキリ渓付近の断崖が続くあたりで、高い崖の頂上にプルヘロン人の貯蔵庫（穀倉か？）があるのを見つけ、さらに船を漕いでいくと、プルヘロン人の小さい村が、身震いするほどの高さのところにあるのが確かに船から見えたと記している［Blussé & Everts 2010: 297］。この原住民については、バルビヤーンの報告中に、プルヘロン人が山間の岩石の多い地に居住しており、人口は一五〇戸、五区に分かれ各区には首長があり、戦闘員は五〇〇人を数えることができる（VOC　一二二二：四六八）と伝えている部分もある［中村　一九九一：二〇二—二〇三］。これは前述のハッパルトの報告では山間奥地に棲むパロヘアロン人に相当する人々であろう。パロヘアロン人は、小頭、有尾、山中に住居不定の敵と伝えている。また既婚の女子は上下二本ずつ歯を損傷し、顔面には額より鼻下に入墨を施して、猿のような面貌であるとも記している（VOC　一二一八：五二一）［中村　一九九一：二〇二］。

　プルヘロンがどの民族に該当するのかは、一考を要するところだが、『系統所属』には社名ではなく、タッキリ渓流域の「山里」（ブレヒェグン：Bulexengun）という場所が表れることに注目したい[4]［台北帝国大学土俗人種学教室　一九三五：八三—八四］。『系統所属』のタロコの移動に関する口碑によると、つぎのとおりであった。まずタロコのシーパオ社が、故地のタロコ-タロワンからブンキアンに移ってきて、ブレヒェグン（Bulexengun）という場所に耕地を開き、少し遅れてタウサイもブンキアンに移住して来て、はじめは仲が良かったがのちには敵対関係になった。両者は反目するようになり、ついにタウサイによる殺害事件が起こったため、当社の祖先たちはシーパオ社の地に退いた。

　一方、同じくタロコに属するトブラ社の祖先はタロコ-タロワンからブレヒェグンに来たところ、これよりやや遅れてタウサイが同じくブレヒェグンに移ってきた。はじめ両者はその地で一緒に住んでいたが、タウサイがタロコの首をとったので、トブラ社の祖先はブンキアンに退いた。このようなタウサイの圧迫を受けてタロコがブレヒェグンの耕作地を放棄したという話はタウサイの間にも伝えられている。その伝承はタロコ側のシーパオ社、トブラ両社の口碑とは反対に、この地が元来タウサイの地であったにもかかわらず、タロコが勝手に開墾したから追い払ったのだ、と述べており、そのうえ無断にせよ開墾してくれた謝礼という意味で、タロコに煙管一本を与えたとも述べている。この土地譲渡は僅少の代償物を与えて土地を奪取するやり方であるが、後に著しく優勢になったタロコが、反対にタウサイから狩猟地を強制的に譲り受ける際にも用いた方法であったとしている［台北帝国大学土俗人種学教室　一九三五：八三―八四］。

山地原住民がタッキリ渓に下って来ることにより、ブレヒェグンと呼ばれた土地をめぐってこれらの人々の抗争が激化したと考えられるのであるが、そのプロセスは『系統所属』が概説する移住の経緯によると、奇莱主山北峰を越えて移住してきたトロコ蕃の分派に属するタロコ蕃は、最初タッキリ渓の沿岸近くに若干の蕃社を建設し、漸次増殖するにつれて幾多の分社を生じ、その一部はついに木瓜渓流域方面に進出するにいたった［台北帝国大学土俗人種学教室　一九三五：八三］。馬淵東一は、アタヤル・タロコの大移動の開始時期を一八世紀初頭あるいは中期と推定、タロコやタウサイがタッキリ流域に来住したのは一八世紀の半ば近くと推定され、それに先立って彼らの狩猟活動ならびに首狩り活動がこの流域の住民の脅威となり始めていたと推定している［馬淵　一九七四：四九七］。

これに対して中村孝志は、バルビヤーンがタラボアンの敵のプルヘロン人について報告した中に、プルヘロンと呼ばれる人々が、名称の点から見ると、クヴァランが山地の原住民をプルサラン（Purusaram）と呼ぶ［伊能　一八九八：三五〇］のに近いようだと指摘しており、口歯損傷、鯨面、馘首などの風習の点からは原住民族セデック族のうちのツンガオ（Tsungao）と呼ばれる木瓜蕃にあたるのではないかとしている。中村は、バルビヤーンの探金の前年、セザールが隊員を率いてタラボアンに赴いたとき、河の上流、山中七時間の行程の箇所には強暴なツォンコウ（Sonkou）という一村が存在すると伝えていること、アミが前額部の入れ墨によって木瓜人をタロコと区別し、ツンガオと呼んでいること、などを理由として挙げている［中村　一九九一：二〇三］。

山地原住民をクヴァランがプルサランと呼ぶことと関連して、浅井恵倫が採集したバサイ語とトルビアワン語でも、「山の生蕃」をそれぞれプルサルンに近い音（バサイ語：Purusarum、トルビアワン語：Pursarum）を用いていることが注目される［Moriguchi　一九九一：二一九］。このほか、伊能の採集した単語としては、宜蘭の奇武老社、抵美社のクヴァラン語でそれぞれ、山の原住民をプサルム（Pusarum）と呼び、基隆社寮島のバサイ語で生蕃のことをプルサラマン（Purusaraman）［伊能　一九九八：二四］、またはペネソルム（Penesorm）［伊能　一九九八：二一八］とも言う。バサイ語および宜蘭のトロブアン語、そしてクヴァラン語とも、一七世紀前半にタッキリ渓の周辺に住んでいた山住の原住民プルヘロンに近い発音であるプルサルン、プルサラン、プサルム、ペネソルムの称呼で、山地原住民を表していることになる。馬淵の推測したように、一八世紀初めにタロコの移動が始まり、一八世紀半ばに東海岸のタッキリ渓上流域に移動して来て先住者を圧迫した際に、彼らが耕作地を開いた場所として『系統所属』にはブレヒェグン（山里）という地名が記されているのは、その土地に先住していた人々の名称プルヘロン（プルヒェロン、プレヒェホン）が場所の名前として残ったものかもしれない。

その土地の先住者について、中村は木瓜蕃であったのかもしれないと考えている。いずれにせよタッキリ上流の高山地帯には一七世紀頃にはプルヘロンと呼ばれる人々が住んでいた。その後中央山脈から移動してきたタロコがタッキリ上流でおそらくブレシェグン（プルヘロンの土地）を占拠し、さらに後から来たタウサイがタロコを圧迫してその土地を占拠し、その後、勢いを盛り返したタロコが再びタウサイを圧迫して土地を奪い返し、さらに金の採集を行っていたトロブアンを含む下流域の民族を圧迫してタッキリ渓からの移住を余儀なくさせた、というのが、馬淵および中村の考察を参考にしたタッキリ周辺の民族と移住に関する仮説ということになるだろう。

馬淵は、「高砂族の移動および分布」において、タッキリ付近の住民の移動に関する考察を行い、トロブアンとともにタロコからの圧迫により移住したとみられるリナウ・カウカウの人々について、里脳社の言語はトロブアン系統だったと考えられるが、猴々社の言語については十分の手掛かりがなく、大正時代に採集された若干の固有語彙を見ると周囲のどの言語にも帰属させるのが難しいと思われると述べている［馬淵　一九七四：四二八］。さらに馬淵によれば、

このことは、花蓮港庁下のクヴァラン族移住部落である新社で聞き書きした次の口碑と対応しないこともない。即ち「トロビアワン社の祖先も猴々社も古くはタッキリ方面に居て、均しくアタヤル族の圧迫を受け其処を去つたのであるが、両者は互いに言語を異にした」というのである。この漠然たる口碑から何事も断定しがたいが、海岸平地の居住を伝うる哆囉美遠社と異なつて、猴々社では、その祖先が山地住民で、好んで傾斜地を耕すとともに盛んに狩猟を行い、猟獲物をクヴァラン族の塩などと交易したと自ら伝えて居ること、また、アタヤル・セデク族のいうMak-qaolin、その他の称呼が猴々社の自称Qauqautに由来するらしいことから推して、嘗てタッキリ方面でも猴々社の人々はトロビアワン社よりも奥地に住み、アタヤル・セデク族と接触が多かったと想像されぬでもない。そしてトロビアワン社の人々が海路で一足飛びに宜蘭海岸へ去つたに対し、猴々社それにおそらく里脳社の方は陸路で徐々に北進し、おくれて宜蘭平原東南端の山脚地帯に到着したという可能性も考えられるであろう［馬淵　一九七四：四二八―四二九］。

馬淵のこの考察は、先のタッキリ渓におけるタラボアンとパバナン、およびダダンとのかかわりを想起させる。一六四六年のハッパルトの報告では金鉱地タラボアンにおいてタラボアン、パバナン、ダダンの三族が金の採集を

行っており、各々異なった言語を用いると記録されている。そのうち、パバナン人はトロブアンやダダンと違い、一年のうち三か月を川上で採金を行うという。カウカウの祖先が山地住民であったことからみると、たとえば川の上流での採取を行っていたパバナンは比較的山の高いところに居住していたのかもしれず、彼らとカウカウの関係、あるいは河口付近に住んでいたダダンとリナウの関係を推測することもできるかもしれない。しかし、タッキリ上流にはオランダの記録には表れてこないマッコーリンと呼ばれる先住民が存在し、逃れて北方の宜蘭平原に行き猴々社の祖先となった、とされている点などもあり、猿の顔のような入れ墨をした山地原住民プレヘロン人とのかかわりなども気になるところである。このあたりの時期のタッキリ渓周辺の民族の移動に関しては、資料が少なく、さらにオランダ史料などの探索が必要である。

宜蘭平原の哆囉美遠社

タッキリ方面から宜蘭平原に移住してきたトロブアンが実際どのようにして哆囉美遠社に住むトロブアンになったのか、その連続性や持続性についてはまだ不明な点が多い。タッキリ渓からトロブアンの人々が移住するより前に宜蘭には哆囉美遠社があったからである。遅くとも、一七世紀半ばにはトロブアンの祖先は、狭義のバサイが分布する台湾北端からやや離れた東海岸北部の宜蘭平原の太平洋岸に一村落を形成していた［馬淵・移川　一九七四：四六七―四八四］。宜蘭平原の四〇か村前後の村落はほとんどがクヴァランのものであり、そのほかにトロブアンとは区別される別のバサイ系言語を話すグループが居住する村落（里脳社・猴々社）があった［馬淵　一九七四：五〇八］。タッキリ渓方面に住んでいたトロブアン、リナウ、カウカウの人々がタロコの領域拡大によって宜蘭平原へ移住定着したのは、漢人の集団移民が宜蘭平原に侵入するより少し前の一八世紀後半頃であった。漢人が宜蘭に入り、開拓を始めた一八世紀末には、哆囉美遠社は漢人に抵抗する一大勢力となっており、二三〇〜二四〇戸、一二〇〇〜

一三〇〇人の人口を数えたとされる［台北州調査　一九二四：八〇］。

しかし開拓移民の勢力に抗しきれず次第に勢力が衰え、一八一〇年、宜蘭平原が清の版図に入って以降は、周囲のクヴァランと同様、漢人文化への同化の道をたどる一方、漢人からの経済的圧迫により土地を手放して移住するといったケースが増加した。日本統治初期の人口調査によると哆囉美遠社の熟蕃の人口は三五戸、一六〇名に減少していた［台湾総督府民政部警察本署　一九〇九］。その後、植民地時代、戦後の中華民国政府のもとでさらに漢人との通婚、言語・文化の漢化が進み、一〇〇年近く経った今日、宜蘭地方ではエスニック・グループとしてのトロブアンは単独ではもはや存在していないのである。

三　画像・映像資料からみたトロブアン

鳥居龍蔵は第一回の台湾探検の際、花蓮から奇莱平野を南に下り、台東平野に出てから海岸沿いに北上して花蓮港に戻っているが、その探検旅行の際に何枚かの加礼宛蕃（クヴァラン族）の撮影を行っている（次頁写真1、8章写真2：〈鳥居七二八七〉）。場所はクヴァランの集まって住む花蓮郊外の加礼宛社付近かまたは、現在の花蓮県の海岸地方、今日の豊浜郷新社村であろう。鳥居の探検調査の報告のなかに海岸地方の加礼宛蕃の治病儀礼について書いた部分があるのは、おそらく新社で見聞したことらしい。鳥居はその時見た祭祀の様子を次のように記述している。

喜来《ママ》に在る加礼宛蕃は最も多く支那風に感染すれども、海岸の加礼宛蕃は稍や古風を存するものゝ如し。今其一例を擧ぐれば、彼らの風俗中《ママ》。尚ほ Kubae の制の存する如き是れなり。彼等は病を以て亡靈の致す所なりと信じ、ただちに巫に就て、亡靈に対する祈禱を乞ふなり。又病者あれば婦女數多寄り集まり、互に手をひき、一様に音聲を發し、廻り廻りて踊をなすなり。其踊りの際には婦女は頭上に一枚の木の葉を挿み、手に草の葉をもつ。そして此踊りの時には、一社の者病者の家に集まり来り酒食に耽るなり。余は東海岸の加礼宛番がこれを行ふを見、且つ此會の賓客として招かれたる事有りき［鳥居　一八九七：四一〇］。

鳥居の報告内容を、筆者の新社での聞き取り調査と比較すると、頭に木の葉をはさむという点がクヴァランの習俗とは異なっており、トロブアンの治療儀礼のやり方として伝えられる内容と一致する。このことから見て、鳥居が見た治療儀礼はクヴァランの儀礼ではなく、トロブアンの儀礼であったかもしれない。細部においては相違があるものの、クヴァランとトロブアンの治療儀礼は共通する部分が多かったといわれている。鳥居の記述にもあるように、病気治療の儀礼が行われるときに、①婦女が多数寄り集まること、②互いに手をつないで声を出しながら回って踊ること、③この踊りの時には村中の者が病気の人の家に集まってきて酒食のもてなしを受けること、などの特徴は、クヴァランと同じである。また、病気治療儀礼は女性の祭祀結社の人々が行うものであって男性は治療儀礼を遂行することがないという点や、村には寺廟や祠というような固有の神を祀る宗教的建築物は存在せず、儀礼を行う時には病人の家に集まって歌や踊りを行うこと、などの新社のクヴァランの治療儀礼と共通する。こうした共通点は、クヴァランとバサイ系のトロブアンという言語の異なる集団であった両者の文化の親縁関係について、比較の材料を提供してくれる。

写真１　〈鳥居 7286〉「加礼宛番」

鳥居の写真のうち、女性たちが並んで写っている一枚〈七二八六〉は、治療儀礼を参観した時の滞在中に撮影したものではないかと考えられる。鳥居が治療儀礼を見たのは奇莱平野ではなく東海岸であったことから、鳥居は東海岸で最も大きなクヴァランの村である新社に立ち寄ったと思われる。

クヴァラン・トロブアンの姿を映した資料として、鳥居龍蔵の写真のほかに、浅井恵倫撮影の画像・映像資料について注目してみよう。浅井の画像・映像資料の内容には、動画フィルムおよび多数の写真がある。これらのタイトルと内容の確認およびキャプションの添付が、ＡＡ研プロジェクトにおける作業の中心であったが、その過程ですべての資料の内容が明らかになったわけではなく、タイトル書きやキャプションが不明のものもあり、参加者の意見の相違が見られたものもあった。その中のひとつにクヴァランのものではないかと思われるフィルムがあった。

浅井恵倫による動画と写真

動画フィルムの中で最も著者の関心を引いたのはフィルム５〈Ｐ—17〉（一九三五年、九月現像）である。フィルムには何の説明もないので、どこの民族であるのかもわからず、また薄暗くてはっきりしない場面ではある。

フィルムの内容は次のようなものである。画面が暗いところを見るとおそらく室内での撮影と思われるが、老女が腰掛けて短い棒の片端を両膝の間に挟み、棒を前に突き出すようにし、その上に何かをのせているような所作である。そして両手を離している。この姿勢と動作は、クヴァランの伝承にあるパハブスと呼ばれる病気診断の占いの方法と一致する。この占いでは、籐の枝の上に円筒形の瑪瑙玉をのせて手を離し、病気の原因について問う。玉が落ちるかどうかで超自然的存在に問いかけたことの答えの正否を占う。著者が新社で調査したときには、方法は伝承されていたが、実際に占いを行なう職能者はいなかった。

動画中の老女の顔立ちの印象は、花蓮県新社で出会ったクヴァランの老女の顔と共通性を持つように思われ、体格もよく似た感じを受けた。また、この人物の動画と同じ場面が撮影された写真〈MISC1-A-16-2-3〉が、浅井資

写真2　〈浅井 MISC1-A-16-2-3〉

写真4　〈浅井 MISC1-A-16-2-13〉

写真3　〈浅井 MISC1-A-16-2-6〉

料の中に残っていることも判明した（写真2）。このほか、同じ女性が立って歌いながら手を振って踊る写真や、四角い箱の上に座って、肩掛けの布を頭にかぶって歌う様子などが、同じく〈MISC1-A-16-2〉の写真群の4～14の写真に残っている（写真3、4）。これらの写真は、筆者が花蓮県新社村で聞き取りをした占いの内容、参観した治療儀礼の踊り、葬式の際のムティユの所作とよく似ているものであった。ただ、新社のクヴァランのムティユは葬式の時に白い木綿の布を頭にかぶって左右にたらすが、このような肩掛け布を掛けることはなかった。

台湾大学人類学系所蔵資料

筆者が台湾大学人類学系の胡家瑜教授を訪問した際に、浅井写真と同じ場面の同じ老女の写真が台湾大学にも残されていることがわかった。竹占の写真や、木箱に腰かけて布をかぶっている写真とほぼ同じものが台湾大学にも保存されており、浅井恵倫の撮影という説明もあった。被写体の人物は「呉林氏伊排」であるとの記録も残っていたことから、浅井写真の老女が誰であるのかが判明した。その写真は、一九三六年一二月に台北帝大で撮影されたもので、宜蘭県壮圍庄社頭村の呉林氏伊排《イバイ》が、浅井の言語調査に協力するため台北を訪問した時のものである。(5) 哆囉美遠社は、清末には社頭と地名が変わっており、呉林氏伊排が住んでいた村は、かつての哆囉美遠社だった所である。

日本統治時代に宜蘭を調査した浅井恵倫は、トロブアンの故郷である社頭を訪れ、完璧なトロブアン語を話す最後の話者である呉林氏伊排を見つけ出した。そして伊排を台北に招致し、単語を採集した。その時の歌は蓄曲レコードに録音されており、ＡＡ研の浅井の音源資料中にも多数の伊排の歌が残されている。歌や語りの録音と同時に浅井が撮影したこれらの写真と動画は、トロブアンの踊りの身振りや占いの方法を実演した唯一の記録となっている。さらにこの呉林氏伊排が持っていた竹占いの道具と、身につけていた肩掛けマントが、宮本延人撮影による写真の中に収録されている（写真７、８）。新社では、トロブアン固有の習俗は祖先祭祀のパリリン儀礼を除いては継承されておらず、トロブアンの治療儀礼キサイーズのやり方とクヴァランのそれとの違いなどが古老の記憶に断片的に残っているのみである。また、トロブアンの物質文化に関しては伝承も残っていない。したがって衣類や占い道具などについては、これらの写真を参考にする以外にはないのである。

トロブアンの竹占いの道具（写真７）には、四角い断面の竹の棒に紐が取り付けられ、その先に円筒形の珠のようなものがついている。クヴァランのスブディ占いの道具には珠が紐で棒につながっていたという話を筆者は聞いていない。クヴァランの場合、このような道具は、病気の原因を探るときに用いられ、座った姿勢で膝の間に挟んで用いる。瑪瑙の球を籐の茎で作った棒の上に乗せ、落ちるか落ちないかで神意を占うものである。呉林氏伊排が両膝に棒の一端を挟む様子（写真２）は、筆者が聞いたクヴァランの占い方法に関する解説と一致する。

また、台湾大学には宜蘭県壮圍庄大福村で撮影された「カレアン族」として、同じ人物（呉林氏伊排）の写真が三枚残されている（写真5、6、9）。これらはいずれも宮本延人撮影によるもので、時期は一九三六年一一月である。これは呉林氏伊排が言語調査のため台北に招致される一ヶ月前の写真である。そのうちの一枚は、池または川のようなところを背景にして手に何かを持って立っているところである。動画と同じ身なりをしていて、肩掛けマントを掛けている（写真5）。同じ場所、同じ場面を正面から撮ったらしいもう一枚の写真もある（写真6）。解説によると「カレアンの竹占　占卜巫術」とある。占いの道具を持って立っている画像のほか、呉林氏伊排と思われる人物を後ろから撮影し、「カレアン女の頭の結び方」という解説をつけている写真もある（写真9）。台大データベースのこれらの解説は民族別がすべてカレアンとなっているが正しくはトロブアンである。

写真5　〈台大 A1151-2〉「熟蕃の老婆の占用具」　台北州宜蘭郡壯圍庄大福（1936年宮本延人撮影）

写真6　〈台大 A1151-1〉台北州宜蘭郡壯圍庄大福（1936年宮本延人撮影）

写真7　〈台大 A1153〉「熟番占用具 カレアン族大福（宜蘭）」（1936年11月宮本延人撮影）

習俗の近似性

ところで、新社の人々から話を聞く限り、クヴァランの習俗とトロブアンの習俗は類似しており、病気治療儀礼キサイーズも、それぞれやや異なる形式ではあるが双方に存在したという。そして浅井のノート類の中でもトロブアン語の調査に関する記録を見ると、クヴァランの治療儀礼であるキサイーズと同じ名称の「キサイーズ」と題した歌詞が収録されている。歌詞自体は言語が異なるものであるが、掛け声などは共通するようである。実際、呉林氏伊排が歌っている動画を新社の女性達に見てもらったところ、治療儀礼で歌う歌らしいという意見であった。新社の朱阿比さん、潘阿末さんらによると、口の動きから見てキサイーズやパクラビなどの治療儀礼のときに歌う「アマイミモロマン」の歌詞から始まる歌と同じものらしく、踊り方も一致するという。かつての新社のクヴァランならキサイーズの時に屋根の上に一列になり、神を招くこの歌を歌ったのだという。ただし、トロブアンが屋根の上で神を招いたという話は新社では伝承されていない。また、呉林氏伊排が布をかぶっている姿は、クヴァランの葬送儀礼パトロカンにおいて、布をかぶった二人のムティユが死者の霊魂を呼び出す場面とよく似ている。その一方で、新社のクヴァランあるいはトロブアンの血筋の人たちに浅井の録音による呉林氏伊排の歌や単語の発音などを聞いてもらったところ、その言語が理解できる人はいなかった。言語の面では両者は明らかに異なるのである。しかし、それにもかかわらずクヴァランの習俗とトロブアンの習俗は互いに近似していたことが、新社での聞き取り調査結果及びこれらの写真からうかがえるのである。

宜蘭平原に点在していた平埔族の集落は、リナウ、カウカウの二集落を除けばほとんどがクヴァランの集落で、トロブアンの村は哆囉美遠社の他にはなかった。一九世紀半ばには、漢人の進出に押されて加礼宛社を中心としたクヴァランの一団が海路花蓮港郊外に大規模な移住を行った。花蓮に移住し、奇莱平野に加礼宛社を建てたクヴァランは、人口増加によりさらに周囲に集落を増やし、次第に勢力を拡大していった。しかし、番界北路の開通とともに陸路で花蓮に流入してきた漢人移民との間の抗争がもとで、周囲のアミ族の村落をも巻き込んで、漢人に抵抗する反乱(加礼宛事件)を起こすに至った。反乱は清朝の軍隊によって鎮圧され、[伊能　一九〇四：六一八―六一九]、クヴァランはさらに南の海岸沿いに分散することになった。

新社に伝わる最も古い時期の住人に関する伝承によれば、加礼宛事件の首謀者であった人物の子供が大人たちに連れられて新社へ逃げてきてここで暮らすようになり、成長ののち一家をなしたという。伝承が示すように事件の首謀者がトロブアンだったことから見て、宜蘭からの移住者が建てた花蓮の加礼宛社では、トロブアンがクヴァランに混じって積極的な役割を果たしていたことがうかがえる。筆者の推計したところでは、新社の約二五〇人のクヴァランの子孫のうち、約四〇%がトロブアンの血を引く人々であり、トロブアンは一定の人数を確保していた。おそらく花蓮郊外の加礼宛社においても、トロブアンの人口は少なくなかったと推測される。

宜蘭平原の原住民は、漢人入植者の増大に押され、哆囉美遠社の人々も含めて日本統治時代にも引き続き原住地からの移動の流れは絶えることがなく、小規模ながら引き続き東海岸沿岸を南下する動きを見せた。宜蘭平原

写真８〈台大 A1152-1〉「カレアン族呪術の肩掛、宜蘭郡大福」

写真９〈台大 A1150〉「カレアン女の頭の結び方、宜蘭郡大福　熟蕃老婆」

から花蓮港郊外や新社などのクヴァランの集落への個人あるいは夫婦・家族単位の移住が断続的に続いた［清水一九九二］。このような南下の歴史の過程で、トロブアンの人々は常にクヴァランと行動をともにし、その間、次第にクヴァランやアミそのほかの民族との通婚が進んだのである。

注

（１）伊能嘉矩は、一八九九年に、「台湾ニ於ケル「ペイポ族」概察」（『東京人類学雑誌』一五：一二六―一五六）において、漢化の進んだ原住民グループ（いわゆる平埔族諸族）に関する分類を行ない、「クヴァラワン」の名称を用いてこの人々を一民族に分類した。この分類は伊能嘉矩・粟野伝之丞による『台湾蕃人事情』［一九〇〇］の中にも生かされている。

（２）「R」は音声記号ʁをローマ字表記したもの。筆者がかつて新社における彼らの祖先祭祀を研究した際には「トルビアワン族」という名称を馬淵に従って採用した［清水　一九八八］が、近年、研究者たちはトロブアンという名称を採用するようになった。

（３）rの音は口蓋垂摩擦音なので、プルヒェロン、プレヒェホンのような音にも聞こえると思われるが、ここでは中村孝志訳のプルヘロンを採用する。

（４）この件については山田仁史氏にオランダ語の読み方および『系統所属』中の該当する表記についてご教示をいただいた。

（５）呉林氏伊排の写真のほかにも、浅井撮影の写真や記録、録音の一部は、宮本延人など日本人研究者撮影の写真などとともに台湾大学に残されている。

第一〇章　新年に現れる民族

一　クヴァランに内包されるトロブアン

問題の所在

前章で述べたように、クヴァランは一つのエスニック・グループでありながら、実はその内部にもう一つ別のエスニック・アイデンティティを持つ人々を内包している。花蓮県豊浜郷新社村には、このような別種のアイデンティティを内在的に維持するクヴァランが一定数おり、彼らは新社村ではトロブアン（ToRbuan）と呼ばれている。これらの人々は、ほぼ全員がクヴァランとトロブアンの混血であり、彼らはクヴァラン族としてのアイデンティティも持っているために、実際のところはトロブアン族という集団をクヴァラン族から切り離して別の単独の民族として区分けすることはできないのである。新社村は、クヴァランが住民の主体をなす村であるが、移住の歴史を反映して、クヴァランの住民のほとんど全員が他の民族とさまざまな割合で混血している。アミ族の血筋や、漢族の祖先を持つ人もいる。そのなかに、トロブアンの祖先を持つ人々が混じっている。新社にはすでに純粋のトロブアンは存在せず、トロブアンの子孫でもあるクヴァランの人々が、クヴァラン族のアイデンティティを持ちながら、同時にトロブアンのアイデンティティを併せ持つ形で存在しているのである。

推定では新社村内には一〇〇人前後の混血の子孫がいて、トロブアンとしての意識が複数のエスニック・アイデンティティと同時に保持されてきたことは興味深い事実である。本章では、こうした重層する帰属意識のなかから浮かび上がるトロブアンというグループの、民族境界（エスニック・バウンダリー）を維持する要素に注目する。以下では、筆者の一九八〇年代および九〇年代の調査で得た民族誌データに基づき、トロブアンの祖先祭祀儀礼の仕組みや考え方を手掛かりとして、新年の祖先祭祀においてのみ現出するトロブアンの民族境界と集団帰属意識について検討する。そして言語の消滅、人口の減少、他民族との混血という不利な条件下にあるトロブアンの民族境界の維持がどのようなメカニズムで実現されてきたのか考えてみたい。

ところで、最近二〇年あまりの間に盛んになった平埔族を対象とした研究では、伝統的な形態の探索のみならず、変化した後の固有文化やアイデンティティの在り方などが主題となってきた。調査に基づいて固有の文化要素の部分的な残余と変容の後をたどることにより、漢文化がどのように平埔各族の文化に浸透・混交するに至ったか、そのなかでエスニック・アイデンティティ（民族意識）はどのように維持され、あるいは変質してきたか、といったテーマによる分析と議論がなされてきた。なかでも最近の研究で注目されるのは、山路勝彦のシラヤ族とサオ族のアイデンティティに関する一連の考察である［山路　一九九八、一九九九、二〇〇三、二〇一〇］。

台湾南部に分布するシラヤの子孫は、今日もなお独特の壷を祀る形式を維持しつつ、漢人的な名称に名を変えた固有の神々を崇拝しており、漢化したとはいえ底流で漢人とは明らかに異なる宗教形態を保っている。潘英海はこれを固有文化の再編成と再創造の過程ととらえた［潘英海　一九九四］。しかしながら、これらの人々の「シラヤ」というエスニック・グループへの帰属意識はといえば、きわめて曖昧なものとなっている。山路の言葉を借りれば、かれらは漢化の進展とともに漢人とは異質であるという自己認識を喪失していき、「蛶蛶」化した存在になった［山

路　一九九八：三五〕。山路はシラヤの子孫の人々が感じている自己認識とは、漢族でもなく、シラヤ族でもないものであり、エスニック・グループの境界の存在そのものを認識しないことに特徴があるとしている〔山路　一九九八：三二〕。一方、民族意識を消失させていったシラヤとは対照的に、日月潭に集居するサオの人々は、戸数にして四〇戸程度という希少な人口、生活面での多くの漢的要素の受容にもかかわらず、周辺を取り巻く圧倒的多数の漢族とは一線を画し、サオとしてのアイデンティティを保っている。山路は、巫師の存在と祖霊籃ウラルアンを中心としたサオ独特の儀礼的世界の存在が、自他との差異性を築くのに貢献し、漢族化の流れに抗してサオ族というエスニック集団を維持させたと考察した。そして、漢族と隣接する弱小勢力が生き残りを図るにあたっては、境界維持に働く内発的信念体系の存在が決定的な役割を果たしたと結論付けている〔山路　一九九六：一〇七〕。

　これに対して、本章で取り上げるトロブアンの人々は、サオと同じく人口からいえばもともと少ないほうであり、伝統社会をまとめ上げていた統合性は、漢人との接触後、早い段階で消滅している。固有の言語・文化は移民社会の一部に残存していたが、これも次第に消滅し、新社への移住民の子孫の間には言語・文化はわずかな例外を除いて伝承されてこなかった。新社においては漢人との直接接触の機会こそ少なかったが、日本統治時代・戦後を通じて漢文化の影響が及び、異民族との混血も多様な割合で進んできた。しかし、純粋のトロブアンが消滅し、個々人の出自が複雑化する状況にあってもなお、新社ではトロブアンであることを自認する人々が現在に至るまで一定の人数を数え、しかも自分たちの民族境界を消失しないで今日に至っている。本章の考察の最後においては、山路の議論、とりわけサオに関する分析を参考にしながら、弱小なエスニック・グループが民族境界を維持することを可能にする要因について検討したい。

トロブアンの子孫たち

今日の行政的区分による新社村は一二〇〇人ほどの人口を擁するが、それよりやや狭い範囲にあたる旧来の「新社」の領域、すなわち、歴史的にクヴァランが集居してきた地域の人口は筆者の最初の調査時（一九八四年）にはおよそ五〇〇人、このうちクヴァランの子孫は約二五〇人であった。この中にさらにトロブアンとの混血の人々が一〇〇人前後含まれていると考えられる。トロブアンと異民族の混血とされる人々は新社以外にも宜蘭県、花蓮県、台東県にわずかに点在するが、まとまって居住することが確認されているのは新社のみである。いずれにしても純粋のトロブアンはすでに途絶えたものと考えられ、また筆者が新社で調査したところによれば、クヴァラン・アミ・漢人〔福建系・客家系を含む〕などとの混血の割合は多様であった。

混血の子孫は、新社においては、婚姻関係や親戚関係、近隣関係にあるクヴァランの子孫の人々とともに生活している。彼らの大半はトロブアンの子孫であるということを自覚し、また記憶はあいまいであるが祖先の誰かがトロブアンだったらしいと伝承している人々も一定数存在する。トロブアンに対する村のクヴァラン側の住民の感情は、祖先のエスニック・グループが違うことを認識こそするものの、特に差別的ニュアンスを持つわけではない。一方、トロブアンであることを自覚する人々も、それなりに誇りを感じていることが見て取れる。そのことはトロブアンの血を引く人々がクヴァランの血統しか持たない人々に対して優越感を持つという意味ではなく、また、その逆ともいえない。この点で、アミ族そのほかの原住民グループに対するクヴァランのかすかな優越感や、逆に漢人に対する微妙で複雑な感情とは明らかに異なる。こうした事実から、トロブアンとクヴァランが歴史的にほぼ対等な共同関係を築き上げてきたことを想像することができる。

ところで、今日の新社のトロブアンの子孫は、言語・文化の継承という面では多くのものを持たない。クヴァラン語は達者であってもトロブアン語を話すことはできず、筆者の八〇年代における調査時に、かろうじて老人の記憶に二、三の単語が残るのみであった。固有の病気治療儀礼も一九四〇年代中ごろを最後に断絶した。トロブアンの祭祀結社成員だった新社のある女性は、一人では治療儀礼ができないため、八〇年代半ばにクヴァランの祭祀結社に編入し、クヴァランの方式でクヴァランの神を祀り、病気治療を行うようになった。トロブアンとクヴァランの儀礼はともにキサイーズと呼ばれ、祭祀内容に基本的な近似性があったこと、その女性がトロブアンとクヴァランの混血であるためにどちらの祖先の儀礼を選んでもよいことをバイラテラルな観念にもとづいて認めたことにより、こうした変更が可能になったのである。このように、一九八〇年代には、トロブアンの存在はクヴァランという異なるエスニック・グループに吸収されながら残っていたのである。

トロブアンのパリリン儀礼と祭祀集団にみる構成原理

新社には、トロブアンの文化のうち、唯一固有の祖先祭祀儀礼が残存している。旧暦新年の祖先祭祀、パリリン儀礼である。新年に際して訪れる祖先に対し、子孫が供物を捧げて饗応するという祭祀である。「パリリン」の名称自体は、クヴァランの新年の儀礼にも用いられ、トロブアンの固有語であったかどうかはもはや定かではない。クヴァランのパリリン儀礼も、基本的には新年に訪れる祖先を子孫が饗応するものであり、また供物の内容の一部にも共通するものがある。過去のいずれかの時点において両文化が相互に影響を与え合った結果生み出されたものといえなくもないが、今日ではそうしたことをただ推測してみることしかできないであろう。いずれにせよ、トロブアン固有の祖先祭祀は、クヴァランの祖先祭祀と同じ名称で表され、儀礼における祖先への語りかけもまたクヴァラン語を介して行われる。

しかしながら、トロブアンはクヴァランの間に埋没したわけではなく、両者の儀礼においてはそれぞれの固有の特徴が細部にわたって維持、強調され、かなり厳密な差異化を伴って実施されている。いずれのパリリン儀礼も旧暦新年に先立つ二、三日のうちに行われる。新社では同一の世帯でトロブアンとクヴァランの二種のパリリン儀礼が行われる場合には、クヴァランのパリリン儀礼を先にするのが慣行とされているため、混血の子孫たちは、まずクヴァランのパリリン儀礼を行なってから、翌日にトロブアンのパリリン儀礼を行なうことになっている。さらに漢人と同じ新年の祭祀はそのあとに行われる。①クヴァランの祭祀、②トロブアンの祭祀、③漢人の祭祀という順番は、新社における民族集団の力関係としてクヴァランの儀礼的優位性が定められているといえるかもしれない。新社の人々のこうした祭祀儀礼の並存状況と、トロブアン、クヴァランのパリリン儀礼の過程に表れる親族関係などの細かい差異についてはすでに拙稿で述べたところであり［清水　一九八八、一九九四］、また後述の写真解析の際にも触れるので、ここではトロブアンのエスニック・アイデンティティにかかわるパリリン儀礼の祭祀集団形成の特徴についてのみ述べることにする。

新社のクヴァランの子孫たちは日ごろクヴァランとしての意識を持って暮らしている。言語も子供たちを除いては村内ではクヴァラン語を日常的に使用している。自分たちがトロブアンの子孫であるという自覚を同時に併せ持っている人々も、トロブアンとして独自の社会集団を形成するわけではなく、またトロブアン同士のつながりを何らかの日常的な活動の中で顕在化させるわけでもなく、日ごろの農村生活のうえではまったくのところクヴァランとの違いを浮かび上がらせることはできないのである。しかし、旧暦新年を目前にして、にわかにトロブアンであることが顕在化することになる。それまでクヴァランのなかに隠れていた別のエスニック・グループが、新年に際して独自の祭祀集団という文化装置を通して鮮明な民族境界を描き出すのである。その祭祀集団の境界は厳格なまでに排他的であり、個々の祭祀集団ごとの独自性を強調しながら、全体としてはクヴァランとは異なるトロブアンの子孫であるという明解な自己主張を展開する。

トロブアンの祭祀集団は、同居する家族の範囲を超えて構成される。もともと同じ世帯から分出した複数の新世帯の人々が、新年のパリリン儀礼を共同で行う決まりとなっており、近親者に対する凝集性を持つのである。一方で、集団を限りなく拡大させるのではなく、適切な規模の集団人数を維持するために、時期を見計らって分裂し、別の集団を構成しようとする方向性を持つ［清水　一九八八：二四二、一九九二：二八〇］。また、儀礼の性質上、少人数では祭祀を実行しにくいことから、もし参加できる人数が極端に少なければ、その年は儀礼を見合わせるということもある。あるいは同系統の祭祀集団成員が近隣にいれば、臨時の措置として合同で行うこともある。祭祀集団の適正規模は、経験的には、三人以上一〇人未満程度の人数である。ただし子供はその数には含まれない。これは儀礼に使われる雄鶏の内臓、および肉の分量に制限される人数でもある［清水　一九八八：二四一、一九九二：二七七］、祭祀集団の人数の上限と下限の目安は、鶏の内臓を参加者の人数分に切り分けて捧げること、供犠の鶏はその日のうちに祭祀集団の成員が食べきること、などの決まりと関わっている。訪れる祖先と供物を分け合って食べるためのちょうど良い人数が、祭祀集団としての適正規模と考えられているのである。

ところで、トロブアンのすべての祭祀集団がまったく同じ形式、手順による儀礼を行うのではなく、祭祀集団によって異なるしきたりがあることが強調される。その主たるものは雄鶏の殺し方にあり、新社村で知られているところでは三種類の異なるやり方（戸口の扉の内側に鶏の頭を打ち付けて殺す方法、柄の長いハンマーで頭をたたいて殺す方法、生きたまま火で焼いて殺す方法）が存在する。この鶏の殺し方の違いはトロブアンの子孫の村人同士でたびたび話題となり、彼らはお互いに誰がどのやり方をするかを認識しあっている。このほかにも、個々の祭祀集団ごとに細かい点における多様な差異が存在する。トロブアンの場合、こうした差異は祖先から伝えられ、その家族独自の方式として、血縁関係を持つ子孫によって維持されていくことになるのである。

トロブアンのパリリン儀礼の特徴として、儀礼の最中は他人の介在を許さないという排他性があげられる。祭祀集団に入る資格を持つ者のみが参加を許され、それ以外の者は見ることも許されない。トロブアンの家族は他人が入ってこないように戸口を締め切って儀礼を行なう。なかには、戸口に草を置いて、儀礼中であるから入らないようにという合図とする家もあった。子供の頃、トロブアンのパリリンを窓からのぞこうとして追い払われた経験を持つ村人もいる。トロブアンの人々の説明によると、儀礼の場に他人の霊魂（タズサ）があると、その力によって子孫の家を訪問しているトロブアンの祖先のタズサが負けてしまい、その結果子孫に悪いことが起こる、たとえば家族が病気になる。だから部外者に見せてはならないのだという説明であった。したがって、トロブアンの血統によってつながっていない人々、つまり祭祀集団に入る資格を持たない人々は、たとえ親戚であっても儀礼の場から厳格に排除されるのである。

祭祀集団を構成する資格者のなかには、父方もしくは母方のトロブアンの血を引く子孫のほかに、他民族からの婚入者も含まれる。出自が異なる民族であっても、婚姻関係による結びつきがあれば、パリリン儀礼参加の有資格者とみなされる。ただし、参加が強要されることはない。するかしないかは当事者の宗教信仰や参加の意思が尊重される。また、分裂した祭祀集団のメンバーが臨時に加わることもある。

パリリン儀礼の排他性をめぐる出来事

一九八五年二月、筆者が最初の長期滞在のフィールドワークを行っていたとき、複数の祭祀集団がトロブアンのパリリン儀礼を実施していた。村人の話を総合した結果、現在村内で合わせて一三家族が七つの祭祀集団を作っていると推測できた。トロブアンの系統の人々はもう少し多かったが、キリスト教信仰を理由にやめている人々もあるようだった。筆者はこれらの祭祀集団に対して、儀礼の参観を申し入れたところ、いくつかの祭祀集団では、参観を断られた。その理由として前記のような説明をしてくれた人もいれば、または、その年にパリリン儀礼を行なうのかどうか曖昧に言葉を濁して明言を避けようとするという人もいた。当時はキリスト教会が土着の伝統儀礼を否定していたため、パリリンの実施そのものについても外部、特に教会関係者や信者仲間に対して秘密にしておきたいという思惑が働いたことが、明言を避けた理由のひとつだったと推測される。しかし、それに加えて他人の参観を認めてはならないとする伝統的観念が生きていたのであった。

しかし、念のためにと思って頼んでみた結果、二つの祭祀集団が参観と写真撮影を許可してくれた。「昔だったら他人には見せなかったが、昔の年寄りの迷信だから、いまではもう気にしなくてよい」という返事であった。また、著者が新社村の固有の伝統儀礼について詳細な調査をしていることに対して好意的に受け止める雰囲気も村人の間にはあったので、信頼を得てこれらの祭祀集団の儀礼を参観できたのはありがたかった。

ところが、筆者が儀礼を参観したという話が伝わると、トロブアンの親戚の一部から当事者に対して、「儀礼は他人に見せてはいけない、良くないことが起こる」と忠告があったという。このことで村人たちと筆者との日常的な関係に亀裂が生じたわけではなかったが、禁忌が再確認されたことにより、翌年のパリリン儀礼の際には筆者の参観を許可する祭祀集団はなかった。前年に参観した二つの祭祀集団に尋ねたところ、「迷信の行為はもうやらないことにした」とか、「すまないね、清水さん」との前置きの後、「見せてはいけないといわれたから」という返事が返ってきた。

何年か後、新社を再訪した際に潘阿玉さんから聞いた話によれば、潘家では筆者に儀礼を見せた年に家族に良くないことが起こり、それは筆者に儀礼を参観させたのが原因に違いないと考えたという。阿玉さんの話を聞き、儀礼を見せてもらったことを申し訳なく思う一方で、その説明の背景には、トロブアンの祭祀集団特有の境界意識が残っていると感じられた。ちょうど筆者が調査を終えて帰国した頃から、台湾では文化復興運動が高まりを見せ、原住民文化研究が盛んになっていた。そのおかげでそれまで一般にはほとんど知られていなかったクヴァランやトロブアンにも関心が寄せられ、研究者やルポライターが頻繁に新社を訪れるようになったのだが、潘家では前例に懲りて外部の人の参加を断ることにしたのであった。ところが、ただ一度だけ、あるトロブアンの親戚からぜひと頼まれて、クヴァランの血筋をもつ研究者の参観を許したことがあった。クヴァランは同族だから大丈夫だと説得され、儀礼のビデオ撮影を許可したのである。するとその年、家族の一人が健康を害してしまった。やはり参加者がトロブアンではなかったことが原因だろうと潘阿玉さんは筆者に語っている。

このように、一部の村人の間では禁忌への厳格な対応が緩み始めている一方で、禁忌を守ろうとする意思もまたトロブアンの子孫の間には根強く存在し、潘家の例のように、成員資格のない者は儀礼から排除されなければならないという規範が、家族の不幸という出来事を通じて繰り返し再確認されているのである。その禁忌の根源にあるのは、儀礼の内容を秘密とする考え方ではない。彼らにとって儀礼は秘儀ではなく、どの祭祀集団の人も、自分の家族に伝わる儀礼の手順を詳しく教えてくれる。人々は自分の家系に伝わる儀礼方法の細部が、他の祭祀集団とは異なる点があることを認識しており、実際、その細部の違いが話題に上ることも多いのである。

また、儀礼の現場を見ることを許可した祭祀集団では、写真の撮影を問題視してはいなかった。論文執筆に際しての写真の公表にも、承諾の返事をくれた。このようなことから見ると、パリリン儀礼は、たとえば沖縄県久高島のイザイホーのようにその内容や次第が関係者の間で秘匿されている類の秘儀ではないことがわかる。またアカマタ・クロマタのように写真撮影を禁じられているというわけでもない。写真撮影をすることによって直接何らかの問題が引き起こされるとは考えられていないようで、写真そのものが祖先に対して悪影響を及ぼすというような観念はないようである。

むしろ当事者たちは、部外者が儀礼の場に同席することに問題があると考える。すなわち、儀礼の進行を部外者がその場にいて参観すれば、その部外者のタズサの力が祖先のタズサに対して害を及ぼし、子孫を守ってくれるはずの祖先のタズサの力を弱める結果となる。祖先のタズサが弱まれば子孫にも悪影響が及ぶという考え方である。

したがって、他人の参観を許さないという考え方の背景にある論理は、タズサの力の衝突を避けるためであって、儀礼そのものが秘密の領域に属するものだからではない。血縁関係・姻戚関係を持つ者だけからなる集団の境界を維持するのが、排他性の目的と考えることができるのである。

つぎに、排他性の再確認という点から考えてみたい。著者が一九八〇年代に出会ったトロブアンの状況は、ただでさえ希少な人口のクヴァランの中に混血として溶け込んだ一層希少な人口のエスニック・グループであるがために、いずれはクヴァランへと融合していく可能性を持っているかにみえた。また、一九五〇年代半ば以降のキリスト教信仰（カトリック・プロテスタントを含む）の村人への浸透も、固有の宗教儀礼を排除する方向性を持っていた。しかしながら、トロブアンの人々は新年の祖先祭祀を継続して行なってきた。そして、独自の非単系的構成原理を持つ祭祀集団を形成し、儀礼の排他性によって民族境界を顕在化させる操作を行うことにより、エスニック・グループとしての完全な消滅を回避していたのである。さらに、部外者の儀礼参観を認めたことへの批判は、薄弱化し始めていた祭祀集団の排他的機能を強化することとなった。その結果トロブアンとしての民族境界の意識はさらに明確なものになったといえよう。このような自己認識強化のプロセスは、台湾各地において固有の原住民文化を復興しようとする動きがみられた一九八〇年代後半の、その時代の流れに適合していたと見ることができる。

一九九二年、著者が再び新社を訪れた折には、トロブアンのパリリン儀礼を別の祭祀集団のもとで参観することができた。このときの儀礼は、著者が最初に調査した一九八四年当時存命であったトロブアンとクヴァランの混血の老人が亡くなり、その後を婚入者が引き継いで祭祀を行ったもので、①老人の息子（故人）の嫁と②その娘、および③老人の弟の息子の嫁の三名であった。このうち、①と③はアミの婚入者であり、②だけがトロブアンの血を引いた子孫であった。

祭祀の参観を許可してくれた①（楊玉美氏）によれば、「昔の〈迷信〉はもう深くないから、パリリンを見たってかまわない。自分でさえこの儀礼の詳しい意味はよくわかっていないのだから」ということであった。この祭祀集団の場合、主たる担い手がアミ出身者に代わったこともあり、部外者の参観について禁忌の意識がそれほど強くなった、ということができるだろう。異なるエスニック・グループからの婚入者の増加という現象は、伝統的行為の厳密な意味での継承とは言いにくい面があることも事実である。しかしながら、異民族出身者によって儀礼が維持されているということもまた事実なのであり、トロブアンの祭祀集団構成原理の強さの一端を垣間見ることができる。

二　パリリン儀礼

トロブアンのパリリン儀礼にみられる個別的特徴

つぎに、筆者が参観と撮影を許されたパリリン儀礼の写真資料を基に、トロブアンの儀礼の手順を示し、また、各集団による儀礼の個別性について論じることとする。写真資料は、一九八五年に参観した二件、（【事例1】潘家の家族からなる祭祀集団によるもの、【事例2】陳家の分出した複数の子供たちの家族からなる祭祀集団によるもの）および、一九九二年に撮影した一件（【事例3】李家の分出した家族成員からなる祭祀集団によるもの）の三例である。写真資料は、儀礼の手順がわかるように細かい場面の移り変わりを再現した。(1)また、民族誌的重要性に鑑み、当事者の許可を得て実名を挙げてある（説明のため敬称略）。

【事例1】潘家の家族からなる祭祀集団によるパリリン儀礼

一　儀礼の準備。潘阿玉が、台所でもち米のおこわを蒸す。

二　午前一一時。夫の潘武郎が台所の土間で焚き火をはじめる。供犠用の生きた雄鶏を用意する。焚き火はかまどの炭と竹を薪にして使う。コアチンでもよい。白い鶏である必要はないが、鬨《とき》をつくれる程度に成長した雄鶏でなければならない。

三　羽の付け根と足をつかみ、焚き火で生きたまま雄鶏を焼く（写真1）。雄鶏は頭のほうから先に焼く。長く切った竹の先のほうから燃やしていき、先端が燃え終わったらまだ燃えていないところを押し出すようにして火にくべて燃やす。雄鶏は潘家の方法では、殺すときに血を流してはいけないといわれている。理由は伝えられていない。雄鶏を焼いている潘武郎は入り婿であり、自分もトロブアンの祖先を持つが、自分の生家のパリリンは戸口に鶏の頭を三回打ち付けて殺す方法であった。入り婿であるため妻の生家の方法に従っている。

四　毛が焦げたら羽をむしって再び焼く。焼けた雄鶏の毛をむしりとり、終わると雄鶏を水洗いする。

五　台所のまな板の上で雄鶏を解体し、雄鶏の頭や足をぶつ切りにして鍋の水の中に入れて煮る。雄鶏の胴体は真ん中から縦に切り、内臓を取り出す。内臓はまとめて取り出し、胴体は骨ごとぶつ切りにして鍋に入れる。内臓のうち、心臓と肝臓と砂肝を取り出し、目印として針金に刺して鍋に入れて煮る。雄鶏の腸ははさみで切り、中身を出して水洗いしてから塩もみして鍋に入れる。鍋には塩と調味料を入れる。

六　供物を並べるための平ざるを用意して居間に運ぶ。平ざるの中央に儀礼用のパリリンの板をおく。潘家では丸い形の板が伝えられている。板の直径は一七、八センチ。厚さ約一・五センチ。材質はヒノキか。バナナの葉を五センチ×八センチくらいの大きさに切って平ざる中央の板の上に置き、鍋で煮た内臓を取り出して、針金からはずし、心臓、肝臓、砂肝を板の上でそれぞれ五等分に切る。当日の参加者は三名だが、帰郷していない子供二名の分まで分ける。嫁に行った娘は数に加えない。

七　パリリンの板に儀礼用の杯を二つのせて用意完了。このほかに、供物として、もち米のおこわを片手で軽く

写真1　潘家のパリリン儀礼（1985年筆者撮影、写真1～3）

写真2

写真3

握った握り飯五つと、漢人の正月用の甘餅（もち米の粉に砂糖を加えて蒸したもの）を五切れ用意する。まもなく潘武郎が小声で祖先への言葉を唱え始め、参加者三名が雄鶏の内臓をそれぞれ持って小さくちぎり、バナナの葉の上に置いて祖先に捧げ、自分も食べる。妻の阿玉も小声で祖先への言葉を唱える。

八　続いて甘餅を小さく切って供え（写真2）、自分達も食べる。もち米の握り飯も小さく割ってバナナの葉に置き、自分達も食べる（写真3）。グラスに二種類の酒（米酒、自家製の米の酒）を汲み、杯に注いで祖先に備え、自分達も飲む。その場にいない家族の分も同様にして捧げ、祖先に誰の分を捧げているかを報告しながら語りかける。

九　供え終わるとパリリンの板の上の供物は、台所の竈の上に置かれる。このまま一週間ほど供え、正月が済んだら片付けられる。潘阿玉によれば、パリリンの板は本来入り口の扉の上に置かなければならないが、現在の家には扉の上の梁に十分な広さがないとのことであった。

一〇　パリリン儀礼終了後の昼食が用意される。供犠の雄鶏の肉を煮たスープの上に干した海草（海苔）をのせたもの。別の平ざるにはもち米のおこわが盛りつけられる。これらの食事は古式にのっとり、手づかみで食べる。食べ残したおこわは必ず豚に食べさせ、食べ残した鶏肉は必ず鶏に食べさせなければならない。その日に客に出すおこわはあらかじめパリリンに参加した人々が食べる分とは別にしておき、パリリンの供犠の鶏肉は客には食べさせない。

【事例2】陳家の分出した複数の子供たちの家族からなる祭祀集団によるパリリン儀礼

一　午前一〇時ごろ、儀礼の準備：陳麗玉の父である故陳阿本の祖先がトロブアンであったといわれているが、麗玉自身はどの祖先がそうなのかは知らない。陳家のやり方は、柄の長いハンマーで雄鶏の頭をたたいてから、雄鶏ののどを切って血を碗に注ぐ。この日は参加者が多いので二羽目の鶏を殺す。二羽目はハンマーで叩かず、のどを切って血を採るだけである。血をとってもまだ鶏はじたばたしている。やがて動かなくなった鶏を庭に持ち出し、バケツの湯に丸ごとつける。

二　鶏の羽をむしって水洗いする。台北に住んでいる麗玉の妹の阿妹が正月休みに息子三人を連れて泊まりに来ているので、パリリンに参加することになっており、作業を手伝う。

三　庭で火を焚き、麗玉と妹の息子が鶏を焼く。パリリンには先に殺した一羽目の雄鶏の内臓だけを使う。二羽目の鶏は大勢の参加者の食用にするためのものであり、雌鶏でもかまわない。先に殺した雄鶏は片足の爪を切り取って目印をつけてあるので間違えることはない。

四　儀礼用の雄鶏の腹を割いて、内臓を取り出す。儀礼に使う内臓は、肝臓、砂肝、心臓である。砂肝は縦に二つに割って、中の粉状のものを取り出し、内側の黄色い部分も取り除く。

五　鍋に湯を沸かし、パリリンに使う内臓と、骨ごとぶつ切りにした鶏肉を入れてゆでる。二羽目の鶏もぶつ切りにしてゆでる。二羽目の内臓は細かく切ってしまうが、儀礼用の一羽目の内臓は切らずに丸ごと煮るので煮あがったときに識別できる。

六　儀礼用の丸い盆と竹でできた杯三つが用意される。陳家にパリリンの板はなく、プラスチック製の盆を使っている。バナナの葉を切って盆の上に敷く。

七　この日は肉や魚を禁食とする食物制限（マンムット）が必要なため、海岸で採集してきた貝を昼食のおかず用に準備する。パリリンには貝は使わない。

八　平ざるの上にパリリンの盆を置き、バナナの葉の上には杯二つを置く。手前中央に雄鶏の内臓の入った碗、その右にもち米のおこわの入った碗、左側に甘餅の入った碗を置く。米酒と紹興酒の二種類の酒が用意される。自家製の酒（イシ）を造らなかったので、紹興酒のビンの中に米粒を落として代用とした。

九　はじめに故陳阿本の妻のパナイ（アミ）が捧げものをする（写真４）。場所は、台所の、前庭に通ずる戸口の付近である。戸口の方向に向けて座り、祭祀を開始する。この際、著者は戸口のまん前に立って写真を撮ってはいけないと注意された。まずパナイが杯に酒を口に含んでから霧状に噴き出す（噴酒）。手に持った杯から平ざるの杯に酒を注ぎ、自分も飲む。また、もち米のおこわを三つまみ、雄鶏の三種の内臓を三切れ、甘餅を小さくちぎって三切れバナナの葉の上に捧げ、自分も少し食べる。この間祖先に対する言葉を唱える。

一〇　パナイに続き、麗玉が同じようにして祖先に語りかけながら捧げる（写真５）。次に麗玉の夫の潘龍平（クヴァラン）が捧げる。次に麗玉の妹が捧げるが、祖先への語り掛け方がわからないので麗玉が代わりに祖先に語りかける。さらに息子たち三人の分は、阿妹が代理で捧げる。最後にパナイが再び捧げる。

写真 4　陳家のパリリン儀礼（1985 年筆者撮影、写真 4 ～ 7）

写真 5

写真 6

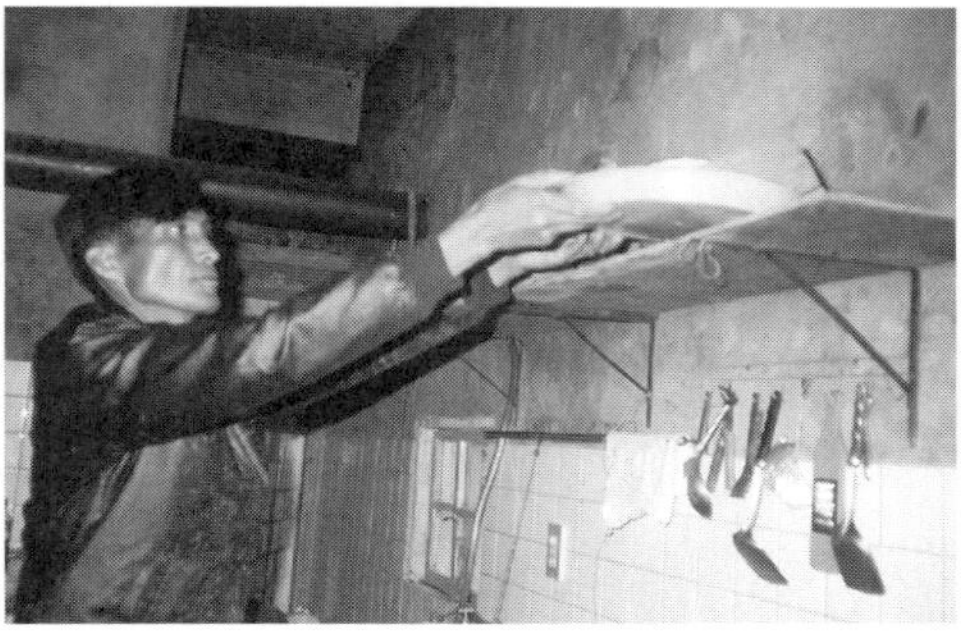

写真 7

一一　捧げ終わると、麗玉が平ざるを持ち上げ、パナイは再び戸口に向かって噴酒し、祖霊を返す言葉を述べる（写真6）。

一二　ウタイが竈の上の棚に供物の盆を載せて儀礼は終了する（写真7）。供物は一五日間この場に置かれるが、その後、盆は普通に台所で使用され、杯は翌年のパリリンまでしまっておく。

一三　パリリン終了後の昼食。もち米のおこわ、鶏肉のスープ、貝のスープ。パリリンのために用意したご馳走はその日のうちに食べきらなくてはならない。おこわは祭祀に使った分は家族で食べなければならない。客が来ても食べさせてはいけない。客はマンムットしていないからである。ただし、祭祀に使わなかったおこわなら客も食べてよい。

【事例3】李家の分出した家族成員からなる祭祀集団によるパリリン儀礼

李家ではトロブアンの血統の李亀劉氏が死去し、残った成員がパリリンを継承している。一九九二年の滞在時に参観したパリリンは、故李亀劉の孫娘と、二人のアミの婚入者の三名によって行なわれたものであった。李家のパリリンは鶏を生きたまま焼く方法を伝えている。事例一の潘家と親戚関係にあるため、鶏の殺し方が同じである。

一　中心になるのは李亀劉の息子（故人）の妻でアミの楊玉美。台所の床に平ざるを置き、供物を用意する。平ざるの中央にパリリンの板（アルミの丸い盆）を置き、四角く切ったバナナの葉を置く。李家では赤米（もち米）をパリリンに用いる。軽く握ったもち米（スナポワフ）を平ざるにのせる。不在の者の分も用意する。パリリンの板の上に湯飲み茶碗を二つのせる。

二　パリリンの開始。参加者は、楊玉美のほか、李亀劉の弟（故人）の長男の妻でアミの陳文麗、楊玉美の長女の三名である。楊玉美が湯飲み茶碗に酒を注ぎながら祖先に呼びかける。この日は三名の参加者が祭祀を行なったが、供物は六人分用意されている。不参加のメンバーは楊玉美の残り三名の子供たちであり、その分を家族が代行することになる。李亀劉の存命中には、李亀劉の弟の嫁、李亀劉の養女（トロブアンの家系出身）、李亀劉の長女らが集まって参加したが、李亀劉の死後は祭祀集団としての統合がなくなり、ただ弟の息子に代わってその嫁が参加するのみとなった。

三　平ざるの周りに参加者がしゃがみ、祖先に語りかけながら、茶碗に酒を注ぐ（写真8）。捧げる酒は、透明な酒（米酒）と褐色（紹興酒）の酒である。もち米の握り飯の横には切り分けた鶏の内臓が添えられる。台所には現在では洋風の食卓やイスが置かれているが、儀礼のときは台所の床にしゃがんで行う。バナナの葉の上に小さくちぎった鶏の内臓、おこわの米粒がのせられる。不在の成員の分の供物も家族が代行して捧げる。このとき、誰が不在であるのかが祖先に向かって語りかけられる。

四　人数分のすべての供物について、祖先に捧げ、捧げながらその一部を食べる（写真9）。祖先に酒を捧げたあとで自分たちも別の茶碗で飲む（写真10）。

写真8　李家のパリリン儀礼（1992年筆者撮影、写真8～11）

写真9

写真10

五　儀礼が終了し、台所の竈の隅にパリリンの板に載せた供物を置く（写真11）。以上見てきたのとは別の祭祀集団（潘阿末とその家族）の儀礼について付け加えると、細部にわたる違いが見られる。

まず、入り口の扉に二、三回頭をたたきつけて殺した雄鶏をそのまま火で焼き、内臓は水で煮ないで、生焼けのまま使用する。使用する内臓は肝臓と心臓の二種類だけである。また、パリリンの板の上にはバナナの葉を敷かない。さらに、パリリンの日の食事では、朝は豚肉を食べる代わりに、野菜や海産物を食べない。昼食の際にも海産物や野菜は食べない。パリリンの板は四角く、そこに四角い取手の形がついたものである。杯は竹を割って作った古式にのっとったものである。パリリンの供物をのせた板は、家族の者が手を平らに重ねた上に乗せて高く差し上げる。そして一人がそれを台所へ運んで高いところに置き、そこに一年間置いたままにする。パリリンの食べ残しは鶏と豚に与える。鶏肉を豚に食べさせてもかまわない。潘阿末の長女、潘金英によると、昔はトロブアンのパリリンのときに歌を歌ったらしいがもうできないからそれはやらないという。

写真11

この祭祀集団と、そこから分裂したもう一つの祭祀集団（長女潘金英の世帯成員からなるもの）は、禁忌の意識が極めて高く、他者が参観することをかたく拒んでいる。しかし、儀礼のやり方については筆者の質問に気軽に答えてくれており、内容自体は秘密のものではない。この祭祀集団の成員の中には、トロブアン意識の強い人々が多いことから、祭祀集団の境界を区別するための禁忌も守られ、儀礼も途絶えることなく続いている。

祭祀集団の結束

以上述べてきたように、トロブアンは禁忌によって排他性の強い祭祀集団を構成しているため、集団の結束は簡単にはくずれにくい性質を持っている。祖先を空腹にさせないよう年一回の祭祀によって祖先を満足させるのがパリリンの基本的な考え方である。もしこの行為を止めれば、他界の祖先が空腹となり、祭祀を要求して子孫に何か悪いことが起こると考えられている。つまり儀礼は祖先と子孫の正しいかかわり方を定めたものといえる。クヴァランのパリリン儀礼と同様の考え方のもとに実施される祖先祭祀である。祖先に供物を捧げて食べさせる儀礼行為は祖先を尊重する気持ちの表現であって、家族のつながりの延長上にある亡くなった父母や祖父母との関係の再確認とも言える。と同時に、同じ祖先を一緒に祀る祭祀集団成員の関係を再確認する行為でもある。祭祀集団は原則として同じ家に住む拡大家族、またはその家族が分裂してできた複数の家族から構成される。祀る対象は自分の知っている近い祖先であるので、記憶される範囲の祖先たちが、生前家族成員であったときに彼らと共食の関係があったことの延長として、死後も食べさせて供養するという観念が基本にあるのである。

ご馳走を捧げることによって祖先を満足させるパリリン儀礼は、トロブアンの伝統的他界観念に根ざすものであると考えられる。クヴァランとトロブアンの混血の人々の間から、トロブアンの他界観の特徴だけを抽出するのは今日ではもはや不可能である。しかし、儀礼の内容がクヴァランと同様、祖先を呼び戻して食べさせる、というところにあるならば、残存するトロブアンのパリリン儀礼の内容から読み取れるこの祖先供養の観念はクヴァランと変わりないものであると推測される。すなわち、死後の霊魂は死者の住む他界に行って暮らすのだが、そこでは、この世と同じような生活が営まれていると考えられている。つまり、田畑を耕し、労働をすることによって生活の糧を得ていると考えられているのである。食べ物がなければ、祖先は生きている人々と同じく空腹を感じるのである。祖先と子孫の交流である祖先祭祀は、新年に来客をもてなすのと同じように祖先を招いて食べ物でもてなすものである。祖先に満腹感を与えることができれば祖先は子孫の平安を約束してくれる。こうして新年の共食によって互いの幸福を保証しあう関係があるべき関係と考えられているのである。そこで、祖先との関係を円滑にするには、食べ物を十分与えて満足してもらうことが必要である。

キリスト教の世界観には、こうした祖先観、あるいは他界観は存在せず、食べ物を捧げなければ空腹を感じる死者も、空腹を満たす要求ゆえに子孫に災いをもたらすかもしれない祖先も存在しない。キリスト教の前提とする他界観と、それに根ざす祖先―子孫関係の性質が根本から異なっているのである。新社では、食べさせることが祖先の供養となるというこの感情は、漢人の宗教を信仰する村人にも、キリスト教に改宗した信者にも、おおむね共有されつづけてきた。ところが、この食べさせるという供養の仕方はキリスト教にはないものであり、改宗した者にとっては、キリスト教の儀礼の中にはこれを代替するものが見出せない。「亡くなった親を空腹にしたままでよいと思う子供がどこにいるだろうか」とカトリック、プロテスタントを問わず、キリスト教に改宗した村人は説明する。すなわちクヴァランの伝統的な観念では、食べ物を供えないでいることは亡くなった家族を空腹にさせたまま放置することを意味するため、家族に対する義務の放棄とも受け取られ、あるいは空腹を憐れむ感情とつながるのである。そこで人々はこれまで通り死者に供物を捧げ、共に食べることによって共食を介した関係を途切れることなく維持してきたのである。

供物を供えて祖先を供養するというのは、クヴァランに限らず、漢人や他の原住民にも共通して見られる考え方である。台湾における、あるいは東アジア諸社会が共有する宗教的な観念の土台と矛盾しない点から見て、台湾の文化的環境下のもとではキリスト教的価値観がこうした観念に完全に取って代わるまでにはかなりの時間がかかるといえるかもしれない。キリスト教会は、信者に対してトロブアンの祖先祭祀を止めさせようとしてきた経緯はあるが、完全にパリリン儀礼を払拭するのは難しい面があったのも事実である。

ところで、パリリンは土着の神の祭祀ではなく、宗教職能者が関与しない儀礼であり、自分に直接つながる祖先を対象として行う世帯内の祭祀行為である。トロブアンの場合、戸口を締め切って、外部に見られないように祭祀を行なうため、外部の者がこうした宗教的行為を批判するということが容易ではない。したがって、祭祀集団の結束は崩れにくいものであった。近い祖先を祀る近い親族からなる集団は、排他性の壁によって守られる。社会集団としてはすでに存在しなくても、祖先を祀る日にはトロブアンとしての意識がよみがえり、排他性のある祭祀集団の境界を通じて民族境界が自覚され、日常生活には一切影響しないその日だけの民族境界として機能するのである。トロブアンの言語は老人の記憶に残るわずかな単語を残して早い時期に消滅し、治療儀礼も早い段階で途絶えたにもかかわらず、パリリン儀礼だけは固有のものが維持されてきた。この唯一維持されてきた儀礼によって、トロブアンの子孫たちは自分がトロブアンであるということを定期的に自覚してきたのである。

儀礼の継承

トロブアンの祖先祭祀はこうした家族、人間関係の基本とかかわることにより、結果的には混血が進む中、異民族の宗教に侵食されずに残ってきた。そして、最も直接的には、クヴァランのバイラテラルな家族親族関係と祖先観の中で保護されてきたのである。クヴァランは個人中心的な関係設定に基づき、シンセキや祖先を父方・母方双方に均しくたどる血縁原理からなる典型的なバイラテラル社会である。クヴァランの社会構造と変化に対する柔軟性についてはすでに拙稿において考察したところであるが、バイラテラルな観念に基づいて、クヴァランは異民族を家族に迎えてもなお異民族の祖先祭祀を容認する柔軟性を持つ［清水　一九九二：三三〇―三三二］。一方、トロブアンはクヴァランと同様にバイラテラルな観念を持つが、まったく同じではなく、祖先祭祀における祖先と子孫との関係設定、および祭祀集団の境界線の設定の仕方に差異性を有する。すなわち非単系的につながる特定の血縁関係を持つ祖先に対する人々が集団として祭祀を行なうのであり、このことは特定の祭祀方法の継承という原則によって維持される。こうした細かい差異を維持しようとする志向性が、トロブアンの人々の間に働き続けてきたこと、そしてクヴァランの親族観念がそれを容認してきたことが、トロブアンの祖先祭祀の維持につながったのである。

さらにトロブアンの祭祀集団ごとに見られる特定の祭祀方法の継承は、漢族との差異、クヴァラン族との差異というような民族集団相互の間の差異というよりも、祭祀集団相互の差異を示すものである。トロブアンの間では、家族を拡大した範囲での人のまとまりからなる祭祀集団ごとに、それぞれの独自性を保とうとする傾向が強く見られるのである。鶏の殺し方や、使用する内臓の違い等、集団ごとの差異を認識し、自分と自分の家族が属する集団の特性を維持しつづけようとすることこそ、トロブアンが自らのエスニック・バウンダリー維持を可能にしてきた仕組みの根幹といえるのである。一方、異民族の婚入者も儀礼に参加することができるという意味において、民族集団の境界を踏み越えることが可能である。この点でも、民族という側面よりも家族的関係が優先されており、家族に接近した側面をもつ。こうした原則によって祭祀集団の構成が守られていくことにより、トロブアンは結果的に自らのエスニック・バウンダリーを今日まで維持しつづけてきたといえる。その背景にはクヴァランのバイラテラル観念がその支持基盤として機能しているのである。

宜蘭時代以来の対等な関係を保ってきたクヴァランのバイラテラル社会の中に包み込まれて守られた状態で、トロブアンはクヴァランとの間に一線を画すことができた。これによって、結果的には希少な人口にもかかわらず、儀礼が非単系な形態のまま維持され、さらに細かい点での違いを持つ祭祀集団の独自性が明確に意識されながら、クヴァランのパリリン儀礼と並存して継承されてきたのである。

民族境界を維持する要因——サオ族の祖先祭祀

同様に希少な人口という制約のもとにあるサオの場合はどうであろうか。山路の研究によると、サオの人々は漢族の祀る神々を家の中に祀っていることが多く、祖先の位牌を祀る家も半数あり、漢文化を受け入れているかに見える。しかし、依然として祖先は決まった規則に基づいて祖霊籃で祀られねばならないと考えられている。そしてシンセーマと呼ばれる女性司祭者たちが儀礼を守っているのである〔山路　一九九六：八七—一〇〇〕。同じ祖先という概念で一括されるにしても、漢族式の位牌とサオの祖霊籃では決定的に祭祀上の意味付けが違い、「人々はこの祖霊籃に語りかけるときにはじめて、サオ族としての自己を確認する。その意味付与のあり方こそが、認同の核心に関わり、漢族とサオ族との境界を峻別する分水嶺としての役割を果たす」〔山路　一九九六：一〇四〕と考えられる。また、漢族が祀る祖先の範囲はサオの祀る祖先の範囲と相違があるため、漢族流の方法と混在してはならないと考えられている〔山路　一九九六：一〇三〕。つまり、他民族起源の祭祀をいくら行なっても、それでは代替できない部分が残るのである。

一方、漢人の宗教はシンクレティックな性格を持ち、原住民の宗教に対してもこの特性を発揮する。新社では漢人の宗教が原住民の宗教に対して二者択一を迫ることはなかった。このような特性は、漢人の祭祀形態と固有の儀礼の並存を許容し、サオにおいてもトロブアンにおいても、固有の宗教と民族境界の維持において障害とならなかった。漢人の宗教は信者に対する組織的な宗教教育をせず、信者が自己の関心に従って祭祀方式を習得するので、形式のみを模倣し、内容を改変しながら、あるいは固有宗教を並存しながら固有宗教を残存させることが可能になったのである。

祖先祭祀の場面において、祖先と家族、そして自分とをどのような関係性に基づいて繋ぎ合わせていくのか、その方法は、それぞれの民族に固有のものである。人間生活においてもっとも基本的なこうしたつながりの設定は、エスニック・グループの日常生活の文化的変容が他民族や他民族文化の影響を比較的早期に受けやすいのに比べれば、なかなか変化を受け入れない堅固な性質を持っているといわねばならないだろう。異民族婚という出来事が、この堅固さを突き崩していく契機になるかもしれないが、しかし、婚入者の婚家での立場や権限のあり方を考えるなら、単に異民族婚が繰り返されただけでは家族関係や家族と祖先との関係の設定原理が崩れるものでもない。クヴァランやトロブアンのようなバイラテラル社会における日常的な人間関係のあり方が、異民族婚が進んだからといって、急に他民族と同じ価値観に基づいて行なわれるようにはならないのと同じように、家族を結びつける関係設定原理は容易には変化しないものである。外部からそれ以外の強制を伴わない場合には、異民族婚の繰り返しによって引きおこされる変化は、世代の歩みとおなじくらいゆっくりと時間をかけて、おそらく数十年という単位で、少しずつ変わっていくようなものなのである。

祭祀集団を構成する世帯内に異民族の婚入者が増えることのほかには、キリスト教信仰の厚い成員が増えること、トロブアンとしての意識と信仰の厚い老人がいなくなること、その死者と関係の希薄な世代に次々移っていくことなどが、トロブアンの儀礼を継承し、トロブアンとしての民族意識を維持するのには障害となりうる要素である。この要素のありようは世帯によって多様であり、今後のパリリンの継承に当たっては、これらの要素の、それぞれの祭祀集団のなかでの現れ方がその動向を左右するということができるかもしれない。

以上の考察をまとめると、トロブアンがエスニック・グループとしての境界線を維持してきた要因として以下のような点が抽出できるだろう。

◎トロブアン固有の要因：トロブアンの儀礼が持つ、排他性、家系ごとのしきたりの差異の強調などの特性が、民族境界の意識を維持するのに機能した。

◎クヴァランとの関係：クヴァランと混ざったことにより、クヴァランの文化のバイラテラルな観念が、儀礼の並存を許容し、民族境界の維持に機能した。
◎漢人の宗教との関係：漢人の宗教の持つシンクレテイックな性格や、供物を捧げて供養する観念が、トロブアンの儀礼の並存を許容し、民族境界の維持にとって障害とはならなかった。
◎キリスト教徒との関係：キリスト教には食べ物で供養する観念がない。この観念が、トロブアンの人々に十分理解・受容されておらず、伝統儀礼の必要性が意識された。

山路は、祖霊籃ウラルアンを中心としたサオ独特の儀礼的世界の存在が、自他との差異性を築くのに貢献し、漢族化の流れに抗してサオ族というエスニック集団を維持させたと考察した。そして、漢族と隣接する弱小勢力が生き残りを図るにあたっては、境界維持に働く内発的信念体系の存在が決定的な役割を果たしたと結論付けている［山路　一九九六：一〇七］。

ウラルアンを取り巻く儀礼体系は、その主導的存在としてのシンセーマ（巫師）が取り仕切る精緻な体系をなしている。山路が示すような精緻に組み立てられた各種の儀礼は、トロブアンの子孫の間には存在していない。しかし、山路の言う内発的信念体系と呼べるようなものの存在が、民族の境界維持に決定的な役割を果たしたことはトロブアンにも当てはまるかもしれない。トロブアンは、固有のパリリン儀礼を通じて、祖先とのあるべき関係や親族との関係を再構築する。この過程においてトロブアンは、クヴァランという殻の中に普段は包み込まれている自分たちの関係設定原理の独自性を再認識し、トロブアンであるという自覚を高めていくのである。

著者が山路の見解を支持するのは、サオの儀礼的世界を作り上げているものが、独自の宗教行為だからというだけでなく、その中にはサオ独自の人間関係、すなわち生きている人間同士、あるいは生者と死者の間の設定原理が

（家族に対しても、祖先に対しても）維持されていると考えられるからである。社会固有の規律に基づいて行動することは、人間関係の秩序を維持するために欠かせない。社会の秩序を維持する基本的な一つの側面は、人間関係の設定である。血縁をはじめとする一定のつながりを持つ誰彼とどう関わるべきであるのかについての決まりごとは、それぞれの社会集団にとっては欠かせない行動原理である。サオやトロブアンの祖先祭祀の中にはこうした関係設定原理が表象されているのであり、それを繰り返すことによって人々は、そのような関係設定原理を持つ自分たちの帰属への認識を深めるのである。

写真12　サオ族の祖霊籃（2006年筆者撮影）

サオ族を取り巻く漢族にとっても、宗教の重要な一面は祖先祭祀であり、その点でウラルアン祭祀とは共通性を持つ。しかし、山路が強調するように、漢族の関係設定の原理はサオ族のそれとは異なる。漢族文化が歴史の流れの中でじわじわとサオ社会に浸透していった中で、漢族から受容した宗教が代替し切れなかったものがあり、位牌祭祀などの方式では需要が満たせない子孫と祖先との関係の方式や、人間関係設定の原理が依然としてサオの中に残り、その血縁を通じてサオの祖先と結びつく関係設定を維持しようとしてきたことが、結果的に彼らのエスニック・アイデンティティを維持することにつながってきたと筆者は考えたい。

本章では、新社村のクヴァランの子孫の人々の間に、混血という形で残存し、複数の民族への重層する帰属意識のなかから浮かび上がるトロブアンという一つの民族境界を維持する要素を主題としてきた。新年の祖先祭祀の場においてのみ現出するトロブアンのエスニック・グループとしての境界と集団帰属意識は、トロブアンがそのほかの民族とともに過ごしてきた時間や時代を背景に出来上がって来たものといえる。少ない人口であることからくる劣勢の中で固有の民族境界を維持するメカニズムは、トロブアンの場合、家族と結びついた独自の人間関係設定の原理を中核とする祭祀形態であったと結論付けることができるだろう。

注

（1）本章のもとになった拙稿［清水　二〇〇四］に掲載されている写真資料は、本書では紙面の都合上、多くを割愛している。

あとがき

鳥居龍蔵の乾板写真の整理が終わった一九九〇年、鳥居の写真がすべて収められた写真カタログ［鳥居龍蔵写真資料研究会　一九九〇］が出版され、一九九一年には特別展示「乾板に刻まれた世界――鳥居龍蔵の見たアジア」が開かれた。さらに一九九四年には、台北の順益台湾原住民博物館で鳥居龍蔵の写真展が開催され、台湾の人々の高い関心を呼んだ。そのとき台湾の人々が目にしたのは、一〇〇年前の自分たちの祖先の明瞭な画像であった。その新鮮な驚きは、研究界ばかりでなく、一般の人々の心にも強く焼き付けられることになった。今日、台湾で出版される多くの歴史・文化に関する印刷・出版物には、鳥居龍蔵の撮影した写真がしばしば掲載されており、古写真に対する台湾の人々の関心の高さを物語る。画像資料がこれほどまでに人々にインパクトを与えるのは、写真がきわめて具体的な形で過去の姿を映し出しているからというばかりではない。自分たちの祖先の姿が「過去」という切り離された時間の中に孤立するものではないことを、画像を通じて知覚することができるからなのである。

二〇〇五年、浅井恵倫撮影による膨大な画像資料が東京外国語大学のプロジェクトによって整理・公開されたときにも、台湾原住民の画像は同じように人々の心を惹きつけた。浅井の写真は、鳥居の撮影した学術目的のやや堅い感じの写真とも違って、本人の気ままな趣味で撮ったもので、いささか呑気な雰囲気が漂ってさえいて、画像としても独特の味わいを持っている。たまたま出会った当時の人々の生活のふとした一面を垣間見させてくれることもある。浅井の写真もまた、読み取り方次第で多様な情報を与えてくれる。たとえば趙啓明〔啓明・拉瓦〕は、浅井写真をもとにしたタイヤル族萬大社での聞き取り調査を行い、当時の生活や物質文化、人物、歴史と文化などについて、老人たちの話と文献を組み合わせて詳細な報告をまとめた［趙啓明　二〇〇七］。写真の明瞭な画像は、古老たちのかつての生活の記憶を呼び覚ます契機となるものであった。また、浅井の写真集［笠原　一九九五］は台南県頭社村のシラヤの祭礼にも影響を与え、写真のとおりの伝統的な方法に戻そうという動きにつながった。

このように過去の画像が現代の人々に及ぼす影響力が少なくないのには、八〇年代以降の台湾の歴史がかかわっているからでもある。

日本植民地時代の写真の整理と公開の事業は、まさに一九八〇年代後半から始まった原住民の民族文化復興運動や、台湾の本土化と時期を同じくするものであった。これらの画像資料が描き出す過去の原住民の姿は、原住民運動を展開する人々にとっては既に失われた自分たち自身の姿を再認識し、エスニック・アイデンティティを再構築するシンボルとなった。また、民族の伝統を基盤とする新しい文化を再創造しようとする原住民の人々にとっては、写真は台湾の歴史と深く結びついた自己の祖先を知る教材となった。そのような意味においても、過去の画像は今日の原住民の人々の意識や現代の台湾社会のありようと密接に結びついているのである。

データベースに収められた一つ一つの画像には、多くの探索の可能性が残されている。キャプションには改善の余地があり、撮影者の書き残した調査報告や記録との照合も必要である。異なる時期に異なる撮影者が記録した写真との照合はまだ進んでいない。撮影されてから長い時間がたった画像資料には限界があるとはいえ、同時に、多様な過去の情報が埋め込まれたタイムカプセルでもある。原住民の現在を知るために、それらの情報を引き出す工夫と活かす工夫を重ねていく必要があるだろう。本書で取り上げた写真の解析と利用は、その一つのささやかな試みである。

＊　＊　＊

本書に収められた研究の出発点は、一九八四年春にさかのぼる。クヴァランの村で長期のフィールドワークを始める準備をしていた際に、土田滋先生から浅井音源資料の録音テープを調査地に持っていくようにとのお話があった。そこで当時浅井資料を保管していた東京大学文学部言語学研究室にお邪魔して、未整理の浅井資料が保管されているのを初めて見せていただき、そのなかから音源資料と平埔族の言語ノートのコピーをもらって調査地に持って行った。画像資料と出会ったのは、長期のフィールドワークを終えた後、科研費の総合研究「環シナ海・日本海諸民族の音声・映像資料の再生・解析」の写真・動画の鑑定プロジェクトの研究会に呼んでいただいたときのことだった。この頃、東洋文化研究所の鳥居龍蔵の資料を台湾研究者の先生方に混じって見せていただいた。鳥居の写真が電子化される前のことだった。そして、平成一三年〜一五（二〇〇一―二〇〇三）年のＡＡ研の「浅井・小川未整理資料の分類・整理・研究プロジェクト」に参加して以来、画像資料そのものの研究への利用を考えるようになった。

プロジェクト終了後は、より踏み込んだ画像の解析を試みてときどき調査に出かけていたが、二〇〇六年度には日本大学経済学部特別研究員として一年間の研究期間を得て、台湾で調査を繰り返し行う機会に恵まれた。その間、二〇〇六年度の三菱財団人文科学研究助成を受けて植民地時代の戸籍資料の収集と分析を行い、同じく二〇〇六年度のトヨタ財団個人研究助成を受けて文化復興運動と平埔族の自己意識についての調査を進めた。その後、二〇〇八年度〜二〇一三年度科研費の基盤研究（Ｃ）「植民地統治期における台湾原住民に関する映像記録の鑑定及び文化人類学的考察」（筆者代表）では、写真の鑑定のための現地での聞き取り調査とならんで、各地の博物館、大学、研究所等に散在する原住民古写真の調査と比較検討を行った。二〇〇五年度から二〇一一年度にかけての日本大学経済学部個人研究費もこの間の調査研究に役立っている。このように本書が完成するまでにはさまざまな研究助成の支援があり、いくつかのプロジェクト研究への参加の積み重ねがあった。本書に収められた報告はこれらの研究プロジェクトの成果である。

本書に関わる調査研究を通じて、複数の研究機関および多くの研究者の皆様からのご教示とご協力をいただいた。訪問学人として何度か在籍した中央研究院民族学研究所には、実地調査及び戸籍資料調査に際して便宜を図っていただいた。また、国立政治大学の民族学系原住民研究所主催の台日フォーラム、蘭陽博物館における二〇一〇年のシンポジウムでは研究報告の場を与えていただいた。データベース写真の利用に際しては、東京大学総合研究博物館、東京外国語大学アジア・アフリカ言語文化研究所、台湾大学考古人類学系の各機関にご協力いただいた。

そのほか、本書で取り上げた諸民族の調査と研究において、劉枝萬教授をはじめ、李壬癸教授、林修澈教授、胡家瑜教授、潘英海教授、林清財教授、鄧相揚教授、簡文敏教授、李文茹教授、王雅萍教授、黄健庭教授、簡史朗氏、徐瀛洲氏、張麗盆氏などの台湾の皆様から多くのご教示とご協力をいただいた。

また、土田滋教授、松澤員子教授、笠原政治教授、山路勝彦教授からは研究会などの機会に多くの有益なご教示をいただき、また資料の提供を受けた。東京大学総合研究博物館の諏訪元教授には、鳥居写真の現地への贈呈にご尽力いただいた。小川・浅井プロジェクトの際には、東京外国語大学アジア・アフリカ言語文化研究所の三尾裕子教授および豊島正之教授（現上智大学教授）にお世話になった。また、台湾史研究者の三田裕次氏には、文献資料や画像資料をご提供いただいた。このほか、慶応大学大学院の魏郁欣さんには古文書の解読をお願いし、大阪大学大学院の張紋絹さん、台湾長栄大学大学院の薛猛哲さん、台湾師範大学大学院の王永婷さんには現地調査にご協力いただいた。このほかにもさまざまな方々に、研究会や台湾調査などの機会を通じていろいろな形でお世話になった。

これらの皆様及び諸機関にこの場を借りてお礼申し上げる次第である。
なお、本書は、平成二五（二〇一三）年度日本大学経済学部出版助成を受けて刊行されたものである。

初出一覧

本書の各章の初出は以下のとおりである。本書ではこれらの研究成果にその後の知見を加えて加筆・修正している。章によっては大幅な構成の変更や加筆を行った。また八章を新たに付け加えた。

第一章　「埔里盆地における最後の原住民」『台湾原住民研究』一一号（風響社、二〇〇七年）、「ガラス乾板のなかの黄望家の人々――鳥居龍蔵台湾映像記録の鑑定」『台湾原住民研究』一二号（風響社、二〇〇八年）

第二章　「台湾原住民「眉蕃」の末裔――続・鳥居龍蔵台湾画像資料の探究」『研究紀要』七二号（日本大学経済学部、二〇一二年）

第三章　「猫霧捒社蕃曲とパポラ族」『研究紀要』五九号（日本大学経済学部、二〇〇八年）

第四章　「『小林の公廨』と『ガニ移民』の踊り――浅井映像フィルムにみるシラヤ系平埔族タイヴォアンの信仰と歴史」浅井・小川未整理資料の分類・整理・研究プロジェクト編『小川尚義・浅井恵倫　台湾資料研究』（東京外国語大学アジア・アフリカ言語文化研究所、二〇〇五年）

第五章　「タイヴォアンの民俗に関する覚え書――浅井恵倫台湾映像資料の探求」『台湾原住民研究』一〇号（風響社、二〇〇六年）

第六章　「タイヴォアンの民俗に関する覚え書――浅井恵倫台湾映像資料の探求」『台湾原住民研究』一〇号（風響社、二〇〇六年）
第七章　「再出発する二つの小林村――八八水害からの復興」日本順益台湾原住民研究会編『台湾原住民研究』一五号（風響社、二〇一一年）
第九章　「クヴァラン族の家屋の構造と機能」『研究紀要』第六八号（日本大学経済学部、二〇一一年）
第一〇章　「新年に現われる民族――トロブアン・アイデンティティの残存と発現」『研究紀要』四六号（日本大学経済学部、二〇〇四年）

参考文献

欧文

Blussé & Everts

2010 *The Formosan Encounter: Notes on Formosa's Aboriginal Society: A Selection of Documents from Dutch Archival Sources*, Vol. IV:1655-1668, Shung Ye Museum of Formosan Aborigines, Taipei.

Borao, Jose Eugenino

2001 *Spaniards in Taiwan, vol.I:1582-1641*, SMC Publishing Inc, Taipei.

Ferrell, Raleigh

1969 *Taiwan Aboriginal Groups: Cultural and Linguistic Classification*, in Institute of Ethnology Academia Sinica Monograph No.17, Academia Sinica, Taipei.

Li Jen-kuei, Paul

2003 *English-Favorlang Vocabulary by Naoyoshi OGAWA*, Research Institute for Language and Cultures of Asia and Africa, Tokyo.

Moriguchi, Tsunekazu

1991 'Asai's BasaiVocabulary', in *Linguistic Materials of The Formosan Sinicized Populations I: Siraya and Basai*, pp.195-257, University of Tokyo Department of Linguistics, 一九八九—一九九〇年度科研費補助金（A）研究成果報告書

Shepherd, John Robert

1995 *Marriage and Mandatory Abortion among the 17th-century Siraya*, American Ethnological Society monograph series, No.6, Arlington.

Tsuchida Shigeru

1980 Taiwan (Formosa), in *Language Atlas of the Pacific Area*, P.30 ed. By Stephan Wurm & Shiro Hattori, Australian Academy of the Humanities in collaboration with the Japan Academy.

1982a 'Most Persistent Words in Vanishing Languages: The cases of PAPORA', GAVA, pp.463-477.
1982b 'A Comparative Vocabulary of Austronesian Languages of Sinicized Ethnic Groups in Taiwan Part I: West Taiwan',『東京大学文学部研究報告　第七号　語学文学論文集』pp.720-555（1-166）.
1985 'Yet Another Austronisian Language in Taiwan?', Bulletin of the Institute of Ethnology, Academia Sinica, No.60, pp.1-59.

日本語・中国語文献：日本語読み（五〇音順）

浅井恵倫
一九三七「熟蕃言語の調査」『南方土俗』四（三）：五五―五六
一九三八「台大言語學教室の平埔蕃調査」『南方土俗』四（四）：三五
浅井・小川未整理資料の分類・整理・研究プロジェクト（代表＝土田滋）編
二〇〇五『小川尚義・浅井恵倫　台湾資料研究』東京：東京外国語大学アジア・アフリカ言語文化研究所
朝倉利光
一九八八『環シナ海・日本海諸民族の音声・映像資料の再生・解析』昭和六二年度科学研究費補助金（綜合研究（Ａ））研究成果報告書（研究代表者：朝倉利光）、札幌：北海道大学応用電気研究所
伊能嘉矩
一八九八「埔里社平原に於ける熟蕃」『蕃情研究会誌』二：三一―五五
一八九九「台湾ニ於ケル『ペイポ族』概察」『東京人類学雑誌』一五：一二六―一五六
一九〇四『台湾蕃政志』台北：台湾総督府殖産局民政部（復刻版、一九七三、台北：古亭書屋）
一九〇七「ファヴォラン蕃地に就き」『東京人類学会雑誌』二七九：三五八―三五九
伊能嘉矩著・森口恒一編
一九九八『伊能嘉矩　蕃語調査手册』（台湾原住民資料叢書3）台北：南天書局
伊能嘉矩・粟野伝之丞
一九〇〇『台湾蕃人事情』台湾総督府民政部文書課、台北：台湾日日新報社
移川子之蔵
一九三一ａ「承管埔地合同約字より観たる埔里の熟蕃聚落（其一）」『南方土俗』一（二）：一―一九

一九三一b「承管埔地合同約字を通じて観たる埔里の熟蕃聚落（其二）」『南方土俗』一（三）：七—四四
移川子之蔵・馬淵東一
一九七四「マッカイ博士の布教せる噶瑪蘭平埔族に就いて」『馬淵東一著作集』二：四六七—四八三（初出：一九三九）、東京：社会思想社
衛惠林
一九八一『埔里巴宰七社志』（中央研究院民族学研究所専刊二七）台北：中央研究院民族学研究所
袁義達 等編
二〇〇九『中国姓氏大辞典』南昌：江西人民出版
翁佳音
一九九五「西班牙、荷蘭文献選録」黄美英主編『凱達格蘭族書目彙編』（凱達格蘭族文献彙編《第一冊》：一〇三—一二七、板橋：台北県立文化中心
大林太良
一九九二『正月の来た道』東京：小学館
小川尚義
一九三〇「ファボラング語について」『言語と文学』一：三二—四〇
一九四四「インドネシア語に於ける台湾高砂語の位置」太平洋協会編『太平洋圏民族と文化』上巻：四四八—四九四、太平洋協会、東京：河出書房
小川正恭・黄智慧・石村明子
二〇一〇「台湾原住民と八八水害——『びんろう』による被災情報交換と資料」『台湾原住民研究』一四：八〇—一二九、東京：風響社
小川正恭・黄智慧・石村明子・松岡格
二〇一二「台湾原住民と八八水害（続）」『台湾原住民研究』一六：六九—一二二、東京：風響社
温振華
一九九七『高雄縣平埔族史』鳳山：高雄県政府
笠原政治
一九八八「浅井恵倫博士撮影の台湾諸民族関係者新資料の解析」朝倉利光・土田滋編『環シナ海・日本海諸民族の音声・映像

資料の再生・解析』（昭和六二年度科学研究費補助金綜合研究（A）研究成果報告書）一一九―一二七、札幌：北海道大学応用電気研究所
二〇〇五「画像資料――概説」浅井・小川未整理資料の分類・整理・研究プロジェクト（代表＝土田滋）編『小川尚義・浅井恵倫　台湾資料研究』一八一―一八九、東京：東京外国語大学アジア・アフリカ言語文化研究所
笠原政治編
二〇一〇『馬淵東一と台湾原住民族研究』東京：風響社
笠原政治編（楊南郡・中訳）
一九九五『台湾原住民族映像――浅井恵倫教授寫真集』台北：南天書局
簡史朗
二〇〇二「埔社古文書導讀」『【水沙連】埔社古文書選輯』一〇―五八、新店：国史館
二〇〇五a『水沙連眉社古文書研究』埔里：南投県政府文化局
二〇〇五b「猫霧捒社非猫霧捒族――拍布拉族與猫霧捒族之析辨（猫霧捒社與猫霧捒族的迷思――析論台中盆地的一個平埔村社）」《「人文・社会・自然與芸術」跨領域整合系列研討会》報告論文：一―二〇、台中：静宜大学人文暨社会科学院
二〇〇五c「巴布拉族〈猫霧捒社番曲〉的若干問題和発現」南投県政府文化局主催《百年的遺落與重視　二〇〇五年　南投縣平埔族群文化検討会》報告論文集：一―二六、埔里：暨南大学
簡史朗・曾品滄主編
二〇〇二『【水沙連】埔社古文書選輯』新店：国史館
簡炯仁
二〇〇四『高雄縣旗山地区的開発與族群関係』鳳山：高雄県政府
簡文敏
二〇〇〇「平埔族因應漢文化影響的方式――以大武壠社群元宵節「查某嗼」與「偸挽葱」為例」《「平埔族群與台湾社會」國際学術検討會》発表論文集、台北：中央研究院民族学研究所・台湾史研究所籌備處
二〇〇二「『查某嗼』與『偸拔葱』――両種女性生命型態之整合與比較」『台湾風物』五二（三）：一九―六三
簡文敏（松岡格・訳）
二〇一〇「小林平埔族文化と災害後の再建」『台湾原住民研究』一四：五九―七九、東京：風響社
黃敏麟

一九八四　『台湾舊地名之沿革　第二冊（下）』台中：台湾省文献委員会

洪麗完

一九九九　「檔案利用與平埔研究――以日治時期之戸籍舊簿為中心」『台湾文獻』五〇（一）：一七―七四、南投：国史館台湾文献館

国分直一

一九八一　『壷を祀る村――台湾民俗誌』東京：法政大学出版局

佐々木高明編

一九九三　『民族学の先駆者――鳥居龍蔵の見たアジア』大阪：国立民族学博物館

篠原哲次郎編

一九三四　『昭和九年　警察職員録』台北：台湾総督府警務局台湾警察協會

芝原太次郎

一九四一　「昔の埔裏社（上）」『民俗台湾』一（四）：三四―三六頁

清水　純

一九八八　「トルビアワン族の祖先祭祀」『民族学研究』五二（三）：二三四―二四六、日本民族学会

一九九〇　「アバスの引っ越し半生記」『民族文化の世界（下）』東京：小学館

一九九一　「クヴァラン族の一村落における婚姻の変化、一九〇五年―一九八五年」『研究紀要』一三：八五―九五、東京：日本大学経済学部

一九九二　『クヴァラン族――変わりゆく台湾平地の人々』京都：アカデミア出版会

二〇〇三　「クヴァラン族の「原住民族」認定」『台湾原住民研究』七：二五七―二五九、東京：風響社

二〇〇四　「新年に現われる民族――トロブアン・アイデンティティの残存と発現」『研究紀要』四六：二一―五三、東京：日本大学経済学部

二〇〇五　「『小林の公廨』と『ガニ移民の踊り』――浅井映像フィルムに見るシラヤ系平埔族タイヴォアンの信仰と歴史」浅井・小川未整理資料の分類・整理・研究プロジェクト（代表＝土田滋）編『小川尚義・浅井恵倫　台湾資料研究』三七七―三九二、東京：東京外国語大学アジア・アフリカ言語文化研究所

二〇〇六　「タイヴォアンの民俗に関する覚え書き――浅井恵倫台湾画像資料の探求」『台湾原住民研究』一〇：一四九―一七〇、東京：風響社

二〇〇七「埔里盆地における最後の原住民――浅井恵倫・鳥居龍蔵台湾映像資料の研究」『台湾原住民研究』一一：五五―八二、東京：風響社

二〇〇八「ガラス乾板のなかの黄望家の人々――鳥居龍蔵台湾映像記録の鑑定」『台湾原住民研究』一二：二二一―二二九、東京：風響社

二〇一一「再出発する二つの小林村――八八水害からの復興」『台湾原住民研究』一五：一六三―一七二、東京：風響社

二〇一二「台湾原住民『眉蕃』の末裔――続・鳥居龍蔵台湾画像資料の探求」『研究紀要』七二：一―二九、東京：日本大学経済学部

末成道男

一九八三『台湾アミ族の社会組織と変化』東京：東京大学出版会

鈴木清一郎

一九七五（一九三二）『台湾舊慣　冠婚葬祭と年中行事』台北：古亭書屋

鈴木満男

一九八七『〝漢蕃〟合成家族の形成と展開――近代初期における台湾辺彊の政治人類学的研究』東京大学博士論文（未刊）

施添福

一九九五「区域地理的歴史研究途径／以清代岸裡地域爲例」黄応貴主編『空間、力與社会』三九―七二、台北：中央研究院民族学研究所

一九九七『蘭陽平原的傳統聚落――理論架構與基本資料（上冊）』宜蘭：宜蘭県立文化中心

詹素娟

一九九五「宜蘭平原噶瑪蘭族之来源、分布與遷徒」潘英海・詹素娟主編『平埔研究論文集』台北：中央研究院台湾史研究所籌備處

一九九八「歴史傳折期的噶瑪蘭人――十九世紀的擴散與變遷」台湾省文献委員會編印『台湾原住民歴史文化學術研討會論文集』一〇九―一四五、台中：台湾省文献委員会

二〇〇一「有加有留（u ke u lau）――清代噶瑪蘭的族群土地政策」詹素娟・潘英海主編『平埔族與台湾歴史文化論文集』一一三―一三八、南港：中央研究院台湾史研究所籌備處

曹永和

一九七九『台湾早期歴史研究』台北：聯経出版事業公司

曹士桂
一九八八　『宦海日記校注』雲南：雲南人民出版社
宋文薫・劉枝萬
一九五二　「猫霧捒社番曲」『文献専刊』三（一）：一―二〇
台中県調査
一九〇二　「台中県下移住民調査書」『台湾慣習記事』二（二）：一―一八、台湾慣習研究会
台中州能高郡役所警察課
一九〇九～一九四五年　『萬大社須知簿』手書き稿本　（明治四二年から昭和一九年まで）
台北州調査
一九二四　「領台前噶瑪蘭の蕃務」『台湾時報』（大正一三年三、四、六、九月号）
台北帝国大学言語学研究室編
一九三五　『原語による台湾高砂族伝説集』刀江書院
台北帝国大学土俗人種学研究室
一九三五　『台湾高砂族系統所属の研究』刀工書院（復刻版、一九八八、東京：凱風社、一九九六　台北：南天書局）
台湾総督府
一九三六～一九四五年　『総督府職員録』（昭和一一年～昭和一九年）
台湾総督府編
一九八三　『台湾語大辞典』台湾総督府　（復刻版、二〇〇二、国書刊行会）
台湾総督府警務局
一九一八　『理蕃誌稿』第一巻　（復刻版、一九九五、台北：南天書局）
台湾総督府警務局理蕃課
一九三八　『高砂族調査書』（第五編　蕃社概況）台北：台湾総督府
台湾総督府民政部警察本署
一九〇九　『熟蕃戸口及沿革調査綴』（稿本）
台湾銀行経済研究室編
一九五九　『安平縣雜記』（台湾文献叢刊／台湾銀行経済研究室編輯、第五二種）台北：台湾銀行

高井信勝
一九八八「浅井資料　写真・映像フィルムの再生・編集」朝倉利光・土田滋編『環シナ海・日本海諸民族の音声・映像資料の再生・解析』（昭和六二年度科学研究費補助金綜合研究（A）研究成果報告書）一一九―一二七、札幌：北海道大学応用電気研究所
千々岩助太郎
一九六〇『台湾高砂族の住家』東京：丸善
中央研究院歴史語言研究所
一九七二『明清資料　戊編』六、台北：中央研究院歴史語言研究所
中華民国内政部
二〇一〇『全国姓名分析』台北：内政部
趙啓明（啓明・拉瓦）
二〇〇七「説自己的故事――一九三八年浅井恵倫鏡頭下萬大社萬大群泰雅人的生活與変化」『台湾文献』五八（三）
張燿奇編著
二〇〇三『台湾平埔族社名研究』台北：南天出版社
張麗盆
二〇〇五「猫霧捒社非猫霧捒族――拍布拉族與猫霧捒族之析辨（猫霧捒社與猫霧捒族的迷思――析論台中盆地的一個平埔村社）序言」南投県埔里鎮大城社区発展協會・大肚城文史工作室（私家版）
陳漢光
一九六二「高雄縣匏仔寮平埔族宗教信仰調査」『台湾文献』一三（四）：八八―九九
一九六三「高雄縣阿里關及付近平埔族宗教信仰和習慣調査」『台湾文献』一四（一）：一五九―一六七
陳淑均
一九五七（一八五二）『噶瑪蘭廳志』（台湾文献叢刊一六〇）台北：台湾銀行経済研究室
陳紹馨・傅瑞徳
一九六八『台湾人口之姓氏分布――社会変遷的基本指標』（第一冊姓氏分布資料）、国立台湾大学法学院社会学系・哥倫比亜大学人類学系及遠東研究所合編、美国亜洲学会中文研究資料中心
陳有貝主編

二〇〇七　『淇武蘭遺址搶救発掘報告』一、頭城：宜蘭県立蘭陽博物館

土田　滋
一九八四　「［人と学問］浅井恵倫」東京都立大学社会人類学会編『社会人類学年報』一〇：一—二八、東京：弘文堂
一九九一　「平埔族諸語研究雑記」『東京大学言語学論集』一二：一四六—一七九、東京：東京大学文学部言語学研究室
二〇〇五　「浅井音源資料の整理」浅井・小川未整理資料の分類・整理・研究プロジェクト（代表＝土田滋）編『小川尚義・浅井恵倫　台湾資料研究』二四七—二六九、東京：東京外国語大学アジア・アフリカ言語文化研究所

鄧相揚
一九九六　「牛眠山風雲——泰雅族眉社（被多）的歴史変遷」『水沙連雑誌』五：一三—一八

東京大学総合研究資料館
一九九一　『乾板に刻まれた世界——鳥居龍蔵の見たアジア』東京：東京大学出版会

鳥居龍蔵
一八九七　「東部台湾に於ける各番族および其分布」『東京人類学雑誌』一三六：三七八—四一〇
一九〇〇　「埔里社方面にて調査せし人類学的事項」『東京人類学会雑誌』一七四：四七五—四七八

鳥居龍蔵写真資料研究会編
一九九〇　『東京大学総合研究資料館所蔵鳥居龍蔵博士撮影　写真資料カタログ』（第一部～第四部）、東京：東京大学総合研究資料館（東京大学総合研究資料館標本資料報告　第二〇号）

中村孝志
一九三六　「蘭人時代の蕃社戸口表」『南方土俗』四（一）：五九—四二
一九三七　「蘭人時代の蕃社戸口表（二）」『南方土俗』四（三）：一九六—一八一
一九三八　「蘭人時代の蕃社表—噶瑪蘭社」『南方土俗』四（四）：二四〇—二三四
一九四九　「中村孝志／台湾におけるオランダ人の探金事業——一七世紀台湾の一研究」『天理大学学報』一（一）：二七一—三二四
一九五一　「1647年の台湾蕃社戸口表」『日本文化』三一：九二—一一〇
一九七四　「村落戸口調査にみるオランダの台湾原住民統治」『えとのす』（一）：三二—三七
一九九一　「オランダ人の台湾探金事業再論」『天理大学学報』四三（一）：一八七—二一一
一九九三　「オランダ時代の台湾蕃社戸口表について」『南方文化』二〇：一七〇—二〇三

根岸勉治
　一九三三「噶瑪蘭に於ける熟蕃の移動と漢族の植民」『農林経済論考』一：五二五―五三八、台北：養賢堂
速水家彦
　一九三一「宜蘭雑記」『南方土俗』一（三）：一一八―一二三
潘　英
　一九八七『同宗同郷関係與台湾人口之祖籍及姓氏分布的研究』台中：台湾省文献委員会
　一九九一『台湾人的祖籍與姓氏分布』台北：臺原出版社
　一九九五『台湾稀姓的祖籍與姓氏分布』台北：臺原出版社
潘英海
　一九九四「文化合成與合成文化――頭社村太祖年度祭儀的文化意涵」荘英章・潘英海編『台湾與福建社会文化研究論文集』二三五―二五六、台北：中央研究院民族学研究所
馬淵東一
　一九七四『馬淵東一著作集』第二巻、東京：社会思想社
村上直次郎訳注・中村孝志校注
　一九七二『バタヴィア城日誌』（東洋文庫第二巻）、東京：平凡社
森口恒一
　二〇〇五「台湾今昔――画像から見る台湾の社会・文化の変化」浅井・小川未整理資料の分類・整理・研究プロジェクト（代表＝土田滋）編『小川尚義・浅井恵倫　台湾資料研究』三四〇―三五一、東京：東京外国語大学アジア・アフリカ言語文化研究所
森口雄稔編
　一九九二「伊能嘉矩の台湾踏査日記」台北：台湾風物雑誌社
山路勝彦
　一九九六「台湾サオ族の儀礼的世界と認同の求心性」『関西学院大学社会学部紀要』七五：八三―一〇八
　一九九八「蛶蛎の認同、祖先からの出奔――漢族でもなく、シラヤ族でもなく〈1〉」『台湾原住民研究』三：一五―五三、東京：風響社
　一九九九「憑依する巫女、原初への追憶と新たなる神々――漢族でもなく、シラヤ族でもなく〈2〉」『台湾原住民研究』四：

四一―九七、東京：風響社
二〇〇三「女神たちの飛翔、歴史への瘢痕――漢族でもなく、シラヤ族でもなく〈3〉」『台湾原住民研究』七：九六―一二〇、東京：風響社
二〇一〇「隠蔵されたマカタオ族の神々――漢族でもなく、シラヤ族でもなく〈4〉」『台湾原住民研究』一四：二五―三六、東京：風響社
二〇一一『台湾タイヤル族の一〇〇年』東京：風響社

山本芳美
二〇〇五「浅井恵倫氏の写真で知る台湾原住民の社会変化――イレズミを軸として」浅井・小川未整理資料の分類・整理・研究プロジェクト（代表＝土田滋）編『小川尚義・浅井恵倫　台湾資料研究』三五二―三五九、東京：東京外国語大学アジア・アフリカ言語文化研究所

李壬癸
一九九九『台湾原住民史　語言篇』台中：台湾省文献委員会

李壬癸・土田滋
二〇〇六『噶瑪蘭語詞典』台北：中央研究院

劉枝萬
一九五一『台湾埔里郷土志稿』第一巻・第二巻（私家版）
一九五八『南投文献叢輯（六）　南投縣沿革志開発篇稿』埔里：南投県文献委員会

劉斌雄
一九六九「沙阿魯阿族的社会組織」『民族学研究所集刊』二八：六七―一五八
一九八七「台湾南部地区平埔族的阿立祖信仰」『台湾風物』三七（三）：一―六二

臨時台湾舊慣調査會
一九一一「臨時台湾旧慣調査會第一部調査第三回報告書　台湾私法附録参考書　第一巻　上」、台北：臨時台湾旧慣調査会

インターネット文献

赤澤　威

一九九一「鳥居龍蔵写真乾板の再生」『東京大学総合研究資料館ニュース』二一号、東京大学総合研究資料館
http://sunixm3.um.u-tokyo.ac.jp/publish_db/news_letter/21.html（最終閲覧日：二〇一四・三・一）

何欣潔
二〇一一a「故土覆新土、杉林鄉『日光小林』開工」莫拉克 88news.org（二〇一一・一・一六）
http://www.88news.org/?p=9511（最終閲覧日：二〇一四・三・一）
二〇一一b「小林產業重建、穩健中求成長」莫拉克 88news.org（二〇一一・四・九）
http://www.88news.org/?p=10950（最終閲覧日：二〇一四・三・一）
二〇一二a「小林二村感恩入厝——災難塵埃落定、慎重感謝社會」莫拉克 88news.org（二〇一二・二・二七）
http://www.88news.org/?p=16375（最終閲覧日：二〇一四・三・一）
二〇一二b「災後最完整的小林夜祭（一）公廨入住、太祖遷居」莫拉克 88news.org（二〇一二・一〇・一〇）
http://www.88news.org/?p=14462（最終閲覧日：二〇一四・三・一）

行政院新聞局
二〇〇九「月眉農場慈済大愛園区に災害復興恒久住宅を建設」台北中日経済文化代表処《台湾ニュース》（二〇〇九・一一・二〇）
http://www.roc-taiwan.org/JP/ct.asp?xItem=117856&ctNode=1453&mp=202（最終閲覧日：二〇一四・三・一）

蘇福男
二〇一二「小林夜祭 陳菊五里埔敬拜太祖」自由時報電子版（二〇一二・一〇・二八）
http://www.libertytimes.com.tw/2012/new/oct/28/today-south15.htm（最終閲覧日：二〇一四・三・一）

内政部營建署綜合計畫組
二〇一一「高雄市五里埔永久屋完工入住」（二〇一一・一・二〇）
http://www.cpami.gov.tw/chinese/index.php?option=com_content&view=article&id=11962&Itemid=54（最終閲覧日：二〇一四・三・九）

内政部統計処
二〇一三「現住原住民人口數按性別及族別分——中華民國一〇二年九月底」内政部統計月報（二〇一三年九月）、内政統計查詢網（二〇一三・一〇）
http://www.ris.gov.tw/zh_TW/346（最終閲覧日：二〇一三・一〇・二〇）

日光小林

二〇一二「日光小林推出『無比梅好』中秋禮盒、請您繼續支持鼓勵！」莫拉克88news.org（二〇一二・八・九）
http://www.88news.org/?p=19679（最終閲覧日：二〇一四・三・一）

頼怡伶（重安訳）
二〇一〇「鉄骨の骨組み――安身　記憶を残す建築――安心」『慈済月刊』五一九期、慈済基金会（二〇一〇・六・一）
http://tw.tzuchi.org/jp/index.php?option=com_content&view=article&id=262:2010-11-25-04-04-45&catid=78:shanlin-great-love-village-&Itemid=278（最終閲覧日：二〇一四・三・一）
二〇一〇「八八の奇跡――大愛村の新「那瑪夏」」『台湾光華雑誌』（二〇一〇・九・八）
http://www.taiwan-panoprama.com（最終閲覧日：二〇一三・一〇・二六）

呂淑姮
二〇一〇「八八周年　小林村不要大愛要平埔」『台湾立報』（二〇一〇・八・五）
http://www.lihpao.com/?action-viewnews-itemid-98612（最終閲覧日：二〇一四・三・一）

データベース

東京大学総合研究博物館　人類先史データベース「東アジア・ミクロネシア古写真資料画像」［データシート一覧表示］
http://umdb.um.u-tokyo.ac.jp/fmi/xsl/DJinruis/torii_100524/torii_catalogue/recordlist.xsl?-lay=Web_detail&-max=10&-findall（最終閲覧日：二〇一四・一・三〇）

小川尚義・浅井恵倫資料データベース
http://joao-roiz.jp/ASAI/（但し二〇一四・三・一現在、工事中）

台湾大学人類学系影像蔵品資料（データベース）
http://acis.digital.ntu.edu.tw/image/main.php?user=normaluser（最終閲覧日：二〇一四・三・一）

図版

第９章

第１０章

第 7 章

第 8 章

第4章

第5章

第6章

収録写真・図版一覧

第１章

第２章

第３章

ヤ

ラ

マ

ナ

タ

サ

カ

索　引

ア

著者紹介

清水 純（しみず　じゅん）

1956年生まれ。

1990年東京大学大学院総合文化研究科博士課程修了。博士（学術）。

専攻は文化人類学、台湾・中国研究。

現在、日本大学経済学部教授。

主な著書として『クヴァラン族――変わりゆく台湾平地の人々』（アカデミア出版会　1992年）、『中国文化人類学文献解題』（東京大学出版会、1995年、共著）、『原語によるクヴァラン族神話・伝説集』（南天書局、1998年）、『台湾原住民研究への招待』（風響社、1998年、共著）、『台湾原住民研究概覧』（風響社、2002年、共著）、『現代アジアにおける華僑・華人ネットワークの新展開』（風響社、2014年、共編）。

画像が語る 台湾原住民の歴史と文化　鳥居龍蔵・浅井恵倫撮影写真の探究

2014年3月10日　印刷
2014年3月20日　発行

著 者　清水　純

発行者　石井　雅
発行所　株式会社　風響社

東京都北区田端 4-14-9（〒 114-0014）
TEL 03(3828)9249　振替 00110-0-553554
印刷　モリモト印刷

Printed in Japan 2014 © J.Shimizu　ISBN978-4-89489-202-6　C3039